Beiträge zur Regional- und Migrationsforschung

Herausgegeben von
Thomas Geisen

Migrationsprozesse sind eng mit den Bedingungen regionaler Kontexte verbunden. Migration und Region bilden daher einen komplexen Zusammenhang, in dem sich Fragen nach Ursachen, Motiven, Formen und Auswirkungen von Migrationsprozessen mit denjenigen regionaler Mobilitätsbedingungen verschränken. Die Schriftenreihe „Beiträge zur Regional- und Migrationsforschung" greift diese Verbindung von Migration und Region auf. Die Beiträge untersuchen die Vielschichtigkeit der regionalen Bedingungen der Entstehung von Mobilität, analysieren ihre unterschiedlichen Formen und thematisieren Motive, Kontexte und Folgen von Migrationsprozessen. Mit der Schriftenreihe wird das Ziel verfolgt, in Monografien und Sammelbänden die wechselseitige Bedeutung und Verbindung von Migrationsprozessen und regionalen Entwicklungen aufzuzeigen.

The publication of the series "Contributions to Regional and Migration Research" has two primary aims: Firstly, to present research which focuses on the "region" as a geographical unit and examines regional processes of development in their complexity, especially their impact on the conditions of mobility. Secondly, the series presents research relating to migration i.e. the motifs, conditions, and consequences of migration processes. Both fields of research are interrelated and are used to analyze the relevance of migration processes for regional development. In the series, innovative research findings from different fields of regional and migration research are published.

Herausgegeben von
Thomas Geisen

Susanne Bachmann

Diskurse über MigrantInnen in Schweizer Integrationsprojekten

Zwischen Normalisierung von Prekarität und Konditionierung zur Markttauglichkeit

Susanne Bachmann
Olten, Schweiz

Zgl. Dissertation an der Universität Bern, 2014

Überarbeitete und gekürzte Version der Dissertation

Gefördert vom Schweizerischen Nationalfonds (SNF)

Beiträge zur Regional- und Migrationsforschung
ISBN 978-3-658-13921-6   ISBN 978-3-658-13922-3 (eBook)
DOI 10.1007/978-3-658-13922-3

Die Deutsche Nationalbibliothek verzeichnet diese Publikation in der Deutschen National-
bibliografie; detaillierte bibliografische Daten sind im Internet über http://dnb.d-nb.de abrufbar.

Springer VS
© Springer Fachmedien Wiesbaden 2016
Das Werk einschließlich aller seiner Teile ist urheberrechtlich geschützt. Jede Verwertung, die
nicht ausdrücklich vom Urheberrechtsgesetz zugelassen ist, bedarf der vorherigen Zustimmung
des Verlags. Das gilt insbesondere für Vervielfältigungen, Bearbeitungen, Übersetzungen,
Mikroverfilmungen und die Einspeicherung und Verarbeitung in elektronischen Systemen.
Die Wiedergabe von Gebrauchsnamen, Handelsnamen, Warenbezeichnungen usw. in diesem
Werk berechtigt auch ohne besondere Kennzeichnung nicht zu der Annahme, dass solche
Namen im Sinne der Warenzeichen- und Markenschutz-Gesetzgebung als frei zu betrachten
wären und daher von jedermann benutzt werden dürften.
Der Verlag, die Autoren und die Herausgeber gehen davon aus, dass die Angaben und Informa-
tionen in diesem Werk zum Zeitpunkt der Veröffentlichung vollständig und korrekt sind.
Weder der Verlag noch die Autoren oder die Herausgeber übernehmen, ausdrücklich oder
implizit, Gewähr für den Inhalt des Werkes, etwaige Fehler oder Äußerungen.

Gedruckt auf säurefreiem und chlorfrei gebleichtem Papier

Springer VS ist Teil von Springer Nature
Die eingetragene Gesellschaft ist Springer Fachmedien Wiesbaden GmbH

Für Yvonne Riaño.

Inhaltsverzeichnis

1 Einleitung ... 11

2 Die Situation von MigrantInnen in der Schweiz ... 17
2.1 Sozio-ökonomische Lage: Differenzen nach Herkunft und Geschlecht ... 17
2.2 Duales System des Migrationsrecht: Privilegierung von EU-Angehörigen ... 22
2.3 Die Schweizer Migrationspolitik: Abwehr, Assimilation, Kontrolle ... 25
2.4 Die Schweizer Integrationspolitik: Regelstrukturansatz ... 27
2.5 „Fördern und Fordern": Selbstverantwortung zur Integration ... 30
2.6 Zusammenfassung ... 35

3 Konzeptioneller Rahmen: Diskurs, Gouvernementalität, Geschlecht ... 37
3.1 Anpassung an die Norm: Konzepte von Integration ... 38
3.2 MigrantInnen und Zugewanderte: Begriffe für die Zielgruppe der Politik ... 41
3.3 Konzepte zur Analyse sozialer Positionen: Anrufung, Kapital, Diskurs ... 44
3.4 Gouvernementalität: Integrationspolitik als Regierung von MigrantInnen ... 47
3.5 Intersektionalität: Geschlecht und andere Differenzkategorien ... 52
3.6 Das Konzept der institutionellen Platzzuweisungen ... 56

4 Methoden: Verfahren zur Erhebung und Auswertung der Daten ... 59
4.1 Die Forschungsinstrumente: Qualitative Methoden ... 60
4.1.1 Grounded Theory: Wechsel von Erhebung und Analyse ... 62
4.1.2 Problemzentriertes Interview ... 63
4.2 Die Auswahl der untersuchten Fälle ... 65
4.2.1 Eingrenzung auf die Deutschschweiz ... 65
4.2.2 Auswahl der Fallstudien (Integrationsprojekte) ... 66
4.2.3 Auswahl des Datenmaterials ... 69
4.3 Die Auswertung der Daten ... 70
4.4 Reflexion methodischer Schwierigkeiten ... 76

5 Zwischen „Abstiegsbegleitung" und „Empowerment": Vier Projektporträts 81

5.1 Das Projekt ina-Basiskurse: Normalisierung von Prekarität 82

    5.1.1 Übersicht über das Projekt ina-Basiskurse 82

    5.1.2 „Ohne anerkannte Ausbildung" – Unqualifizierte Personen im Fokus ... 84

    5.1.3 „Wir machen die Vorselektion" – Etablierung von Aufnahmehürden 90

    5.1.4 „In materiellen Sachzwängen" – Anpassung an Finanzvorgaben 96

    5.1.5 „Eine Herzensangelegenheit" – Darstellung besonderer Eignung 98

    5.1.6 „Für eine Familie zu wenig" – Nicht-existenzsichernde Einkommen.... 100

    5.1.7 Zusammenfassung: Auswahl der aktivierbaren Teilnehmenden 103

5.2 Das Projekt futura: Aktivierung zum beruflichen Abstieg 105

    5.2.1 Übersicht über das Projekt futura 105

    5.2.2 „Sie haben das Nachsehen" – Darstellung limitierter Perspektiven 107

    5.2.3 „Entscheidend für den Arbeitseinstieg" – Praktika als Basis 109

    5.2.4 „Abgleichen der Erwartungen" – Modifikation der beruflichen Ziele ... 111

    5.2.5 Zusammenfassung: Korrektur beruflicher Ziele nach unten 121

5.3 Das Projekt Schneiderwerkstatt: Priorisierung sozialer Integration 123

    5.3.1 Übersicht über das Projekt Schneiderwerkstatt 123

    5.3.2 „Ein bisschen Nähkenntnisse" – Geringe Teilnahmeanforderungen 125

    5.3.3 Die Frauen „aufpäppeln" – Diskursive Viktimisierung 128

    5.3.4 „Fenster zur Aussenwelt" – Problematisierung sozialer Isolation 130

    5.3.5 „Unternehmen mit integrativem Charakter" – Ökonomische Logik 133

    5.3.6 Zusammenfassung: Reaktivierung postkolonialer Diskurse 137

5.4 Das Projekt femme: Ausrichtung an statuskongruenter Erwerbsarbeit 139

    5.4.1 Übersicht über das Projekt femme 139

    5.4.2 „Sehr gut ausgebildet" – Qualifizierte Migrantinnen im Fokus 140

    5.4.3 „Das Sozialkapital aufbauen" – Ausbildungsadäquate Perspektiven 143

    5.4.4 „Das Etikett ‚Migrantin'" – Strategische Repräsentationen 146

    5.4.5 „Aber wir sagen: Nein!" – Kritik des Integrationsdiskurses 149

    5.4.6 „Wenn sie es nicht checkt" – Erwerbsorientierte Weiblichkeitsideale ... 152

    5.4.7 Zusammenfassung: Konstruktion eines anderen migrantischen Selbst.. 154

5.5 Fazit: Reproduktion und Kritik defizitorientierter Diskurse 155

6 Ermächtigung und Zurichtung: Das Konzept „Empowerment" ... 161

6.1 „Das Gefühl, niemand zu sein" – Konstruktion von Hilflosigkeit ... 162
6.2 „Genau das Gleiche erlebt" – Identifikation und Distinktion ... 165
6.3 „Die Strukturen ändern" – Individualisierendes Programm ... 169
6.4 „Fit" für den Arbeitsmarkt – Unternehmerische Weiblichkeit ... 172
6.5 Fazit: Inhärente Widersprüche des Konzepts Empowerment ... 176

7 „Frauen aus dem Daheim herausholen": Geschlechterdiskurse ... 179

7.1 Kritik und Reaktivierung von Geschlechterstereotypen ... 179
7.2 Positive migrantische Männlichkeit und diskursive Viktimisierung ... 186
7.3 „Sobald Kinder da sind" – Die Organisation unbezahlter Arbeit ... 189
7.4 „Für Männer ist es einfacher" – Geschlechtsspezifische Rekrutierung ... 195
7.5 Fazit: Dethematisierung und Restabilisierung von Ungleichheiten ... 199

8 „Weil sie nichts mitbringen": Diskurse zu Qualifikation ... 203

8.1 „Sie haben praktisch keine Chance" – Bewertungen von Qualifikation ... 203
8.2 „Die Realität vom Arbeitsmarkt" – Anpassung beruflicher Perspektiven ... 212
8.3 „Eine realistische Perspektive" – Korrektur beruflicher Ziele ... 215
8.4 „Dass sie es internalisieren können" – Durchsetzung der Projektdeutung ... 220
8.5 Fazit: Institutionelle Platzzuweisungen anhand von Qualifikation ... 224

9 Schlussfolgerungen ... 229

9.1 Qualifikation und Geschlecht als Basis institutioneller Platzzuweisungen ... 230
9.2 Stabilisierung von Hierarchien durch Integrationspolitik ... 238

Literaturverzeichnis ... 247

1 Einleitung

Seit den 1990er Jahren bestimmt die Integration von Migranten und Migrantinnen als eine „mächtige Idee" (D'Amato 2010: 17) politische Debatten in der Schweiz. Der Begriff der Integration wurde 2008 mit dem neuen Ausländergesetz AuG auf Bundesebene gesetzlich verankert und als politisches Ziel definiert. Zur Förderung der Integration stellt der Bund umfangreiche Finanzmittel zur Verfügung. Integrationspolitik zielt dabei auf eine verbesserte gesellschaftliche Teilhabe von MigrantInnen. Das heisst, Integrationspolitik soll Zugänge zur Gesellschaft für MigrantInnen schaffen und richtet sich damit allgemein gefasst auf eine Veränderung der sozialen Verhältnisse. Mit Integrationspolitik verbinden sich folglich Vorstellungen davon, wie die Gesellschaft sein sollte und wie dahin zu gelangen ist, und zwar in Bezug darauf, welche Teilhabe an welchen Ressourcen MigrantInnen gewährt werden soll.

Integrationspolitik bezieht sich somit auf die Regelung von gesellschaftlichem Einschluss und Ausschluss. Dieser erfolgt über Klassifizierungen anhand von Differenzkategorien wie Nationalität, Geschlecht, Schicht usw., über die Individuen im sozialen Raum positioniert werden (vgl. Richter 2006, Anthias 2001). Die Konstitution sozialer Zugehörigkeit vollzieht sich in einem komplexen Wechselprozess von Selbstverständnis und Fremdwahrnehmung, also von Identifizierung und Identifikation (vgl. Gutiérrez Rodríguez 1999a). Soziale Zugehörigkeit beinhaltet also einerseits den Aspekt der Selbstverortung der Individuen, der sich etwa in der Redewendung ausdrückt, jemand fühle sich am richtigen (oder falschen) Platz (vgl. Richter 2012). Andererseits gehört dazu der Aspekt der Zuordnung eines Individuums an eine bestimmte Position durch Andere, z.B. durch den Staat. Diese Platzierungen beziehen sich nicht nur auf die persönliche Identität, sondern haben materielle Konsequenzen für die Lebenschancen der Betreffenden, etwa für den Zugang zu ökonomischen Ressourcen (vgl. Baghdadi 2008: 74).

Die Bestimmung der sozialen Stellung von Individuen ist folglich das Resultat der Zuschreibung und Bewertung bestimmter Attribute. Soziale Positionierungs- und Verortungsprozesse sind deshalb durch Annahmen, Deutungen und Bewertungen geprägt, also mit Diskursen verknüpft. Daher ist es relevant, zu untersuchen, welche Vorstellungen von Zugewanderten die Schweizer Integrationspolitik bestimmen, – oder anders formuliert, welche inhärenten Diskurse über MigrantInnen sich in der Integrationspolitik artikulieren. Denn die in Politiken und darauf aufbauenden Massnahmen enthaltenen Diskurse formen die Praktiken von Institutionen und beeinflussen so soziale Chancen. Das gilt besonders für die Integrationspolitik, deren postuliertes Ziel es ist, den Zugang zu gesellschaftlichen Ressourcen für MigrantInnen zu beeinflussen, also auf deren soziale Positionierungen einzuwirken. Welche Erkenntnisse über Diskurse in der Schweizer Integrationspolitik lieferte die wissenschaftliche Forschung bisher? In den vergangenen Jahren gab es in der Schweiz einen grossen Zuwachs an Forschungsarbeiten zu Integration und Integrationspolitik, die sich unterschiedlichen Schwerpunkten widmen, etwa Einbürgerung, Sprache, Bildung oder bestimmten ethnischen und religiösen Gruppen.[1] Die verschiedenen Studien zeigen eine diversifizierte Situation von MigrantInnen hinsichtlich ihrer sozio-ökonomischen Lage, Aufenthaltsdauer, Nationalität usw. Insgesamt zeigt sich, dass Zugewanderte verglichen mit der Bevölkerung mit Schweizer Pass bzw. ohne Migrationshintergrund durchschnittlich eine schlechtere wirtschaftliche Situation und grössere Risiken für Armut und Erwerbslosigkeit aufweisen.

Die Durchsicht des wissenschaftlichen Forschungstandes zeigt, dass bisher kaum empirische Untersuchungen von Integrationsprojekten zur verbesserten Arbeitsmarkteingliederung von MigrantInnen in der Schweiz existieren, – abgesehen von Studien, die sich mit Beschäftigungs-, Arbeits- und Bildungsprogrammen für Asylsuchende, vorläufig Aufgenommene und anerkannte Flüchtlinge beschäftigen (Büchler 1998, Bauer 2000, Bart 2001, Gutmann/Dujany/Naef 2007, Gutmann et al. 2008, Akkaya 2008, Horat 2010, Plana 2010). Diese Studien belegen, dass die berufliche Integration von Personen aus dem Asyl- und Flüchtlingsbereich erschwert ist und dies durch die untersuchten Programme nur teilweise aufgebrochen werden kann. Diese Studien analysieren jedoch nicht die leitenden Diskurse, die hinter den Programmen stehen und beziehen Programme für andere Zielgruppen nicht mit ein.

Die vorliegende Studie schliesst diese Lücke, indem sie Diskurse über MigrantInnen untersucht, also Logiken, Deutungen, Normen, Wissensbestände und Vorstellungen, die in der gegenwärtigen Schweizer Integrationspolitik eingeschrieben sind. Mit anderen Worten: Die Studie untersucht, wie MigrantInnen als Zielgruppe der Schweizer Integrationspolitik konzipiert werden. Anhand von Fallstudien zu Integrationsprojekten zur verbesserten Arbeitsmarkteingliederung von MigrantIn-

---

[1] Verschiedene wissenschaftliche Arbeiten untersuchen Praxis, Rechtslage und Konzeption der schweizerischen Integrationspolitik (Steiner/Wicker 2004, D'Amato/Gerber 2005, Fibbi et al. 2005, Riaño/Wastl-Walter 2006a, Studer/Arlettaz/Argast 2008, Piñeiro/Bopp/Kreis 2009a, Tov et al. 2010, Bader et al. 2011, Achermann/Künzli 2011, Liebig/Kohls/Krause 2012, Wanner/Steiner 2012). Die Integrationspolitik kommt auch in Publikationen zur Sprache, die die Entwicklung der schweizerischen Migrationspolitik nachzeichnen (Niederberger 2004, Piguet 2006, D'Amato 2008, Skenderovic/D'Amato 2008). Eine Reihe von Studien analysieren sozio-ökonomische Lage und Arbeitsmarktintegration der ausländischen bzw. Migrationsbevölkerung der Schweiz (Jey Aratnam 2012, Pecoraro 2010, BFS 2008a, Riaño/Wastl-Walter/Baghdadi 2006, Fibbi/Lerch/Wanner 2006, BFM 2006, Wanner/Pecoraro/Fibbi 2005, Dahinden et al. 2004, Wanner 2004, Haeberlin/Imdorf/Kronig 2004, Wicker/Fibbi/Haug 2003, Egger 2003, Egger/Bauer/Künzi 2003, Fibbi/Kaya/Piguet 2003).

nen in der Deutschschweiz[2] wird untersucht, inwiefern inhärente Diskurse über MigrantInnen als Zielgruppe der Integrationspolitik eine Rolle dabei spielen, den Zugang zum Arbeitsmarkt für Migranten und Migrantinnen zu strukturieren. Dabei wirft die Studie einen Blick darauf, inwiefern die untersuchten Massnahmen Handlungsspielräume für MigrantInnen eröffnen oder verengen.

Um inhärente Diskurse in den Projekten zu identifizieren und leitende institutionelle Logiken herausarbeiten zu können, analysiert die Studie, wie die untersuchten Projekte die Zielgruppe der Massnahmen beschreiben, was aus Sicht der MitarbeiterInnen die zentralen Schwierigkeiten der teilnehmenden MigrantInnen sind und wie aus ihrer Sicht ein Projekt gestaltet sein muss, um Zugewanderte optimal zu unterstützen. Die Studie fokussiert Arbeitsmarktintegration, da soziale Positionierungen vorrangig über Erwerbsarbeit erfolgen (vgl. Dahinden et al. 2004: 17) und Erwerbsarbeit die Basis für ökonomische Partizipation und damit die materiellen Bedingungen für politische Handlungsfähigkeit und gesellschaftliche Teilhabe bildet (vgl. Riaño 2011).

Für die Analyse ist eine Anlehnung an das theoretische Konzept der *Gouvernementalität* fruchtbar, da diese Perspektive für subtile Formen von staatlicher Regulierung und Kontrolle sensibilisiert, die auf eine Selbstführung der Bevölkerung zielen. Das Konzept beruht auf der Machtanalytik von Michel Foucault (vgl. 2000, Foucault 2004a, Foucault 2004b). Der Rückgriff auf den „Werkzeugkasten" Foucaults (Lemke 1997: 37) ermöglicht es, Integrationspolitik als ein Programm der Regulierung und Steuerung der ausländischen Bevölkerung zu fassen. Die Studie ist hierbei darauf gerichtet, die konkrete Ausgestaltung der institutionellen Lenkung von MigrantInnen zu rekonstruieren, wie sie sich in den Beschreibungspraktiken der untersuchten Projekte äussert. Die Studie untersucht somit inspiriert von der Gouvernementalitätsperspektive, welche Formen der Führung und Steuerung von MigrantInnen sich in der Integrationsförderung identifizieren lassen und in welche soziale Positionierung die institutionelle Regulierung mündet.

Eine zentrale Kategorie, um die soziale Positionierung von MigrantInnen zu verstehen, stellt *Geschlecht* dar (vgl. Aufhauser 2000, Erel/Morokvasic/Shinozaki 2003, Pessar/Mahler 2003). Es gibt eine Fülle an Forschungen, die sich mit unterschiedlichen Fragestellungen rund um Migration und Geschlecht befassen (vgl. Morokvasic/Erel/Shinozaki 2003, Riaño 2005, Metz-Göckel/Morokvasic/Münst 2008, Lutz 2009, Passagen 2014).[3] Nur wenige Studien befassen sich allerdings mit der Konzeption von Geschlecht in der Migrationsgesetzgebung und -politik der Schweiz (vgl. Hausammann/Kälin 2014, Riaño 2012a, Riaño/Wastl-Walter 2006b,

---

[2] Die Ausgestaltung der Integrationspolitik unterscheidet sich zwischen Romandie und Deutschschweiz stark. Aus forschungspraktischen Gründen beschränkt sich der Fokus der Studie auf die Deutschschweiz (vgl. Kap. 4.2.1).

[3] Kofler/Fankhauser (2009) bieten eine Übersicht über die aktuelle Forschungsdebatte in der Schweiz mit kommentierter Bibliographie.

Riaño/Wastl-Walter 2006a). Sie machen darauf aufmerksam, dass die gegenwärtig geltenden rechtlichen Regelungen im Bereich Migration und Integration und die aktuelle Umsetzungspraxis in der Schweiz klassische Geschlechterbilder transportieren und den diversifizierten Lebenssituationen eingewanderter Männer und Frauen nur unzureichend Rechnung tragen. Die vorliegende Studie untersucht die Konstruktion von Männlichkeit und Weiblichkeit als strukturierende Faktoren von Integrationsmassnahmen. Um die soziale Position von MigrantInnen zu verstehen, sind neben Geschlecht weitere Kategorien relevant, etwa Ethnizität und Klasse. Die vorliegende Analyse verfolgt daher einen intersektionalen Ansatz (vgl. Walgenbach et al. 2007, Winker/Degele 2009, Lutz/Herrera Vivar/Supik 2010) und berücksichtigt verschiedene Dimensionen der sozialen Positionierung in ihrer Verflochtenheit und gegenseitigen Abhängigkeit. Dabei fragt die Analyse nach der Relevanz der Differenzkategorien für soziale Positionierungen von MigrantInnen durch die Integrationspolitik.

Die Studie untersucht also, welche Diskurse mit den verschiedenen Kategorien sozialer Differenz verbunden sind und inwiefern die Integrationsförderung berufliche Optionen für die adressierte Zielgruppe eröffnet oder schliesst. Es geht dabei um die institutionellen Praktiken und Deutungen, in denen soziale Positionen als angemessen für die Zielgruppe der Integrationsförderung konstruiert werden. Durch die Dokumentation inhärenter Diskurse in Integrationsprojekten soll das Verständnis dafür verbessert werden, inwiefern soziale Ungleichheiten durch Integrationsmassnahmen reproduziert werden. Damit sind Fragen verknüpft, die sich im Zuge des globalen sozialen Wandels verstärkt stellen: Wie sind soziale Ungleichheiten in politische und gesellschaftliche Diskurse eingebettet? Durch welche staatlich geförderten Praktiken werden Zugangschancen zu sozio-ökonomischen Ressourcen vergrössert oder vermindert? Inwiefern tragen Integrationsmassnahmen zu grösserer Chancengleichheit bei? Ziel der Analyse ist es, zu einer kritischen Reflexion und differenzierten Beurteilung von Integrationsmassnahmen beizutragen.

Die vorliegende Publikation basiert auf einer Dissertation, die 2014 an der Universität Bern angenommen wurde (Bachmann 2014).[4] Sie wurde für die Veröffentlichung stark überarbeitet, aktualisiert und gekürzt. Das Buch ist wie folgt aufgebaut: Kapitel 2 liefert einen Überblick über den politischen und rechtlichen Hintergrund. Das Kapitel schildert Entwicklung und Leitgedanken der Schweizer Migrations- und Integrationspolitik und beschreibt die sozio-strukturelle Lage der Migrationsbevölkerung. Danach bettet Kapitel 3 die Studie konzeptionell ein. Das Kapitel nimmt eine Klärung der Begriffe Integration und MigrantInnen vor und erklärt die analytischen Konzepte – Diskurs, Gouvernementalität, Geschlecht –, auf die sich die Untersuchung bezieht.

---

[4] Die Dissertation wurde vom Schweizerischen Nationalfonds (SNF) finanziell unterstützt.

Die gewählten Methoden werden in Kapitel 4 erläutert: Für die Bearbeitung der aufgeworfenen Fragen wurden Inhaltsanalysen von Textdokumenten und teilstrukturierten Leitfaden-Interview genutzt (Problemzentriertes Interview nach Witzel 2000), die zunächst fallanalytisch und dann vergleichend untersucht werden. Das Datenmaterial wurde in Anlehnung an das von Glaser und Strauss (1967) entwickelte Analyseverfahren des Theoretischen Kodierens ausgewertet. Kapitel 4 geht auf diese Verfahren ein, gibt einen Überblick über das Datenmaterial und reflektiert methodische Schwierigkeiten.

Kapitel 5 porträtiert detailliert die untersuchten Fallstudien, also vier Integrationsprojekte zur verbesserten Arbeitsmarktintegration von Zugewanderten, die in der Deutschschweiz von nichtstaatlichen Organisationen (NGOs) durchgeführt werden. Das Kapitel stellt jeweils die Projektinhalte und -ziele, die Teilnehmenden und den Organisationskontext dar und arbeitet diskursive Muster und institutionelle Logiken der einzelnen Projekte heraus.

Die darauf folgenden Kapitel 6 bis 8 arbeiten anhand der Ergebnisse aus Kapitel 5 in einer projektübergreifenden Analyse die übergeordnete Logik und Programmatik von Integrationsprojekten in der Schweiz heraus und zwar anhand der Analysekategorien Empowerment, Geschlecht und Qualifikation. Diese analytischen Kategorien wurden sowohl deduktiv als auch induktiv bestimmt, d.h. sie resultieren entweder aus der theoretischen Konzeption der Studie oder sie ergeben sich aus dem Datenmaterial. So beziehen sich zwei der untersuchten Integrationsprojekte auf das Konzept „Empowerment". Sie verbinden damit jedoch unterschiedliche Vorstellungen von Geschlechterrollen und Bildungsressourcen ihrer Zielgruppen. Vertieft untersucht deshalb Kapitel 6, welche Diskurse und sozialen Positionierungen mit dem Empowerment-Ansatz in beiden Projekte verknüpft sind.

Ein theoretisch-konzeptioneller Ausgangspunkt der vorliegenden Studie ist, dass die Kategorie Geschlecht eines der zentralen Momente für die Adressierung und soziale Positionierung der Zielgruppe darstellt. Im Laufe der Analyse stellte sich heraus, dass dies auch für die Kategorie Bildung respektive Qualifikation gilt: Die untersuchten Integrationsprojekte konstruieren die an den Projekten teilnehmenden MigrantInnen anhand der Kategorien Geschlecht und Bildung bzw. Qualifikation als kulturell „anders" und weisen ihnen spezifische berufliche Optionen und damit soziale Positionen als adäquat und erreichbar zu. Daher richten die folgenden Kapitel das Augenmerk vorrangig auf diese Kategorien: Kapitel 7 untersucht vertieft die Geschlechterkonstruktionen in den untersuchten Projekten, Kapitel 8 fokusiert die Konstruktion von Bildung. Die beiden Kapitel zeigen, wie die Regulierung der Projektteilnehmenden anhand von Zuschreibungen und Annahmen über die Geschlechterverhältnisse respektive die Bildungsvoraussetzungen von MigrantInnen verläuft. Anschliessend fasst Kapitel 9 die Ergebnisse der Untersuchung zusammen und diskutiert die Funktion der sozialen Positionierung von MigrantInnen in der Schweizer Integrationspolitik.

2 Die Situation von MigrantInnen in der Schweiz

Dieses Kapitel bettet die Studie in den Forschungskontext ein. Es stellt in einem Überblick den politischen, rechtlichen und sozialstrukturellen Hintergrund dar, vor dem sich die Forschung situiert. Die Abschnitte des Kapitels beleuchten kurz die soziale und rechtliche Situation von MigrantInnen in der Schweiz sowie Entwicklung und Leitlinien der Schweizer Einwanderungs- und Integrationspolitik.

2.1 Sozio-ökonomische Lage: Differenzen nach Herkunft und Geschlecht

Ende 2014 lebten 1,9 Millionen Menschen ohne Schweizer Staatsangehörigkeit in der Schweiz (SEM 2015: 15). Nicht alle sind MigrantInnen, denn in dieser Zahl enthalten sind auch Menschen, die in der Schweiz geboren sind.[5] Die Schweiz weist im europäischen Vergleich einen hohen Anteil an AusländerInnen an der ständigen Wohnbevölkerung[6] auf. Ende 2014 betrug er 23,8 Prozent (Ebd.: 7). Dazu kommen jene Schweizer Staatsangehörigen, die selbst oder deren Eltern im Ausland geboren wurden. Im Jahr 2014 wiesen mehr als 35 Prozent der ständigen Wohnbevölkerung ab 15 Jahren in der Schweiz einen Migrationshintergrund auf, mehr als ein Drittel davon besass die Schweizer Staatsangehörigkeit (BFS 2015a).[7]

---

[5] Nicht enthalten sind die folgenden Rechtskategorien: Asylsuchende, vorläufig Aufgenommene, Kurzaufenthalter, die weniger als ein Jahr in der Schweiz bleiben sowie internationale Funktionäre und deren Angehörige.

[6] Das Bundesamt für Statistik unterscheidet zwischen ständiger und nichtständiger Wohnbevölkerung. Unter die ständige Bevölkerung fallen Schweizer Staatsangehörige, ausländische Staatsangehörige mit einer Aufenthalts- oder Niederlassungsbewilligung für mindestens zwölf Monate (Ausweis B oder C) oder mit einer Kurzaufenthaltsbewilligung (Ausweis L) für eine kumulierte Aufenthaltsdauer von mindestens zwölf Monaten, Personen im Asylprozess (Ausweis F oder N) mit einer Gesamtaufenthaltsdauer von mindestens zwölf Monaten, sowie internationale Funktionäre und deren Angehörige. Zur nichtständigen Wohnbevölkerung zählen ausländische Staatsangehörige mit einer Kurzaufenthaltsbewilligung (Ausweis L) für eine Aufenthaltsdauer von weniger als zwölf Monate sowie Personen im Asylprozess (Ausweis F oder N) mit einer Gesamtaufenthaltsdauer von weniger als zwölf Monaten (BFS 2012c).

[7] Das Bundesamt für Statistik fasst als Bevölkerung mit Migrationshintergrund alle Personen – unabhängig von ihrer Staatsangehörigkeit –, die selbst oder deren Eltern im Ausland geboren sind. Dazu zählen Personen, die in die Schweiz eingewandert sind (MigrantInnen) sowie deren in der Schweiz geborene Kinder (vgl. BFS 2013b).

Der relativ hohe AusländerInnenanteil begründet sich durch vergleichsweise hohe Hürden für die Erlangung der Schweizer Staatsbürgerschaft (vgl. Steiner/Wicker 2004, Wanner/Steiner 2012). Mehr als 85 Prozent der ständigen ausländischen Wohnbevölkerung in der Schweiz sind Angehörige eines europäischen Staates, zwei Drittel davon von EU-/EFTA-Staaten (BFS 2015b). Italienische Staatsangehörige bilden die grösste Ausländergruppe mit rund 16 Prozent, gefolgt von deutschen (15,3 Prozent) und portugiesischen Staatsangehörigen (13,5 Prozent). Zusammen mit Personen französischer Staatsbürgerschaft bilden diese vier Gruppen die Hälfte aller AusländerInnen in der Schweiz (SEM 2015: 60).

Die Migrationspolitik hierarchisiert die Rechte der insgesamt rund 1,9 Millionen AusländerInnen in der Schweiz entlang verschiedener Aufenthaltskategorien, die an unterschiedliche Regelungen zu Aufenthaltsdauer, Arbeitsmarktzugang und Integration gebunden sind (vgl. Kap. 2.2). Fast zwei Drittel aller AusländerInnen in der Schweiz verfügen über eine unbefristete Niederlassungsbewilligung (Ausweis C), ein weiteres knappes Drittel über eine befristete Aufenthaltsbewilligung (Ausweis B). Im Asylprozess befinden sich nur rund zwei Prozent aller ausländischen Staatsangehörigen (BFS 2013c). Ende 2012 zählten rund 80'500 Personen zum Asylbereich, davon rund 28'100 anerkannte Flüchtlinge und rund 22'600 vorläufig Aufgenommene (BFM 2013a).[8] Von diesen stammt mit rund 22 Prozent die grösste Gruppe aus Eritrea, weitere je 8 Prozent aus Somalia und Irak, die restlichen 62 Prozent verteilen sich auf die übrigen Herkunftsländer (ebd.).

Als Folge der restriktiven Migrations- und Asylpolitik leben zudem zahlreiche Menschen (vorwiegend Angehörige sogenannter Drittstaaten) ohne regularisiertes Aufenthaltsrecht in der Schweiz. Diese illegalisierten MigrantInnen – sogenannte Sans-Papiers – stehen seit der Jahrtausendwende zunehmend im Fokus der Politik und Forschung (vgl. Efionayi-Mäder/Schönenberger/Steiner 2010). Eine Schätzung gibt die Zahl der Personen ohne geregelten Aufenthaltsstatus mit 70'000 bis 300'000 Menschen an, die Mehrheit davon Frauen (Anlaufstelle/GBI 2004).[9] Auf eine verstärkte Kontrolle der illegalisierten Migration in der Schweiz richten sich Massnahmen wie vermehrte Personenkontrollen oder verschärfte Sanktionen bei der Unterstützung irregulärer Aufenthalte.

Arbeit und Arbeitssuche sowie Familiennachzug sind die beiden wichtigsten Gründe für die Einwanderung in die Schweiz. Fast ein Drittel der Einreisen fallen unter den Einwanderungsgrund Familiennachzug, knapp die Hälfte unter Erwerbstätigkeit (SEM 2015: 60). Männer werden dabei vor allem über den Arbeitsmarkt zugelassen, Frauen vorrangig im Familiennachzug in abgeleiteter Aufenthaltsbewil-

---

8   Inklusive vorläufig aufgenommene Flüchtlinge (vgl. Fussnote 23).
9   Eine Studie im Auftrag des Bundesamtes für Migration geht von 90'000 Sans-Papiers in der Schweiz aus (Longchamp et al. 2005). Eine andere Hochrechnung nennt eine Zahl von zwischen 70'000 und 180'000 Personen (Piguet/Losa 2002). Studien zeigen, dass der Umfang illegalisierter Beschäftigung in allen Immigrationsländern zu wachsen scheint (Lutz 2007: 229).

ligung (Achermann 2014): Nach Angaben des Bundesamtes für Statistik bildet Arbeit bei mehr als der Hälfte der Männer den Einwanderungsgrund, aber nur bei weniger als einem Drittel der Frauen. Hingegen kommt fast die Hälfte der Frauen in die Schweiz, um ihre Familie zu begleiten, die Familie zusammenzuführen oder eine Familie zu gründen. Bei den Männern bildet Familiennachzug in weniger als einem Fünftel der Fälle den Einwanderungsgrund (BFS 2010).[10] Allerdings ist dabei zu berücksichtigen, dass auch viele Personen aus dem Familiennachzug eine Erwerbstätigkeit suchen.

Die Situation der AusländerInnen auf dem Schweizer Arbeitsmarkt ist verglichen mit den SchweizerInnen durch eine insgesamt schlechtere Situation gekennzeichnet. So ist das Risiko, erwerbslos zu werden, für AusländerInnen mehr als doppelt so hoch wie für SchweizerInnen, sie tragen dementsprechend ein höheres Armutsrisiko (BFS 2012a, BFM 2006). Das Lohnniveau von AusländerInnen ist deutlich niedriger als das von SchweizerInnen (BFS 2012b). Die Integrationsindikatoren des Bundesamtes für Statistik unterscheiden nicht nur nach Staatsangehörigkeit, sondern auch nach Geburtsort. Hier zeigt sich, dass die Lage von Personen mit Migrationshintergrund schlechter ist als die von jenen ohne. So existieren signifikante Unterschiede beim verfügbaren Einkommen oder bei der Armutsgefährdungsquote (BFS 2012d). Allerdings ist dies stark von der Nationalität abhängig: Auf den sozio-ökonomisch vorteilhaftesten Positionen unter den AusländerInnen finden sich Staatsangehörige der nördlichen und westlichen EU-Länder, die eine leicht höhere Erwerbsbeteiligung aufweisen als SchweizerInnen. Dagegen liegt die Erwerbsquote der übrigen Personen ausländischer Herkunft deutlich darunter. Besonders schwierig ist der Zugang zum Arbeitsmarkt für Personen aus nicht-europäischen Staaten (BFM 2007a: 30). Entsprechend sind die höchsten Anteile von Sozialhilfebeziehenden bei Staatsangehörigen aus nicht-europäischen Ländern zu verzeichnen, während die Quote bei EU-/EFTA-Angehörigen näher bei der der Schweizer Bevölkerung liegt (BFS 2012d). Auch in Bezug auf Lohn und Arbeitsbedingungen bestehen grosse Unterschiede innerhalb der AusländerInnen-Gruppen sowie gegenüber den SchweizerInnen. Ganga Jey Aratnam identifiziert in seiner Studie „eine dreigeteilte Sandwich-Stratifikation (...): Ausländische Arbeitskräfte sind sowohl am oberen wie am unteren Ende in der Skala der Erwerbspositionen übervertreten" (Jey Aratnam 2012: 153). Sozioökonomisch steht die Mehrheit der SchweizerInnen in der breiten Mitte, die Mehrheit der AusländerInnen befindet sich darunter auf schlechteren Positionen. Im obersten Bereich wiederum sind hochqualifizierte AusländerInnen übervertreten, auch wenn diese Personen nur einen kleinen Teil aller AusländerInnen ausmachen. Daher lässt sich sowohl eine starke Unterschichtung durch Zuwanderung wie eine demgegenüber schwächere Überschichtung der Schweizer Gesellschaft ausmachen.

---

10 Bei im Ausland geborenen Personen zwischen 15 und 74 Jahren zum Zeitpunkt der Migration, Stand 2008.

Der Arbeitsmarkt ist nicht nur nach Nationalität, sondern auch nach Geschlecht segregiert. Die Situation von Frauen auf dem Arbeitsmarkt ist verglichen mit derjenigen der Männer durch durchschnittlich niedrigere Löhne, schlechtere berufliche Positionen, häufigere prekäre Arbeitsverhältnisse sowie höhere Erwerbslosen- und Armutsraten gekennzeichnet (vgl. Hausammann/Schnegg 2013: Kap. 1, BFS 2012a, BFS 2012b, BFS 2008a, Bühler/Heye 2005, Budowski/Tillmann 2003, Coulon et al. 2003, Charles 1995). Eingewanderte Frauen sind dabei besonders von strukturellen Benachteiligungen betroffen, sie sind gegenüber Schweizerinnen und Schweizern, aber auch gegenüber eingewanderten Männern mit höheren Hürden beim Arbeitsmarktzugang konfrontiert (vgl. Riaño/Baghdadi/Wastl-Walter 2008, Riaño/Baghdadi/Wastl-Walter 2008). Differenziert man etwa die Armutsquote[11] nach Geschlecht, Geburtsort und Nationalität, zeigt sich eine ausgeprägte herkunfts- und geschlechtsspezifische Segregierung: Im Ausland geborene Frauen sind am stärksten von Armut betroffen (BFS 2012d).[12] Frauen haben somit gegenüber Männern schlechtere Positionen inne und ausländische Staatsangehörige gegenüber SchweizerInnen. Bei ausländischen Frauen kumulieren sich diese Kriterien zu einer besonders benachteiligten Situation.

Eine Studie im Rahmen des Nationalen Forschungsprogramms NFP 60 macht deutlich, dass die Verschränkung von Geschlecht und Migrationshintergrund mehrheitlich zu einer besonderen Benachteiligung von Migrantinnen im Erwerbsleben führt, bei einheimischen Männern dagegen mehrheitlich zu Privilegierungen. Dies lässt sich deutlich anhand der Faktoren Erwerbsquote, Einkommen und Ausbildungsadäquatheit der Beschäftigung aufzeigen (vgl. Bühler/Riaño 2013). Frauen mit ausländischer Herkunft üben häufiger Tätigkeiten aus, für die sie überqualifiziert sind. Für Frauen mit Kindern sind grössere Anstrengungen nötig als für ihre Ehepartner, um ausbildungsadäquate Positionen im Erwerbsleben zu erreichen, dies gilt besonders für Migrantinnen.

Auch eine Studie der OECD hält fest, dass für bestimmte Personengruppen die Situation auf dem Schweizer Arbeitsmarkt schwieriger ist als für andere (Liebig/Kohls/Krause 2012). Dies gilt insbesondere für Zugewanderte aus einkommensschwachen Staaten und für zugewanderte Frauen mit Kindern. Darüber hinaus haben auch Personen, die einen Aufenthaltsstatus aus humanitären Gründen erhalten, wie anerkannte Flüchtlinge und vorläufig Aufgenommene (VA), bei der Integration in den Schweizer Arbeitsmarkt zunehmende und stärkere Schwierigkeiten als in anderen OECD-Staaten. Die Beschäftigungsquote dieser Personengruppen ist

---

11 Die Armutsquote bezeichnet den Anteil von Personen, die nicht über die Mittel für ein gesellschaftlich integriertes Leben verfügen (BFS 2012d).
12 Danach folgen die Frauen mit nicht-schweizerischer Staatsangehörigkeit und schliesslich die Frauen mit Schweizer Staatsbürgerschaft sowie in der Schweiz geborene Frauen. Die Armutsquoten der Männer ungeachtet von Nationalität und Geburtsort liegen unter denen der Frauen, wobei Männer ohne Schweizer Pass von allen Männern am stärksten von Armut betroffen sind (vgl. BFS 2012d).

in den vergangenen Jahren gesunken. Die Bestrebungen der Schweizer Politik, ihre Integration zu fördern, wertet die Studie im Vergleich mit denen anderer OECD-Staaten als unzureichend (ebd.: 5).[13]

Für anerkannte Flüchtlinge und vorläufig Aufgenommene gestaltet sich die Eingliederung in Erwerbsarbeit besonders schwierig: Nur rund ein Fünftel der anerkannten Flüchtlinge im erwerbsfähigen Alter (BFM 2006) und weniger als zwei Fünftel der erwerbsfähigen Personen mit dem Status vorläufige Aufnahme sind erwerbstätig (BFM 2013). Eine Ursache dafür sind die oftmals langjährigen Asylverfahren, während derer für Asylsuchende Arbeitsverbote bestehen. Neben der psychischen Belastung aufgrund der rechtlichen Unsicherheit und der Untätigkeit bedeutet diese erzwungene Unterbrechung der Erwerbsarbeit einen Verlust beruflicher Qualifikationen durch das Fehlen von Berufspraxis (vgl. Lindenmeyer et al. 2008, Kamm et al. 2003). Dies erschwert den Arbeitseinstieg nach Abschluss des Asylverfahrens.

Ein weiterer Grund für die mehrheitlich schlechte sozio-ökonomische Positionierung der AusländerInnen in der Schweiz ist deren Bildungshintergrund. So gibt es bei AusländerInnen im Alter von 25 bis 64 Jahren mit rund 30 Prozent einen dreimal so hohen Anteil an Personen ohne nachobligatorische Schulbildung als bei SchweizerInnen mit rund 10 Prozent (BFS 2012a). Gleichzeitig wandern jedoch seit den 1990er Jahren vermehrt Hochqualifizierte in die Schweiz ein (vgl. Pecoraro 2005). Inzwischen liegt der Anteil der Personen mit einem tertiären Bildungsabschluss insgesamt bei den Personen ohne und mit Schweizer Staatsangehörigkeit bei je rund einem Drittel (BFS 2012a). Ein Vergleich des Bildungsstandes der zwischen 2006 und 2011 Zugewanderten im Alter von 24 bis 65 Jahren nach Nationalität zeigt, dass der Anteil von Personen mit Tertiärbildung bei MigrantInnen aus Frankreich, Deutschland und Italien deutlich höher ist als bei SchweizerInnen (Jey Aratnam 2012: 132).[14]

Auch qualifizierte MigrantInnen arbeiten in der Schweiz vielfach in niedrig bezahlten Berufen mit schlechten Arbeitsbedingungen und haben Schwierigkeiten, eine ihrer Ausbildung und Berufserfahrung entsprechende Stelle zu finden, wie verschiedene Studien belegen (Berthoud 2012, Jey Aratnam 2012, Pecoraro 2010, Pecoraro 2005, Pecoraro/Fibbi 2010). Einige Studien beschäftigen sich spezifisch

---

13 An der Stellungnahme des BFM zur Studie (Gattiker 2012) fällt auf, dass neben den Bemühungen im Rahmen des neuen Integrationsplanes (Gesetzesrevision, Verstärkung und Vereinheitlichung der kantonalen Integrationsarbeit, Aufstockung der Finanzunterstützung für Integrationsförderung) die Verbesserungen im Bereich der Integrationsförderung für Kinder mit Migrationshintergrund sowie für Flüchtlinge und VA erwähnt werden, jedoch keine Bemühungen für eingewanderte Frauen mit Kindern aufgelistet werden.

14 Allerdings kann die Einwanderung aus EU-/EFTA-Staaten nicht mit hochqualifizierter Migration gleichgesetzt werden. So verfügen zum Beispiel mehr als die Hälfte der zwischen 2006 und 2011 aus Portugal Eingewanderten maximal über einen Abschluss auf Sekundarstufe I, nur gut 13 Prozent weisen einen tertiären Bildungsabschluss auf (Jey Aratnam 2012: 132f.).

mit der Situation qualifizierter Frauen, die in die Schweiz eingewandert sind (Riaño 2011, Baghdadi 2008, Riaño/Baghdadi/Wastl-Walter 2008, Riaño/Baghdadi 2007). Zugewanderte Frauen sind demnach besonders von abwertenden Stereotypen, etwa bei Bewerbungsverfahren, und Schwierigkeiten bei der Vereinbarkeit der Erwerbstätigkeit mit unbezahlten Arbeiten (wie Kinderbetreuung) betroffen.

MigrantInnen stehen in der Schweiz einerseits Hürden beim Zugang zum Arbeitsmarkt und andererseits bei der Positionierung auf dem Arbeitsmarkt gegenüber. Eine Zugangshürde stellt die erschwerte Anerkennung von im aussereuropäischen Ausland erworbenen Bildungsabschlüssen und Fachwissen dar.[15] MigrantInnen aus Drittstaaten können ihre Qualifikationen vielfach nicht adäquat auf dem Arbeitsmarkt im Einwanderungsland nutzen, da ihre Bildungsabschlüsse und Erfahrungen nicht anerkannt werden. Ihr Bildungskapital wird so entwertet und unsichtbar. Zudem fehlen angepasste Weiterbildungs- und Qualifizierungsangebote, Beratungsmöglichkeiten und Stipendien (Jey Aratnam 2012: 101–103). Weitere strukturelle Ausschlussmechanismen für bestimmte Gruppen von Drittstaatsangehörigen stellen die Bewilligungspflicht der Erwerbstätigkeit, rechtliche Beschränkungen und die Unsicherheit bestimmter Aufenthaltsbewilligungen dar (vgl. Kap. 2.2). Eine Hürde bildet in der Deutschschweiz zudem die Parallelität von Hochdeutsch und regionaler Mundart. Studien belegen eine Ungleichbehandlung von Menschen mit Migrationshintergrund auf dem Schweizer Arbeitsmarkt, etwa in Bewerbungsverfahren oder bezüglich Beförderungschancen (Fibbi/Lerch/Wanner 2006, Dahinden et al. 2004, Fibbi/Kaya/Piguet 2003, Egger/Bauer/Künzi 2003, Egger 2003).

2.2 Duales System des Migrationsrecht: Privilegierung von EU-Angehörigen

Die Teilhabemöglichkeiten von AusländerInnen sind in verschiedener Hinsicht gegenüber denen von Schweizer StaatsbürgerInnen beschränkt. So besitzen nur SchweizerInnen das Stimm- und Wahlrecht auf nationaler Ebene.[16] Ausserdem bestehen grosse Unterschiede in der rechtlichen Stellung von Angehörigen von EU-

---

15   Für die EU-/EFTA-Staaten gilt die gegenseitige Anerkennung der Studien- und Berufsabschlüsse in der Schweiz. Für in Drittstaaten erworbene Diplome gilt: Bei reglementierten Berufen, also solchen, deren Ausübung vom Besitz eines Diploms abhängig gemacht wird und gesetzlich geregelt ist, ist eine Anerkennung der Gleichwertigkeit nötig. Das Anerkennungsverfahren dauert mehrere Monate und kostet 550 CHF (vgl. Website Staatssekretariat für Bildung, Forschung und Innovation: www.sbfi.admin.ch, Stand Okt. 2015). Bei nicht reglementierten Berufen ist keine Prüfung der Gleichwertigkeit von Abschlüssen notwendig, um in der Schweiz im erlernten Beruf zu arbeiten. Die Arbeitgebenden können entscheiden, ob die Person eingestellt wird, sofern die entsprechende Arbeitsbewilligung vorhanden ist (SBFI 2015).

16   Auf Ebene der Kantone und Gemeinden existieren aufgrund des ausgeprägt föderalen Systems der Schweiz erhebliche Unterschiede bei der politischen Partizipation von AusländerInnen (vgl. Wichmann et al. 2011).

bzw. EFTA-Staaten und denen anderer Staaten, den sogenannten „*Drittstaatsangehörigen*". Dieses duale System des Migrationsrechts zementiert eine Privilegierung von EU- und EFTA-Staatsangehörigen. Diese geniessen in der Schweiz Freizügigkeit und sind bei der Anerkennung ihrer beruflichen Qualifikationen und beim Zugang zum Arbeitsmarkt weitgehend den SchweizerInnen gleichgestellt.[17] Diese Personengruppe umfasst rund zwei Drittel der ständig in der Schweiz lebenden AusländerInnen[18] (BFM 2013b).

Die Zulassung von Drittstaatsangehörigen zum Aufenthalt in der Schweiz richtet sich nach dem Bedarf des Arbeitsmarktes und ist praktisch ausschliesslich spezialisierten und besonders qualifizierten Erwerbstätigen möglich.[19] Zulassung und Aufenthalt dieser Gruppe regelt das Ausländergesetz[20]. Auf dem Arbeitsmarkt sind Drittstaatsangehörige und ihre Familienangehörigen SchweizerInnen, EU-/EFTA-Angehörigen und niedergelassenen Drittstaatsangehörigen und deren Angehörigen nachgeordnet. Ende 2012 betrug der Anteil der Drittstaatsangehörigen an der ausländischen Bevölkerung rund ein Drittel (ebd.). Die Erwerbstätigkeit von Personen ohne EU-17-Staatsangehörigkeit muss von den kantonalen Behörden bewilligt werden. Das bedeutet, vor jedem neuen Stellenantritt – auch bei Praktika und vorübergehenden Einsätzen – müssen die Arbeitgebenden für Arbeitnehmende, die nicht aus den EU-17-Staaten stammen, ein detailliertes Stellenantrittsgesuch bei den zuständigen kantonalen Behörden einreichen.[21] Zuvor muss die Stelle beim Regionalen Arbeitsvermittlungszentrum (RAV) ausgeschrieben werden. Diese Vorgaben erschweren die Arbeitssuche dieser Personen erheblich.

---

17 Seit Mai 2011 gilt für 25 der 27 EU-Länder und für die drei EFTA-Staaten uneingeschränkte Personenfreizügigkeit. Für Bulgarien und Rumänien (EU-2) existieren bis maximal 2016 Übergangsbestimmungen. Dies ist geregelt im Freizügigkeitsabkommen FZA (Abkommen zwischen der Schweizerischen Eidgenossenschaft einerseits und der Europäischen Gemeinschaft und ihren Mitgliedstaaten andererseits über die Freizügigkeit, SR 0.142.112.681) bzw. im EFTA-Übereinkommen (Übereinkommen zur Errichtung der Europäischen Freihandelsassoziation, SR 0.632.31).

18 Ohne die folgenden Aufenthaltskategorien: internationale Funktionäre und ihre Familienangehörigen, Kurzaufenthalter, Asylsuchende und Vorläufig Aufgenommene.

19 So werden Jahresaufenthalts- und Kurzaufenthaltsbewilligungen nur einer begrenzten Zahl von Führungskräften, SpezialistInnen und anderen qualifizierten Arbeitskräften erteilt (Art. 23 Abs. 1 AuG). 2015 konnten Schweizer Unternehmen insgesamt 6'500 SpezialistInnen aus Drittstaaten rekrutieren (BR 2013b). In bilateralen Abkommen sind Ausnahmen festgelegt. So existiert zwischen der Schweiz und Kanada die Vereinbarung, dass diese Staaten ihren Angehörigen gegenseitig informell eine erleichterte Zulassung ermöglichen (Jey Aratnam 2012: 44).

20 Bundesgesetz über die Ausländerinnen und Ausländer (AuG, SR 142.20).

21 Das Gesuch umfasst je nach ausländerrechtlichem Status der Arbeitnehmenden Lebenslauf, Abschlusszeugnisse, Belege über die bisherige Arbeitssuche, Ausweise und Arbeitsvertrag. Die orts- und branchenüblichen Lohn- und Arbeitsbedingungen sind einzuhalten. Die Arbeitgebenden müssen zudem Quellensteuern zahlen und sind verantwortlich für eine angemessene Unterkunft und Versicherungsschutz gegen Krankheit und Unfall.

Anerkannte Flüchtlinge bilden hierbei in gewisser Hinsicht eine Sondergruppe, die beim Zugang zum Arbeitsmarkt weniger Einschränkungen als andere Drittstaatsangehörige unterliegt. Sie erhalten eine Arbeitsbewilligung, wenn die Arbeitgebenden ein Gesuch stellen und die ortsüblichen Lohn- und Arbeitsbedingungen eingehalten werden. Das Asylrecht und das übrige Ausländerrecht bilden in der Schweiz zwei getrennte Rechtsgebiete (vgl. für eine Übersicht über die komplexen rechtlichen Regelungen Caroni/Gächter/Thurnherr 2010, Spescha/Kerland/Bolzli 2010, Spescha et al. 2009). Der Aufenthalt von MigrantInnen aus humanitären Gründen ist im Asylgesetz[22] geregelt. Je nach Aufenthaltsstatus variiert die rechtliche Lage (vgl. zur Rechtslage im Bereich humanitäre Migration Schertenleib/Illes/Schrepfer 2009). So haben zum Beispiel anerkannte Flüchtlinge und vorläufig aufgenommene Flüchtlinge[23] einen Anspruch auf Erwerbstätigkeit, vorläufig Aufgenommene ohne Flüchtlingseigenschaft[24] hingegen nicht (vgl. BFM 2013c). Asylsuchende[25] unterliegen einem Arbeitsverbot von drei Monaten, danach ist ihre Erwerbstätigkeit bewilligungspflichtig und es bestehen ein sogenannter „*Inländervorrang*" und teilweise Branchenbeschränkungen.

Aufgrund der restriktiven Bedingungen für Drittstaatsangehörige in Bezug auf Zugang zum Arbeitsmarkt, Aufenthaltsrechte, Familiennachzug und Bleibesicherheit schneidet die Schweiz im Migrations- und Integrationsindex MIPEX schlecht ab (vgl. Huddleston/Niessen 2011: 158–163). Auch das Schweizer Verfahren zur Einbürgerung beurteilt die Studie negativ, sie ist im europäischen Vergleich besonders schwierig und langwierig.[26] Bemängelt wird ferner ein „völlig unzureichender Schutz vor Diskriminierung" (ebd.: 162). Der Bericht platziert die Schweiz bezüglich Diskriminierungsschutzes an zweitletzter Stelle von 31 untersuchten Staaten. Auch ein Bericht der OECD empfiehlt der Schweiz dringend, den Schutz vor Diskriminierung zu verstärken (vgl. Liebig/Kohls/Krause 2012: 50).

---

22 AsylG, SR 142.31.

23 Anerkannte Flüchtlinge sind Personen, die in der Schweiz Asyl erhalten haben. Sie erhalten eine Aufenthaltsbewilligung (Ausweis B). Daneben existiert die Kategorie vorläufig aufgenommene Flüchtlinge (Ausweis F). Diese sind den Flüchtlingen mit Asyl rechtlich weitestgehend gleichgestellt, etwa beim Arbeitsmarktzugang. Ihr Rechtsstatus ist gefestigter als derjenige der Vorläufig Aufgenommenen (vgl. Fussnote).

24 Eine Vorläufige Aufnahme (VA) wird jenen Personen erteilt, deren Asylgesuch abgelehnt wurde, aber bei denen der „Vollzug der Weg- oder Ausweisung nicht möglich, nicht zulässig oder nicht zumutbar" ist (Art. 83, 1 AuG). VA erhalten eine Bestätigung, dass ihr Aufenthalt in der Schweiz legal ist (Ausweis F). Der Status kann auf Verfügung aufgehoben werden.

25 Asylsuchende sind Personen, die ein Asylgesuch gestellt haben und deren Asylverfahren noch hängig ist (Ausweis N).

26 Die Staatsbürgerschaft wird in der Schweiz vererbt: Personen mit Schweizer Staatsangehörigkeit geben diese an ihre Kinder weiter. AusländerInnen müssen ein Einbürgerungsverfahren durchlaufen. Die Erlangung des Schweizer Bürgerrechts ist kantonal sehr unterschiedlich ausgestaltet (vgl. Wichmann et al. 2011, Wanner/Steiner 2012, Steiner/Wicker 2004).

2.3 Die Schweizer Migrationspolitik: Abwehr, Assimilation, Kontrolle

Wissenschaftliche Darstellungen der Schweizer Migrationspolitik zeigen eine Entwicklung von einem Auswanderungs- zu einem Einwanderungsland (vgl. D'Amato 2008, Carrel 2012, Piguet 2006, Niederberger 2004, Wicker 2003, Mahnig/Piguet 2003). Bereits von der Zeit vor der Gründung des Schweizer Bundesstaates 1848 bis zum Ende des ersten Weltkriegs gab es aus wirtschaftlichen Gründen eine starke Abwanderung aus der Schweiz nach Europa und Übersee. Im Zuge der Industrialisierung, besonders am Ende des 19. Jahrhunderts, setzte eine bedeutende Zuwanderung ein, vorwiegend aus den Nachbarstaaten. War die Migrationspolitik zunächst von Liberalismus geprägt, wurden mit dem Ersten Weltkrieg Massnahmen zur Kontrolle der Zuwanderung eingeführt. Die Zahl der AusländerInnen in der Schweiz, die 1910 bereits fast 15 Prozent erreicht hatte, ging in der Zwischenkriegszeit stark zurück (BFS 2013d). Mit dem wirtschaftlichen Aufschwung nach dem Zweiten Weltkrieg erfolgte eine gezielte Rekrutierung von Arbeitskräften. Die sogenannten *„Gastarbeiter"* stammten vorwiegend aus Italien, aber auch aus Spanien, Deutschland, Jugoslawien und Österreich. Die ausländische Bevölkerung wuchs stark an. Bis 1970 betrug der Anteil der AusländerInnen an der Wohnbevölkerung über 17 Prozent. Abgesehen von einem leichten Rückgang um 1980 stieg die ausländische Bevölkerung in der Schweiz seither stetig an (ebd.).

Die Migrationspolitik der Schweiz gründete bis in die 1980er Jahre auf einer Sichtweise, die Zugewanderte in erster Linie als temporär anwesende Arbeitskräfte betrachtete, die je nach Bedürfnis der Wirtschaft einsetzbar sind (D'Amato/Gerber 2005: 20). Zentral war dabei die Idee der *„Überfremdung"*, welche die Schweizer Migrationspolitik bereits seit den 1930er Jahren prägte (Mahnig/Wimmer 2003: 141). Dies bezeichnet die Vorstellung, dass sich die nationale Identität durch den Einfluss der Einwanderung auflösen würde (vgl. Kury 2003). Das Konzept schlug sich auch im bis 2008 geltenden Ausländergesetz von 1931 nieder,[27] das die Behörden verpflichtete, bei ihren Entscheidungen den *„Grad der Überfremdung"* zu berücksichtigen (Art. 16. Abs. 1 ANAG). Diskurse um Überfremdung und kulturelle Distanz von AusländerInnen schlugen sich wiederholt in fremdenfeindlichen Initiativen nieder, die eine Reduktion der ausländischen Bevölkerung forderten. Das Konzept der Assimilation, also die Aufforderung an die Zugewanderten, das Mitgebrachte aufzugeben und sich an die Aufnahmegesellschaft anzupassen, war ebenfalls ein Bestandteil der Überfremdungsabwehr. GastarbeiterInnen wurden nur befristete Aufenthaltsrechte gewährt, um durch das sogenannte *„Rotationsprinzip"* ihre dauerhafte Niederlassung zu verhindern. Darstellungen zur Entwicklung der Schweizer Migrationspolitik historisieren in der Regel das Konzept der Assimilation, welches als durch das Konzept der Integration abgelöst geschildert wird. Esteban Piñeiro zeigt

---

27 Bundesgesetz über den Aufenthalt und die Niederlassung von Ausländern (ANAG).

jedoch in einer genealogischen Studie, dass die Programmatik der Abwehr und Assimilation von AusländerInnen weiterhin die Schweizer Migrationspolitik strukturiert (Piñeiro 2015). Auch Hans-Rudolf Wicker (2003) weist darauf hin, dass die heutige Migrations- und Integrationspolitik im Überfremdungsdiskurs wurzelt. Die Annahme einer kulturellen Nähe oder Distanz zur Schweiz je nach Herkunftsland wurde in der Zulassungspolitik der Schweiz verankert (vgl. Riaño/Wastl-Walter 2006b, Riaño/Wastl-Walter 2006a): Ab 1991 basierte die Migrationspolitik auf dem sogenannten „Drei-Kreise-Modell", das die Zulassung von AusländerInnen nach Herkunftsstaaten reguliert. Personen aus den EU-EFTA-Staaten konnten seither erleichtert zuwandern (1. Kreis), die Zuwanderung aus Staaten mit einer unterstellten kulturellen Nähe zur Schweiz, wie den USA, Kanada und ost- und mitteleuropäische Länder (2. Kreis), war im Rahmen von Kontingenten möglich, während die Einwanderung aus den restlichen Staaten (3. Kreis) bis auf wenige Ausnahmen auf hochqualifizierte SpezialistInnen[28] begrenzt blieb. Personen aus Ländern ausserhalb der EU-/EFTA schrieb dieses Modell Defizite bezüglich Kultur, Sprache u.a. sowie fehlende Akzeptanz von Schweizer Normen und Gesetzen zu (vgl. Wicker 2009). Das duale Zulassungssystem (vgl. Kap. 2.2) löste 1998 offiziell das Modell der drei Kreise ab (vgl. EJPD 1998). Weiterhin wird jedoch die Zuwanderung aus EU-/EFTA-Staaten privilegiert und aus anderen Staaten auf Hochqualifizierte eingeschränkt. Abgesehen von Familiennachzug und Migration aus humanitären Gründen haben daher sogenannte „Drittstaatsangehörige" kaum Möglichkeiten zur legalen Einwanderung in die Schweiz.[29]

Zugespitzt formuliert, ist Einwanderung aus Staaten ausserhalb der EU-/EFTA nur unter bestimmten, vorrangig ökonomisch gefassten Kriterien erlaubt. Migration unterteilt sich so anhand von Kriterien des wirtschaftlichen Nutzens in privilegierte und unerwünschte Migration – ausgenommen die humanitär begründete und streng restringierte Asylmigration (vgl. Bukow 2013). Seit 1955 bildet die Genfer Flüchtlingskonvention[30] die Basis der Schweizer Asylpolitik. Beispiele für eine humanitäre Öffnung der Schweiz wie die Aufnahme der Hugenotten im 17. Jahrhundert stehen historisch neben einer Politik der Flüchtlingsabwehr, etwa die Abweisung jüdischer Flüchtlinge zur Zeit des Nationalsozialismus. Seit dem ersten Asylgesetz 1981 erfuhr das Asylrecht wiederholte Revisionen und Einschränkungen, vor allem nach 1990. Debatten um Asylmissbrauch lösten in der Öffentlichkeit den

---

28 Kyoko Shinozaki weist mit Bezug auf Elonore Kofman darauf hin, dass unter „Hochqualifizierten" vorrangig der Bereich Wissenschaft und Technologie verstanden wird (Shinozaki 2009: 71): Oftmals werden damit Fachkräfte in Grossunternehmen der IT- und Finanzbranche gleichgesetzt, pflegerische und pädagogische Fähigkeiten hingegen gelten nicht als „Qualifikationen". Die Definition beinhaltet somit einen Gender-Bias.
29 Aus bestimmten nicht-europäischen Staaten ist die Einwanderung weiterhin informell erleichtert möglich (vgl. Fussnote). Ausserdem gab es bis 2016 eine spezifische Aufenthaltskategorie für Cabaret-TänzerInnen (vgl. Art. 34 VZAE; Achermann 2014, Dahinden 2010, Spindler/Schertenleib 2006).
30 Abkommen über die Rechtsstellung der Flüchtlinge vom 28. Juli 1951.

Diskurs der Überfremdungsabwehr ab (Lanz/Züfle 2006: 57). Die Schweizer Asylpolitik folgt zunehmend den Leitlinien: Beschleunigung und Senkung der Zahl der Asylverfahren, Verschlechterung der Lebensbedingungen und gesellschaftliche Exklusion von Asylsuchenden sowie Zwangsmassnahmen gegen abgewiesene Asylsuchende (Dies.: 58f.; vgl. Maillard/Tafelmacher 1999).

2.4 Die Schweizer Integrationspolitik: Regelstrukturansatz

Bis in die 1960er Jahre wurden ausländische Arbeitskräfte in der politischen Debatte als nur zeitweilig in der Schweiz anwesend betrachtet (vgl. Mahnig/Piguet 2003: 69). Aufgrund dieser "Rückkehrillusion" (Schönenberger/D'Amato 2009: 6) wurden Leistungen der Aufnahmegesellschaft im Hinblick auf einen dauerhaften Aufenthalt der MigrantInnen nicht für nötig gehalten. Jahrzehntelang orientierte sich die Schweizer Migrationspolitik an einer Rotation der Arbeitskräfte. Erst in den 1990er Jahren rückten Fragen der Integration von MigrantInnen verstärkt in den Vordergrund der politischen Debatte (zur Entwicklung der Schweizer Integrationspolitik s. Wicker 2009, Gattiker 2008, Niederberger 2004, Prodolliet 2006a, Prodolliet 1998a, Prodolliet 1998b). Vor allem die Städte erkannten, dass Integrationsmassnahmen notwendig sind, da sich ein grosser Teil der Zugewanderten dauerhaft in der Schweiz niederliess (vgl. D'Amato/Gerber 2005, Schönenberger/D'Amato 2009, Sancar 1999) und der Bund griff die Debatte auf (Prodolliet 2006b). Der Integrationsbericht des Bundes beinhaltete erstmals eine Analyse der Situation in verschiedenen sozio-ökonomischen Bereichen (BFM 2006, kritisch dazu Gerber 2006, Schoch 2006). Ziele und Grundsätze der schweizerischen Integrationspolitik regelt das seit 2008 geltende Ausländergesetz (AuG).[31] Es verankert erstmals den Begriff der Integration auf der Ebene eines Bundesgesetzes und definiert Integrationsförderung als politisches Ziel (Prodolliet 2009).[32] Integrationspolitik erhält so mehr finanzielles und gesellschaftliches Gewicht (Schönenberger/D'Amato 2009: 11). Zahlreiche Kantone haben in den vergangenen Jahren gesetzliche Regelungen zur Integration erlassen, die die Vorgaben des Bundesrechtes konkretisieren (vgl. Wichmann et al. 2011).[33]

Grundsätzlich soll die Integration von Zugewanderten in den sogenannten *„Regelstrukturen"* erfolgen. Damit sind die staatlichen und gesellschaftlichen Struktu-

---

31 Bundesgesetz über die Ausländerinnen und Ausländer v. 16.12.2005, Stand 1.1.2009, SR 142.20.
32 Bereits in der Verordnung über die Begrenzung der Zahl der Ausländer BVO hielt der Bundesrat 1986 fest, Zweck des Erlasses sei u.a. „die Schaffung [von] Rahmenbedingungen für die Eingliederung der hier wohnenden und arbeitenden Ausländer", konkrete Massnahmen wurden allerdings nicht festgehalten (Prodolliet 2009: 48).
33 Zu problematischen Aspekten von über das Bundesrecht hinausgehenden kantonalen Gesetzgebungen zu Integration vgl. Achermann (2014).

ren von Bildung, Arbeitsmarkt, Gesundheitswesen und Sozialsystem gemeint (vgl. Art. 2 Abs. 3 VIntA). Zusätzliche Massnahmen sollen nur ergänzend hierzu finanziert werden (vgl. BR 2010). So sind etwa die Behörden der Arbeitslosenversicherung dafür zuständig, die Integration in den Arbeitsmarkt zu fördern (BFM 2007b: 3). Das heisst, es existieren in der Schweiz kaum spezifisch auf MigrantInnen ausgerichtete Massnahmen, sondern der Regelstrukturansatz geht davon aus, dass MigrantInnen von den allen zugänglichen Massnahmen profitieren (vgl. Liebig/Kohls/Krause 2012: 5). Fraglich ist, ob die „*Regelstrukturen*" für diese integrativen Aufgaben genügend gerüstet sind (vgl. Wichmann 2014: 12–14). Ein 2007 verabschiedetes „*Massnahmenpaket des Bundes*" soll das Ziel der Integrationsförderung in den Regelstrukturen verankern (vgl. BFM 2007a). Es enthält 46 Massnahmen, die 15 verschiedene Bundesstellen erarbeitet haben.[34] Beispiele für solche Massnahmen sind die verbindliche Verankerung der Interkulturalität in der Ausbildung von RAV-Beratenden (BFM 2011a: 12) und die Entwicklung eines Indikatorensystems zur Integration durch das Bundesamt für Statistik BFS (vgl. BFS 2012d, BFS 2011).

Die „*spezifische Integrationsförderung*" soll die Integrationsbestrebungen in den Regelstrukturen unterstützen sowie ausserdem ergänzende Angebote zur Integration von ausländischen Personen dort bereitstellen, wo Lücken in den Regelstrukturen bestehen. Der Bund vergibt auf der Basis von Leistungsverträgen finanzielle Mittel an die Kantone, die dem Bund über deren Verwendung Bericht erstatten müssen. Die operative Verantwortung für die Umsetzung und Koordination der „*spezifischen Integrationsförderung*" liegt damit bei den Kantonen. Die Kantone delegieren die Umsetzung der Integrationsförderung vielfach an nichtstaatliche Akteure (vgl. BFM 2012, BFM 2011a, BFM 2010a). Gemeinnützige Organisationen wie Hilfswerke, Gewerkschaften und Kirchen bieten daher neben privatwirtschaftlichen Unternehmen durch öffentliche Gelder subventionierte Integrationsmassnahmen an.

Die spezifische Integrationsförderung ist unterteilt in den sogenannten „*Ausländerbereich*" und den „*Asyl-Flüchtlingsbereich*".[35] Im „*Ausländerbereich*" liegt der Schwerpunkt auf Spracherwerb und Bildung,[36] Arbeitsintegration ist kein expliziter

---

34 Auf Bundesebene ist das Bundesamt für Migration (BFM) für die Koordination der Schweizer Integrationspolitik zuständig (Art. 57 AuG; Art. 8 VIntA). Das BFM entwickelt und evaluiert Massnahmen und unterstützt diese finanziell. Die Ausarbeitung rechtlicher Regelungen zu Migration und Integration fällt ebenfalls in die Zuständigkeit des BFM. Integrationspolitik berührt darüber hinaus die Zuständigkeiten derjenigen Bundesstellen, die sich mit Arbeit, Soziales, Wohnen, Bildung usw. befassen.

35 Der Bundesrat schlägt in seiner Vorlage zur Änderung des Ausländergesetzes vor, die beiden Finanzierungssysteme zusammenzuführen (vgl. BR 2013). Es ist offen, was das für die Integrationsprojekte in den Kantonen bedeuten würde.

36 Das Schwerpunkteprogramm 2008–2011 (vgl. BFM 2007c) konkretisiert die Inhalte der Massnahmen, die aus dem Integrationskredit des Bundes unterstützt werden. Von 2012 bis 2014 wurde in einer Übergangsphase das laufende Schwerpunkteprogramm weitergeführt (vgl. BFM 2010b).

Schwerpunkt (vgl. BFM 2007c).[37] Im „*Asyl-Flüchtlingsbereich*" richtet der Bund seit 2008 den Kantonen eine „*Integrationspauschale*" aus, die für spezielle Massnahmen zum Erwerb einer Landessprache und zur beruflichen Integration von anerkannten Flüchtlingen und vorläufig Aufgenommenen (VA) verwendet werden sollen (vgl. Art. 9 VIntA). In der separat geregelten Vergabe der Mittel zur Integrationsförderung von anerkannten Flüchtlingen/VA schlägt sich die durch internationale humanitäre Vereinbarungen gestützte rechtliche Sonderstellung von Flüchtlingen nieder.

Wie die Berichterstattung der Kantone zeigt, existieren kaum spezifische Projekte zur Verbesserung der beruflichen Integration von MigrantInnen,[38] abgesehen von Angeboten für anerkannte Flüchtlinge und VA,[39] die sich zudem zum Grossteil auf gering qualifizierte Arbeitsbereiche beziehen (vgl. BFM 2012, BFM 2011a, BFM 2010a). Die meisten Integrationsangebote umfassen niederschwellige Beschäftigungsangebote und Arbeitseinsätze bzw. Praktika, meist gekoppelt mit dem Ziel des Kompetenzerwerbs, mit Beratung und Bewerbungstraining. Nur einzelne Angebote für einen verbesserten Arbeitsmarktzugang richten sich spezifisch an MigrantInnen ohne VA- oder Flüchtlingsstatus (vgl. Liebig/Kohls/Krause 2012).[40] Insbesondere gibt es kaum Integrationsprojekte für qualifizierte MigrantInnen.

Ende 2011 legte die Schweizer Regierung einen Integrationsplan vor, der die Ausrichtung der künftigen Integrationspolitik beschreibt (BFM 2012: 10–13).[41] Auch in Zukunft soll sich diese an der Maxime „*Fördern und Fordern*" und am Regelstrukturansatz orientieren. Zentrale Eckpunkte bilden die rechtlich verbindlichere Regelung der Integration in den Regelstrukturen, unter anderem durch die Revision des Ausländergesetzes AuG. Der Bundesrat schlägt in seiner Vorlage für die Über-

---

37 Der grösste Teil der Bundesmittel floss in Projekte mit dem Schwerpunkt „Sprache und Bildung" (BFM 2011a: 3, BFM 2012: 3). Daneben unterstützt der Bund Vermittlungsstellen für interkulturelles Übersetzen sowie regionale Kompetenzzentren, welche Institutionen der Regelstrukturen für das Ziel der Integration sensibilisieren und bei der Lancierung von Massnahmen unterstützen sollen. Ausserdem fördert der Bund mit dem Schwerpunkt „Modellvorhaben" innovative Projekte, die das Ziel haben, „den Erfahrungsaustausch zwischen den Akteuren der Integrationsförderung zu intensivieren" (BFM 2011a: 9). Neu kam 2011 der Schwerpunkt „Frühe Förderung" hinzu (vgl. BFM 2012).

38 AusländerInnen, die mehr als die Hälfte der Erwerbslosen ausmachen, sind in arbeitsmarktpolitischen Massnahmen überdurchschnittlich vertreten. So sind ausländische Stellensuchende in Beschäftigungsprogrammen, Weiterbildungen im Bereich Gastgewerbe, Hauswirtschaft und Reinigung sowie in Kursen zum Erwerb von Basisqualifikationen stark übervertreten (BFM 2007a: 32).

39 Bei der Arbeitsmarkt-Integration von anerkannten Flüchtlingen und VA gibt es grosse Unterschiede zwischen den Kantonen (Lindenmeyer et al. 2008).

40 Der Bund unterstützt bereits seit 1987 Integrationsprojekte für anerkannte Flüchtlinge (Bauer 2000: 2). Somit bestehen hier bereits seit Jahrzehnten Infrastrukturen für diese Zielgruppe.

41 Der Integrationsplan des Bundes basiert auf dem Bericht der Tripartiten Agglomerationskonferenz TAK (TAK 2009) – einer politischen Plattform von Bundesrat, Kantonsregierungen sowie städtischen und kommunalen Exekutiven – und dem darauf aufbauenden Bericht des Schweizerischen Bundesrates (BR 2010). Die neue Ausrichtung der Integrationspolitik wurde 2014 eingeführt, bis dahin galt weiterhin das bisherige Schwerpunkteprogramm. Die vorliegende Untersuchung wurde 2014 abgeschlossen und bezieht sich daher auf die Regelungen vor der Neuausrichtung.

arbeitung des AuG vor, Integration unter bestimmten Voraussetzungen zwingend vorzuschreiben (vgl. BR 2013, kritisch dazu Achermann 2014). Daneben ist eine Revision einzelner Gesetzes vorgesehen, in deren Belange die Integration fällt, etwa des Berufsbildungsgesetzes.

Ausserdem ist geplant, dass der Bund die Integrationsförderung in den Kantonen stärker unterstützt: Im Rahmen der Neuausrichtung werden die Kantone dazu angehalten, Integrationsprogramme auszuarbeiten, aufgrund derer Leistungsverträge mit dem Bundesamt für Migration abgeschlossen werden. Im Gegenzug erhöht der Bund den Beitrag für die kantonalen Integrationsangebote.[42] Durch die kantonalen Integrationsprogramme soll eine Vereinheitlichung der Integrationspolitik entlang der strategischen Ziele des Bundes erreicht werden, wobei die Kantone die Umsetzung konkretisieren und evaluieren sollen (vgl. BFM 2013d, BFM/KdK 2011). Gegenwärtig ist das Feld der Integrationsförderung sehr unübersichtlich, eine Vielzahl verschiedener AkteurInnen bieten eine Fülle unterschiedlicher Massnahmen und Aktivitäten an.

2.5 „Fördern und Fordern": Selbstverantwortung zur Integration

Das geltende Schweizer Recht versteht unter Integration die chancengleiche Partizipation von AusländerInnen an der hiesigen Gesellschaft (vgl. Art. 2 Abs. 1 VintA, Botschaft AuG: 3758f.). Nach Artikel 4 des AuG ist das Ziel der Integration *„das Zusammenleben der einheimischen und ausländischen Wohnbevölkerung auf der Grundlage der Werte der Bundesverfassung und gegenseitiger Achtung und Toleranz".* Integration soll demnach *„längerfristig und rechtmässig anwesenden Ausländerinnen und Ausländern ermöglichen, am wirtschaftlichen, sozialen und kulturellen Leben der Gemeinschaft teilzuhaben."* Gelungen ist die Integration der AusländerInnen dann, *„wenn sie in den verschiedenen Integrationsbereichen (z.B. Bildung, Erwerbstätigkeit, Straffälligkeit) vergleichbare statistische Werte aufweisen wie Schweizerinnen und Schweizer, die sich insbesondere im Hinblick auf das Alter, das Geschlecht, die gesellschaftliche und wirtschaftliche Lage, die Familiensituation sowie die berufliche Ausbildung in ähnlichen Lebenssituationen befinden"* (Ausf. 2.1 Weisung IV).[43]

Entsprechend sind Bund, Kantone und Gemeinden dazu verpflichtet, Chancengleichheit zu fördern, Diskriminierung abzubauen und Integration als Querschnittsaufgabe bei allen staatlichen Aufgaben zu berücksichtigen (vgl. Art. 53 AuG). Für die Förderung der Integration kann der Bund finanzielle Beiträge gewäh-

---

42   Der Bundesbeitrag soll um 15 bis 20 Mio. Franken jährlich erhöht werden, wobei die Kantone diesen Beitrag mit eigenen Mitteln ergänzen (Gerber 2010). Insgesamt betragen die Bundesbeiträge zur spezifischen Integrationsförderung ab 2014 jährlich 36 Mio. Franken. Zusammen mit der Integrationspauschale und den Beiträgen der Kantone ergeben sich jährliche Mittel in Höhe von über 111 Mio. Franken (BFM/KdK 2011).
43   Zur Kritik einer Beurteilung von Integration anhand statistischer Indikatoren vgl. Haug (2006).

ren (Art. 55 AuG), er setzt zudem eine beratende „Ausländerkommission" ein (Art. 58 AuG). Bund, Kantone und Gemeinden sind zu einer Information der Bevölkerung verpflichtet – zum einen sollen AusländerInnen über ihre Rechte und Pflichten und über die Lebens- und Arbeitsbedingungen in der Schweiz informiert werden, zum anderen soll die gesamte Bevölkerung auf die Migrationspolitik und die „besondere Situation" von AusländerInnen hingewiesen werden (Art. 56 AuG).

Das geltende Recht konzipiert Integration als gegenseitigen Prozess, an dem sowohl die SchweizerInnen als auch die Zugewanderten ihren Anteil haben (Art. 4 Abs. 3 AuG). Allerdings betont der Gesetzgeber „die Bedeutung der Bereitschaft zur Integration von Seiten der Ausländerinnen und Ausländer" (BR 2002: 3733). Zum Beispiel sollen sie sich mit den Verhältnissen in der Schweiz auseinandersetzen und eine Landessprache erlernen (vgl. Art. 4 VIntA). Das Verständnis von Integration im Schweizer Recht lässt sich daher auf folgende Kurzformel bringen: „Sprache, Arbeit und Gesetzestreue" (Spescha/Kerland/Bolzli 2010: 241f.).

Die Schweizer Behörden sind aufgefordert, Integration bei der Vergabe von Aufenthaltsrechten zu berücksichtigen, wie das AuG festhält (Art. 23, 34, 50, 54, 96 AuG). Bei erfolgreicher Integration kann die Niederlassungsbewilligung bereits nach fünf statt zehn Jahren Aufenthalt erteilt werden. Dies soll einen „Anreiz für persönliche Integrationsanstrengungen" schaffen, heisst es in der Botschaft des Bundesrates zum revidierten Ausländergesetz (BR 2002: 3750). Die Erteilung und Verlängerung von Aufenthalts- oder Kurzaufenthaltsbewilligungen sowie Bewilligungen im Rahmen des Familiennachzugs kann an den Besuch eines Sprach- oder Integrationskurses geknüpft werden.[44] Die Behörden können mit den betreffenden Personen sogenannte „Integrationsvereinbarungen" abschliessen. Alberto Achermann (2007) diskutiert problematische Aspekte der „Integrationsvereinbarungen", die er als rechtlich fragwürdige Eingriffe in die persönliche Freiheit beurteilt (vgl. auch von Büren/Wyttenbach 2009).[45] Eine Untersuchung vergleichbarer Regelungen in anderen europäischen Staaten zeigt, dass Integrationsvereinbarungen in der Praxis kaum wirksam sind (vgl. Houmard/Schoch 2007). Trotzdem empfiehlt der Bundesrat, diese unter bestimmten Voraussetzungen zwingend vorzuschreiben, da er sie „als ein wichtiges Instrument zur Abwehr von Risiken mangelnder Integration und zur Förderung der Integration" erachtet (BFM 2011b: 19).

---

44 Obwohl IntV nur zum Besuch eines Sprach- und Integrationskurses verpflichten dürfen (vgl. Achermann 2007: 121f.), zeigt die Umsetzungspraxis eine Ausweitung dieser Vorgabe auf andere Massnahmen wie die Verpflichtung zum Besuch einer Schuldenberatung u.a. (Wichmann et al. 2011: 70).

45 Achermann stellt die Frage, warum der Gesetzgeber Integration mit einer Vereinbarung einfordern will, statt die Form einer Verfügung zu wählen. Der Begriff „Vereinbarung" unterstellt, dass ein Handlungsspielraum für beide VertragspartnerInnen bestünde und ein Konsens erzielt worden sei – was in diesem Fall fraglich sei, wie Achermann ausführt. Der Begriff spreche ausserdem implizit die Bereitschaft und damit Verantwortung der Betreffenden an, sich zu integrieren. Zudem bestehe die Gefahr, dass die verfügten Verpflichtungen nicht durchsetzbar sind (vgl. Achermann/Künzli 2009: 15).

Die Kriterien, um den Grad der Integration im Einzelfall zu bestimmen, sind in der Integrationsverordnung VIntA festgelegt und werden in der Weisung IV präzisiert.[46] Ein zentrales Kriterium ist der *„Wille zur Teilnahme am Wirtschaftsleben und zum Erwerb von Bildung"*, der sich in Erwerbs- bzw. Bildungstätigkeit zeigt.[47] Erwerbslosigkeit oder Sozialhilfebezug können in dieser Logik also als fehlender *„Wille zur Teilnahme am Wirtschaftsleben"*, d.h. als mangelndes Bestreben nach Integration ausgelegt werden und den Widerruf von Aufenthaltsbewilligungen begründen. Das Kriterium der erfolgreichen Integration legitimiert so Ein- und Ausschluss und fungiert so als Instrument der Steuerung und Kontrolle von Migration (vgl. Piñeiro 2013). Zwar sollen die Behörden hierbei die *„unverschuldete Verhinderung an der Arbeitsaufnahme oder dem Erwerb von Bildung"* – etwa wegen starker gesundheitlicher Beeinträchtigung – beachten (Ausf. 2.2 Weisung IV). Allfällige Betreuungspflichten nennt die Weisung jedoch nicht als zu berücksichtigenden Faktor. Da Frauen in viel grösserem Ausmass als Männer für die Betreuung von Kindern und Pflegebedürftigen zuständig sind und dies ihre Erwerbstätigkeit erschweren kann, benachteiligt diese eigentlich geschlechtsneutrale Regelung Frauen. Der Mangel an familienexternen Kinderbetreuungsangeboten in der Schweiz verschärft diese Situation zusätzlich (vgl. Stern et al. 2013). Zugewanderte Frauen sind von dieser Regelung auch insofern anders betroffen als zugewanderte Männer, als der Arbeitsmarkt nicht nur nach Herkunft, sondern auch nach Geschlecht segregiert ist (vgl. Bühler/Heye 2005). Dies wirkt sich auf das Einkommen und damit die soziale Absicherung von zugewanderten Frauen aus. Damit unterliegen sie einem höheren Risiko für Sozialhilfebedürftigkeit als zugewanderte Männer (vgl. Bühler/Riaño 2013).

Indem der Gesetzgeber Rechte an die Bedingung der erfolgreichen Integration knüpft, rückt der Aspekt der Verpflichtung zur Integration in den Vordergrund, wie vor allem die sogenannten Integrationsvereinbarungen verdeutlichen. An dieser Logik der Pflicht zur Integration äusserten verschiedene AutorInnen Kritik (Menet 2013, Eser Davolio 2012, Eser Davolio/Tov 2011, Wicker 2009, von Büren/Wyttenbach 2009, Prodolliet 2009, Achermann 2007). Hingewiesen wird unter anderem auf die Gefahr, dass die Behörden durch die Unbestimmtheit des Rechtsbegriffs Integration einen zu grossen Ermessensspielraum erhalten (vgl. Wichmann et al. 2011). Ausserdem wird die Rechtsungleichheit zwischen EU-/EFTA-BürgerInnen und Angehörigen weiterer Staaten (sogenannte *Drittstaatsangehörige*) kritisiert. So unterliegen EU-/EFTA-Staatsangehörige nicht dem gesetzlichen Im-

---

46 Verordnung über die Integration von Ausländerinnen und Ausländern (VIntA) v. 24.10.2007, Stand 1.1.2008, SR 142.205; Weisung IV Integration, Version 1.1.08, Stand 15.11.09

47 Achermann (2007: 117f.) weist darauf hin, dass die Indikatoren für erfolgreiche Integration in den Ausführungsbestimmungen zum AuG nicht einheitlich festgelegt sind, sondern die verschiedenen Regelungen unterschiedliche Kriterien enthalten.

perativ der Integration[48], ihre Aufenthaltsrechte sind nicht an das Kriterium der Integration gebunden, und sie können nicht zum Besuch eines Sprach- oder Integrationskurses verpflichtet werden.[49] Die verpflichtenden Regelungen zur Integration gelten daher faktisch nur für Drittstaatsangehörige. Dass Hochqualifizierte keinen Integrationskurs besuchen müssen (BFM 2007b: 4), unterteilt die Kategorie der Drittstaatsangehörigen im Bereich der Integration nochmals in hoch- und niedrigqualifizierte Personen: Gut ausgebildete, privilegierte MigrantInnen geraten nicht in den Fokus der Integrationspolitik, Zielgruppe der Schweizer Integrationspolitik sind damit schlecht qualifizierte MigrantInnen aus Drittstaaten.

Mit der Formel *„Fördern und Fordern"* hat sich eine Konzeption von Integration durchgesetzt, nach der Teilhabe „ein ausschliesslich willentlich zu beeinflussender Prozess sei, eine Leistung, die jede und jeder erbringen kann, wenn sie oder er sich nur genügend Mühe gibt" (Kabis 2004: 95). Das Prinzip *„Fördern und Fordern"* steht im Kontext der sogenannten aktivierenden Sozialpolitik (vgl. Streckeisen 2012, Mäder 2009a, Wyss 2007, Nadai 2006).[50] Danach sind EmpfängerInnen wohlfahrtsstaatlicher Leistungen zu Gegenleistungen verpflichtet. Zentrales Element der aktivierenden Politik ist die Zuschreibung von Eigenverantwortung. Damit verschiebt sich die Verantwortung für die Absicherung von Problemlagen vom Wohlfahrtsstaat auf die Individuen, die nach dieser Logik für ihr Schicksal weitgehend selbst verantwortlich sind: „Menschen sollen durch geschicktes Selbstmanagement ihre eigene ‚employability' sichern, sind damit aber auch im Falle des Scheiterns an ihrem Unglück selber schuld" (Tuider 2010: 23). Das Prinzip *„Fördern und Fordern"* folgt also einer neoliberalen Rationalität. Diese ist mit einer spezifischen Subjektivität verbunden, der des „unternehmerischen Selbst" (vgl. Bröckling/Krasmann/Lemke 2000). Indem Rechte an das Kriterium der erfolgreichen Integration geknüpft werden, wird Integration zum Gegenstand von Disziplinierungsmassnahmen. Dadurch erscheint die Möglichkeit zur Einwanderung als wohlwollendes Entgegenkommen der Aufnahmegesellschaft, die als Gegenleistung die Integration der Zugewanderten erfordert. Diese Logik drückt etwa der Bericht zum Vernehmlassungsentwurf der

---

48 Für BürgerInnen der EU-/EFTA-Staaten gilt das Personenfreizügigkeitsabkommen FZA (vgl. Spescha/Kerland/Bolzli 2010: 63–66). Die Bestimmungen im Bereich Integration sind nur dann auf EU-/EFTA-Staatsangehörige anwendbar, wenn sie vorteilhafter als die Regelungen im FZA sind (Ausf. 1 Weisung IV).

49 Dies gilt auch für deren Familienangehörige, auch wenn diese Drittstaatsangehörige sind (Achermann 2014). Integrationsverpflichtungen sind nicht auf AusländerInnen anwendbar, die einen völkerrechtlichen oder sonstigen legalen Anspruch auf Aufenthalt in der Schweiz haben (vgl. Ziffer 2.3.5, Weisung IV).

50 Die Aktivierungspolitik basiert auf der Vorstellung, dass Fürsorgeleistungen zu einer Passivität der LeistungsempfängerInnen führten. Daher propagiert der Ansatz eine Priorität der Selbsthilfe gegenüber staatlichen Leistungen und zielt auf eine Mobilisierung von individuellen Potentialen durch Anreize und Sanktionen. Die Aktivierungsdoktrin legitimiert so den Abbau sozialstaatlicher Leistungen (vgl. Fretschner/Hilbert/Stöbe-Blossey 2003, Wyss 2007, Dahme/Wohlfahrt 2008).

Integrationsverordnung VIntA deutlich aus. Demnach sollen bei ausländerrechtlichen Entscheiden *„erfolgreiche Bemühungen für die Integration belohnt (...), eine misslungene Integration bei der Ermessensausübung sanktioniert werden"* (BFM 2007b: 3). AusländerInnen müssen – so die Botschaft des Bundesrates zum Ausländergesetz – ihr *„Integrationspotenzial"* (BR 2002: 3796) und ihre *„Integrationsbereitschaft"* (ebd.: 3714) unter Beweis stellen. Dadurch, dass der Gesetzgeber explizit *„Bemühungen"* und *„Bereitschaft"* der Zugewanderten zur Integration thematisiert, hebt er deren Eigenverantwortung hervor. Strukturelle Benachteiligungen und Integrationshürden geraten hingegen aus dem Blick, etwa Schwierigkeiten bei der Anerkennung vom im Ausland erworbenen Diplomen oder Diskriminierung durch Arbeitgebende. Indem „Integration als ‚Bringschuld' deklariert wird" (Eser Davolio/Tov 2011: 12), erscheinen Sanktionen bei Nicht-Erreichen der Vorgaben als angemessen und gesellschaftlich notwendig. Im Gegensatz dazu werden Rechte der Zugewanderten bzw. Verpflichtungen der Aufnahmegesellschaft, wie etwa der Zugang zu bezahlbaren Sprachkursen, nicht verbindlich festgehalten. Die rechtlich verankerten Zwangselemente beinhalten die Annahme, dass Druck nötig sei und suggerieren damit, dass *„misslungene"* Integration Ausdruck mangelnden Willens sei.

Mit diesen restriktiven Vorgaben kann sich der Gesetzgeber im Zuge der aktuellen öffentlichen Debatten um integrationsunwillige AusländerInnen als durchsetzungsfähig inszenieren. Integrationspolitik fungiert somit als Bühne für die Demonstration von Handlungsfähigkeit und Durchsetzungskraft des Staates. Tom Holert und Mark Terkessidis bezeichnen diese Demonstration der staatlichen Fähigkeit zu Regulierung und Kontrolle kritisch als „Theater der Souveränität" (2006): Im Zuge von Globalisierungsprozessen verlieren Nationalstaaten zunehmend an Souveränität und Durchsetzungsvermögen. Zugleich sind sie aufgefordert, ihre Handlungsmacht unter Beweis zu stellen. Dafür ist das Thema Einwanderung gut geeignet, auch wenn sich die Mobilität von Personen nicht völlig kontrollieren lässt.

Unter dem populären Label *„Fördern und Fordern"* sind restriktive Instrumente wie *„Integrationsvereinbarungen"* nur eine von mehreren Strategien. Die Schweizer Integrationspolitik umfasst ein vielschichtiges Steuerungsdispositiv, das auch liberale Elemente beinhaltet. Die verbreitete Kritik an einer einseitigen Politik der Assimilation greift daher nicht, argumentiert Esteban Piñeiro (2010), da sie sich auf einen veralteten Integrationsbegriff bezieht. Er beleuchtet die der Schweizer Integrationspolitik zugrundeliegenden Ideen und Ideale in Auseinandersetzung mit dem Konzept der „Interkultur" (Terkessidis 2010), das eine grundlegende Kritik an der Integrationspolitik der BRD darstellt und das Ideal einer vielfältigen, freiheitlichen Gesellschaft modelliert. Piñeiro diagnostiziert einen Paradigmenwechsel in der Schweizer Migrationspolitik, die inzwischen die auch von Terkessidis vertretene Idee einer heterogenen Gemeinschaft inkorporierte: Dominierte in der „Überfremdungsära" (Piñeiro 2010: 63) die Angst vor den Einwandernden (vgl. Kap. 2.3), propagiere die Schweizer Migrationspolitik seit Ende der Neunziger Jahre mit dem

Konzept der Integration eine wohlwollende Haltung. Das Element des Förderns beinhaltet eine Haltung der Freiwilligkeit und Gegenseitigkeit, die vom Ideal des friedlichen Zusammenlebens von ausländischer und einheimischer Bevölkerung getragen und auf Chancengleichheit und Teilhabemöglichkeiten ausgerichtet sei. Die Integrationspolitik löst sich damit, wie Piñeiro zeigt, von der einseitigen Defizitorientierung der Assimilationspolitik und zielt auf eine Nutzung der individuellen Ressourcen von MigrantInnen. Unter dem Dach der hegemonialen Integration ist eine freiheitliche, heterogene Gemeinschaft von Integrierten vereint. Von diesem Ideal der Vielheit müssten jedoch die Nichtintegrierbaren mit restriktiven Steuerungspraktiken umso schärfer abgegrenzt werden, kritisiert Piñeiro.

2.6 Zusammenfassung

Die Migrationsbevölkerung der Schweiz setzt sich aus Personen verschiedener nationaler Herkunft zusammen, die unterschiedlich lange, unter diversen rechtlichen Voraussetzungen und aus verschiedenen Gründen in der Schweiz sind. AusländerInnen und im Ausland geborene Personen befinden sich insgesamt in einer schwierigeren sozio-ökonomischen Lage als SchweizerInnen. Sie sind z.B. insgesamt stärker von Erwerbslosigkeit und Armut betroffen. Je nach nationaler Herkunft und Geschlecht zeigen sich hierbei jedoch deutliche Unterschiede. Die herkunftsspezifische Segmentierung des Arbeitsmarktes spiegelt das duale System der Schweizer Migrationspolitik wider, das auf der Freizügigkeit von EU-/EFTA-Angehörigen und der kontingentierten Zulassung von hoch qualifizierten Drittstaatsangehörigen basiert. Die Situation von EU-/EFTA-Staatsangehörigen auf dem Arbeitsmarkt ist teilweise besser als die von SchweizerInnen. Drittstaatsangehörige, vor allem aus einkommensschwachen Staaten, nehmen eher schlechte sozioökonomische Positionen ein. Besonders schwierig ist die Lage von zugewanderten Frauen, vor allem wenn sie Kinder haben. Bildungsunterschiede können dies teilweise erklären: So ist der Anteil der Personen ohne nachobligatorischer Ausbildung bei AusländerInnen besonders hoch. Aber auch qualifizierte MigrantInnen haben vielfach ungünstige berufliche Positionen inne. Dequalifizierungseffekte, strukturelle Hürden und Diskriminierung erschweren den Zugang zum Arbeitsmarkt.

Integration ist in der Schweiz ein vergleichsweise neues Politikfeld: Erst seit 2008 ist die Integrationspolitik auf Bundesebene gesetzlich geregelt. Erklärtes Ziel ist es, eine chancengleiche Teilhabe von AusländerInnen an der Gesellschaft zu ermöglichen. Die Schweizer Integrationspolitik folgt dabei der Maxime *„Fördern und Fordern"*: Einerseits soll die Politik Rahmenbedingungen für die Realisierung der Chancengleichheit schaffen. Andererseits berücksichtigen ausländerrechtliche Entscheidungen den Grad der Integration, AusländerInnen können zu Integrationsmassnahmen verpflichtet werden. Anreize für persönliche Integrationsbemühungen und repressive Forderungen greifen somit ineinander. Die Verpflichtung zu Integrationsleistungen gilt jedoch nicht für EU-/EFTA-Staatsangehörige – das ist Grossteil der ausländischen Bevölkerung. Das Prinzip „*Fördern und Fordern*" verweist auf eine spezifische Wahrnehmung der zu integrierenden AusländerInnen, die sowohl als unterstützungsbedürftig als auch als tendenziell integrationsunwillig erscheinen und daher mit Druck zur Integration gebracht werden sollen. Indem der Gesetzgeber Integration als einen Niederschlag von persönlichen Fähigkeiten und individueller Bereitschaft versteht, erhalten MigrantInnen die Verantwortung für gesellschaftliche Teilhabe oder Ausschluss weitgehend selbst zugewiesen. Indem Integration gesetzlich eingefordert und mit dem Entzug von Aufenthaltsrechten sanktioniert werden kann, erhält sie eine Funktion im Migrationsmanagement: Mit dem Argument der mangelnden Integration kann unerwünschte Zuwanderung kontrolliert und reguliert werden.

Die Integrationsförderung ist am „*Regelstrukturansatz*" orientiert: Integration soll in erster Linie in den allgemeinen Strukturen der Bereiche Arbeit, Bildung, Soziales, Gesundheit usw. erfolgen. Ergänzend dazu vergibt der Bund Finanzmittel für Integrationsmassnahmen in den Kantonen. Diese „*spezifische Integrationsförderung*" umfasst vor allem Sprachförderung und Massnahmen für anerkannte Flüchtlinge und vorläufig Aufgenommene. Explizit am Arbeitsmarkt ausgerichtete Integrationsmassnahmen für Personen mit anderen Aufenthaltskategorien fehlen weitgehend. Vor allem existieren kaum Angebote für qualifizierte Zugewanderte, obwohl auch gut ausgebildete MigrantInnen oftmals Schwierigkeiten haben, eine Stelle zu finden, die ihrer Ausbildung und Berufserfahrung entspricht. Die Schweizer Integrationspolitik visiert nur bestimmte, eingegrenzte Zielgruppen an und berücksichtigt somit nur einen Ausschnitt aus der differenzierten Lebensrealität der Migrationsbevölkerung.

Vor diesem Hintergrund untersucht die vorliegende Studie, welche eingelagerten Diskurse sich in Integrationsprojekten im Bereich Arbeitsmarktintegration identifizieren lassen. Das folgende Kapitel 3 erklärt die zentralen theoretischen Konzepte und konkretisiert die Fragestellung der Forschung.

3 Konzeptioneller Rahmen: Diskurs, Gouvernementalität, Geschlecht

Die vorliegende Studie geht der Frage nach, welche Diskurse über MigrantInnen in der Schweizer Integrationspolitik eingelagert sind. Dazu muss zunächst der Begriff *Integration* geklärt werden. Kapitel 3.1 stellt verschiedene Konzeptionen von Integration vor und erklärt das Verständnis von Integration, das der Studie zugrunde liegt.

Bezeichnungen wie *Ausländer*, *Flüchtlinge* oder *Migrantinnen* sind zugleich Kategorien der Erfassung, Hierarchisierung und Identifikation durch staatliche Politik. Diese Kategorien verweisen auf diskursive Zuschreibungen und Differenzierungen und sind daher selbst Gegenstand der Untersuchung. Die Studie steht damit vor der Herausforderung, ihren Gegenstand zu benennen, ohne dabei staatliche Kategorisierungen zu reproduzieren. In Kapitel 3.2 werden die Begriffe *MigrantInnen* und *Zugewanderte* geklärt, um jene zu bezeichnen, auf die die Politik gerichtet ist.

Kapitel 3.3 stellt verschiedene Konzepte vor, mit denen der Prozess der sozialen Positionierung von Individuen bestimmt werden kann – *Anrufung, Kapital* und *Habitus* – und erklärt die Rolle von *Diskursen* bei der Zuweisung sozialer Positionen. Soziale Positionierungen versteht die Studie dabei, Überlegungen von Michel Foucault und Louis Althusser aufnehmend, als Produkt sozialer Prozesse: Individuen werden in der Verschränkung geschlechtsspezifischer, klassenbezogener, ethnisierter und anderer Beschreibungen als Subjekte konstituiert und erhalten dabei eine soziale Position innerhalb der existierenden Machtverhältnisse zugewiesen.

Der Begriff der *Regierung*, der breit gefasst die Lenkung und Steuerung von Individuen bezeichnet, steht im Zentrum des *Gouvernementalitäts*-Ansatzes von Foucault. Kapitel 3.4 erläutert das Konzept der Gouvernementalität. Zudem stellt das Kapitel das Konzept *Regime* vor, mit dem verschiedene (auch nichtstaatliche) Akteure in die Analyse einbezogen werden können.

Die Untersuchung basiert auf der Annahme, dass *Geschlecht* eine zentrale Kategorie darstellt, um die soziale Positionierung von MigrantInnen zu verstehen. Kapitel 3.5 beleuchtet die gewählte *intersektionale* Perspektive, die es ermöglicht, neben Geschlecht weitere Kategorien der sozialen Differenzierung einzubeziehen.

Die zentralen Analysekonzepte, die in Kapitel 3 vorgestellt werden, führt das Konzept *institutioneller Platzzuweisungen* zusammen. Kapitel 3.6 arbeitet eine Begriffsbestimmung aus und präzisiert die Fragestellung der vorliegenden Untersuchung.

3.1 Anpassung an die Norm: Konzepte von Integration

Es existiert eine ganze Palette an Konzepten und Theorien dazu, was *Integration* ist und welche Kriterien dafür gelten sollen. In den Sozialwissenschaften wird Integration auf den gesellschaftlichen Zusammenhalt bezogen und kann sowohl einen sozialen Prozess als auch einen gesellschaftlichen Zustand bezeichnen (vgl. Richter 2005: 36). Der Begriff bezieht sich gegenwärtig vorrangig auf den Bereich der Einwanderung. In öffentlichen Debatten erlebt das Konzept Integration seit Ende der 1990er Jahre eine „Hochkonjunktur" (Prodolliet 2006a). „Migration und Integration erscheinen als diskursiv untrennbares Begriffspaar" (Castro Varela 2006: 152). Zunehmend erscheint der Begriff aber auch in Bezug auf unterstützungsbedürftige Menschen, die aufgrund von Krankheit, Armut, Behinderung oder Erwerbslosigkeit ihre Selbständigkeit verlieren und daher als am Rande der Gesellschaft stehend wahrgenommen werden (vgl. Wicker 2009: 26f.).

Der Begriff Integration kommt vom lateinischen Verb „integrare", das „etwas ergänzen", „vervollständigen" oder „wiederherstellen" bedeutet. Er verweist damit implizit auf die Anpassung an eine Norm: Das zu Integrierende soll im Ganzen, in der Einheit aufgehen. Unsichtbarkeit kann daher als ein Kriterium der Integration gelten (vgl. Castro Varela 2006: 154). Integration besteht folglich im Beheben des „Mangels des Andersseins" (Angst 1998: 217). Es liegt deshalb nahe, Integrationspolitiken als Normalisierungs- und Disziplinierungsregimes zu fassen, wie es TheoretikerInnen der kritischen Grenzregimeforschung vorschlagen (vgl. Kap. 3.4).

Mit dem Begriff Integration verbindet sich somit die Aushandlung von Zugehörigkeit und nationaler Identität (vgl. Castro Varela 2006: 153, Riaño/Wastl-Walter 2006b). Zentrales postuliertes Ziel der Schweizer Politik war lange Zeit die Forderung nach *Assimilation* (vgl. Niederberger 2004), verstanden als „Eingliederung in die Mehrheitsgesellschaft im Sinne der Übernahme der Werte und Verhaltensweise der Mehrheit" (Kälin 2003: 143). Dieses Verständnis von Integration als einseitige Anpassung der Zugewanderten an die Aufnahmegesellschaft lässt sich in der politischen Debatte immer wieder finden, auch wenn der Begriff Assimilation aufgrund zunehmender Kritik nur noch selten verwendet wird (Schönenberger/D'Amato 2009: 6). Verschiedene AutorInnen zeichnen die Debatten um den Integrationsbegriff nach (für den Schweizer Kontext: Akhbari/Leite 2013, D'Amato 2010, Sancar 2010, Knöpfel 2009, Kälin 2003, Kälin 2000, Prodolliet 1998c). Auch die Eidgenössische Kommission für Migrationsfragen diskutiert das Konzept eingehend (Prodolliet 2010, EKM 2008, EKM 2006). Wissenschaftliche und politische Bestimmungen variieren von der Anpassung an Sitten und Gebräuche des Aufnahmelandes über chancengleiche Zugänge zu gesellschaftlichen Ressourcen oder eine gleiche Verteilung in der Sozialstruktur bis hin zum friedlichen Zusammenleben in der Gesellschaft (vgl. Kälin 2003: 46). Integration zielt damit auf eine harmonische Angleichung zwischen einheimischer Mehrheitsgesellschaft und zugewanderter Minderheit (vgl. Lopez 2009). Vielfach wird Integration als wechselseitiger Prozess konzeptualisiert, wobei umstritten ist, von wem welche Leistung erbracht werden soll (vgl. Castro Varela 2006: 153). Grundsätzlich besteht der Widerspruch, dass der Zugang zu wesentlichen gesellschaftlichen Ressourcen über Staatsbürgerschaft strukturiert ist, so dass Personen ohne Staatsbürgerschaft stets partiell ausgeschlossen und desintegriert sind.

Die Konzeption von Integration in der Schweizer Politik verlief nach Hans-Rudolf Wicker in drei Phasen, wobei alle Phasen Merkmale der anderen in sich tragen (Wicker 2003: 47–49): In den 1960er und 1970er Jahren dominierten im Rahmen der damaligen Gastarbeiterpolitik Assimilationsforderungen an die Zugewanderten (vgl. Kap. 2.3). Der Assimilationsansatz beruhte auf der defizitorientierten Sicht auf MigrantInnen. Integration sollte demnach diese Defizite überwinden und Zugewanderte sollten sich an die Normen der Schweiz anpassen. In den 1980er Jahren verbreitete sich ein Multikulturalismus-Ansatz, in dessen Zentrum die Idee einer Bewahrung verschiedener Identitäten stand. Seit den 1990er Jahren dominiert Wicker zufolge ein pragmatischer, regulatorischer Ansatz die Integrationspolitik, bei dem weniger der Blick auf das kulturell Andere als eine Fokussierung der Ressourcen der Zugewanderten im Zentrum steht. Die Eingliederung der Zugewanderten wird als Querschnittsaufgabe der verschiedenen Politikfelder verstanden. Dahinter steht die Überzeugung, dass Mobilität unerlässlich und begrüssenswert ist, wobei jedoch unerwünschte Migration verhindert werden soll (vgl. ebd.: 48). Simone Prodolliet hält fest, dass die gegenwärtige Integrationspolitik der Schweiz frühere Versäumnisse nachzuholen versuche (vgl. Prodolliet 2006b) und konstatiert einen europäischen Trend zu verpflichtenden Integrationsmassnahmen (vgl. Prodolliet 2009). Die kürzlich in Angriff genommenen Gesetzesrevisionen setzen diesen Trend in der Schweiz fort (vgl. Kap. 2.4 sowie Bachmann/Riaño 2012).

Restriktive und liberale Perspektiven auf Integration verbinden sich in der Leitidee „*Fördern und Fordern*" zu einer konsensfähigen Formel. Dieses seit der Jahrtausendwende populäre Paradigma der Integration vereint die Hilfestellung und den Zwang zur Integration (Piñeiro/Bopp/Kreis 2009b). Integration etabliert sich danach zunehmend als Zuwanderungskontrolle (vgl. Wicker 2003: 44) : „Der in der schweizerischen Politik gegenüber Ausländern enthaltene Subtext verweist auf eine direkte Verknüpfung der Integrationsforderung mit dem Status des ‚Unerwünschtseins'" (Wicker 2009: 25). Diese Analyse verweist auf eine Kontinuität der Abwehr und Kontrolle in der heutigen Schweizer Migrations- und Integrationspolitik – während die Entwicklung der Migrationspolitik in verschiedenen wissenschaftlichen Darstellungen sonst vielfach als eine klar abgrenzbare Abfolge von „Ausgrenzen, Assimilieren, Integrieren" erscheint (so der Titel eines 2004 erschienenen Werkes von Josef Niederberger über die Entwicklung der Schweizer Migrationspolitik). Die Politik der Überfremdungsabwehr wurde demnach von einem wohlwollenden „Potenzialansatz" (vgl. TAK 2009) abgelöst. Auch Estban Piñeiros genealogische Analyse der Schweizer Integrationspolitik (2015) zeigt auf, dass das Konzept der Assimilation und der Überfremdungsabwehr gegenwärtig vielfach historisiert wird, obwohl die Programmatik der repressiven Abwehr und des Ausschlusses weiterhin Kernlogiken der gegenwärtigen Migrationspolitik bilden (vgl. Piñeiro 2013, Piñeiro 2010). Das Konzept einer gesellschaftlichen Einbindung der Zugewanderten begleitete zudem bereits in den 1960er Jahren die Politiken der Abwehr unerwünschter Einwanderung.

Die Unschärfe und Profillosigkeit des Integrationsbegriffs (vgl. Achermann 2007) ist funktional, da unterschiedliche und teilweise gegensätzliche Anliegen und Interventionen darunter gefasst werden können. Der offene und weitgefasste Anspruch der Integration trägt umfassende und allgegenwärtige Kontrollansprüche in sich und ermöglicht als vielschichtiges Steuerungsdispositiv ein regulierendes Eingreifen in eine Vielzahl von „Mikroproblemen des Alltags" (Piñeiro 2010: 66). Diese „Entgrenzung des staatlichen Aktionismus" (Piñeiro im E-Mail-Austausch, 12.12.2012) auf praktisch alle Gesellschafts- und Lebensbereiche erlaubt ein subtiles Regulieren von Zugewanderten unter liberalen oder sogar emanzipatorischen Vorzeichen (vgl. Bachmann/Riaño 2012).

Die Integrationspolitik wird von Annahmen über Ethnizität und Geschlecht als Subtext getragen (Riaño/Wastl-Walter 2006b, Riaño/Wastl-Walter 2006a). Diese basieren auf einer unterstellten Differenz zwischen dem modernen Westen und dem als traditionell und vormodern dargestellten Rest der Welt (vgl. Hall 1994). María do Mar Castro Varela macht auf koloniale Assoziationen in der westeuropäischen Integrationsdebatte aufmerksam, die bestimmten (vorrangig aussereuropäischen) MigrantInnen stigmatisierende Attribute verleihen, und fordert dazu auf, Integrationspolitiken als eingebettet in die historisch entwickelte europäische Macht- und Interessenpolitik zu betrachten (vgl. Castro Varela 2006: 163, s. auch Ha/Schmitz 2006, Ha 2009). So stammt heute die Mehrheit der MigrantInnen in der Schweiz aus europäischen Staaten – nicht zuletzt aufgrund der dualen Zulassungspolitik der Schweiz, die EU-/EFTA-Staatsangehörige privilegiert (vgl. Kap. 2.2). Die Integrationsdebatte thematisiert diese MigrantInnen jedoch praktisch nicht, und sie fallen auch rechtlich nicht unter den Integrationsimperativ.

Die vorliegende Studie geht von einem dynamischen und multidimensionalen Verständnis von Integration aus. Nach diesem Verständnis lässt sich Integration nicht in einer statischen Polarität von Ein- oder Ausschluss fassen, sondern verläuft entlang verschiedener, nicht unbedingt kongruenter Achsen (vgl. Knöpfel 2009). So können etwa die kulturelle, ökonomische, berufliche, politische und soziale Integration unterschieden werden, die sich gegenseitig beeinflussen können (vgl. ebd.). Dieser dynamische und mehrdimensionale Prozess von Ein- und Ausschluss lässt sich mit dem Konzept *citizenship* fassen. Der Begriff bezieht sich eigentlich auf staatsbürgerliche Rechte. Das formale Kriterium der Staatsbürgerschaft ist zentral für den Zugang zu gesellschaftlichen Ressourcen, reicht jedoch allein nicht zur

Erklärung sozialer Inklusion und Exklusion aus (vgl. Erel 2003a). Eine erweiterte Konzeption von citizenship beinhaltet im Anschluss an Thomas H. Marshall die Mitgliedschaft in der sozialen Gemeinschaft, verbunden mit Forderungen nach zivilen, politischen und sozialen Rechten (vgl. Marshall 1953, Weckwert 2008). Dieses Konzept von citizenship umfasst ein vielfältiges Set von – sowohl staatlichen als auch nichtstaatlichen und sowohl formellen als auch informellen – Praktiken, welche Teilhabe ermöglichen oder verhindern (vgl. Erel 2003a: 264). Yvonne Riaño ergänzt diese Konzeption durch den Aspekt wirtschaftlicher Partizipation und bestimmt *economic citizenship* als chancengleichen Zugang zum Arbeitsmarkt und eine nachhaltige und den beruflichen Kompetenzen entsprechende Positionierung darin (vgl. Riaño 2011). Angelehnt an diese Begriffsbestimmungen versteht die vorliegende Studie Integration als die Möglichkeit zur chancengleichen Partizipation an zentralen gesellschaftlichen Ressourcen unabhängig von Herkunft, Geschlecht und anderen Kategorien sozialer Differenzierung.

3.2 MigrantInnen und Zugewanderte: Begriffe für die Zielgruppe der Politik

Die Analyse von inhärenten Diskursen in der Integrationspolitik erfordert ein besonderes Augenmerk auf Benennungen, Etikettierungen und Beschreibungen. Die vorliegende Studie basiert auf der Annahme, dass Kategorien zur Bezeichnung von Bevölkerungsgruppen gesellschaftliche Konstruktionen sind, die sich auf einen spezifischen sozialen, historischen, politischen und ökonomischen Kontext beziehen. Diese Terminologien verweisen auf Konzepte von Zugehörigkeit und Identität und sind Ausdruck von Herrschaftsverhältnissen (vgl. Ochse 1999). Die vorliegende Studie steht somit vor der Herausforderung, die Kategorisierungen des untersuchten Feldes zu dekonstruieren, obwohl sie zugleich selbst auf Begriffe zur Beschreibung des Gegenstandes zurückgreifen muss, die wiederum an machtvolle Konzeptionen und Zuschreibungen gebunden sind. Ausgehend von Kritiken postkolonialer feministischer Forschender stellt sich daher die Frage, wie Differenz sichtbar gemacht werden kann, ohne erneut starre, homogenisierte Differenzeinheiten zu konstruieren (Gutiérrez Rodríguez 2003).[51]

Die Unterscheidung zwischen StaatsbürgerInnen und AusländerInnen ist die zentrale Kategorie der Differenzierung im Kontext von Nationalstaaten, die den Zugang zu politischen Rechten und gesellschaftlichen Ressourcen strukturiert. Personen ohne Staatsbürgerschaft weist das Migrationsregime abgestufte Rechte zu, die wiederum in verschiedene Titel wie Kurzaufenthalter, anerkannte Flüchtlinge, Niedergelassene, Drittstaatsangehörige, Asylsuchende usw. gefasst werden. Auch das Bundesamt für Statistik BFS unterscheidet entlang der Staatsangehörigkeit bzw.

---

51 Zur Diskussion der Begriffe vgl. Bachmann (2003).

Nationalität zwischen SchweizerInnen auf der einen und AusländerInnen auf der anderen Seite. Daneben unterscheidet das BFS nach dem Geburtsort der Eltern Personen mit und ohne Migrationshintergrund. Darunter fasst das Amt alle in die Schweiz Eingewanderten unabhängig von ihrer Staatsangehörigkeit, deren Eltern im Ausland geboren sind, sowie ihre in der Schweiz geborenen Nachkommen (BFS 2013b). Die verschiedenen Kategorien MigrantInnen, AusländerInnen, Flüchtlinge, Personen mit Migrationshintergrund usw. überschneiden sich also. Sie erfassen jeweils nur einen bestimmten Ausschnitt der Migrationsbevölkerung und sind an unterschiedliche Zugehörigkeitsmuster und Erfahrungen gesellschaftlicher Exklusion und Inklusion gebunden, die über Aspekte wie Staatsbürgerschaft, Wohnortwechsel oder Geburtsort der Eltern hinausgehen.

Der Staat formuliert für verschiedene Statuskategorien von AusländerInnen differenzierte Aufenthaltsrechte, an die unterschiedliche Anforderungen und Zugänge zu Ressourcen geknüpft sind, z.B. die Verpflichtung zur Teilnahme an Integrationsmassnahmen. Für den Kontext der Schweizer Migrationspolitik zentral ist vor allem die Unterscheidung zwischen EU-/EFTA-Angehörigen und Staatsangehörigen anderer Staaten, sogenannten Drittstaatenangehörigen. Die verschiedenen Statuskategorien sind durch Regulierungen und Vorschriften im Aufnahmeland bestimmt, etwa Regelungen zur Erlangung der Staatsbürgerschaft. So ist als eine Folge der restriktiven Schweizer Zulassungspolitik für viele MigrantInnen aus Drittstaaten ein Asylgesuch die einzige Möglichkeit, ihren Aufenthalt zu legalisieren.

Für die Asylimmigration lässt sich anschaulich zeigen, dass die Zahl der Flüchtlinge nicht vorrangig die Folge sozialpolitischer Entwicklungen in den Herkunftsländern darstellt, sondern ein Produkt der Migrations- und Asylpolitik der Aufnahmeländer ist. Legislative Änderungen können starke Verschiebungen der Kategorien verursachen. Alice Szczepanikova (2012) zeigt diesen Effekt am Beispiel der Tschechischen Republik. Dort trat im Jahr 2000 ein neues Asylgesetz in Kraft, das Asylsuchenden eine Reihe von Rechten einräumte, etwa die Möglichkeit zur Erwerbstätigkeit und den Zugang zu staatlicher Unterstützung. Parallel dazu wurde ein restriktives Einwanderungsgesetz erlassen, das verschiedene Kontrollinstrumente für AusländerInnen installierte. Das führte dazu, dass der Aufenthaltsstatus zahlreicher Eingewanderter illegalisiert wurde. Ein Asylgesuch bot für diese Personen eine Möglichkeit, der Ausweisung und Internierung zu entgehen. Die Zahl der Asylsuchenden verdoppelte sich daraufhin. 2002 wurde darauf mit einer Reihe von rechtlichen Restriktionen für Asylsuchende reagiert: So wurden die finanzielle Unterstützung begrenzt und Arbeitsverbote erlassen. Diese legislativen Änderungen hatten wiederum grossen Einfluss auf die Zahl der Asylsuchenden, die sich enorm verringerte. Kategorisierungen der Migrationspolitik und die damit verbundene hierarchische Zuweisung von Rechten fasst das Konzept des Grenzregimes (vgl. Kap. 3.4) als Teil der Kontrolle und Steuerung von Migrationsbewegungen, die als Grenze bezeichnet werden und weit über die Befestigungen an den Rändern des nationalstaatlichen Territoriums hinausreichen (vgl. Karakayalı/Tsianos 2007, Hess/Kasparek 2010). Die Kategorien der Migrationspolitik selbst rücken damit in den Fokus der Analyse, in der es darum geht, Beschreibungsmuster in den Kontext von Macht- und Herrschaftsbeziehungen zu stellen. Die vorliegende Studie übernimmt daher die Kategorien der staatlichen Erfassung und Hierarchisierung von Zugewanderten nicht, sondern verwendet den Begriff der *MigrantInnen* sowie synonym dazu *Zugewanderte*. Diese terminologische Wahl ist nicht ohne Fallstricke, denn diese Bezeichnungen transportieren – ebenso wie andere Begriffe, etwa Ausländerin, Asylsuchende oder Person mit Migrationshintergrund – Assoziationen, Bewertungen und Zuschreibungen, die auf eine Durchdringung der Kategorien Nationalität, Ethnizität und geografische Herkunft verweisen.[52]

Der Begriff *Migrant* bzw. *Migrantin* bezieht sich auf Personen, die ihren Lebensmittelpunkt auf Dauer wechseln (Treibel 1999: Kap. 1).[53] Migration kann dabei aus der Perspektive der Migrierenden als eine Strategie zur Realisierung biographischer, familiärer und ökonomischer Ziele gefasst werden (agency-Perspektive), die von unterschiedlichen Erfahrungen der Zugehörigkeit begleitet ist. Aus der Perspektive der Institutionen kann Migration als ein Transfer von Arbeitskraft betrachtet werden, der Politiken der Regulierung bedarf, welche mit Kategorisierungen und Benennungen einhergehen. Der Begriff der Migranten und Migrantinnen bildet jedoch die Varianz der diversen Migrationsphänomene nicht ab, und er erfasst den hierarchisch unterschiedlichen Zugang zu Rechten und Chancen nicht, der vorrangig auf Nationalität bzw. Staatsbürgerschaft basiert.[54]

Auch der Ausdruck *Zugewanderte* ist nicht befriedigend. Er wirkt unbeschwert und erinnert an Wandern als Freizeitbeschäftigung, so dass die Gefahr besteht, die Rolle der Migration als familiäre, wirtschaftliche und biographische Strategie zu verdecken. Es ist zentral, die an die verschiedenen Kategorisierungen geknüpften Differenzierungen und Hierarchisierungen in ihrer Verschränkung zu untersuchen (vgl. Steyerl/Gutiérrez Rodríguez 2003, Gutiérrez Rodríguez 1999a).

Weil kein akzeptabler Begriff zu finden ist, nutzt die vorliegende Studie aus Mangel an Alternativen *MigrantInnen* bzw. *Zugewanderte* als Hilfsbegriffe, um allgemein die Zielgruppe der Integrationspolitik zu bezeichnen. Diese Begriffe ermöglichen, das Phänomen der Konstruktion der Zielgruppe in diesem Feld zu beschrei-

---

52 So können auch Personen, die die Schweizer Staatsangehörigkeit besitzen oder in der Schweiz aufgewachsen sind, im Alltag eine Identifikation als MigrantInnen entlang von Merkmalen wie Hautfarbe, Name, Sprache etc. erfahren oder sich selbst so identifizieren (vgl. Bachmann 2003).
53 Neue Forschungen weisen darauf hin, dass es Migrationsmuster gibt, die nicht als auf Dauer angelegte, unidirektionale Ortswechsel konzipiert werden können und die nicht immer mit einer Verlagerung des Lebensmittelpunktes einhergehen, etwa Pendelmigration (vgl. Schilliger 2014, Dahinden 2010, Akkaya/Soland 2009). Zudem ist der offizielle Wohnsitz nicht immer legalisiert, sodass illegalisierte MigrantInnen nicht als MigrantInnen in offiziellen Statistiken erscheinen.
54 Auch in der offiziellen Terminologie findet der Begriff „Migranten" Verwendung, er löst zunehmend die Begriffe „Fremde", „Ausländer", „Gastarbeiter" und „Flüchtlinge" ab (vgl. Wicker 2003: 15).

ben, ohne die offiziellen Statuskategorien der Schweizer Gesetzgebung zu übernehmen. Dabei implizieren diese Begriffe jeweils keine Aussagen über die Dauerhaftigkeit, Freiwilligkeit, Periodizität, Motivation usw. der Migration oder über die Staatsangehörigkeit der Betreffenden. Diese Bandbreite an Erfahrungen und Zugängen fasst der Begriff MigrantInnen am besten, auch wenn die Differenzen in dieser Bezeichnung zugleich unsichtbar werden. Daneben verwendet die Studie die Bezeichnung *Teilnehmende* für diejenigen Personen, welche die untersuchten Integrationsprojekte besuchen.[55] Die Studie stellt darüber hinaus diejenigen Begriffe dar, die im untersuchten Datenmaterial verwendet werden, und analysiert die konkrete Bedeutung, die jeweils im Feld der Untersuchung damit verbunden ist.

3.3 Konzepte zur Analyse sozialer Positionen: Anrufung, Kapital, Diskurs

Louis Althusser (1977) prägte den Begriff der *Anrufung* (interpellation) als ein Verfahren, in dem Individuen als Subjekte konstituiert werden und eine soziale Position zugewiesen bekommen: Er versinnbildlicht diesen Prozess mit dem Beispiel eines Wachmanns, der jemanden ruft: „He, Sie da!". Indem sich das Individuum nach dem Rufer umdreht und damit anerkennt, dass es mit dem Ruf gemeint ist und so die ihm zugewiesene Position besetzt, wird es als Subjekt konstituiert. Anrufungspraktiken sind somit produktiv, sie erzeugen die Subjekte, die sie benennen und bestimmen deren gesellschaftliche Lage (vgl. Castro Varela 2007: 21). Ian Hacking (1986) beschreibt eindrücklich am Beispiel der Psychopathologie, inwiefern die analytische Beschreibung und Kategorisierung einer Gruppe diese erst produziert. So wurde beispielsweise die Multiple Persönlichkeit als klinisches Phänomen Ende des 19. Jahrhunderts erstmals beschrieben, worauf die Zahl entsprechender Krankheitsfälle stark zunahm, wie Hacking darlegt. Danach werden Subjekte durch das Festschreiben von bestimmten Eigenschaften in spezifischer Weise „zurechtgemacht" (*making up*, ebd.).

Die soziale Position eines Individuums bestimmt sich entlang der relativen Verfügungsmöglichkeit über verschiedene Handlungsressourcen, die Pierre Bourdieu (1986) als *Kapital* bezeichnet. Diese Konzeption reduziert Kapital nicht auf den ökonomischen Bereich, sondern differenziert kulturelles, soziales und ökonomisches Kapital, später ergänzt durch symbolisches Kapital.[56] Diese Differenzierung

---

55 Das Datenmaterial deutet darauf hin, dass es sich bei den Teilnehmenden der untersuchten Projekte ausschliesslich um MigrantInnen der ersten Generation handelt, die eine ausländische Staatsangehörigkeit besitzen. Sie sind je nach Aufenthaltsstatus und Nationalität unterschiedlichen rechtlichen Regelungen und damit Einschränkungen oder Privilegierungen beim Arbeitsmarktzugang unterworfen. So benötigen etwa Personen mit dem Status „vorläufige Aufnahme" eine Arbeitsbewilligung.

56 *Ökonomisches Kapital* wird über sozio-ökonomische Herkunft, Arbeit, Einkommen und Vermögen bestimmt und lässt sich besonders leicht in Geldwerte konvertieren. *Kulturelles Kapital* bezeichnet die

verschiedener Sorten von Kapital ermöglicht es, gesellschaftliche Schichtungen nicht nur anhand von ökonomischen Faktoren zu unterscheiden, sondern Sozialstruktur differenziert zu erfassen. Da kulturelles Kapital – also Bildung, berufliche Abschlüsse, aber auch nicht-formalisiertes Wissen, – an nationale Kontexte gebunden ist, erfährt es durch Migration Ab- und Umwertungen (vgl. Erel 2010, Erel 2003a, Shinozaki 2009, Baghdadi 2008, Fürstenau 2004). Bildungsinstitutionen und Arbeitgebende erkennen ausserhalb Europas erworbene Abschlüsse oftmals nicht an. Stereotypisierende Zuschreibungen führen ebenfalls zur Abwertung von verkörpertem und institutionalisiertem kulturellen Kapital (vgl. Riaño/Baghdadi/Wastl-Walter 2008, Erel 2003b, Gutiérrez Rodríguez 1999a) und damit zu Diskontinuitäten bezüglich der sozialen Positionen. MigrantInnen können andererseits ihre ethnische Herkunft und die damit verbundenen Zuschreibungen nutzen, um Zugang zu Arbeitsstellen im Bereich Migration und Integration zu erhalten, etwa als interkulturelle ÜbersetzerInnen (Lutz 1991).

Der *Habitus* eines Menschen vermittelt zwischen dem Kapital von Individuen (und damit ihrer sozialen Position) und den konkreten Handlungen der Individuen als Mitgliedern einer sozialen Gruppe bzw. Klasse (Strüver 2005: 91). Als Habitus bezeichnet Bourdieu (1976: 169) ein System von dauerhaften Dispositionen einer Person, die gesellschaftlich geprägt sind und auf der Zugehörigkeit zu einer sozialen Gruppe bzw. Klasse basieren. Mit dem Habitus bestimmt sich der Lebensstil einer Person, das heisst sowohl ihre äussere Erscheinung, ihr Verhalten, ihre Äusserungen, als auch ihre Denk-, Wahrnehmungs-, Beurteilungs- und Handlungsmatrix. Der Habitus als inkorporierte Kultur ist einerseits ein Interpretationsschema, nach dem Individuen ihre Erfahrungen einordnen und ihr Verhalten ausrichten, und andererseits ein Klassifikationssystem, nach dem Individuen unterschieden werden können. Der Begriff des Habitus verbindet somit Struktur und Praxis. Mario Candeias (2004) erweitert das Habituskonzept von Bourdieu, indem er davon ausgeht, dass jedes Subjekt verschiedene, auch zueinander widersprüchliche Habitusformationen vereint. Die Produktion des Subjektes vollzieht sich in dem komplexen Prozess, in dem die Widersprüche lebbar und aushaltbar gestaltet werden. Candeias bezeichnet diesen Prozess im Anschluss an Foucault als *Subjektivation*.

Althussers Beispiel des Wachmannes verweist auf die Funktion des Staates bei der Konstitution von Subjekten: Staatliche Institutionen rufen Individuen als Subjekte an. Nach Althussers Konzeption werden Individuen durch *Ideologien* – also kurz gefasst durch Zusammenhänge von Vorstellungen – unterworfen und damit als Subjekte konstituiert. Judith Butler (1997) greift mit ihrer Theorie der Performanz diese Überlegungen auf. Sie kritisiert jedoch, dass diese Konzeption die

---

sozio-ökonomische Herkunft, Bildung, kulturelle Güter und kulturelle Fertigkeiten. *Soziales Kapital* bezieht sich auf die Ressourcen, die aus der Integration in Netze sozialer Beziehungen resultieren und auf der Zugehörigkeit zu Gruppen beruhen. *Symbolisches Kapital* beschreibt das Mass der Anerkennung des eigenen Kapitals durch soziale Gruppen (Bourdieu 1986).

Handlungsmöglichkeiten der Subjekte (*agency*) nicht berücksichtigt – anders als der Begriff des *Diskurses* von Michel Foucault.[57] Die vorliegende Studie basiert dem folgend auf der Annahme, dass Subjekte über Gestaltungsspielräume verfügen, so können sie Identifikationen bzw. Positionszuweisungen ablehnen, modifizieren oder reformulieren (Lemke 1997: 312). Daher bezieht sich die Studie auf das Konzept des Diskurses im Anschluss an Michel Foucault (1974): *Diskurs* bezeichnet institutionalisierte kollektiv geteilte Wissenskomplexe und Sinnzusammenhänge, die das Handeln der Menschen strukturieren (Jäger 2009, Jäger/Jäger 2007). Diskurse können Regeln, Normen, Bewertungen, Abstraktionen, Dichotomien, Ausschluss- und Einschlusspraktiken umfassen (Foucault 1973: 50). Sie naturalisieren und verallgemeinern einen spezifischen Blick auf die Welt und positionieren Subjekte innerhalb dieser Vorstellungen. Staatliche Institutionen stellen eine Verkörperung von Diskursen dar.

Die Annahme, dass Subjekte stets über Handlungsmöglichkeiten verfügen, ist wesentlich für die gewählte konzeptionelle Einbettung, denn das der Studie zugrundeliegende Verständnis von sozialer Positionierung geht davon aus, dass Prozesse der Positionierung von Subjekten immer zugleich Aspekte der Fremdverortung und der Selbstverortung umfassen: Positionierungsprozesse beinhalten zwar eine institutionelle Unterwerfung der Subjekte unter die gesellschaftliche Hegemonie, aber erfordern auch die aktive Kooperation der Subjekte (vgl. Candeias 2004). Einerseits werden Subjekte durch die Unterwerfung unter bürokratische Abläufe und institutionalisierte Prozesse unterschiedlich verortet, andererseits ordnen die Subjekte sich selbst innerhalb dieses Machtgefüges ein. Die Zuweisung von sozialen Positionen muss daher in gesellschaftlichen Aushandlungsprozessen immer wieder neu durchgesetzt werden. Hierbei steht weniger ein intentionales, lenkendes Subjekt (etwa der Staat) den unterworfenen Subjekten gegenüber, sondern die gesellschaftliche Regulierung ereignet sich in einem Kräftefeld divergierender Interessen. Im Zuge dieser Aushandlungsprozesse werden gesellschaftliche Verhältnisse definiert. Wirksam werden diese Formulierungen erst, wenn die Subjekte sie als eigene übernehmen und ihr Handeln danach ausrichten. In diesem Prozess der Aneignung durch die Subjekte interpretieren und modifizieren sie die Zuweisungen.

Soziale Positionierungen sind somit das Ergebnis von Aushandlungen, und Integrationspolitik kann folglich als ein Terrain konzipiert werden, auf dem soziale Positionierungen ausgehandelt werden. Auch Bourdieus Konzept des Habitus beinhaltet keine Determination: Der Habitus beschränkt Handlungen, aber er beinhaltet zugleich Handlungsmöglichkeiten. In dieser Spanne liegt die individuelle Autonomie und somit auch das Potenzial für widerständiges Agieren. Im Rahmen der vorliegenden Studie scheinen solche Momente des Widerstandes jedoch nur vereinzelt

---

57 Zu den Differenzen zwischen dem Diskursbegriff von Foucault und dem Ideologiebegriff von Althusser vgl. Gutiérrez Rodríguez (1999a: 42–44).

auf, da sich die Analyse auf die Perspektive von Institutionen konzentriert, die den Rahmen der Handlungsmöglichkeiten der Subjekte beeinflussen. Das Zusammenspiel von Selbstlenkung und äusserer Regulierung kann mit dem Konzept der Gouvernementalität erfasst werden (vgl. Kap. 3.4). Dieser Ansatz ermöglicht es, Prozesse der Konstitution und sozialen Positionierung von Subjekten als eine Verbindung von Führung und Selbstführung zu konzeptualisieren und damit auf spezifische Formen von Herrschaft aufmerksam zu machen, die als Frage ökonomisch strukturierter Machtverhältnisse verstanden werden.

3.4 Gouvernementalität: Integrationspolitik als Regierung von MigrantInnen

Michel Foucault entwickelte den Ansatz der *Gouvernementalität* als eine Analyse von Regierungsweisen in zwei Vorlesungsreihen am Collège de France in Paris (2004a, Foucault 2004b). Zentral für das – in sich nicht immer konsistente – Konzept ist der Begriff des *Regierens*. Es geht dabei nicht nur um politische Strukturen oder staatliche Verwaltung, sondern in einem umfassenden Sinne um die Steuerung und Lenkung von Individuen. Regierung umfasst danach die „Gesamtheit der Institutionen und Praktiken, mittels derer man die Menschen lenkt, von der Verwaltung bis zur Erziehung" (Foucault 2005: 116). Foucault schlägt vor, den Nationalstaat als eine Art und Weise des Regierens zu konzipieren.

Das Konzept der Gouvernementalität bezieht sich auf Formen des Regierens, bei denen Techniken der Selbstführung und der Fremdführung ineinandergreifen. In den Blick geraten hierbei indirekte, initiative Lenkungstechniken, die über Anreize das erwünschte Verhalten zu stimulieren versuchen. Dies kann beinhalten, die individuellen Einstellungen und Interessen der Subjekte so zu beeinflussen oder Handlungsmöglichkeiten so zu strukturieren, dass die Subjekte selbständig entsprechend der gewünschten Logik handeln (vgl. Foucault 1987: 255). Entsprechend umfasst der Begriff der *Führung* zugleich „die Tätigkeit des ‚Anführens' anderer (vermöge mehr oder weniger strikter Zwangsmechanismen) wie auch das Sich-Verhalten in einem mehr oder weniger offenen Feld von Möglichkeiten" (ebd.). Dabei verweist diese Konzeption auf den engen Zusammenhang von Macht und Wissen (vgl. Foucault 1976): Regierung beinhaltet bestimmte Formen der Problematisierung. „Dies geschieht u.a. durch die Erarbeitung von Begriffen und Konzepten, der Spezifizierung von Gegenständen und Grenzen, durch die Bereitstellung von Argumenten und Begründungen etc." (Lemke 2000: 32). Das Konzept der Gouvernementalität ermöglicht es somit, die Verkoppelung von sozialen Positionierungen mit Wissensformationen respektive Diskursen zu untersuchen (vgl. ebd.). Die für die vorliegende Studie untersuchten Beschreibungen von MigrantInnen in der Integrationspolitik können somit als „programmatische Subjektivitäten" (vgl.

Pühl/Schultz 2001) verstanden werden. Sie sind Konstruktionen, die zugleich Bewertungen und Vorgaben beinhalten: Die Anrufungen markieren zugleich Prozesse der Normierung wie Prozesse, in denen Wissen über MigrantInnen (re-)produziert wird (vgl. Schultz 2003: 70 in Rückgriff auf Ulrich Bröckling).[58]

Die Gouvernementalitätsperspektive zielt also auf eine systematische Analyse der spezifischen Wissensformationen (respektive Diskurse) und der damit verbundenen Subjektivierungsweisen, welche die „Kunst des Regierens" (Foucault 2004a: 173) ausmachen. Indem er ein besonderes Gewicht auf die Analyse der Subjektivierungsformen als Effekt des Regierens legt, weist Foucault mit seiner machtanalytischen Perspektive die Vorstellung einer einseitig repressiven Macht zurück und betont das produktive Moment von Macht. Angeregt durch die gouvernementalitätstheoretische Perspektive kann die Forschungsfrage als Frage danach präzisiert werden, welches Wissen über MigrantInnen die Schweizer Integrationspolitik (re-)produziert und welche soziale Positionierungen daran geknüpft sind.

Integrationspolitik stellt einen zentralen Bestandteil einer „aktiven Migrationspolitik" dar (Castro Varela 2007: 18). Damit ist das Konzept des sogenannten Migrationsmanagements gemeint, das die Agenda der europäischen Migrationspolitik seit einigen Jahren bestimmt und etwa seit den 1990er Jahren auch in der Schweiz angekommen ist (vgl. Meyer/Purtschert 2008). Migrationspolitiken zielen danach nicht auf völlige Abwehr von Migration, sondern vielmehr auf die gezielte Steuerung und Kontrolle zwecks ökonomischer Verwertung von grenzüberschreitenden Bewegungen (Mezzadra 2009: 183, vgl. Schwenken 2007, Karakayalı/Tsianos 2007, Tsianos 2010). Das Konzept einer gelenkten, koordinierten Migration beinhaltet vielfältige Regulierungspraktiken, die das Verhalten von erwünschten MigrantInnen zu lenken versuchen. Unerwünschte, unkontrollierte Migration wird hingegen direkter Repression unterworfen. Das Konzept des Migrationsmanagements weist damit Parallelen zum beschriebenen Konzept der Gouvernementalität auf und lässt sich als *Gouvernementalisierung der Migrationspolitik* (Transit Migration Forschungsgruppe 2007) fassen.

Die vorliegende Studie greift darüber hinaus Überlegungen aus der *Kritischen Grenzregimeforschung* auf, die sich wiederum auf gouvernementalitätsanalytische Perspektiven beziehen. Die Grenzregimeforschung verfolgt den Anspruch, nicht nur programmatische Dokumente (etwa gesetzliche Richtlinien) zu analysieren, sondern

---

[58] Die Publikation „Eine Kritik der politischen Vernunft" von Thomas Lemke (1997) markiert den Eintritt der Gouvernementalitätsstudien in die deutschsprachige Debatte. Seither erschienen zahlreiche wissenschaftliche Publikationen, die den Ansatz aufarbeiten und für verschiedene Themenbereiche adaptieren (Bröckling/Krasmann/Lemke 2004, Bröckling/Krasmann/Lemke 2000, Krasmann 2003, Pieper/Gutiérrez Rodríguez 2003, Kessl 2005, Weber/Maurer 2006, Lemke 2007, Sänger/Rödel 2012). Aus der Schweiz gibt es erst wenige wissenschaftliche Arbeiten, die den Gouvernementalitätsansatz auf das Feld der Migrations- bzw. Integrationspolitik beziehen (Meyer/Purtschert 2008, Meyer 2009, Piñeiro/Haller 2009, Kanakasundaram 2011, Piñeiro 2015).

diese ins Verhältnis zu setzen mit der alltäglichen Implementierung und den diskursiven Aushandlungen durch die verschiedenen Akteure der Migrationspolitik (vgl. Kasparek/Hess 2010). Zentral für diesen Ansatz ist der Begriff des *Migrations- bzw. Grenzregimes* (vgl. Heimeshoff et al. 2014, Hess/Kasparek 2010, Hess 2010, Karakayalı/Hess/Tsianos 2009, Transit Migration Forschungsgruppe 2007).[59] Der Begriff der Grenze bezieht sich hierbei nicht nur auf die Befestigungen an den Landesgrenzen, sondern auf das weit in den Alltag hineinreichende Ensemble an Steuerungs- und Kontrollpraktiken.

Integration wird dabei als ein Schlüsselkonzept der Regulierung von Migration gesehen (vgl. Castro Varela 2006, Piñeiro 2015). Restriktive und liberale Diskurse zu Integration verbinden sich in der Formel vom „Fördern und Fordern" zu einem vielschichtigen Steuerungsdispositiv (vgl. Piñeiro 2010). Diese Zusammenführung von verpflichtenden und wohlwollenden Perspektiven ist mit einer begrifflichen Unbestimmtheit von Integration verbunden. Dadurch können vielfältige und auch gegensätzliche Interventionen unter dem Konzept der Integration gefasst werden (vgl. ebd.). Unter dem diffusen Integrationsdispositiv erscheinen praktisch alle Lebens- und Gesellschaftsbereiche als Gegenstand der Integration. So erfasst etwa das „Indikatorensystem zur Integration der Bevölkerung mit Migrationshintergrund" des Bundesamtes für Statistik neben verfügbarem Einkommen, Bildungsabschlüssen, Erwerbsquote oder Sozialhilfe-Bezug auch Kriterien wie Wohnfläche pro Person, Vertrauen in politische Institutionen, Einsamkeitsgefühl, körperliche Aktivitäten in der Freizeit, Nutzung von Kinderbetreuungseinrichtungen, Teilnahme an Weiterbildung, Zahl der Schwangerschaftsabbrüche und subjektives Sicherheitsempfinden (vgl. BFS 2012d).

Vorrangig Institutionen der Sozialen Arbeit übernehmen die disziplinierende, normalisierende und kontrollierende Praxis der Integration. Integrationspolitik lässt sich daher nicht nur als Bestandteil der Migrationspolitik betrachten, sondern auch im Kontext der Sozialen Arbeit. Fabian Kessl konzipiert Soziale Arbeit als Regierung des Sozialen und nutzt damit Studien zur Gouvernementalität als Analyseperspektive (Kessl 2005, Kessl 2006, Kessl 2007, Kessl/Reutlinger/Ziegler 2007, Anhorn/Bettinger/Stehr 2007).[60] Danach zielt der Wohlfahrtsstaat auf eine Regulierbarkeit sozialer Risiken wie Invalidität, Armut, Obdachlosigkeit oder Erwerbslosig-

---

59 Die Grenzregimeforschung nimmt mit der These von der „*Autonomie der Migration*" (vgl. Benz/Schwenken 2005, Bojadžijev/Karakayalı 2007, Karakayalı/Tsianos 2007) die Subjektivität von MigrantInnen in den Blick und untersucht die Funktionalität und Dynamik der Migrationskontrolle aus der Perspektive des Individuums. Für die vorliegende Studie ist an diesem Ansatz jedoch vorrangig dessen Fokussierung auf die Analyse der spezifischen Macht-Wissen-Komplexe interessant, die das Zusammenspiel von Migrationskontrollapparaten und Zivilgesellschaft erzeugt (vgl. Hess/Karakayalı 2007: 40f.) sowie der Anspruch, die konkrete Beschaffenheit und Wirkungsweise von Diskursen im Feld der Migrationspolitik zu analysieren (vgl. Kasparek/Hess 2010).

60 In der Sozialen Arbeit existieren nur einzelne wissenschaftliche Studien, die sich auf die Gouvernementalitätsperspektive beziehen (vgl. Kessl 2007: 211).

keit und schafft dafür einen spezifischen Sektor von Versorgungs- und Fürsorgeinstanzen. Diese basieren auf der Bestimmung einer wohlfahrtsstaatlichen Normalbiographie, von der die als krank, kriminell oder marginalisiert eingestuften Bevölkerungsgruppen abgegrenzt werden. Sozialstaatlichen Instanzen kommt dabei die Aufgabe zu, bei Abweichungen von der bestimmten Normalbiographie für eine Re-Normalisierung zu sorgen (Kessl 2005: 31). In der Sozialen Arbeit erfährt somit die staatliche Regierung des Sozialen ihre pädagogische Institutionalisierung. Nicht mehr nur die Disziplinierung des Einzelnen bildet das entscheidende Moment, wie Kessl ausführt, sondern „die Normalisierung der Lebensführung" (Kessl 2007: 208). Das heisst, zentral werden Formen der Führung, die auf eine Selbstführung der Subjekte zielen. Auch Projekte zur Erwerbsintegration von Zugewanderten sind in diesem Sinne Teil der Regulierung und Regierung des Sozialen. In Integrationsprojekten arbeiten vielfach professionelle Sozialarbeitende und SozialpädagogInnen. Konzepte der Sozialen Arbeit fliessen demnach auch in Integrationsangebote ein (vgl. Castro Varela 2006).

Mit dem Begriff des *Regimes*,[61] wie ihn die TheoretikerInnen der Grenzregimeforschung konzeptualisieren, ist ein spezifisches Verständnis von Staat und staatlichem Handeln verbunden. Aus dieser Perspektive werden staatliche Regulierungen als Resultat diskursiver Auseinandersetzungen verstanden. Der Staat stellt in dieser Konzeption eine heterogene Verdichtung von Kräfteverhältnissen dar, in der sich konkurrierende Kräfte, Deutungen und Praktiken überlagern (vgl. Poulantzas 2002). Der Staat ist folglich keine monolithische Einheit und kein kohärent handelnder Akteur, dem etwa MigrantInnen als Objekte staatlichen Handelns gegenüberstünden. Vielmehr wird er als ein von Widersprüchen und Konflikten durchzogenes heterogenes Feld gedacht (vgl. Karakayalı/Tsianos 2002, Wagner 2010). Demnach sind „Migration und die Versuche ihrer staatlichen Regulierung als ein gesellschaftliches Aushandlungsfeld, auf dem verschiedene Akteure wirken" zu begreifen (Benz/Schwenken 2005: 366). Migrationspolitiken umfassen aus dieser Perspektive höchst komplexe und teilweise widersprüchliche Praktiken und Strategien. Der Regimebegriff ermöglicht es somit, neben dem Staat „eine Vielzahl von Akteuren in die Analyse einzubeziehen, deren Praktiken zwar aufeinander bezogen sind, nicht aber in Gestalt einer zentralen (systemischen) Logik" (Hess/Karakayalı 2007: 48) .

Diese Anregungen sind für die vorliegende Studie bedeutsam, weil so die Rolle von nichtstaatlichen Organisationen (NGOs), die Integrationsmassnahmen anbieten, als Teil der Regierung von Migration beleuchtet werden kann. Denn im Kontext der Migrationspolitik kommt es zu „situativen Arbeitsbündnissen" (Bahl/Ginal/Hess 2010: 172) staatlicher Institutionen mit NGOs, die Regierungstä-

---

61 Der Begriff *Regime* bezeichnet ein dynamisches Ensemble gesellschaftlicher Praktiken und Strukturen, deren Anordnung durch teilweise konflikthafte Aushandlungen generiert wird (vgl. Karakayalı/Tsianos 2007: 13f., Karakayalı 2010: 273).

tigkeiten ausführen. Diese „Aktivierung zivilgesellschaftlichen Engagements" (ebd.: 174) ist ein zentraler Bestandteil der gouvernementalen Migrationspolitik: Der Staat delegiert Wohlfahrtsaufgaben zunehmend an nichtstaatliche Akteure, so auch die Integration von Zugewanderten. Dabei spielen Hilfswerke, Gewerkschaften, Kirchen und andere karitative Institutionen eine wichtige Rolle, die vielfach mit öffentlichen Geldern subventionierte Integrationsmassnahmen anbieten. Daher stellt sich die Frage, welche Rolle NGOs, die Integrationsprojekte durchführen, für die Strukturierung der Handlungsoptionen von MigrantInnen spielen. Reihen sich die Diskurse und Logiken der Integrationsprojekte in die gouvernementale Logik des Migrationsregimes – im Sinne einer Regulierung der Migration nach ökonomisch strukturierten Kriterien – ein?

Die Studie geht zudem davon aus, dass Migrationsregimes mit den jeweiligen Geschlechterregimes[62] und Wohlfahrtsstaatsregimes[63] auf komplexe Weise zusammenspielen (vgl. Franck/Spehar 2010, Klingebiel/Randeria 2000, Young 1999, Wichterich 1998). In den meisten OECD-Staaten fand in den letzten Jahrzehnten ein Umbau des Keynesianischen Wohlfahrtsstaates in einen neoliberalen Post-Wohlfahrtsstaat statt (vgl. Bütow/Chassé/Hirt 2008, Kessl/Otto 2009). Auch in der Schweiz vollzieht sich dieser Paradigmenwechsel seit den 1990er Jahren, wie Studien zur Arbeitsmarkt- und Sozialpolitik zeigen (vgl. Maeder/Nadai 2004, Magnin 2005, Nadai 2006, Wyss 2007). Die Restrukturierung des Sozialstaates beinhaltet Anpassungen der Leistungen, Finanzierungen und Strukturen sowie eine grundlegende Neudefinition der zugrundeliegenden Logiken der Sozialstaatlichkeit. Die Einführung neoliberaler Umverteilungspolitiken ist von einer zunehmenden Kommodifizierung und Transnationalisierung von Dienstleistungen begleitet, die zu einschneidenden Verschiebungen im Geschlechterverhältnis führt. Durch die vermehrte Erwerbstätigkeit von Frauen bildet sich eine neue ethnische Arbeitsteilung zwischen Frauen verschiedener Herkunft heraus, die auf einem globalen vergeschlechtlichten, ethnisierten und prekarisierten Markt für Haus- und Pflegearbeiten beruht. Migrantinnen übernehmen hierbei im Rahmen einer „ethnischen Ökonomie" (Westwood/Bhachu 1988) zunehmend Care-Arbeiten, wobei ethnische Zuschreibungen sie als besonders geeignet für diese Arbeiten qualifizieren. Die Lebens- und Arbeitsbedingungen der Migrantinnen hängen dabei wesentlich von der geltenden Einwanderungsgesetzgebung und der arbeitsrechtlichen Situation ab, wie etwa Bridget Andersons Studie zu Migrantinnen in der bezahlten Hausarbeit zeigt

---

62 Das Konzept der *Geschlechterregime* (Connell 1987) verweist auf institutionalisierte Praktiken und Formen eines vergeschlechtlichten Herrschaftssystems, das spezifische Normen und Regulierungen für das Rollenverhalten von Männern und Frauen beinhaltet. Die Bündelungen dieser Regime auf makropolitischer Ebene bezeichnet Connell als *Geschlechterordnungen*.

63 Der Begriff *Wohlfahrtsregime* geht auf Esping-Andersen (1990) zurück. Die vergleichende Wohlfahrtsstaatenforschung unterscheidet mit diesem Begriff verschiedene Modelle nationaler Sozialpolitiken, wobei die Beziehung zwischen Staat, Markt und Familien beleuchtet wird (Pfau-Effinger 2000).

(2006). Bei der staatlichen Regulierung der Beschäftigung über Migrationsregimes werden Erwartungen und Vorstellungen aktiviert, die dem Staat zur Legitimation seiner Steuerungsinstrumente dienen, – etwa indem er die Anstellung von MigrantInnen in Privathaushalten toleriert, fördert oder bremst (Lutz 2007: 228). Die jeweiligen Konfigurationen der Migrationspolitik beeinflussen somit die Modi der Einwanderung entsprechend dem Bedarf an Arbeitskräften (Prodolliet 1999) und erzeugen spezifische Konstellationen der Integration (vgl. Wicker 2003: 18).

Angeregt von den Überlegungen aus gouvernementalitätstheoretischer Perspektive und der Grenzregimeforschung fasst die vorliegende Studie die Schweizer Integrationspolitik als eine Regierungsweise. Die Studie zielt auf eine Rekonstruktion der institutionellen Logiken der Regierung von Migration in der Integrationspolitik. Sie geht dabei der Frage nach, inwiefern Fremdführung und Selbstführung in diesem Feld miteinander verknüpft sind. Ein spezielles Augenmerk legt die Analyse dabei auf die Konstruktion von Geschlecht bzw. die diskursive Zuweisung von geschlechtlich kodierten Positionen.

3.5 Intersektionalität: Geschlecht und andere Differenzkategorien

Geschlecht ist ein zentrales Strukturelement der gesellschaftlichen Ordnung. Ausgangspunkt der vorliegenden Analyse ist daher die Annahme, dass die verschiedenen Dimensionen von Migration vergeschlechtlicht sind: „Patterns, causes, experiences and social impacts of migration are gendered" (Erel/Morokvasic/Shinozaki 2003: 11, vgl. Aufhauser 2000, Pessar/Mahler 2003, Morokvasic 2004, Kofman 2004, Lutz 2009). Die vorliegende Untersuchung stützt sich auf sozialkonstruktivistische Ansätze der Frauen- und Geschlechterforschung, wonach Geschlecht sozial konstruiert und somit wandelbar und historisch gewachsen ist. Aus Sicht einer konstruktivistischen Geschlechtertheorie[64] im Anschluss an Kessler/McKenna (1978), Hagemann-White (1988), Gildemeister/Wetterer (1992) u.a. ist die Zweigeschlechtlichkeit das Ergebnis von sozialen Zuschreibungen und Darstellungen und damit die Materialisierung von sozialer Praxis. Geschlecht ist demnach – entgegen dem Alltagsverständnis (vgl. Tyrell 1986) – keine natürliche Tatsache, sondern Judith Butler (1991, Butler 1997) zufolge ein „performativer Akt", ohne dass diese Geschlechterdarstellung als eine Darstellung erkennbar ist (Hirschauer 1993: 47). Geschlecht wird demnach aktiv dar- und hergestellt – Candace West und Don Zimmerman (1987, West/Zimmerman 1991) sprechen von *doing gender* und lenken damit den Blick auf die Interaktionen, in denen Geschlecht als folgen-

---

64 Es existiert inzwischen eine Vielzahl von konstruktivistischen Ansätzen, es gibt daher keine einheitliche Theorie der Geschlechterkonstruktion (vgl. Wetterer 2008).

reiche soziale Unterscheidung hervorgebracht und reproduziert wird.[65] Sie definieren Geschlecht als Prozesse der Charakterisierung des Selbst und des Anderen bezüglich weiblicher und männlicher Identität und gesellschaftlicher Rollen. Dies geschieht mittels einer Orientierung an Idealbildern von naturalisierten Unterschieden zwischen Männern und Frauen.

Geschlecht wirkt sowohl auf der symbolischen wie auf der materiellen Ebene; die binäre Aufteilung in zwei Geschlechter ist basale Voraussetzung und konstituierendes Moment für soziale Ungleichheit. Dieser Zusammenhang zwischen Differenz und Hierarchie zeigt sich eindrücklich anhand der geschlechtsspezifischen Segregation des Arbeitsmarktes: Verschiedene Studien belegen, dass in allen industrialisierten Gesellschaften die Arbeitswelt – trotz gewisser Abschwächungen im Zuge von Modernisierungsprozessen – in hohem Masse sowohl horizontal als auch vertikal geschlechtsspezifisch segregiert ist (vgl. Wetterer 1992, Pfau-Effinger 1998, Heintz/Nadai 1998, Heintz et al. 1997). Die ungleiche Verteilung von Männern und Frauen auf dem Arbeitsmarkt bezieht sich dabei auf verschiedene Dimensionen, die mit der geschlechtlichen Konnotierung von Arbeiten verbunden sind, wie Statuspositionen, Tätigkeitsfelder, Löhne, Aufstiegschancen, Arbeitsbedingungen u.a. Der Arbeitsmarkt der Schweiz ist im internationalen Vergleich besonders stark nach Geschlecht segregiert (vgl. Charles 1995).

Geschlecht ist entscheidend dafür, wie Arbeit organisiert ist (vgl. Wetterer 2002) und Arbeit ist wiederum entscheidend für die Konstruktion von Geschlechtlichkeit (Teubner 2008: 491).[66] Geschlecht kann somit als zentrales Strukturierungs- und Symbolisierungsprinzip (ebd.: 492) der Arbeitswelt bezeichnet werden: Helga Krüger und René Levy bezeichnen Geschlecht als „Masterstatus" (2000: 492). Geschlecht ist deshalb eine zentrale Kategorie, um die Positionierung von MigrantInnen auf dem Arbeitsmarkt zu verstehen (vgl. Kofman 2000).

Wichtige Impulse erhielt die vorliegende Studie aus der kritisch-feministischen Re-Konzeptualisierung der vergleichenden Analyse von Gøsta Esping-Andersen (1990), welche die untersuchten Staaten verschiedenen idealtypischen Wohlfahrts-

---

65 Geschlecht, aber auch andere Identitätskategorien können für Individuen in bestimmten Lebenssituationen auch keine oder eine untergeordnete Rolle spielen (Degele/Winker 2007: 5). Daher müssen auch Prozesse von Undoing Gender bzw. Undoing Difference berücksichtigt werden. Doing Gender kann als *doing difference* hinter der aktiven Hervorbringung anderer Zugehörigkeiten zurücktreten, wie *doing ethnicity* (West/Fenstermaker 1995, Gildemeister/Wetterer 1992). Die Konstruktion von Geschlecht, Klasse und Ethnie sind miteinander verschränkte Prozesse, darauf geht dieses Kapitel weiter unten ein.

66 Historisch lässt sich die untergeordnete Position von Frauen auf dem Arbeitsmarkt von Industriegesellschaften mit der Aufteilung in bezahlte Produktions- und unbezahlte Reproduktionsarbeit erklären (vgl. Bothfeld/Klammer 2005, Hausen 2000). Mit dem Übergang von der ständischen zur bürgerlichen Gesellschaft ist ein neues Geschlechterkonzept verbunden, das an das Geschlecht bestimmte soziale Erwartungen knüpft, die den „natürlichen Geschlechtscharakter" (Hausen 1978) ausmachen. Mit den polarisierten Geschlechtscharakteren hängt die Etablierung von Frauen- und Männerberufen bzw. Tätigkeitsfeldern innerhalb der Berufe zusammen, für die Frauen bzw. Männer aufgrund ihres Geschlechts als besonders geeignet gelten.

staatsregimen zuordnet. Esping-Andersens zentrales Konzept der Dekommodifizierung fragt danach, wie soziale BürgerInnenrechte verankert werden, die es Individuen erlauben, ihr Überleben unabhängig vom reinen Markt zu organisieren. Feministische Kritikerinnen betonen in Auseinandersetzung mit Esping-Andersen die Relevanz von Geschlechterleitbildern, auf die sich wohlfahrtsstaatliche Politiken beziehen, und untersuchen den Wohlfahrtsstaat unter dem Aspekt des *Geschlechter- bzw. Genderregimes* (vgl. Betzelt 2007, Pascall/Lewis 2004, Adams/Padamsee 2001, Sainsbury 1994, Orloff 1993, Lewis 1992). Feministische Weiterentwicklungen des Ansatzes von Esping-Andersen integrieren analytisch die Bedingungen des Arbeitsmarktzugangs von Frauen und der Möglichkeit von Frauen, einen autonomen Haushalt zu führen (Dackweiler 2008: 454). Geschlechterregimes lassen sich damit je nach Grad der Unabhängigkeit von Frauen sowohl von einer Versorger-Ehe als auch von Erwerbsarbeit grundsätzlich in zwei idealtypische Logiken teilen: das „male-breadwinner model" und das „individual model" (Sainsbury 1997: 12).

Auch wenn die vorliegende Studie keine vergleichende Perspektive einnimmt, ist die Auseinandersetzung mit der feministischen Wohlfahrtsstaatsforschung für die Analyse fruchtbar. Denn die geschlechterreflektierte Forschung dieser Tradition verdeutlicht, dass „wohlfahrtsstaatliche Politik von Beginn an Geschlechterpolitik war und weiterhin ist, die ausgerichtet an Geschlechterleitbildern über die spezifischen Rechte und Pflichten, Aufgaben und Tätigkeiten sowie Zeiten und Orte von Männern und Frauen, ein herrschaftsförmiges Geschlechterverhältnis organisiert(e)" (Dackweiler 2008: 451). Die modernen Wohlfahrtsstaaten institutionalisierten eine Geschlechterordnung, welche die geschlechtliche Arbeitsteilung mit männlichem Familienernährer und weiblicher Zuständigkeit für Pflege-, Haus- und Erziehungsarbeit reproduziert und zementiert.[67] So tragen etwa Arbeitszeitregelungen, die auf das sogenannte Normalarbeitsverhältnis ausgerichtet sind, wesentlich zum Ausschluss von Frauen von bestimmten Positionen auf dem Arbeitsmarkt bei.

Die vorliegende Studie fragt also nach geschlechtsbezogenen Diskursen. Das sind Repräsentationen, Normen, Wissensbestände und Leitbilder zu Männlichkeit und Weiblichkeit und zu den Beziehungen zwischen den Geschlechtern, die Beschreibungen und Deutungen in Bezug auf die Geschlechteridentitäten, das Handeln und die Geschlechterrollen von Männern und Frauen enthalten. Diese Diskurse sind eng mit Fragen von Familie und Beruf verknüpft, etwa mit der Aufteilung von Familien- und Erwerbsarbeit, der biographischen Karriere- oder Familienorientierung und der Zuordnung der Geschlechter zu bestimmten beruflichen Bereichen.

---

[67] Im Zuge der (erkämpften) Ausrichtung staatlicher Politik am Ziel der Chancengleichheit von Männern und Frauen kommt es zu neuen Widersprüchen, indem einerseits Gleichstellungsziele gesetzlich verankert und entsprechende Institutionen der Gleichstellungspolitik geschaffen wurden, aber andererseits die institutionalisierte geschlechtshierarchisierende Arbeitsteilung nicht aufgehoben wurde (Dackweiler 2008: 452).

Soziale Positionierungen sind nicht nur nach Geschlecht, sondern über verschiedene Dimensionen sozialer Ungleichheit strukturiert. Die Untersuchung geht davon aus, dass Geschlecht mit anderen Differenzkategorien verknüpft ist und verfolgt daher einen intersektionalen Ansatz. Dieser ermöglicht es, die Verwobenheit mehrerer „Achsen der Differenz" (Klinger/Knapp 2005) zu berücksichtigen, die sich gegenseitig verstärken, aber auch abschwächen und modifizieren können (vgl. Lutz/Herrera Vivar/Supik 2010, Winker/Degele 2009, Walgenbach et al. 2007, McCall 2005, Klinger/Knapp/Sauer 2007, Klinger 2003). Kombinationen und Verkreuzungen verschiedener Differenzlinien schaffen unterschiedliche Situationen sozialer Exklusion oder Inklusion. Ethnizität sowie Klasse markieren neben Geschlecht zentrale Linien der Differenz und damit des Zugangs zu gesellschaftlich wertvollen Ressourcen.[68] Das Konzept der *Ethnizität*, das in Europa gegenüber dem Terminus *Rasse* bevorzugt wird, da es weniger problematische Konnotationen evoziert, bezieht sich auf Attribute wie Herkunft, Sprache, Nationalität, Aussehen, Kultur, Religion u.a., die Grenzziehungen zwischen „eigenen" und „fremden" Gruppen markieren.[69] Ethnizität wird in alltäglichen Interaktionen ähnlich wie Geschlecht als natürliche Basis für die Zuschreibung von Eigenschaften wahrgenommen (vgl. Anthias 2001). *Klasse* kann konzeptualisiert werden als eine soziale und ökonomische Positionierung, abhängig von Besitz und ökonomischer Funktion, aber auch von Bildung, marktbezogenen Fähigkeiten usw. (vgl. ebd.: 378). Bourdieu (1986) hat darauf hingewiesen, dass die Klassenposition nicht nur vom ökonomischen, sondern auch vom sozialen und kulturellen Kapital abhängt (vgl. Kap. 3.3). Soziale Konstruktionsprozesse situieren sich hierbei innerhalb konkreter historischer, geographischer, politischer, ökonomischer, kultureller usw. Kontexte (vgl. Gutiérrez Rodríguez 1999a).

Die Kategorien der sozialen Differenzierung sind nicht als essentielle Kategorien zu verstehen, sondern als symbolisches Kapital, das je nach Kontext abgerufen und genutzt werden kann. Somit bilden Geschlecht, Ethnizität und Klasse nicht nur Kategorien der Benachteiligung, sondern auch potentielle Aktionsressourcen (Lutz 2007: 223). Sie bilden als zentrale Ordnungsprinzipien die Basis für gesellschaftliche Produktion und Reproduktion (vgl. Soiland 2008) und können daher als analytische

---

68 Das Konzept der Intersektionalität bezieht sich hauptsächlich auf die Ungleichheitskategorien Klasse, Rasse und Geschlecht, prinzipiell sind aber auch weitere Kategorien sozialer Ungleichheit in das Konzept integrierbar, wie Sexualität, Religion, Behinderung, Alter u.a. (Degele/Winker 2007: 2). Helma Lutz (Lutz 2002: 68) listet in einer (unvollständigen) Aufstellung 14 „Linien der Differenz" auf, anhand derer sich soziale Positionen artikulieren, z.B. Religion, Alter, sexuelle Orientierung u.a.

69 Marianne Pieper und Encarnación Gutiérrez Rodriguez (2003: 170) verweisen auf Kontinuitäten in der Konzeption: „Doch die Kategorie Ethnie konnte die diskursive Last, aus der sie entstanden war – die des Rassendiskurses – nicht abschütteln. Der Diskurs um Ethnizität entwickelte (...) einen euphemistischen Gebrauch der Kategorie Ethnie, die weiterhin als Referenzzeichen einer rassistischen Ideologie fungierte."

Instrumente genutzt werden, um die Segregationsmechanismen zu verstehen, die sozialer Ungleichheit zugrunde liegen.

Vor diesem Hintergrund fasst die vorliegende Untersuchung die Schweizer Integrationspolitik als eine vergeschlechtlichte und vergeschlechtlichende wohlfahrtsstaatliche Politik. Sie fragt danach, inwiefern diese Politik unterschiedliche Chancen und Hürden für die Partizipation am Arbeitsmarkt für zugewanderte Männer und Frauen hervorbringt. Eine Analyse der Integrationspolitik aus einer intersektionalen Perspektive bedeutet somit, zu untersuchen, wie zugewanderte Männer und Frauen repräsentiert werden, welche Rollen und sozialen Positionen ihnen zugewiesen werden und inwiefern Geschlecht in der Integrationspolitik mit anderen Kategorien der sozialen Differenz verflochten ist. Hierbei richtet sich die Untersuchung auf die Rekonstruktion der Prozesse, in denen der soziale Geschlechterunterschied – in Verbindung mit anderen Differenzkategorien wie Ethnizität und Klasse – produziert und re-produziert wird: Welche Differenzkategorien sind für die soziale Positionierung von Zugewanderten im Kontext der Studie relevant? In welcher Hinsicht erweisen sich die verschiedenen Differenzkategorien als Hindernis oder Vorteil? Erving Goffmann (1977) folgend, wird der Blick hierbei vor allem auf die institutionalisierten Bedingungen gerichtet, die die Produktion sozialer Ungleichheit strukturieren und unterstützen. Damit soll auch die Frage nach einer Politik, die Chancengleichheit fördert, beantwortet werden.

Die Untersuchung greift dabei das Anliegen feministischer Forschung auf, das Elisabeth Bäschlin (2011: 187) auf folgende Formel bringt: Frauen sichtbar machen, Geschlechterverhältnisse aufdecken und eine Aufhebung der Benachteiligungen fordern. Zudem folgt die Studie der Forderung post-kolonialer feministischer WissenschaftlerInnen, MigrantInnen nicht zu viktimisieren oder zu essentialisieren, sondern Differenzen sichtbar zu machen (vgl. Castro Varela/Dhawan 2004, Steyerl/Gutiérrez Rodríguez 2003, Haraway 1995, Mohanty 1988). Die vorliegende Studie zielt somit darauf, die für die Ausgestaltung und Umsetzung der Schweizer Integrationspolitik massgeblichen Diskurse zu identifizieren, um damit die Frage beantworten zu können, inwiefern Integrationspolitiken zur Reproduktion oder Aufhebung von sozialer Ungleichheit beitragen.

3.6 Das Konzept der institutionellen Platzzuweisungen

Die vorliegende Studie rekonstruiert die in institutionellen Praktiken und Prozessen eingewobenen und durch sie hervorgebrachten Diskurse über MigrantInnen als Zielgruppe der Integrationspolitik. Dies wird auf der Umsetzungsebene am Beispiel von Integrationsprojekten im Bereich Arbeitsmarktintegration analysiert. Die Studie berücksichtigt dabei aus einer intersektionalen Perspektive besonders die Bedeutung von Geschlecht in der Verknüpfung mit anderen Kategorien sozialer Differenz.

Um hierbei Anregungen aus den Gouvernementalitätsstudien aufzunehmen und den Aspekt der institutionalisierten Regulierung von sozialen Positionen einzubringen, definiert die Studie den Begriff *institutionelle Platzzuweisungen*.[70] Er bezeichnet institutionalisierte Praktiken und Prozesse der sozialen (Re-)Positionierung, die mit Diskursen verknüpft sind. Mit dieser Konzeption untersucht die Studie soziale Verortungen, die durch Institutionen der Integrationspolitik vermittelt werden und Ausdruck von gesellschaftlichen Diskursen sind, und fragt dabei nach der Rolle von Geschlecht und weiteren Differenzkategorien.

Das Konzept beinhaltet den Ausdruck *Platz*, der an die Redewendung erinnert, am richtigen oder falschen Platz zu sein, und damit auf das Konzept des sozialen Raumes verweist, mit dem sich soziale Positionierungen fassen lassen (vgl. Ruhne 2011, Löw 2001, Bourdieu 1991). Der Begriff *Zuweisung* weist auf die regulierende Kraft der Institutionen hin. Er bezieht sich auf das Platzieren von Individuen im sozialen Raum durch Institutionen, wie es ähnlich im Begriff *Spacing* von Martina Löw (2001) zum Ausdruck kommt. Der Begriff Zuweisung soll nicht implizieren, dass die Subjekte nicht über Handlungsmöglichkeiten verfügen. Vielmehr können die diskursiven Verortungen durch die Institutionen von den Subjekten übernommen, modifiziert oder abgelehnt werden. Mit den institutionellen Platzzuweisungen sind jedoch Strukturierungen der Handlungsmöglichkeiten verbunden, sodass mit der Vermittlung einer sozialen Position auch eine Eröffnung oder Schliessung von Lebenschancen verbunden ist.

Die Analyse der inhärenten Diskurse in Schweizer Integrationsprojekten und der damit verbundenen sozialen Positionierungen – gefasst mit dem Konzept der institutionellen Platzzuweisungen – dient dazu, die Programmatik und Funktionsweise der Integrationspolitik zu eruieren und dadurch Techniken der Regierung von MigrantInnen transparent zu machen. Die Studie fragt dabei nach der Rolle der Integrationspolitik für das Migrationsregime: Inwiefern übernimmt Integrationspolitik eine Funktion zur Kontrolle und Regulierung von Migration? Die Untersuchung soll das Verständnis dafür verbessern, inwiefern soziale Ungleichheiten durch Integrationsmassnahmen reproduziert oder modifiziert werden.

---

70 Den Begriff *Platzzuweisung* verdanke ich Martina Koch und Silvia Büchi (2014). Sie bezeichnen die kurzfristige Arbeitsintegration von Erwerbslosen als „Mikropolitik beruflicher Platzzuweisungen".

4 Methoden: Verfahren zur Erhebung und Auswertung der Daten

Die vorliegende empirische Studie rekonstruiert Diskurse über MigrantInnen in der Schweizer Integrationspolitik. Dieser thematische Fokus legt eine qualitative Vorgehensweise nahe. Dabei lassen sich verschiedene qualitative Methoden kombinieren: So wurden teilstrukturierte Leitfaden-Interview (*Problemzentrierte Interviews* nach Witzel 2000) durchgeführt.[71] Insgesamt umfasst die Studie insgesamt 32 Einzelinterviews, nämlich mit:

- 8 Experten und Expertinnen in der explorativen Phase,
- 5 Experten und Expertinnen nach Präzisierung der Forschungsfrage,
- 12 Mitarbeitenden von vier Integrationsprojekten und
- 7 Teilnehmenden bzw. ehemaligen Teilnehmenden der Integrationsprojekte.

Das Interviewmaterial und ein umfangreicher Korpus an Textdokumenten bildet zusammen das Datenmaterial der Studie, das zunächst fallanalytisch und dann vergleichend untersucht wurde. Die Datenerhebung und -auswertung folgte dem Ansatz der *Grounded Theory* (Glaser/Strauss 1967). Bei der Datenauswertung wurden zudem Überlegungen zur qualitativen Textanalyse von Mayring (2010) einbezogen.

Kapitel 4.1 erläutert Grundsätze qualitativer Methoden, gibt einen Einblick in den methodischen Ansatz der Grounded Theory und beschreibt das Instrument des Problemzentrierten Interviews. In diesem Kapitel finden sich ein Interviewleitfaden, die Darstellung des Interviewablaufes und Hinweise zur Nachbearbeitung und Transkription der Interviews.

Kapitel 4.2 legt das Verfahren für die Fallauswahl dar. Es erklärt die Eingrenzung des Forschungsfeldes, begründet die Kriterien für die Auswahl der Fallstudien, also der für die Studie untersuchten Integrationsprojekte, gibt einen Überblick über das Profil der Fallstudien und beleuchtet die Auswahl des Datenmaterials.

---

71 Bei dieser Befragungstechnik werden vorher festgelegte Fragen gestellt, aber keine Antwortmöglichkeiten vorgeben. Der Vorteil besteht darin, dass der Leitfaden das Interview zwar grob steuert, die Befragten aber frei antworten und damit das Interview auch auf von den Forschenden unbeachtete Themen lenken können. Somit bietet sich mehr Raum für die Deutungen der Befragten als etwa mit standardisierten Fragebögen.

Kapitel 4.3 stellt die Verfahren der Datenanalyse vor. Das Kapitel präzisiert das Vorgehen des *Theoretischen Kodierens* nach Glaser und Strauss (1967) und die genutzten Techniken der Interpretation nach Mayring (2010). Das Beispiel eines Interview-Memos, das als Exkurs in das Kapitel eingefügt ist, veranschaulicht die ersten Schritte der Datenauswertung in Form von Forschungsnotizen basierend auf Post-Scripts (Gesprächsprotokolle).

Kapitel 4.4 reflektiert methodische Schwierigkeiten. So diskutiert das Kapitel die Herausforderungen, die aus der von gegenseitigen Erwartungen geprägten Beziehung zwischen Forschenden und Befragten und aus dem Kontext des – politisch hoch umstrittenen – Feldes der Integrationspolitik resultieren.

4.1 Die Forschungsinstrumente: Qualitative Methoden

Für die vorliegende Studie musste eine Forschungsmethode gewählt werden, welche die Möglichkeit bietet, Wissensbestände und Leitbilder der Befragten zu erfassen. Denn die Frage nach der diskursiven Konstruktion von MigrantInnen in der Integrationspolitik impliziert die Frage danach, welche Vorstellungen die beteiligten AkteurInnen in Bezug auf die Identitäten, das Handeln und die Rollen von zugewanderten Frauen und Männern haben. Im Zentrum der Analyse stehen also die Beschreibungs- und Argumentationsstrukturen der Befragten, in denen sich Diskursformationen manifestieren. Dies spricht für eine qualitative Vorgehensweise.

Diesem Herangehen liegt das „Interpretative Paradigma" (Arbeitsgruppe Bielefelder Soziologen 1976) zugrunde. Danach hat soziale Wirklichkeit einen interpretativen Charakter, da die Subjekte in der Interaktion mit anderen deren und ihrem eigenen Handeln Bedeutung zuweisen. Ziel der Sozialforschung ist es demnach, zu ermitteln, was die Befragten als relevant einstufen, um diese Bedeutungszuschreibungen erfassen zu können. Die wissenschaftliche Interpretation des Datenmaterials umfasst das Analysieren der Deutungs- und Handlungsmuster der Befragten – nach Schütz (1971) Konstruktionen erster Ordnung –, woraus die Forschenden theoretische Konzepte – Konstruktionen zweiter Ordnung – entwickeln. So konstruieren die befragten Projektmitarbeitenden in Interviews und Textdokumenten Problematik, Zielsetzung und Zielgruppe ihrer Arbeit, während im interpretativen Nachvollziehen und Kontextualisieren dieser Konstruktionen im Forschungsprozess theoretische Zusammenhänge konstruiert werden. Die Befragten werden als TrägerInnen von intersubjektiv vorhandenen Diskursen verstanden. Daher erlaubt die Rekonstruktion der subjektiven Deutungen von Projektmitarbeitenden Rückschlüsse auf gesellschaftlich verbreitete Vorstellungen, Normen und Leitideen.

Techniken zur Regierung der Bevölkerung (vgl. Kap. 3.4) werden auf der institutionellen Umsetzungsebene wirksam, daher muss diese Ebene fokussiert werden für eine Beantwortung der „Fragen nach den konkreten Arten und Weisen, WER

Migrationspolitik praktiziert und WIE sie diskursiviert wird" (Kasparek/Hess 2010: 18). Im Bereich der Schweizer Integrationspolitik ist auf der Umsetzungsebene die Frage nach der Rolle nichtstaatlicher Organisationen (NGOs) zentral, die im Rahmen von „situativen Arbeitsbündnissen" (Bahl/Ginal/Hess 2010: 172) staatliche Aufgaben im Bereich Integrationsförderung übernehmen. In Form von Fallstudien rekonstruiert die Studie Diskurse in der der Umsetzung der Integrationsförderung. Dies geschieht anhand von vier Projekten zur verbesserten Arbeitsmarktintegration von Zugewanderten der ersten Generation, die von NGOs angeboten und ganz oder teilweise mit staatlichen Mitteln finanziert werden (vgl. Kap. 4.2.2). Untersucht wird, wie Mitarbeitende dieser Projekte die Zielgruppe der Angebote beschreiben, was aus ihrer Sicht die zentralen Schwierigkeiten der am Projekt teilnehmenden MigrantInnen sind und wie aus ihrer Sicht ein Projekt gestaltet sein muss, um Zugewanderte optimal zu unterstützen. Das Erkenntnisinteresse gilt dabei den inhärenten institutionellen Logiken im Sinne einer Regierungsweise und nicht den subjektiven Wahrnehmungs- und Beschreibungsmustern der einzelnen AkteurInnen. Die Mitarbeitenden der Integrationsprojekte fasst die Studie vielmehr als VertreterInnen der Institutionen und somit als VollzieherInnen von Integrationspolitik als einem Schlüsselkonzept zur Regierung von MigrantInnen bzw. zur Regulierung von Migration (vgl. Kap. 3.4).

Um die rechtlichen und institutionellen Rahmenbedingungen der schweizerischen Integrationspolitik erfassen zu können, werden wohlfahrtsstaatliche Leitbilder und Prinzipien, institutionelle Arrangements zwischen Staat, Familie und Markt sowie gesellschaftliche Ungleichheitsverhältnisse als Kontext in die Analyse einbezogen. Die Untersuchung berücksichtigt dabei die strukturellen und diskursiven Rahmenbedingungen, die für eine Analyse der Schweizer Integrationspolitik zentral sind. Im Kontext der vorliegenden Studie lassen sich drei interagierende und ineinander verflochtene Regime unterscheiden (zum Begriff *Regime* vgl. Kap. 3.4): das Migrations- bzw. Grenzregime (vgl. Tsianos 2010, Hess/Kasparek 2010), welches den Zugang von MigrantInnen zum Schweizer Arbeitsmarkt in spezifischer Weise strukturiert, das Geschlechterregime, das Normen und Regulierungen für die Rollen von Männern und Frauen beinhaltet (vgl. Connell 1987), sowie das Wohlfahrtsregime (vgl. Esping-Andersen 1990), in dessen Rahmen Integrationsmassnahmen situiert sind.

Im Rahmen der Studie wurden exemplarische Interviews mit sieben MigrantInnen geführt, die an den untersuchten Projekten teilnehmen oder teilgenommen haben. Leitende Fragen waren dabei, welche beruflichen Wünsche die Teilnehmenden der Integrationsprojekte äussern und wie sie ihre Handlungsoptionen einschätzen. Diese Interviews wurden nicht systematisch ausgewertet, sondern sie wurden als Korrektiv und Anregung für die Analyse des übrigen Datenmaterials genutzt. Mit diesem Vorgehen eröffnet sich die Möglichkeit, durch die Interviews mit den Teilnehmenden neue Interpretationsideen zu erschliessen und den Blick auch auf bisher unbeachtete Aspekte zu lenken. Zugleich wird so vermieden, FÜR MigrantInnen zu sprechen (vgl. Kap. 4.4), sondern stattdessen wird untersucht, welche Handlungsspielräume sich für MigrantInnen durch die sozialstaatlichen Massnahmen eröffnen oder schliessen.

4.1.1 Grounded Theory: Wechsel von Erhebung und Analyse

Das Vorgehen lehnt sich an das Konzept der *Grounded Theory* (Glaser/Strauss 1967) an, wonach Datenerhebung und Datenauswertung als induktiv-deduktives Wechselverhältnis konzipiert sind: Die Datenanalyse und die Entwicklung theoretischer Kategorien steuern in einem iterativen Verfahren die weitere Datenerhebung (*theoretisches Sampling*, vgl. Kap. 4.2.2). Daneben werden weitere Elemente der Grounded Theory (nach Przyborski/Wohlrab-Sahr 2008) umgesetzt:

- Theorieorientiertes Kodieren: Die Analyse ist auf die Entwicklung von theoretischen Zusammenhängen und Konzepten ausgerichtet. Die Entwicklung von theoretischen Konzepten wird als Kodieren bezeichnet.
- Permanenter Vergleich: Die vorgefundenen Phänomene werden systematisch miteinander verglichen, um die theoretischen Konzepte zu validieren und zu präzisieren.
- Theoretische Memos: Der Forschungsprozess wird vom Schreiben theoretischer und methodischer Notizen begleitet, in denen die Theoriebildung dokumentiert und der Forschungsprozess reflektiert wird.

Zu den Grundsätzen der Grounded Theory gehört es zudem, die strukturellen Bedingungen eines Falls in die Interpretation einzubeziehen. Daher wurden auch die institutionellen Strukturen der Integrationsförderung sowie Diskurse in offiziellen Dokumenten, legislativen Regelungen und behördlichen Berichten zu Integration analysiert (vgl. Bachmann/Riaño 2012).

Im Prozess der Datenerhebung und parallelen Analyse präzisierte sich die Fragestellung immer mehr. Fokussierte die Studie zunächst die Kategorie Geschlecht und deren Bedeutung für die Integrationsmassnahmen, rückte zunehmend die Frage ins Zentrum der Studie, wie die Figur des Migranten bzw. der Migrantin als Zielgruppe der Integrationspolitik diskursiv konstruiert wird und welche Implikationen diese Konstruktionen für die sozialen Positionierungen von MigrantInnen haben. Hierbei stellte sich heraus, dass neben Geschlecht weitere Kategorien der sozialen Differenzierung relevant sind und daher in die Untersuchung einbezogen werden müssen, vor allem Ethnizität und Qualifikation.

4.1.2 Problemzentriertes Interview

Für die Erhebung von Sinn- und Argumentationsstrukturen ist es nötig, ein offenes Verfahren anzuwenden. Ein gering strukturiertes Interview bietet den Befragten die Möglichkeit, dessen Ablauf weitgehend selbst zu steuern und die Wahl der Themen zu bestimmen. Trotz dem methodisch-konzeptionellen Anspruch, der individuellen Schwerpunktsetzung und Strukturierung des Interviews durch die GesprächspartnerInnen zu folgen, dürfen forschungspraktische Überlegungen und Beschränkungen dabei nicht aus dem Blick geraten (wie etwa Zeitdruck oder der Fokus auf die Forschungsfrage). Ein Leitfaden ermöglicht, die deduktiv aus theoretischen Konzepten entwickelten Schwerpunkte zu verfolgen.

Aus diesen Überlegungen heraus wurde in der vorliegenden Studie das Instrument des *Problemzentrierten Interviews* nach Witzel (2000) angewandt. Diese Methode zielt auf eine möglichst unvoreingenommene Erfassung individueller Handlungen sowie subjektiver Wahrnehmungen und Deutungsweisen der gesellschaftlichen Wirklichkeit (vgl. ebd.: 1). Kennzeichnend für dieses Vorgehen ist, dass die Befragten als ExpertInnen für ihre Orientierungen und Handlungen verstanden werden und dass die Flexibilität der gewählten Methode gegenüber den Anforderungen des Gegenstandes betont wird. Die Gesprächstechniken werden je nach Erfordernissen flexibel eingesetzt und miteinander kombiniert. Erzählgenerierende Strategien mittels offener Fragen stehen neben halboffenen und geschlossenen Fragen.

Ziel ist es also, für das Interview eine Gesprächssituation zu schaffen, in der die Befragten ihre Darstellungen weitgehend selbst strukturieren und die Themenwahl bestimmen. Das jeweilige Interview begann daher mit einer kurzen Schilderung des Forschungsvorhabens und der Klärung von Fragen zum Vorgehen (wie Anonymität, Verwendung der Tonbandaufnahmen und Dauer des Interviews). Durch die Skizzierung des Forschungsinteresses erfolgte eine erste inhaltliche Fokussierung. Nach dieser einleitenden Phase folgte der erste Teil des Interviews, in dem es darum ging, mit einer Einleitungsfrage die Befragten zu einer längeren Erzählung zu motivieren (offene Frage). Mit Verständnis- und Vertiefungsfragen konnte eine Detaillierung und Kontextualisierung der Darstellungen erreicht werden, wenn die Erzählung beendet war. Im zweiten Teil des Interviews folgten Fragen zu den Themenbereichen Projekt und Zielgruppe (halboffene Fragen). Das Interview wurde der Erfassung konkreter Informationen beendet, sofern die entsprechenden Themen nicht zuvor von den Befragten selbst angesprochen wurden (geschlossene Fragen). Die geschlossenen Fragen betrafen folgende Bereiche: Zielgruppe des jeweiligen Projekts (Auswahl, Ausbildung/Qualifikation, Vereinbarkeit Familie und Beruf), das Projekt selbst (Ziele, Ergebnisse, Gestaltung, Entwicklung/Veränderungen, Herausforderungen, Finanzierung, berufliche Möglichkeiten für Teilnehmende, Dokumente) sowie allgemeine Fragen („Welchen Schwierigkeiten begegnen MigrantInnen in der Schweiz? Sind Frauen mit anderen Schwierigkeiten konfrontiert als Männer? Was verstehen Sie unter gelungener Integration?"). Diese Aufteilung des Interviews wurde je nach Gesprächssituation flexibel gehandhabt, die Übergänge zwischen den Interviewabschnitten waren fliessend. Die Interviews dauerten in der Regel anderthalb bis zwei Stunden.

Der *Leitfaden* diente als Gedächtnisstütze und Orientierungsrahmen zur Sicherung der Vergleichbarkeit der Interviews. Der Leitfaden beinhaltete Themen, die sich zum einen aus den theoretischen Vorannahmen ergeben hatten (deduktive Kategorien) und sich zum anderen während der Analyse der bereits durchgeführten Interviews (induktive Kategorien) als relevant für die Forschungsfrage herausgestellt hatten. Durch geschlossene Nachfragen in der letzten Interviewphase wurde sichergestellt, dass zu allen Themen des Leitfadens Aussagen gewonnen wurden.

Der Leitfaden unterlag der ständigen Reflexion. Er wurde für jedes Interview entsprechend den Ergebnissen der bisherigen Auswertung sowie dem Vorwissen und dem Kontext des jeweiligen Interviews angepasst. Beispielsweise wurden die Befragten ursprünglich um Assoziationen zum Begriff „gelungene Integration" gebeten. Diese Frage erwies sich als zu abstrakt, weshalb sie aus dem Leitfaden entfernt wurde und dieser stärker auf konkrete Praxisbeispiele konzentriert wurde. Ausserdem wurden die allgemeinen Nachfragen zu den Schwierigkeiten von Zugewanderten in der Schweiz gestrichen, ebenso wie die Frage danach, ob sich zugewanderte Frauen in einer anderen Situation als zugewanderte Männer befinden, da diese Fragen sich als suggestiv erwiesen.

Neben dem Leitfaden wurden *Post-Skripte* (Gesprächsprotokolle) als weiteres Instrument des Problemzentrierten Interviews genutzt (vgl. Witzel 2000: 4). Post-Skripte werden unmittelbar nach dem Interview angefertigt und beinhalten Angaben zu Gesprächsinhalten, Gesprächsverlauf, situativen und nonverbalen Aspekten der Gesprächssituation und thematischen Auffälligkeiten. Darin werden auch erste Interpretationsideen festgehalten (vgl. Exkurs in Kap. 4.3).

Die Interviews wurden auf Tonband aufgenommen. Die Tonaufnahmen wurden transkribiert. Die Transkription orientierte sich an Karl Fallend (2008), der vorschlägt, Pausen und Versprecher nur dann zu registrieren, wenn sie als Irritationen bedeutsam erscheinen. So soll vermieden werden, durch die genaue Transkription von Pausen, Füllwörtern und Versprechern irreführende Schwerpunkte zu setzen und die Aufmerksamkeit zu verschieben (vgl. ebd.: 84). Zudem wurden – ebenfalls Fallend folgend – die Interviews „behutsam in Schriftsprache überführt[72] (...), unter Bedachtnahme darauf, dass auch die Transkription der Subjektivität des/der Forschers/in unterliegt und deswegen selbst dieser Arbeitsschritt der analytischen Reflexion bedarf" (Ebd.: 85). Die Interviews fanden überwiegend in Standarddeutsch statt, nur mit einzelnen Befragte wurde das Interview in Schweizer

---

72 Für die Zitatbeispiele in den Kapiteln 6 bis 9 wurden die Transkripte nochmals leicht überarbeitet. So wurden zur korrekten Übertragung ins Standarddeutsche beispielsweise Satzstellungen überarbeitet, sofern es den Sinn des Gesagten nicht veränderte.

Mundart (Dialekt) durchgeführt. Schweizerdeutsche Ausdrücke (Helvetismen) wurden übersetzt. Alle Namen und Funktionsbezeichnungen (wie „Projektleiter") wurden geändert, um die Anonymität der Befragten zu wahren. Die Datenerhebung erfolgte parallel zur Auswertung der Daten (vgl. Kap. 4.3). Neben den Interviews wurden schriftliche Projektdokumente in die Analyse einbezogen (vgl. Kap. 4.2.3). Daneben wurden Methoden der Triangulierung zur Validierung der erhobenen Daten genutzt, indem das erhobene Material durch biographisch orientierte Interviews mit Teilnehmenden der Projekte ergänzt wurde.

4.2 Die Auswahl der untersuchten Fälle

4.2.1 Eingrenzung auf die Deutschschweiz

Die Studie wurde auf die Deutschschweiz beschränkt, da die Politik in der französischsprachigen Schweiz durch ein anderes Integrationsverständnis – eher einschliessende Dynamiken und eine stärkere Abneigung gegenüber verpflichtenden Integrationsinstrumenten (Wichmann et al. 2011: 7) – gekennzeichnet ist als in den deutschsprachigen Regionen (vgl. Manatschal 2010, Cattacin/Kaya 2005). Ein Vergleich der beiden Politikansätze erwies sich im Rahmen der vorliegenden Studie aus forschungspraktischen Gründen als nicht umsetzbar. Da der Stadtkanton Basel in einer integrationspolitischen Vorreiterrolle gesehen wird, von dem wichtige Impulse für die politische und diskursive Entwicklung in anderen Kantonen und auf Bundesebene ausgegangen sind (vgl. Wichmann/D'Amato 2010), wurde bei der Auswahl von InterviewpartnerInnen in der explorativen Phase in Basel-Stadt begonnen.

Ursprünglich war vorgesehen, Integrationsmassnahmen mehrerer Kantone zu vergleichen. Diese Konzeption wurde nach einem Vergleich des Integrationsangebotes der sogenannten *„spezifischen Integrationsförderung"* des Bundes (vgl. Kap. 2.4) in den verschiedenen Schweizer Kantonen anhand der Berichterstattung des Bundes (BFM 2010a, BFM 2011a, BFM 2012) fallengelassen. Denn es stellte sich heraus, dass das Projektangebot kantonal ähnlich strukturiert ist. Existierende Integrationsprojekte sind weitgehend von der Möglichkeit abhängig, Gelder aus dem Integrationskredit des Bundes zu erhalten und beinhalten entsprechend vorwiegend die dort geförderten Schwerpunkte, nämlich vor allem Spracherwerb und Bildung.

Aufgrund dieser Ergebnisse wurde der Fokus auf den Kanton Bern gelegt. Dieser ist als Feld für die Haupterhebung geeignet, da hier ein typisches Spektrum an Integrationsprojekten vorhanden und der Kanton somit inhaltlich repräsentativ für die Integrationsförderung in der Deutschschweiz ist. Die Fokussierung auf einen begrenzten geographischen Raum ermöglicht eine vertiefte Analyse, bei der der Kontext der übergeordneten Richtlinien und nationalen und kantonalen institutionellen Strukturen einbezogen werden kann. Ausserdem sprachen forschungspraktische Gründe für den Kanton Bern, konkret ein bestehendes Netzwerk im Integrationsbereich sowie die Möglichkeit, Interviews auf Deutsch zu führen. Da Integrationspolitik ein politisch stark umstrittenes Feld ist, wurden sämtliche Hinweise auf die genaue Lokalisierung und Identität der untersuchten Fälle verfremdet.

4.2.2 Auswahl der Fallstudien (Integrationsprojekte)

Es gibt eine Vielzahl von Integrationsprojekten im Kanton Bern, die von Einzelpersonen, Vereinen, Firmen, Hilfswerken usw. getragen werden. Eine umfassende Übersicht existiert nicht, weil die Projekte in sehr unterschiedlicher Trägerschaft angeboten werden, es eine grosse Dynamik in diesem Feld gibt und auch nicht alle Angebote explizit als Integrationsprojekte ausgewiesen sind. Daher musste zunächst das Feld der Untersuchung weiter eingegrenzt werden. Für die Datenerhebung wurde eine Liste der vorhandenen Integrationsprojekte erstellt (Stand Mai 2011) und daraus geeignete Fälle für die Analyse auf der institutionellen Umsetzungsebene ausgewählt.[73] Erfasst wurden Integrationsprojekte, die folgende Kriterien erfüllen:

- Arbeitsmarkt-Integration: Da Arbeitsmarktpartizipation entscheidend für gesellschaftliche Teilhabe ist (vgl. Riaño 2011, Dahinden et al. 2004), wurden Projekte mit dem Ziel der verbesserten Eingliederung in den Arbeitsmarkt ausgewählt. Zudem stellt Erwerbstätigkeit rechtlich ein zentrales Kriterium für „gelungene" Integration dar (vgl. Bachmann/Riaño 2012). Die für die Studie ausgewählten Projekte weisen einen direkten Fokus auf verbesserte Eingliederung in den Arbeitsmarkt auf. Ausgeschlossen wurden daher: Alphabetisierungs- und Sprachkurse; reine Beratung/Information; sogenannte Integrationskurse, die Wissen über Schweizer Strukturen vermitteln. Die ausgewählten Angebote sind als Integrationsprojekte deklariert bzw. wenden sich mehrheitlich oder ausschliesslich an MigrantInnen.[74]

---

73 Die Übersicht wurde erstellt auf Grundlage folgender Informationen: Anfrage bei städtischer Fachstelle für Integration (Kompetenzzentrum Integration) und bei kantonalen Integrationsdelegierten; Projektvorstellungen und Vernetzungen auf der Kantonalen Integrationskonferenz; Liste mit den bisherigen Bewerbungen für den städtischen Integrationspreis; Internetquellen (Websites von Hilfswerken, Kantons- und Stadtverwaltung, Berufsinformationszentren u.a.) sowie die Berichte der Kantone über Integrationsangebote an den Bund (vgl. BFM 2010a, BFM 2011a, BFM 2012).

74 Es existieren zahlreiche Angebote zur beruflichen (Wieder-)Eingliederung, die von der Berner Erziehungs-, der Volkswirtschafts-, der Gesundheits- und Fürsorgedirektion, der Invalidenversicherung und anderen Trägerschaften angeboten werden. Dazu zählen Dienstleistungen wie Beratung, Coaching, Assessments, Anerkennung von Bildungsleistungen, Stellenvermittlung, Arbeitsmarktliche Massnahmen (AMM), Zuschüsse, aber auch Praktika, Kurse, Umschulungen, Weiterbildungen und Brückenangebote (Motivationssemester, Vorlehre, berufsvorbereitendes Schuljahr/10. Schuljahr etc.). Ausländische Staats-

- Zielgruppe erwachsene MigrantInnen der ersten Generation: Da Ethnisierung und Vergeschlechtlichung je nach Zeitpunkt der Einwanderung anders wirksam sind (vgl. Gutiérrez Rodríguez 1999a), wurden nur Projekte erfasst, welche die erste Generation von MigrantInnen adressieren, also Personen, die selbst migriert sind. Dazu kommt, dass Jugendliche, die in der Schweiz aufgewachsen sind und ihre Berufsausbildung in der Schweiz absolviert haben, eine andere Ausgangslage hinsichtlich ihrer Integration in den Arbeitsmarkt aufweisen als Erwachsene, die ihre Berufsausbildung im Ausland absolviert haben. Daher umfasst die Untersuchung keine Projekte, die Unterstützung für jugendliche MigrantInnen zum Inhalt haben (z.b. Lehrstellensuche, Berufswahl).
- Staatliche Finanzierung: Die Projekte oder deren Trägerschaft erhalten (neben anderen Mitteln) staatliche Fördergelder (aus Bundes-, Kantons- oder städtischen Mitteln).[75]

Aus dem erfassten Projektangebot wurden für die vorliegende Studie vier Integrationsprojekte ausgewählt. Die Auswahl der Fälle erfolgte nach den Grundsätzen des *theoretischen Samplings*, wie es vor allem von Glaser/Strauss (1967) entwickelt und von Przyborski/Wohlrab-Sahr (2008) aufgearbeitet wurde. Bei diesem Verfahren werden die Fälle nicht vor Beginn der Studie festgelegt, sondern nach den theoretischen Erkenntnissen zusammengestellt, die sich im Verlauf der empirischen Analyse ergeben. Folglich wechseln sich Fallauswahl, Interpretation, erneute Fallauswahl und fortschreitende Hypothesenbildung ab (vgl. Kap. 4.1.1). Die ersten Fälle wurden aufgrund der vorläufigen Problemdefinition erhoben, danach bestimmt die sich entwickelnde Theorie, welche Daten als nächstes erhoben werden. Die Analyse und Entwicklung vorläufiger Konzepte beginnt bereits mit den ersten erhobenen Daten. Die Datenauswahl folgt dabei dem Prinzip der minimalen und maximalen Kontrastierung entlang der als relevant eingestuften Merkmale, um die gewonnenen theoretischen Konzepte zu überprüfen und weiterzuentwickeln. Das Verfahren ist abgeschlossen, wenn keine neuen relevanten Daten mehr auftreten, also eine „theoretische Sättigung" erreicht ist, d.h. wenn weiteres Material nichts Neues zu den gewonnenen Konzepten beitragen würde (Glaser/Strauss 1967: 61–63).

---

angehörige, die mehr als die Hälfte der Erwerbslosen ausmachen, nehmen an solchen Massnahmen überdurchschnittlich häufig teil. So sind ausländische Stellensuchende in Beschäftigungsprojekten, Weiterbildungen im Bereich Gastgewerbe, Hauswirtschaft und Reinigung sowie in Kursen zum Erwerb von Basisqualifikationen stark übervertreten (BFM 2007a: 32). Diese Angebote wurden nicht in die Übersicht aufgenommen, sofern sie nicht explizit an Zugewanderte gerichtet und nicht als Projekte zur Integration von Zugewanderten deklariert sind. Das Gleiche gilt für Angebote der beruflichen Grundbildung und Angebote der Berufs-, Studien- und Laufbahnberatung des BIZ (Berufsberatung, Case Management, Junior Coaching u.a.).

75 Die Fallstudie 3, das Projekt Schneiderwerkstatt, erhält keine staatlichen Fördergelder aus den Integrationsmitteln des Bundes, die Trägerorganisation des Projekts wird jedoch über diese Mittel finanziert. Auch Fallstudie 4, das Projekt femme, erhält keine Mittel aus dem Integrationskredit des Bundes, aber von staatlichen Gleichstellungsstellen und Wirtschaftsämtern.

Für die vorliegende Studie heisst das: Die Auswahl der untersuchten Integrationsprojekte wurde nach den vorab definierten Kriterien eingegrenzt (Arbeitsmarktintegration, erste Generation, staatliche Finanzierung), danach steuerten empirisch festgestellte Kontrastkriterien die weitere Auswahl von zu untersuchenden Projekten. Kriterium für das Sampling war nicht statistische, sondern konzeptuelle Repräsentativität: Die Analyse orientiert sich an relevanten Fallbeispielen, die im Detail untersucht werden. Das heisst, die für die Studie ausgewählten Projekte repräsentieren die diskursive Konstruktion von MigrantInnen in der Schweizer Integrationspolitik (als typische bzw. atypische Fälle). Die Projekte lassen sich hinsichtlich der folgenden Aspekte differenzieren: Adressierung der Zielgruppe entlang von Geschlecht, Aufenthaltsstatus und Qualifikation; Geschlechterrollen der Arbeitsbereiche, Projektinstrumente (vgl. Tab. 1). [76]

	Fallstudie 1 ina-Basiskurse	Fallstudie 2 futura	Fallstudie 3 Schneiderwerkstatt	Fallstudie 4 femme
Geschlecht der Zielgruppe	an Frauen und Männer gerichtet	an Frauen und Männer gerichtet	ausschliesslich an Frauen gerichtet	ausschliesslich an Frauen gerichtet
Geschlechtsspezifische Arbeitsbereiche	geschlechtsspezifische Arbeiten (Pflege, Gastronomie, Reinigung, Handwerk)	nicht an geschlechtsspezifische Arbeitsbereiche gebunden	als weiblich geltende Arbeitsbereiche (Textilarbeiten)	nicht an geschlechtsspezifische Arbeitsbereiche gebunden
Qualifikation der Zielgruppe	an gering qualifizierte Teilnehmende gerichtet	an gering qualifizierte und qualifizierte Teilnehmende gerichtet	an gering qualifizierte Teilnehmende gerichtet	explizit an qualifizierte Teilnehmende gerichtet
Projektinstrumente	Praktische Arbeitseinsätze, Qualifizierung	Mentoring, praktische Arbeitseinsätze, Qualifizierung	Praktische Arbeitseinsätze	Mentoring
Aufenthaltsstatus der Zielgruppe	anerkannte Flüchtlinge und vorläufig Aufgenommene	anerkannte Flüchtlinge und vorläufig Aufgenommene	Zielgruppe nicht nach Aufenthaltsstatus eingegrenzt	Zielgruppe nicht nach Aufenthaltsstatus eingegrenzt

Tabelle 1:   *Charakteristika Fallstudien*

---

76   Die Darstellung in Tabelle 1 stellt bereits ein Ergebnis der Analyse dar. So ist etwa die Adressierung der Teilnehmenden bezüglich der Qualifikation nur bei einem Projekt explizit (vgl. Kap. 8). Die Namen der Projekte wurden geändert.

Die für die Studie ausgewählten Fallstudien 1, 2 und 3 repräsentieren das typische Spektrum an Integrationsprojekten in der Schweiz, wobei die Fallstudien 1 und 2, also ina und futura, in den sogenannten *Asyl-Flüchtlingsbereich der spezifischen Integrationsförderung des Bundes* fallen (vgl. Kap. 2.4). Diese zwei Projekte werden von den beiden grössten kantonalen Anbietern von Integrationsmassnahmen durchgeführt.[77] Ausserhalb dieses Bereichs existieren nur wenige spezifische Projekte zur Verbesserung der beruflichen Integration von MigrantInnen. Fallstudie 3, also das Projekt Schneiderwerkstatt, repräsentiert diese vereinzelten Projekte, die explizit auf Arbeitsmarktintegration ausgerichtet sind. Mit Fallstudie 4, dem Projekt femme, wurde im Kontrast dazu ein für die Schweizer Integrationspolitik untypisches Projekt ausgewählt, das explizit qualifizierte Migrantinnen adressiert. Integrationsprojekte mit einer spezifischen Geschlechterkonzeption sind in dieser Auswahl ebenso wie geschlechtsneutral konzipierte Projekte vertreten. Sowohl Fallstudie 3 als auch 4 sind – verglichen mit 1 und 2 – kleine Projekte, was die Zahl der Teilnehmenden und das Budget betrifft.[78]

Bei der Analyse des Projekts ina wurde vertieft der Basiskurs Pflegehilfe untersuchte, weil dem Projektkonzept zufolge in diesem Basiskurs Frauen als Teilnehmende bevorzugt werden. Bei dem Projekt futura lag der Fokus auf dem Modul Mentoring, da es Teilnehmende mit Berufserfahrung adressiert.

4.2.3 Auswahl des Datenmaterials

Zur Sondierung des Forschungsfeldes wurden in einer ersten *explorativen Phase* Leitfaden-Interviews mit acht ExpertInnen (nach Przyborski/Wohlrab-Sahr 2008, Gläser/Laudel 2009) auf Bundes- und Kantonsebene geführt, um zunächst in Ergänzung zur Analyse schriftlicher Dokumente genauere Informationen über die Abläufe, Strukturen und Zuständigkeiten in der schweizerischen Integrationspolitik zu erhalten sowie Erkenntnisse über Diskurse in der Integrationspolitik zu gewinnen. Aufgrund der Ergebnisse dieser Interviews wurde die Forschungsfrage präzisiert, das Forschungsdesign angepasst und das weitere Vorgehen bestimmt.

In einem zweiten Schritt wurden drei ExpertInnen von kantonalen und städtischen Verwaltungs- und Fachstellen interviewt, um die strukturellen und institutionellen Rahmenbedingungen zu eruieren. Zudem wurden im Laufe der Untersuchung zwei weitere Gespräche mit Expertinnen zu spezifischen Fragen geführt.[79]

---

77 2010 wurde die Trägerorganisation des Projektes ina aufgelöst und das Projekt in die Trägerschaft des Projekts futura überführt, sodass beide Projekte von derselben Dachorganisation getragen werden.
78 Detaillierte Angaben zu den Projekten finden sich in den jeweiligen Projektporträts in Kapitel 5.
79 Es wurde ein Gespräch geführt mit Miryam Eser Davolio, die an der Evaluation der „*Integrationsvereinbarungen*" beteiligt war (Tov et al. 2010). Inhalt des Gesprächs waren bisher nicht publizierte Details bezüglich der Geschlechterrelevanz ihrer Studie. Daneben wurde Rita Schiavi von der Gewerkschaft

Die Auswahl der befragten ExpertInnen erfolgte nach vorab bestimmten Kriterien, d. h. nach der Zuständigkeit für die Konzeption der Integrationspolitik sowie nach forschungspraktischen Überlegungen (Zugang): Die interviewten ExpertInnen sind oder waren entweder konzeptionell in die Entwicklung von Leitbildern, Gesetzesnormen, Projektkonzepten u.ä. im Bereich Integration oder in die Mittelvergabe, Evaluation und sonstige Projektsteuerung involviert.

Auf der Ebene der Integrationsprojekte wurden problemzentrierte Interviews (vgl. Kap. 4.1.2) mit Mitarbeitenden der ausgewählten Projekte auf verschiedenen Hierarchiestufen geführt. Zwischen Dezember 2010 und Juli 2011 wurden im Rahmen der Studie insgesamt zwölf Einzelinterviews mit zehn angestellten Projektmitarbeitenden sowie mit zwei ehrenamtlichen Mitarbeitenden geführt.[80] Die Interviews fanden am Arbeitsort der Befragten bzw. im Falle der ehrenamtlichen Mitarbeitenden in Cafés statt. Ausserdem wurden möglichst umfassend alle erhältlichen schriftlichen Dokumente wie interne Statistiken, Jahresberichte, Projektkonzepte, Evaluationen etc. zu den jeweiligen Projekten erfasst und Textanalysen unterzogen. Detaillierte Angaben zu den jeweiligen Projektmitarbeitenden und -dokumenten finden sich in den Projektporträts (Kap. 5).

Dies wurde durch exemplarische teilstrukturierte, biographisch orientierte Leitfadeninterviews mit Teilnehmenden und ehemaligen Teilnehmenden der ausgewählten Projekte ergänzt. Der Zugang zu den Teilnehmenden erfolgte über die Projektmitarbeitenden. Eine Auswahl der InterviewpartnerInnen nach den Kriterien des *theoretischen Samplings* war hier nicht möglich, vielmehr wurde die Auswahl der Teilnehmenden durch die Mitarbeitenden strukturiert. Insgesamt wurden zwischen April 2011 und Februar 2012 Leitfadeninterviews mit sieben Projektteilnehmenden geführt. Aufgrund der in Kapitel 4.4 dargelegten Überlegungen wurden die Interviews mit Teilnehmenden schliesslich nicht in die systematische Datenanalyse einbezogen, sondern sie fungierten als Korrektiv und Anregung für die Analyse.

4.3 Die Auswertung der Daten

Die vorliegende Untersuchung folgt einer dekonstruktivistischen Perspektive als einer „Denklogik" der Analyse. Ziel war es, den Text spezifisch „auf seine Bildbrü-

---

Unia zu Fällen von MigrantInnen befragt, deren Aufenthaltsbewilligungen wegen Erwerbslosigkeit nicht verlängert wurden. Diese beiden Gespräche sind weniger als systematische Expertinneninterviews einzustufen denn als Informationsgespräche zum gezielten Einholen von spezifischen Auskünften.

80 Die Forschungsstrategie musste mehrfach angepasst werden. So zeigte die Interviewauswertung, dass die ehrenamtlichen Mitarbeitenden zu wenig in die Projektstrukturen eingebunden sind, um als TrägerInnen institutioneller Diskurse untersucht werden zu können. Daher wurden die Interviews mit ehrenamtlichen Mitarbeitenden nicht in die Analyse einbezogen. Ausserdem zeigte sich, dass ein Projekt MigrantInnen nicht explizit adressiert und zudem nur an Jugendliche gerichtet ist. Daher wurde dieses Projekt 5 nicht in die Studie aufgenommen.

che, Unschlüssigkeiten und Widersprüche" hin zu untersuchen, um so das „Brüche[n] im hegemonialen Text" (Gutiérrez Rodríguez 1999b: 7) aufzuspüren. Bei der Analyse des Datenmaterials ging es darum, die Metaebene der Beschreibungen herauszuarbeiten und die gouvernementale Rationalität offenzulegen.

Die Datenanalyse basierte auf der Frage, welche Diskurse in Bezug auf die Identitäten, das Handeln und die Rollen von zugewanderten Männern und Frauen sich identifizieren lassen. Es wurde untersucht, welche Begriffe, Themen und Strategien sich im Material finden und was problematisiert wird: Wie sind Argumentationen aufgebaut? Welche impliziten Prinzipien der Klassifikation lassen sich identifizieren? Was wird als verschieden und was als gleich dargestellt und wie wird darüber sozialer Ein- und Ausschluss organisiert?

Das Datenmaterial wurde mit der sozialwissenschaftlichen Methode der *Qualitativen Inhaltsanalyse* ausgewertet (Mayring 2010). Kern dieser Auswertungstechnik ist ein Kategoriensystem, dass aus Unterkategorien (*Kodes*) besteht. Mit Hilfe der Kodes werden die Daten zerlegt und neu strukturiert, um sie durch diese Komplexitätsreduktion besser verstehbar und interpretierbar zu machen (Riaño/Zimmermann 2011: 30). Die Datenanalyse folgt den Grundsätzen des von Glaser und Strauss (1967) entwickelten Analyseverfahrens des *Theoretischen Kodierens*. Die theoriegeleitete Auswertung und die offene, d.h. aus den Daten heraus entwickelte Analyse sind eng miteinander verschränkt. Sie erfolgen parallel in einem induktiv-deduktiven Wechselverhältnis (vgl. Kap. 4.1.1). Genutzt wurden hierbei die folgenden Techniken der Interpretation nach Mayring (2010): Zusammenfassung (Reduktion auf zentrale Muster), Explikation (Kontextualisierung) und Strukturierung[81] (formale, thematische und typisierende Kategorienbildung).

Die Analyse des Datenmaterials – sowohl der Interviews wie der Textdokumente – orientierte sich an den folgenden Teilschritten nach Witzel (2000). Zunächst wurde eine sequenzielle Einzelanalyse vorgenommen; danach erfolgte die fallübergreifende Analyse, bei der die Fälle systematisch verglichen und zentrale Themen fokussiert verfolgt werden:
- Fallanalyse: deutendes Nachvollziehen Satz für Satz, Markierung des Textes mit Stichworten (Kodieren) einerseits aus dem Leitfaden (theoriegeleitet) sowie anderseits aus den Darstellungen der Interviewten (induktiv).
- Memos: Festhalten von Interpretationsideen in Forschungsnotizen (vgl. Glaser/Strauss 1967).
- Verfassen einer Falldarstellung: Herausarbeiten fallspezifischer zentraler Themen als erstes Ergebnis der Analyse, Verdichten zu einer prägnanten Aussage, parallel Einbezug von theoretischen Konzepten zur Nachvollziehbarkeit und Analyse des Falls (vgl. Falldarstellungen in Kap. 5).

---

81 D.h. Suche nach innerer Struktur, thematische Filterung und Suche nach prägnanten Ausprägungen (Mayring 2010: 92-109).

- Systematischer kontrastierender Fallvergleich: Herausarbeiten von fallübergreifend zentralen Themen, Entwickeln von Kernkategorien (Strauss/Corbin 1990), (vgl. Darstellung der Ergebnisse des Fallvergleichs in Kap. 6 bis 8).

Die Einzelfallanalyse, also der erste Schritt des oben dargestellten Ablaufs, umfasst wiederum mehrere Teilschritte. Zunächst wurde das jeweilige Material *inventarisiert*. Hierbei werden zentrale Themen und Botschaften sowie der Kontext und die Eigenlogik des Materials erfasst (Was wird angesprochen, welche Zusammenhänge werden hergestellt? Was wird besonders betont, was ausgelassen? Welche Argumentationen oder Beschreibungen sind auffällig? usw.).

Danach erfolgt der Prozess des *Kodierens* (vgl. Mayring 2010): Einerseits werden Kodes aus dem Datenmaterial bestimmt (induktives Kodieren). Dabei wird nach zentralen Argumentationsmustern und wiederkehrenden Begriffen gesucht. In der vorliegenden Studie erwiesen sich z.b. „unrealistische Erwartungen der Projektteilnehmenden" als zentrales diskursives Muster in den Argumentationen der Projektmitarbeitenden (vgl. Kap. 8.3), das als Kode eingestuft wurde. Andererseits wird das Material auf theoretisch erarbeitete Kodes durchgesehen, die sich aus der Fragestellung ergeben (deduktives Kodieren). So war eine theoretische Vorannahme, dass Geschlecht eine zentrale Kategorie für die soziale Positionierung von MigrantInnen darstellt (vgl. Kap. 3.5). Aus dieser Kategorie wurden Kodes entwickelt, z.B. Vereinbarkeit von unbezahlter Arbeit mit Erwerbsarbeit. Kode können weitere Unterkodes enthalten, z.B. die Arrangements der Teilnehmenden zur Betreuung ihrer Kinder, die Zuständigkeit für die Kinderbetreuung aus Sicht der Befragten u.a. Die so entwickelte Liste deduktiver Kodes wurde im Verlauf der Analyse mit weiteren, induktiv erarbeiteten Kodes ergänzt, z.B. die Zuordnung von Frauen zur häuslichen Sphäre. Auf den Prozess des Kodierens folgt die Synthese (Zusammenstellen von Textpassagen mit gleichen Kodes und Zusammenfassen von Kodes zu Kategorien) und danach die Analyse und Interpretation des Einzelfalls. Der folgende Abschnitt zeigt zur Veranschaulichung die dem (deduktiven) Kode 10 zugeordneten Textstellen aus dem Interviewtranskript mit der Projektmitarbeiterin 5 (PM 5) der Schneiderwerkstatt (SW). Kode 10 bezeichnet, mit welchen Verfahren und nach welchen Kriterien die Projektteilnehmenden ausgewählt werden. Hinter den Interviewzitaten sind ergänzende Informationen und erste Ideen für die Interpretation notiert:

„ (...) und die müssen vorbeikommen. Weil, es kam auch einmal eine Inderin, ganz eine herzige, die hätte sie genommen, aber die muss jetzt zuerst in einen Deutschkurs, weil das, weisst du, ohne Deutsch, das geht nicht." (Interview PM 5 SW: Z. 433-434) [= Verfahren: Warteliste, dann Vorstellungsgespräch; = Deutschkenntnisse zentral]

„die brauchen natürlich Deutsch, natürlich nicht perfekt, aber sie müssen dich verstehen." (Interview PM 5 SW: Z. 441-442) [= Deutschkenntnisse für Kundenkontakte notwendig]

„du musst schon gewisse Fähigkeiten haben, ist ja klar" (Interview PM 5 SW: Z. 42)

"und da gibt es solche, die man nicht brauchen kann, das ist schon so. Die Ansprüche sind schon vorhanden, weisst du, das ist natürlich nicht übertrieben, aber es braucht... Weil für sie [die PL] ist das sehr anstrengend, sie ist verantwortlich für alles und die Kundenzufriedenheit ist sehr wichtig, die kommen sonst nachher nicht mehr. Das haben wir jetzt Gottseidank nicht, die Kundenzufriedenheit ist sehr hoch." (Interview PM 5 SW: Z. 448-451) *[= Projekt muss Geld über Aufträge generieren, also Kundenzufriedenheit zentral]*

"und jetzt hat sie Leute, mit denen sie telefoniert, von denen sie Anfragen kriegt, und dann können diese schnuppern kommen und dann schaut sie und dann ist es eine Frage vom Platz, also zehn geht nicht, auch von den Aufträgen, von daher ist sieben, acht gut." (Interview PM 5 SW: Z. 182-184) *[= beeinflussen Aufträge Zahl der TN? = keine standardisierten Vorgaben zur Auswahl der TN]*

"F: Und wie werden die Frauen ausgewählt, die dort mitmachen? // A: Das ist [die PL], die das macht, du musst also schon ein bisschen Nähkenntnisse haben und ein bisschen Deutsch können. Jetzt hat sie zwei aus Mazedonien, eine nähte drüben schon, die kam erst zwecks Familiennachzug und Deutsch, ja, das ist sie dran. Also das macht [die PL], da mische ich mich nicht rein. // F: Also das sind immer zwei, drei Frauen oder wieviel, die dort angestellt sind? // A: Nein, nein, das sind sieben, acht. Die lösen sich dann wieder ab und dann kommen die anderen. Letztes Jahr hatten wir drei Afrikanerinnen und die haben jetzt alle einen Job, die kommen nicht mehr." (Interview PM 5 SW: Z. 154-162) *[= Platz auf Warteliste muss frei sein (momentan 20 Personen auf der Warteliste)]*

Die einzelnen Passagen der Interviewtranskripte können mehreren Kodes zugeordnet sein. Sie wurden mit genauen Quellenangaben (Seitenzahlen, Zeilennummern) versehen, um sie im Materialkorpus wieder auffinden zu können. Die Analyse zielte einerseits auf typische Muster der Beschreibung, sowie für die Darstellung der Ergebnisse auch auf Schlüsselstellen, an denen diese Muster besonders deutlich werden. Leitende Frage war, was den Angaben im Material zufolge den „Normalfall" darstellt. Damit ist die Frage verbunden, was hinter dem Angesprochenen als Verschwiegenes oder als Abweichung verborgen bleibt. Gleichzeitig wurde auf Brüche und Widersprüche im Material geachtet (z.B. argumentative Brüche innerhalb eines Interviews oder Widersprüche zwischen zwei Projektdokumenten desselben Projektes). Die Datenauswertung wurde sowohl individuell vorgenommen als auch zur Sicherung der Intersubjektivität in Auswertungsteams validiert. Dafür wurden Analyse- und Interpretationsergebnisse in interdisziplinären Forschungsnetzwerken präsentiert und diskutiert.[82]

---

82 Aus dem Graduiertenkolleg „Gender: Prescripts and Transcripts" der Universitäten Bern und Fribourg hervorgegangene Dissertations-Arbeitsgruppe, Auswertungs-AG mit Martina Koch (Universität St.Gallen) sowie wissenschaftliche Workshops des „Forschungskreises Migration und Geschlecht – Passagen".

Bei der Darstellung der Auswertungsergebnisse wurde sprachliches Material aus dem Feld kursiv und in Anführungszeichen gesetzt, also „*Interviewzitate, Auszüge aus Dokumenten und Begriffe aus dem Feld*". Folgende Zeichen wurden bei der Darstellung von Zitaten aus dem Datenmaterial benutzt:

[lacht] – Einfügung durch die Autorin
(...) – Auslassung im Transkript
– – Abbruch des Satzes oder Pause

Da das Datenmaterial, also die Interviewtranskripte und Dokumente, den LeserInnen der Studie nicht zur Verfügung stehen, wurde bei der Ergebnisdarstellung darauf verzichtet, die Zitate mit genauen Belegstellen zu versehen. Wo sich das Geschlecht als zentral erwies, wurde dies mit entsprechenden Formulierungen markiert (etwa „Migranten" oder „Teilnehmerinnen"). Sofern das Geschlecht der entsprechenden Personen als nicht relevant eingestuft wurde, wurden hingegen geschlechtsneutrale Formen (wie „Teilnehmende" oder „MigrantInnen") gewählt.

Zur Veranschaulichung des Datenauswertungsprozesses ist im Folgenden ein exemplarisches *Memo* eingefügt, das auf dem Post-Skript (Gesprächsprotokoll direkt im Anschluss an das Interview) basiert und erste Interpretationsideen enthält (vgl. Witzel 2000: 4). Es bezieht sich auf das Interview mit Emine Hasani,[83] der Projektleiterin des Projekts Schneiderwerkstatt. Wie sich zeigt, ist die für die Analyse zunächst wenig ergiebig scheinende Interaktion mit der Projektleiterin auf vielfältige Weise mit den diskursiven, rechtlichen und sozio-ökomischen Positionierungen von MigrantInnen von ausserhalb der EU verknüpft. Darüber hinaus bietet die Analyse der Interviewsituation Anhaltspunkte zur Reflexion des machtdurchzogenen Prozesses der wissenschaftlichen Wissensproduktion:

> Bereits die Vereinbarung eines Gesprächstermins gestaltete sich schwierig, Emine Hasani klagte über die grosse zeitliche Belastung durch ihre Arbeit und ihren dadurch verursachten schlechten Gesundheitszustand. Als ich zum vereinbarten Gesprächstermin in die Räume der Schneiderwerkstatt kam, zeigt sie sich sehr verwundert über meinen Besuch und sagte, sie könne sich nicht mehr recht an unseren Termin erinnern. Trotzdem bat sie mich, kurz meine Fragen zu stellen, sie habe aber nur eine Viertelstunde Zeit – eine denkbar schlechte Voraussetzung für ein vertieftes Interview. Durch nonverbale Signale gab Hasani mir zu verstehen, dass sie das Interview rasch beenden wollte. So schaute sie wiederholt auf die Uhr und unterbrach das Gespräch mehrmals, indem sie zu den ebenfalls im Raum anwesenden, nähenden Projektteilnehmerinnen ging. Ich fühlte mich als störender Eindringling. Für die abwehrende Haltung der Projektleiterin sind verschiedene Gründe denkbar. Wahrscheinlich bleiben manche davon verborgen. Trotzdem verweist die Interaktion auf verschiedene verallgemeinerbare Phänomene:
>
> Am Ende unseres kurzen Gesprächs entschuldigte sich Emine Hasani mehrfach und wortreich dafür, so wenig Zeit zu haben. Der Verweis auf den Zeitmangel kann als eine Möglichkeit interpretiert werden, das Gespräch höflich zu beenden. Zugleich kann er auch Ausdruck der schlechten Dotierung der Stelle der Projektleiterin sein: Die Anstellung der Projektleiterin beträgt 20 Prozent. Dementsprechend niedrig dürfte die Entlohnung sein (genauere Angaben über die Höhe des Gehalts waren nicht zugänglich). Das Gespräch kreiste immer wieder um die unsichere Finanzierung des Projektes. Während die Projektteilnehmerinnen ihre Entschädigung über die Aufträge erhal-

---

83 Name geändert.

ten, also direkt über die Kundschaft der Schneiderwerkstatt finanziert sind, werden die Lohnkosten der Projektleitung von der Trägerschaft getragen (finanziert über private Spenden, Stiftungsbeiträge, Beiträge der öffentlichen Hand). Hasani erwähnte, dass sie ein halbes Jahr unentgeltlich gearbeitet habe, als die Finanzlage einmal besonders schlecht war. Währenddessen bezog sie Arbeitslosenentschädigung. Dies macht deutlich, wie prekär und finanziell unsicher die Anstellung der Projektleiterin ist. Sie stehe unter grossem Druck, sagte sie. Dies kann einerseits in der hohen Arbeitsbelastung begründet sein, da die Schneiderwerkstatt viele Kundenaufträge hat, andererseits in der Abhängigkeit von Spenden und der damit verbundenen grossen Zukunftsunsicherheit.

Emine Hasani kann ihre Berufsausbildung als Schneiderin in ihrer Anstellung einbringen, eine weitere – informelle – Qualifikation liegt darin, dass sie selbst Migrantin ist. So beschreibt sie, dass ihre Sprachkenntnisse [Türkisch] den Kontakt zu den Teilnehmerinnen vereinfachen. Sie kann also ethnisches Kapital für die Stelle nutzbar machen und ihre Ausbildung verwerten – aber nur im Rahmen einer Anstellung unter nicht-existenzsichernden Bedingungen. [= Widerspruch zu Projektbeschreibung, die betont, dass das Projekt auf die Vermittlung von Deutschkenntnissen zielt; = MigrantInnen arbeiten vielfach als DolmetscherInnen und im Migrationsbereich?].

Emine Hasani stellt sich in unseren insgesamt drei Begegnungen jeweils als sehr beschäftigte, ausgelastete und fürsorgliche Leiterin dar. Die Betonung der grossen Belastung ist einerseits Ausdruck der prekären Finanzierung ihrer Stelle. Zugleich schildert Hasani sich damit als unentbehrliche Begleitung der Teilnehmerinnen. Mehrfach betont sie, dass die Frauen sie brauchten. Sie könnten die Arbeit nicht allein bewältigen, da ihnen die Fachkenntnisse fehlten. Die Aufträge seien teilweise sehr anspruchsvoll. So stelle das Nähen von Vorhängen eine eigene Ausbildung dar, erläutert Hasani. Sie habe sich diese Kenntnisse über Weiterbildungen angeeignet und gebe dies nun an die Teilnehmerinnen weiter. Sie vermittle nicht nur Nähkenntnisse und unterstütze die Teilnehmerinnen bei der Erledigung der Näh- und Flickaufträge, sondern leiste auch Begleitung bei Alltagsproblemen und bei der Stellensuche. Hasani nennt explizit die folgenden Themen: Kinder, Ehe, Alltag, Krankenkasse, Konflikte mit dem Chef, einen Anwalt anrufen, etwas organisieren, Bewerbungen gegenlesen, übersetzen. Die Frauen brauchten Begleitung, so Hasani, aber sie habe nicht genug Kapazitäten dafür. Im Narrativ zeigt sich damit eine Abwertung der Kenntnisse und Fähigkeiten der Teilnehmerinnen. Sie haben dieser Darstellung zufolge wenige Kompetenzen, sowohl fachlich als auch bei der Bewältigung alltäglicher Schwierigkeiten. Indem die Projektleiterin ihre eigene Ausbildung und Sprache bringt und auf die mangelnden professionellen Kompetenzen der Teilnehmerinnen verweist, grenzt sie sich von den Teilnehmerinnen ab und gleichzeitig vom Stereotyp der ungebildeten, abhängigen Migrantin ab.

Hasani versucht, Fragen der Teilnehmerinnen an mich zu unterbinden und lässt mir kaum eine Möglichkeit, mit den Frauen zu sprechen. So weist sie eine Teilnehmerin zurecht, die eine Frage an mich richtet: „Ihr könnt mich fragen, wenn ihr etwas wissen wollt!" Die Frau wirkt danach eingeschüchtert und reagiert auf meine Frage sie nur noch sehr ausweichend. Die Projektleiterin bezieht sich damit auf ihre Rolle als Vorgesetzte und grenzt sich von den Projektteilnehmerinnen ab. Nicht zuletzt verweist ihre abwehrende Haltung auch auf den öffentlichen Diskurs um Betrug und Missbrauch der schweizerischen Sozialwerke durch AusländerInnen. [= evtl. Verbindung zum aktuellen aufgeheizten Medien-Diskurs um kriminelle Ausländer und Sozialhilfemissbrauch? Denn Hasani erwähnt Konflikte mit den Mitarbeitenden des Sozialamts, die die Einkünfte der Teilnehmerinnen „bis auf zehn Franken genau", wie sie sagt, auf deren Sozialhilfeanspruch anrechneten. Daher, so Hasani, seien die Einkünfte der Teilnehmerinnen – die nur wenige hundert Franken im Monat betragen, – ein heikles Thema. [= rechtliche Regelungen dazu recherchieren!]

Ganz offensichtlich sah die Projektleiterin keinen Nutzen für sich und das Projekt in der Zusammenarbeit mit einer Forscherin. Sie erwähnte, dass frühere Gesprächspartnerinnen zum vereinbarten Interviewtermin einfach nicht erschienen seien. Aber nicht nur diese schlechten Erfahrungen mit anderen Forschenden begründen meiner Ansicht nach ihre Abwehr. Die Interaktion zwischen mir und Emine Hasani ist von einem hierarchischen Verhältnis geprägt, das mit unterschiedlichen Positionierungen nach Schichtzugehörigkeit, Bildungshintergrund und Herkunft zusammenhängt. Zwischen der aus der Türkei immigrierten Schneiderin und mir als Wissenschaftlerin aus der EU besteht eine Asymmetrie, die einerseits auf unterschiedlichen Zugängen zu Ressourcen, aber auch auf der unterschiedlichen gesellschaftlichen Wertigkeit dieser sozioökonomischen Positionierungen beruht. [= Koloniale Tradition der Beforschung der „Fremden" durch Weisse]. Durch die Konstellation in der Interviewsituation werden diese Asymmetrien noch verstärkt.[84] Das Interview selbst kann für die Interviewten zu Unsicherheiten führen, da Analogien zu Prüfungssituationen oder Behördengesprächen bestehen. Die abwehrende Haltung meiner Gesprächspartnerin kann darin begründet liegen, dass sie nicht die Rolle als Beforschte einnehmen möchte, in der sie keinen Nutzen für sich und das Projekt sieht.

4.4 Reflexion methodischer Schwierigkeiten

Qualitative Sozialforschung geht davon aus, dass wissenschaftliches Wissen Ergebnis eines Konstruktionsprozesses zwischen Forschenden und Beforschten ist. Dieser Prozess ist in einem Machtverhältnis situiert. Forschende sind nicht neutrale Beobachtende einer objektiven Realität, sondern selbst Bestandteil der sozialen Verhältnisse, die erforscht werden. Daher verlangt qualitative Sozialforschung nicht nur eine Reflexion der Erhebungsmethoden und Interpretationsverfahren, sondern auch eine Analyse der Beziehung zwischen Forschenden und Beforschten.[85] Diese Forschungsbeziehung ist von wechselseitigen Zuschreibungen und Erwartungen geprägt. So wurde zum Beispiel seitens einiger Befragter thematisiert, dass ich als EU-Bürgerin ohne Schweizer Staatsbürgerschaft selbst von Migrations- und Integrationspolitiken betroffen und somit in spezifischer Weise ins Forschungsfeld eingebunden sei. Dadurch unterscheidet sich meine rechtliche Situation von der meiner GesprächspartnerInnen, die entweder SchweizerInnen oder Drittstaatsangehörige sind.

Ausserdem erfuhr ich als Forscherin Zuschreibungen aufgrund meiner Position als Akademikerin, meines Geschlechts oder meines Alters usw. So zeigt sich etwa in den Interviews ein Einfluss meiner Präsenz als Forscherin und der damit verbundenen Erwartungen der Projektmitarbeitenden wie Differenziertheit, Neutralität und Wissenschaftlichkeit: Die Mitarbeitenden relativierten ihre Beschreibungen als nicht-wissenschaftlich, vor allem dann, wenn sie verallgemeinernde Aussagen über Männer und Frauen trafen, z.B.: *„Das kann ich jetzt nicht wissenschaftlich belegen, aber [es] ist es einfach so"* oder *„Das sind einfach so Beobachtungen, wir haben das noch nie so klar untersucht"*(Interview PM 8, futura) oder *„das sind subjektive Einschätzungen, es ist nicht so, dass wir das ausgewertet hätten, das ist einfach aus der Erfahrung aus der Praxis"* (Interview PM 10, futura). Dieses Passagen können auch dahingehend interpretiert

---

84   Partizipative Forschung, welche die Interessen und Expertise der InterviewpartnerInnen einbzieht, kann eine Möglichkeit sein, solche Ungleichgewichte zumindest teilweise zu verschieben (vgl. Riaño 2012b, Baghdadi 2008).

85   Besonders aufschlussreich für diese Studie bezüglich der Reflexion der Beziehung zwischen Interviewerin und Interviewten und hinsichtlich der Subjektivität und Prozesshaftigkeit wissenschaftlicher Forschung war ein Artikel des Sozialpsychologen Karl Fallend (2008).

werden, dass die InterviewpartnerInnen den Verdacht der Stereotypisierung abwenden wollen und daher Verallgemeinerungen relativieren, wie es folgenden Passagen verdeutlichen: *„Ich möchte da auch nicht ein Vorurteil einführen, das ist ganz, ganz schwierig"* (Interview PM 8, futura) oder *„im Durchschnitt, stimmt natürlich nicht auf die Einzelperson"* (Interview PM 10, futura).

Ich konnte Zuschreibungen meiner InterviewpartnerInnen auch nutzen, um Zugänge zum Feld zu erhalten, da mir etwa ein besonderes Verständnis für Migrationserfahrungen oder eine antirassistische Haltung unterstellt wurden oder sich die GesprächspartnerInnen durch die wissenschaftliche Studie einen Einfluss auf die Integrationspolitik erhofften. Beispielsweise beschrieb eine Person, die an einem Integrationsprojekt teilgenommen hatte, im Interview Details ihrer Lebensgeschichte, die sie nach eigener Aussage gegenüber den Projektmitarbeitenden nicht geäussert hatte. Die Teilnahme an der Studie sah sie als Möglichkeit, ihre Erfahrungen für Verbesserungen des Projektes nutzbar zu machen: *„Ihnen erzähle ich das, denn Sie sind Wissenschaftlerin."* (Interview ehem. TN 5, futura). Die für diese Studie interviewten MigrantInnen, die an Integrationsprojekten teilgenommen haben, beteiligen sich damit selbst gezielt an der Produktion von Wissen und reflektieren teilweise den Prozess der wissenschaftlichen Wissensproduktion und des ExpertInnen-Status. Umgekehrt konnte die Konstellation der Interviewsituation auch Zugänge erschweren (vgl. Exkurs Kap. 4.3).

Ebenso konnte ich einen Einfluss meiner eigenen Zuschreibungen und Erwartungen auf den Forschungsprozess beobachten. Eine besondere Herausforderung bildeten Sympathie und Antipathie. Wenn mir die Darstellungen der GesprächspartnerInnen einleuchteten oder sympathisch waren, fiel es mir schwerer, in der Interviewsituation eine neutrale und offene Position einzunehmen. Teilweise entstand der Wunsch, mich den GesprächspartnerInnen als „Gleichgesinnte" zu offenbaren. Dies wurde verschärft dadurch, dass das Feld der Integrations- und Migrationsthematik stark ideologisch aufgeladen ist und die GesprächspartnerInnen mich teilweise implizit oder explizit aufforderten, mich inhaltlich zu positionieren. Auch bei der Datenauswertung begegnete ich der Schwierigkeit, bei den mir sympathischeren GesprächspartnerInnen eine wohlwollendere Haltung einnehmen zu wollen. So bestand die Gefahr, etwa migrantischen GesprächspartnerInnen emanzipatorischere Haltungen zu unterstellen oder Aussagen von VertreterInnen staatlicher Institutionen kritischer zu analysieren. Um mehr über die gegenseitigen Erwartungen und Zuschreibungen zu erfahren, legte ich während Datenerhebung und Datenanalyse besonderes Augenmerk auf Irritationen, Unvorhergesehenes und Störungen. Auffälligkeiten im Gesprächsverlauf sowie negativen und positive Gefühlen schenkte ich besondere Aufmerksamkeit, wie etwa Unsicherheit, Abwehr, Sympathie, Fremdheitsgefühle u.ä., die sich bei mir einstellten. Dabei waren die Diskussion von Analyseergebnissen und die gemeinsame Datenauswertung in interdisziplinären Interpretationsgruppen sehr hilfreich (vgl. Fussnote , S. 73).

Eine weitere Schwierigkeit bestand darin, dass ein Teil meiner Gesprächspartnerlnnen (v.a. Mitarbeitende von Behörden und Fachstellen) sehr vertraut mit Interviewsituationen mit JournalistInnen war, da die Integrationspolitik stark im Blickfeld der Medienöffentlichkeit steht. Infolgedessen ermöglichten diese Interviews weniger den Zugang zu inhärenten Konzeptionen und Wertungen, sondern evozierten eher formelhafte Beschreibungen und normierte Aussagen. Dies wurde in der explorativen Phase der Studie deutlich. Daher wurde nachfolgend bei der Auswahl der InterviewpartnerInnen das Schwergewicht auf Mitarbeitende von Integrationsprojekten gelegt, die im operativen Bereich tätig sind.

Prozeduren der Regulierung und Kontrolle von Migration beinhalten verschiedene Massnahmen, die von MigrantInnen verlangen, ihre Lebens- und Migrationsbiographie zu schildern, etwa bei der Anhörung im Rahmen des Asylverfahrens. MigrantInnen werden von Behörden „dazu aufgefordert, ihre Lebensgeschichten zu erzählen, sich zu rechtfertigen und die Basis ihrer Ansprüche auf Sozialleistungen oder soziale, kulturelle oder politische Teilhabe zu rechtfertigen" (Erel 2007: 156). Der vorliegenden Studie war es ein Anliegen, eine Reproduktion dieser Konstellationen zu vermeiden. Zudem besteht im Interview mit MigrantInnen, die an Integrationsprojekten teilnehmen, eine besonders starke Asymmetrie in der Interviewsituation, da sie als Erwerbslose und aufgrund von Praktiken der Ethnisierung gesellschaftliche Stigmatisierungen ausgesetzt sind.

Da der Zugang zu den Projektteilnehmenden über die Projektmitarbeitende erfolgte, besteht die Gefahr, dass Mitarbeitende die Aussagen der Teilnehmenden den entsprechenden Personen zuordnen können. Auch wenn persönliche Angaben wie Name, Nationalität etc. geändert werden, können die Projektmitarbeitenden anhand der geäusserten Einstellungen, der beruflichen Ziele und der biographischen Erfahrungen Rückschlüsse auf die betreffende Person ziehen. Daher entschied ich mich, systematische Auswertungen der Interviews mit Projektteilnehmenden im Rahmen der vorliegenden Studie nicht zu verwenden.

Dazu kommende folgende Bedenken bezüglich der Machtkonstellation in Interviewsituationen mit MigrantInnen: Um den Gegenstand der Forschung, in diesem Fall Migranten und Migrantinnen, untersuchen zu können, muss dieser zunächst handhabbar gemacht und als homogene Gruppe konstruiert werden (vgl. Janssen 2009: 180). An dieser Objektivierung und Verallgemeinerung des „Anderen" als Forschungsobjekt üben post-koloniale Forschende Kritik. Sie kritisieren die Dominanz weisser, westlicher ForscherInnen und ihrer Sichtweisen sowie die fehlende Infragestellung vereinheitlichender und ethnisierender Diskurse in der Wissenschaft (vgl. Mohanty 1988, Schultz 1990, Hall 1994, Lutz/Huth-Hildebrandt 1998). Die kritischen Debatten richten sich gegen eine „Ausbeutung als native Informants" (Steyerl 1999: 166), gegen die Konstruktion vermeintlicher „Kulturkonflikte" (z.B. Otyakmaz 1996: 42–55) und gegen den fehlenden Einbezug migrantischer Erfahrungen in wissenschaftlichen Konzepten (Gümen 1996, Gutiérrez Rodríguez 1999c, Kraft 1994). MigrantInnen sind zudem – gemessen an ihrem Bevölkerungsanteil – an Hochschulen untervertreten (vgl. z.B. Sancar/Hungerbühler/Paiva Keller 2000: 57–69). Auch daher ist Wissenschaft in der Regel „weisse" Wissenschaft. Post-koloniale AutorInnen forderten daher, die Beziehung zwischen Forschenden und Beforschten stärker in den Blick zu nehmen und kritisierten die hegemoniale Wissensproduktion. Durch die Beforschung des „Anderen" besteht die Gefahr einer erneuten Rekonstruktion kolonialer Kategorien. Donna Haraway fordert daher, dass „das Wissensobjekt als Akteur und Agent vorgestellt wird und nicht als Leinwand oder Grundlage oder Ressource" (Haraway 1995: 93, zit. v. Janssen 2009: 180). In der vorliegenden Studie wurde dies methodisch-konzeptionell so umgesetzt, dass nicht MigrantInnen erforscht und beschrieben werden. Stattdessen untersucht die Studie, wie MigrantInnen als Objekte der Politik konstruiert werden, und fragt also nach dem Blick der Institutionen auf MigrantInnen als zu regulierende Zielgruppe.

Qualitative Sozialforschung muss einerseits wissenschaftlichen Ansprüchen und damit Kriterien wie Transparenz genügen. Andererseits ist die vorliegende Studie in den Kontext des politisch hoch umstrittenen Feldes der Integrationspolitik eingebettet. Kritik an Integrationsmassnahmen kann dazu führen, dass die Mittel dafür politisch in Frage gestellt werden. Hier ergibt sich ein Spannungsfeld, das die Frage aufwirft, unter welchen Bedingungen Analyse und Kritik von Politiken und sozialstaatlichen Interventionen möglich sind. Anonymisierung kann unter den gegebenen Umständen ein Schutz für untersuchte Projekte sein. Daher wurden in den empirischen Kapiteln der Studie alle Hinweise gestrichen oder geändert, welche Rückschlüsse auf die jeweiligen untersuchten Integrationsprojekte oder die befragten Mitarbeitenden erlauben könnten. Dies ist auch deshalb relevant, weil es sich bei der vorliegenden Studie nicht um eine Evaluation der Projekte handelt. Eine evaluative Perspektive zielt darauf, das Erreichen der Projektziele zu analysieren, also etwa festzustellen, ob ein Projekt effizient und effektiv ist, und sollte ein umfassendes Bild des untersuchten Projektes zeigen (vgl. Richter/Hostettler 2015). Das Erkenntnisinteresse der vorliegenden Studie zielt dagegen auf die Analyse inhärenter Diskurse. Es sollen Implikationen der untersuchten Diskurse in Bezug auf die soziale Positionierung von MigrantInnen aufgezeigt, nicht aber die untersuchten Projekte bewertet und evaluiert werden.

Die Bezeichnungen der Projekte und der Funktionen der befragten Projektmitarbeitenden wurden verändert. Die Projektmitarbeitenden werden in den Auswertungskapiteln mit ihrer Funktion im Projekt bezeichnet, also etwa als „Projektleiter" oder „Geschäftsleiterin", wobei die Bezeichnungen sinngemäss angepasst wurden, um eine Erkennbarkeit zu vermeiden. Hier ergibt sich ein Dilemma: Die Nennung der Funktion anstelle von Pseudonymen verringert die Lesbarkeit und Anschaulichkeit der Studie. Trotzdem wurde auf Pseudonyme verzichtet, da das Forschungsinteresse auf eingelagerte Diskurse und damit auf die dahinter stehenden institutionellen Logiken und die Programmatik der Integrationspolitik gerichtet ist. Die Studie geht davon aus, dass sich diese Diskurse in der sozialen Praxis der AkteurInnen manifestieren. Sie spiegeln sich beispielsweise in den Aussagen der Projektleitenden und fliessen in die Konzeption von Richtlinien und Massnahmen ein. Projektmitarbeitende stehen daher nicht als individuelle Personen im Fokus der Untersuchung, sondern interessieren im Kontext der Studie als TrägerInnen institutioneller Deutungs- und Handlungsmuster. Die Anonymisierung und der Verzicht auf Pseudonyme ermöglichen es, von den einzelnen Personen abzusehen und den Blick stärker auf die Funktion der Befragten in der Institution und damit auf die von ihnen vertretenen Diskurse zu lenken.

5 Zwischen „Abstiegsbegleitung" und „Empowerment": Vier Projektporträts

Welche Diskurse über MigrantInnen liegen der Schweizer Integrationspolitik auf der Ebene von Integrationsprojekten zugrunde? Zur Beantwortung dieser Frage werden zentrale Diskurse von vier exemplarischen Integrationsprojekten in Form von Fallstudien rekonstruiert, konkret vier Projekten zur verbesserten Arbeitsmarktintegration von Zugewanderten, die in der Deutschschweiz von nichtstaatlichen Organisationen (NGOs) angeboten werden (vgl. Kap. 4.2.2).

Das folgende Kapitel 5 porträtiert die einzelnen Integrationsprojekte und arbeitet jeweils die zentralen Diskurse heraus, also die Wissensbestände, Argumentationsmuster und Beschreibungslogiken, die für die Gestaltung der Projekte relevant sind.[86] Diese Diskurse sind jeweils in einen konkreten Organisationskontext und eine spezifische institutionelle Geschichte eingebettet. Sie situieren sich zugleich im Kontext der Strukturen und Praktiken des Migrations- und Integrationsregimes der Schweiz und widerspiegeln diese übergeordnete Logiken und Rationalitäten.

Jedes Projektporträt beschreibt die allgemeinen Merkmale des jeweiligen Projektes wie Projektinhalte, Anforderungen an die Teilnehmenden, Trägerschaft, Finanzierung, formulierte Projektziele usw. und stellt dar, an wen sich die Projekte richten, welche Ziele sie verfolgen und welche Instrumente sie hierfür nutzen. Dabei richtet sich der Fokus insbesondere auf verborgene, implizite Logiken und Diskurse und nicht öffentlich postulierte Ziele und Effekte der institutionellen Massnahmen. Kapitel 5 beleuchtet, wie die Mitarbeitenden der untersuchten Projekte die Zielgruppe der Projekte beschreiben, welche Probleme die Projekte aus Sicht der Mitarbeitenden angehen sollen und wie aus ihrer Sicht ein Integrationsprojekt gestaltet sein muss, um Zugewanderte optimal zu unterstützen. Besonderes Augenmerk gilt der Frage, welche Rolle Geschlecht und andere Kategorien der sozialen Differenzierung spielen.

Die Fallstudien in Kapitel 5 bieten die Basis für eine transversale Analyse der dort herausgearbeiteten zentralen Analysekategorien, die in den Kapiteln 6 bis 8 dargestellt ist. Diese fallbeispielübergreifende Analyse zielt darauf, der übergeordneten Logik und Programmatik der Schweizer Integrationspolitik auf die Spur zu kommen (vgl. Kap. 3.6).

---

86 Die Bezeichnungen der Projekte, Projektteile und personellen Funktionen wurden geändert.

5.1 Das Projekt ina-Basiskurse: Normalisierung von Prekarität

5.1.1 Übersicht über das Projekt ina-Basiskurse

Das Integrationsangebot, das hier ina-Basiskurse genannt wird[87] – *In*tegration in den *A*rbeitsmarkt – umfasst Kurse, die grundlegende Kenntnisse für Hilfsarbeiten in vier Berufsfeldern vermitteln: Pflege, Gastronomie sowie Reinigung/Hauswartung und Handwerk[88]. Die Teilnehmenden sollen nach Abschluss des Projekts einfache Aufgaben zur Unterstützung von Fachpersonal übernehmen können. Zu den Kursen gehört jeweils praktischer und theoretischer Fachunterricht, berufsbezogener Deutschunterricht, die Vermittlung von Praktika sowie Bewerbungstraining und Unterstützung bei der Stellensuche. Die Teilnehmenden absolvieren ein externes Praktikum.[89] Die Kurse dauern neun Monate (Pflege zwölf Monate), worin das mehrmonatige Praktikum im Umfang von 60 bis 100 Stellenprozent eingeschlossen ist. Pro Jahr finden jeweils zwei Kursdurchläufe mit je 12 bis 15 Teilnehmenden statt. Die KursabsolventInnen erhalten eine Bestätigung und ein Zertifikat über den Kursbesuch[90] und ein Praktikumszeugnis, beim Pflegekurs zudem den Kompetenznachweis „PflegehelferIn".

Das Angebot richtet sich an Frauen und Männer mit einem rechtlichen Status als anerkannte Flüchtlinge (Ausweis B oder F) oder vorläufig Aufgenommene VA (vgl. Kap. 2.2).[91] Das ina-Projekt wird vollständig über Mittel finanziert, die die Trägerorganisation vom Kanton erhält.[92] Trägerorganisation der Hilfsarbeitskurse

---

87 Die Untersuchung stützt sich auf Einzelinterviews mit drei Projektmitarbeitenden im Zeitraum April bis Juli 2011 sowie auf ein Einzelinterview mit einem Kursteilnehmer im Februar 2012, ausserdem auf unveröffentlichte und veröffentlichte Dokumente der Trägerorganisation (Jahresberichte 2010 und 2011, Leitbild, Porträt, Profil, Website) und des Kursprojektes (Kurskonzepte, Kursprojektselbstdarstellungen, Formulare, Darstellung des Aufnahmeverfahrens, Abschlussberichte 2008, 2009 und 2010 zuhanden des Kantons, Jahresbericht 2009, Evaluationen von 2009/10, Statistik 2010).

88 Dieser Kurs umfasst Hilfsarbeiten in verschiedenen handwerklichen Bereichen wie Gartenbau, Strassenbau, Liegenschaftsunterhalt, Automechanik oder Plattenlegen.

89 Im Rahmen des Gastronomiekurses absolvieren die Teilnehmenden ein Praktikum im kurseigenen Schulrestaurant. Ausserdem können Teilnehmende des Handwerkskurses in der Kurswerkstatt arbeiten, wenn ihre Deutschkenntnisse nicht ausreichen, um Arbeitsanweisungen an einem externen Arbeitsplatz zu verstehen.

90 Das Zertifikat erhält, wer mindestens 85 Prozent des Kurses besucht hat und die Lernkontrollen wenigstens mit „Genügend" absolviert hat.

91 Auf dem Informationsblatt für die Kurse ist vermerkt, dass andere MigrantInnen nach Absprache teilnehmen können, sofern die Gemeinde die Finanzierung sichert. Auf dem Anmeldebogen heisst es hingegen, dass nur VA und Flüchtlinge mit Ausweis B und F am Projekt teilnehmen können. Zum Zeitpunkt der Untersuchung nahm niemand mit einem anderen Aufenthaltsstatus am Projekt teil.

92 Der Bund hat die Verteilung und Kontrolle der Integrationspauschale an die Kantone delegiert, welche diese Gelder mit kantonalen Mitteln ergänzen (vgl. Kap. 2.4). Nach Schätzungen der Projektver-

ist ein nichtstaatliches Hilfswerk, das in der Schweiz und in der internationalen Zusammenarbeit und humanitären Hilfe in verschiedenen Ländern aktiv ist.[93] Das Projekt versucht, Arbeit und Erfolg quantitativ zu erfassen, da der Kanton eine jährliche Berichterstattung verlangt. Ausserdem werden eine interne Statistik sowie Evaluationen der einzelnen Kurse erstellt.[94] Auch der Jahresbericht der Trägerorganisation enthält Angaben zu Anzahl, Aufenthaltsstatus und Geschlecht der Kursteilnehmenden. Die Angaben in den verschiedenen Dokumenten sind nicht einheitlich. Deutlich wird aus den erfassten Angaben, dass ein Grossteil der Teilnehmenden Männer und nur ein geringer Teil Frauen sind (zwischen 16 und 20 Prozent).[95] Der Pflegekurs hat den grössten Anteil an weiblichen Teilnehmenden, rund die Hälfte der Teilnehmenden sind Frauen. Im Handwerkskurs gibt es gar keine weiblichen Teilnehmenden. Folgt man der internen Statistik, stammte 2010 der grösste Teil der KursbesucherInnen aus Eritrea und Somalia. Aus anderen Herkunftsländer stammten jeweils nur einzelne Teilnehmende. Abgesehen von einer Person aus Tschechien gab es keine Teilnehmenden aus europäischen Ländern.[96]

Die Teilnehmenden an den ina-Kursen werden ausschliesslich über die zuständigen Sozialhilfe-Institutionen zugewiesen, Interessierte können sich nicht selbst anmelden.[97] Für die Teilnehmenden sind die ina-Kurse kostenfrei, sie bezie-

---

antwortlichen setzt sich die Finanzierung der Projektkosten zu drei Vierteln aus der Integrationspauschale des Bundes und zu einem Viertel aus kantonalen Mitteln zusammen.

93   Zu den Angeboten der Trägerorganisation zählt in der Schweiz neben den ina-Basiskursen auch das Projekt futura (vgl. Kap. 5.2) sowie weitere Projekte zur beruflichen Integration wie das Vermitteln von Kurzzeitarbeitseinsätzen, Bewerbungstraining und Beratung für Erwerbslose.

94   Die Evaluationen der Kurse erfassen jeweils Anzahl, Geschlecht, Alter, und Herkunftsstaat der Teilnehmenden; Anzahl der erteilten Kurszertifikate, Kursnachweise und Arbeitszeugnisse; Kursabbrüche; „Anschlusslösungen". Die Berichte zuhanden des Kantons erfassen Anzahl, Kursabbrüche, Aufenthaltsstatus der Teilnehmenden und verschiedene Indikatoren wie Integration der TeilnehmerInnen in den ersten Arbeitsmarkt drei Monate nach Kursabschluss sowie eine kurze qualitative Auswertung. Die interne Statistik erfasst Aufenthaltsstatus, Altersgruppe, Herkunftsstaat und Geschlecht der Teilnehmenden. Daneben gibt es eine anonyme Evaluation des Kurses durch die Teilnehmenden, die für die Analyse nicht zur Verfügung stand.

95   Auch in der Gesamtpopulation der Flüchtlinge und VA in der Schweiz gibt es weniger Frauen als Männer, aber der Anteil ist deutlich höher als bei den Kursteilnehmenden: 44 Prozent dieser Personengruppe ist weiblich (BFM 2013a).

96   In den vergangenen Jahren gab es eine starke Zunahme von Asylgesuchen aus Somalia und Eritrea (BFM 2009: 43). Eritrea und Somalia bildeten 2012 zusammen mit dem Irak die häufigsten Herkunftsländer von Personen im Asylprozess (diese umfassen anerkannte Flüchtlinge, VA und Personen im laufenden Verfahren) (BFM 2013a).

97   Daher haben nur MigrantInnen, die Sozialhilfe beziehen, die Möglichkeit, am Projekt teilzunehmen. Personen, die sich anderweitig finanzieren oder keinen geregelten Aufenthaltsstatus haben, können die Kurse nicht besuchen.

hen weiterhin Sozialhilfe und erhalten eine Praktikumsentschädigung.[98] Die Praktikumsbetriebe zahlen an die Trägerorganisation der ina-Kurse einen Beitrag von 40 Franken pro Tag (BFS 2008a: 120).

Für die Untersuchung wurden Interviews mit drei Mitarbeitenden des Projekts geführt: Die *Projektverantwortliche* ist bei der Trägerorganisation für Konzeption, Finanzierung und Personal der verschiedenen Integrationsprojekte zuständig.[99] Während sie erst seit rund einem Jahr bei der Organisation angestellt ist, sind die anderen beiden Interviewpartnerinnen langjährige Mitarbeiterinnen des Projekts. Die *Projektleiterin* ist für die Durchführung und Evaluation der vier Basiskurse verantwortlich; die *Kursleiterin* des Pflegekurses ist zuständig für Auswahl, Beratung und Begleitung der Teilnehmenden des Pflegekurses. Ausserdem unterrichtet sie Deutsch, akquiriert Praktikumsstellen und kontrolliert die Praktikumsbetriebe.[100]

5.1.2 „Ohne anerkannte Ausbildung" – Unqualifizierte Personen im Fokus

Für die Zielgruppe des ina-Projektes, anerkannte Flüchtlinge und vorläufig Aufgenommene (VA), gestaltet sich die Eingliederung in Erwerbsarbeit besonders schwierig. Hürden bestehen in der Unterbrechung der Erwerbstätigkeit während des Asylverfahrens, in der Bewilligungspflicht für Drittstaatsangehörige und bei der Anerkennung ausländischer Abschlüsse (vgl. Kap. 2.1). Welche Unterstützung bietet das ina-Projekt den Teilnehmenden in dieser Lage an und was soll erreicht werden? Das Leitbild der Trägerorganisation von 2007 nennt folgende Ziele:

> *„Wir fördern die Fähigkeiten von Menschen, ihre gesellschaftlichen und politischen Rechte wahrzunehmen. Wir unterstützen sie darin, wirtschaftliche Eigenständigkeit zu erlangen. Mit diesen Massnahmen leisten wir einen aktiven Beitrag zur Überwindung von Armut. (…) Wir stellen Nachhaltigkeit ins Zentrum unserer Arbeit: Wir wollen eine dauerhafte Wirkung erzielen."*

Die Projektverantwortliche der Trägerorganisation benennt als Ziel der Projekte ähnliche Vorhaben:

---

98 Die Teilnehmerinnen erhalten während des Praktikums, das zu den Fachkursen gehört, eine Integrationszulage von 150 bis 200 Franken pro Monat zusätzlich zur Sozialhilfe und eine Verpflegungspauschale von 10.- Franken pro Arbeitstag, teilweise auch die Fahrtkosten erstattet.

99 Sie ist damit auch für das Projekt futura zuständig (vgl. Kap. 5.2).

100 Diese Kursleiterin wurde als Interviewpartnerin ausgewählt, da sie bis auf den Fachunterricht für sämtliche Aufgaben des Basiskurses zuständig ist (bei den anderen Kursen verteilen sich diese Aufgaben auf verschiedene Personen). Der Pflegekurs ist für die Studie besonders interessant, weil Geschlecht hier explizit ein Auswahlkriterium darstellt.

"die Chancengleichheit zu verbessern (...) bei der Teilhabe an den ökonomischen Gütern in unserer Gesellschaft. Also, Arbeitseinstieg einfach, und wirtschaftliche Selbstständigkeit."

Die ina-Basiskurse zielen also auf ökonomische Teilhabe, verstanden als längerfristige eigenständige Existenzsicherung durch Erwerbsarbeit. Dies versucht das Projekt zu erreichen über die Vermittlung beruflicher Grundkenntnisse, also über eine minimale Qualifizierung der Teilnehmenden. Im Jahresbericht 2011 der Trägerorganisation heisst es:

"Da [Flüchtlinge und VA] oft keine oder in der Schweiz nicht akkreditierte Berufsabschlüsse aufweisen, stellen qualifizierende Angebote für diese Zielgruppe ein sehr wichtiges Element ihres beruflichen Integrationsprozesses dar. Die TeilnehmerInnen können bei [ina] Kurse in vier verschiedenen Berufsfeldern absolvieren und so ihre Chancen auf eine berufliche Integration vergrössern."

Die Basiskurse richten sich explizit an Personen ohne in der Schweiz nutzbare Berufsausbildung. So heisst es im Informationsblatt des Projekts, die Zielgruppe seien *"Stellensuchende aus dem Flüchtlingsbereich ohne anerkannte Ausbildung"*. Diese Formulierungen zeigt, dass das Projekt die Ursache mangelnder beruflicher Integration hauptsächlich bei den MigrantInnen verortet – sie verfügen demnach über keine oder keine anerkannte Ausbildung –, auch wenn implizit das Problem der mangelnden Anerkennung von Abschlüssen thematisiert wird. Zwar verweisen die Begriffe *"nicht akkreditiert"* und *"nicht anerkannt"* auf diese Problematik, aber aus dieser Perspektive liegt das Defizit vorrangig bei den MigrantInnen selbst – und dort soll es folgerichtig auch behoben werden: Auf die Konstatierung mangelnder (anerkannter) Bildung antwortet das Projekt mit einem Bildungsangebot und individualisiert somit soziale Probleme. Der *"Qualifizierungsansatz"* des ina-Projektes, wie es die Projektverantwortliche nennt, beinhaltet jedoch lediglich eine Niedrigqualifizierung, wie sie betont. Sie bezeichnet die ina-Kurse als *"Schnellbleiche"*:

"Es ist auch nur der Pflegehelfer, der wirklich ein anerkannter Berufsabschluss ist.[101] Das andere ist einfach ein Zertifikat, das man vorweisen kann, und der Arbeitgeber kann davon ausgehen, die Leute haben eine minimale fachliche Ausbildung in dem Themenbereich. Aber es ist natürlich nicht gleichwertig wie eine Vorlehre oder eine Attestlehre oder eine Lehre."

---

101 PflegehelferIn ist dem Berufsinfo des BIZ zufolge „ein Pflegeberuf mit einer Kurzzeitausbildung. PflegehelferInnen betreuen betagte, chronisch kranke und behinderte Menschen in Alters- und Pflegeheimen, Spitälern und im spitalexternen Bereich (Spitex). Sie übernehmen einfache Pflege- und Betreuungsaufgaben (z.B. Unterstützung bei der Körperpflege und Nahrungsaufnahme) und teilweise hauswirtschaftliche Aufgaben. Die praktischen Erfahrungen im Pflegebereich können die Basis für einen erleichterten Einstieg in eine Berufsausbildung im Gesundheitsbereich, z.B. zur Pflegeassistentin bzw. zum -assistent bilden." (www.biz-berufsinfo.ch, 28.6.2011)

Auffällig ist, dass das ina-Projekt keine Statistik über Ausbildung oder Berufserfahrung der Teilnehmenden erstellt. Das zweiseitige Anmeldeformular, das die zuweisenden Sozialarbeitenden ausfüllen, enthält zwar einen Abschnitt „Ausbildung/Arbeit", aber hier ist jeweils nur eine knappe Zeile vorgesehen, um die Beschäftigung oder Ausbildung „*im Herkunftsland*" und „*in der Schweiz*" sowie die „*momentane Beschäftigung*" anzugeben. Für eine ausführliche Darstellung von Diplomen und Berufserfahrungen ist kein Platz. Hingegen werden „*Sozialkompetenzen/Gesundheit*" mit einer vierstufigen Skala von „*sehr gut*" bis „*ungenügend*" erfasst („*Zuverlässigkeit/Pünktlichkeit*", „*Motivation/Einsatz*", „*Umgang mit Mitmenschen*" sowie „*Psychische/physische Gesundheit*").

Im Aufnahmegespräch würden die Motivation der Teilnehmenden sowie deren Deutschkenntnisse abgeklärt, ihre Ausbildung sei für die Aufnahme in das Projekt „*zweitrangig*", erläutert die Projektleiterin im Interview. Das kann so interpretiert werden: Da das Projekt davon ausgeht, dass die Teilnehmenden sowieso keine verwertbaren Ausbildungen und beruflichen Erfahrungen aufweisen, werden diese gar nicht erst umfassend abgeklärt oder in das Projekt einbezogen. In den Dokumenten des Projekts werden die Bildungshintergründe der Teilnehmenden nicht erwähnt. Daher mag es überraschen, wenn die Projektmitarbeitenden in den Interviews schildern, dass die Teilnehmenden eine Bandbreite an Ausbildungen aufweisen. So erklärt die Projektleiterin:

> „*Es ist wirklich sehr unterschiedlich, es gibt, (...) Eritrea, so die jungen Männer, das ist wirklich die Hauptgruppe, dort haben eigentlich der grösste Prozentsatz, ist in der Armee gewesen, (...) und eigentlich in dem Sinne ohne Ausbildung, also (...) Schuljahre haben sie eigentlich in der Regel absolviert, aber nicht irgendeinen Beruf gelernt, danach. (...) Wir haben Leute aus dem Tibet, (...) die wirklich WENIG [betont] Schulen besucht haben, die also wirklich so mehr oder weniger von einem Hirtendasein [lacht] kommen, Somalia hat meistens auch schlechte Bildung, wenig Schuljahre, so. - Es ist sehr breit, ja, aber sagen wir mal, die wenigsten -, also, die wirklich QUALIFIZIERTE [betont] Ausbildungen mitbringen, sie sind in der Minderzahl, (...) das grosse Mittelfeld hat vielleicht sieben, acht Jahre Schule besucht und nachher irgendwas gearbeitet.*"

Die Projektverantwortlichen beschreiben, dass ein Grossteil der Kursteilnehmenden lediglich obligatorische Schulen besucht habe; wenn weiterführende Ausbildungen absolviert wurden, würden oftmals entsprechende Dokumente fehlen. Das verunmögliche das langwierige und aufwendige Äquivalenzverfahren zur Anerkennung aussereuropäischer Bildungstitel. Diesen Darstellungen zufolge weisen zumindest einzelne TeilnehmerInnen „*qualifizierte Ausbildungen*" auf Sekundär- oder Tertiärstufe auf. Dabei bringen die ina-Mitarbeitenden das Bildungsniveau mit dem Herkunftsstaat in Verbindung. Bildung wird damit an nationale Herkunft geknüpft und somit ethnisiert. Auch die befragte Kursleiterin schildert, es gebe neben Teilnehmenden, die nie eine Schule besucht hätten oder nur minimal alphabetisiert seien, auch solche mit einer Ausbildung auf Sekundar- oder Tertiärstufe:

> *"Aber wir haben auch Leute, jetzt Eritreer zum Beispiel, was, glaube ich, ein relativ ... ein gutes, nicht schlechtes Bildungssystem hat, ... haben wir viele, die eine Mittelschule oder ein Universitätsstudium begonnen haben, niemand, der es abgeschlossen hat, hatte ich noch nie [im Pflegekurs]. Aber das haben wir schon auch [im ina-Projekt]. Ein Biologiestudent und so, also das reicht von Leuten, die ... hier alphabetisiert worden sind, bis zu – das ist dann wirklich immer gemischt."*

Im letzten Satz dieses Interview-Ausschnitts zeigt die ina-Mitarbeiterin die Spannbreite der vorhandenen Ausbildungen der Teilnehmenden an. Das eine Ende der Skala bilden Teilnehmende, „die ... *hier alphabetisiert worden sind*", bei der Beschreibung des anderen Endes hingegen bricht sie ab. Wie weit die Bildung der KursbesucherInnen reicht, ist nicht benennbar. Hier manifestiert sich eine Lücke im Diskurs, der MigrantInnen (und insbesondere Flüchtlinge) als gering qualifiziert beschreibt. Offensichtlich sind weder die Ausbildung der Teilnehmenden noch die bisherigen Berufserfahrungen für das Projekt im Detail relevant. Zudem sind die Möglichkeiten der Kursmitarbeitenden beschränkt, die Qualifikationen der Kursteilnehmenden einzubeziehen, da es nur Kurse in den vier Berufsbereichen gibt. Die Mitarbeitenden können die beruflichen Hintergründe der Teilnehmenden oftmals nicht weitergehend berücksichtigen, als im Aufnahmeprozess gezielt auf bestimmte Kurse hinzuweisen, wie die Projektleiterin beschreibt:

> *"Klar, also in den Aufnahmegesprächen, wenn wir jemanden haben, also zum Beispiel [Kurs Reinigung/Hauswartung], (...) da gibt es manchmal Leute, da merkt man, die haben schon einmal im Gesundheitsbereich gearbeitet, die bringen dort Erfahrung mit und dann versuche ich schon, sie mindestens zu informieren, dass wir auch noch einen Pflegekurs haben, dass sie vielleicht dort wieder einen Einstieg in ihren Beruf machen könnten. Aber ja, in dem Sinn kann jemand auch in eine total andere Richtung gehen als in das, was er mitbringt."*

Indem das Projekt so konzipiert ist, dass es wenig Raum für die Berücksichtigung vorhandener Qualifikationen lässt, trägt es mit dazu bei, dass kulturelles Kapital von MigrantInnen in Form von Bildungstiteln, Berufserfahrung und Diplomen nur schwer in die Schweiz transferierbar ist. Die Schilderungen der Projektmitarbeitenden machen deutlich: Die Projektpraktiken zielen darauf, dass die Kursteilnehmenden akzeptieren, dass ihre im Herkunftsland erworbenen beruflichen Qualifikationen auf dem Schweizer Arbeitsmarkt nicht nutzbar sind. So beschreibt die Projektleiterin einen Ingenieur, der am Handwerkskurs teilgenommen hat:

> *"Ja, er hat natürlich schon probiert, hier Fuss zu fassen, also er hat sogar hier die Uni besucht, also sein Studium ist anerkannt worden, er hat das Gleiche –, aber er hat jetzt Pech,*

dass es in dem Bereich halt jetzt tatsächlich schwierig ist, dort einzusteigen, in dem Berufsfeld, so. (...) bei ihm hab ich jetzt das Gefühl, er nimmt das noch so – geduldig, er probiert jetzt wirklich halt mit dem etwa –, also das zeigt ja auch, dass er in dem Fachkurs ist, obwohl er eigentlich nicht –, ja, also überqualifiziert ist. Aber er probiert quasi auch einfach für sich noch das Beste draus zu nehmen, das als Schritt zu sehen. – Er hat klar das Ziel, nochmal zu studieren, so. Und nachher hab ich aber andere erlebt, (...) der ist auch ein Ingenieur gewesen, der hat sich nachher ganz schwer getan, also dort ist quasi, hab ich dann gemerkt, das hat jetzt wie so eine Unflexibilität mit sich gebracht, also im Sinn von: ‚Das mache ich nicht, und das mache ich nicht, und das mache ich nicht, weil das ist quasi unter meiner Würde', also der sich wirklich schwer damit getan hat."

Deutlich zeigt sich hier die Konstruktion eines „würdigen Klienten" (Maeder/Nadai 2004: 63), der „*noch das Beste draus*" macht und – ungeachtet der Schwierigkeiten beim Arbeitsmarkteinstieg in der Schweiz – motiviert den Hilfsarbeitskurs besucht. Dagegen werden Teilnehmende, die sich nicht in die Logik der Entwertung ihrer Ausbildung und Berufserfahrung kooperativ einordnen, als unflexibel, schwierig oder zu anspruchsvoll diskreditiert und damit als potentiell renitent klassifiziert. Das ina-Projekt reproduziert so die Erfahrung der beruflichen Dequalifizierung der teilnehmenden MigrantInnen. Es zielt auf eine Regulierung des Verhaltens der Projektteilnehmenden, indem es sie als de facto unqualifiziert und beruflich chancenlos anruft und den beruflichen Abstieg als einzige Option vermittelt.

Die Basiskurse könnten eine erste Grundlage für eine weitere berufliche Qualifizierung bilden, so die Kursleiterin, und damit als Sprungbrett für den beruflichen Aufstieg dienen. In diese Richtung zielt auch die künftige Integrationspolitik des Bundes: Die Projekte für anerkannte Flüchtlinge und vorläufig Aufgenommene sollen weitergeführt und ausgebaut werden. Eine Stellungnahme des BFM verweist explizit auf die Hilfsarbeitskurse in den Kantonen, „*zum Beispiel im Gastgewerbe und in der Reinigung oder bei Pflege. In der Zukunft gilt es, diese Kurse nicht nur zu verstärken und zu verdichten; mit den kantonalen Programmen soll auch der Anschluss zu den Regelangeboten der beruflichen Aus- und Weiterbildung verbessert werden*" (Gattiker 2012: 13). Das Ziel, die Integrationsprogramme stärker an das reguläre Berufsbildungsangebot anzubinden, verweist auf die Sprungbrett-Funktion der Hilfsarbeitskurse. Mit dieser Ausrichtung zeigt sich zugleich eine Weiterführung der Fokussierung auf niedrigqualifizierte Arbeiten im Dienstleistungssektor, die mit niedrigen, teilweise nicht existenzsichernden Löhnen und tendenziell prekären Arbeitsbedingungen verbunden sind. Qualifizierte MigrantInnen geraten hingegen nicht in den Blick der staatlichen Integrationsförderung. Dazu kommt, dass sich die Stellensuche für Hilfsarbeitskräfte zunehmend schwierig gestaltet. Im Bereich des ungelernten Pflegepersonals etwa besteht inzwischen ein Überangebot an Arbeitskräften (Plana 2010: 16). Die Hilfsarbeitskurse tragen mit dazu bei, dass in der Schweiz ein zu grosses Angebot an niedrig qualifizierten Stellensuchenden im Dienstleistungssektor existiert.

Die Mitarbeitenden schildern die an den Kursen teilnehmenden MigrantInnen nicht nur als beruflich gering qualifiziert, sondern schreiben ihnen auch das Fehlen grundlegender informeller Kompetenzen zu. So sagt etwa die Kursleiterin:

„Ja, oder dann ... der Schock, wir machen dann immer am Ende des Kurses auch mal ein Budget, was braucht man denn eigentlich in der Schweiz, das wissen sie ja noch nicht... Was kostet wieviel? Und dann ist das schon auch – ja, wirklich auch schwierig..."

Der „*Schock*" der Teilnehmenden besteht möglicherweise darin, realisieren zu müssen, wie gering das Einkommen aus Hilfsarbeiten ist. Das Projekt begleitet die KursbesucherInnen dabei, diese Einkommenssituation als Faktum zu akzeptieren. Mit dieser Darstellung wertet die Mitarbeiterin das Wissen der MigrantInnen umfassend ab: Im Projekt erfolgt nicht nur eine Konstruktion fehlender beruflicher Bildung von MigrantInnen, sondern sie wirken zudem kaum in der Lage, den Alltag in der Schweiz zu bewältigen und müssen die dafür nötigen fundamentalen Kenntnisse erst erwerben. Dies wird auch deutlich in folgenden Ausführungen der Kursleiterin:

„[Der Einführungsteil des Kurses vermittelt,] was ist eine professionelle Beziehung, ein Beispiel, etwas, was extrem, – ja, was für viele GANZ NEU [betont] ist als Gedankengut, so, oder sie sehen das und sagen das auch immer so: ‚... ja, ich hab meine Grossmutter gepflegt, und bei uns sind die alten Leute in der Familie', und dass sie nachher sehen, es gibt einen Unterschied, und du darfst diese Leute zum Beispiel nicht nach Hause nehmen ... Oder keine Geschenke annehmen, oder das mit der Schweigepflicht, oder solche Sachen. (...) Oder Hygiene, das sie schon die Grundregeln kennen, ... das wird in der Einführungsphase eigentlich mit ihnen besprochen."

„Die Arbeitszeiten sind natürlich sehr schwierig ..., das beginnt immer um sieben, also unsere Leute stehen um fünf Uhr auf. Und DAS [betont] ist manchmal wirklich auch schwierig, das probieren wir auch von Anfang an zu kommunizieren, das gehört zu diesem Beruf, auch eine Fahrt ist hier, da merke ich oft, haben die Leute noch nicht so –, das kennen sie noch nicht so, die Pendlerei, oder, die für uns schon ganz normal ist, für sie ist –, finden sie: ‚Also nein, also wieso kann ich nicht neben –' Ja. ... da haben sie manchmal Mühe zu akzeptieren, wenn man sagt, 30 Minuten ist einfach nichts, oder, das ist hier absolut normal."

Die Teilnehmenden wirken in diesen Darstellungen inkompetent und unangemessen anspruchsvoll. Sie kennen die angeblich basalen Anforderungen des Schweizer Arbeitsmarktes nicht. Dies stellt die Kursleiterin in einen Zusammenhang mit dem Migrationshintergrund: Im – vormodern und unprofessionell erscheinenden – Herkunftsraum der MigrantInnen sei der Umgang mit Pflegebedürftigen anders als in der Schweiz, sie würden nicht im professionellen Kontext eines Heimes, sondern im privaten Zuhause betreut.

Das Projekt muss dementsprechend auf die Teilnehmenden einwirken, damit sie die in der Schweiz geltenden Arbeitsbedingungen als Normalität akzeptieren. Die detaillierte Aufschlüsselung des Aufbaus der ina-Kurse nach Stunden im Kurskonzept ermöglicht es, den Anteil der verschiedenen Kurselemente zu berechnen und zu vergleichen. Dabei zeigt sich, dass sozialpädagogische Interventionen einen grossen Teil der Kurse ausmachen.[102] Zieht man die Zeit des externen Praktikums ab, entfallen zum Beispiel im Reinigungskurs zusammen mit der Bewerbungswerkstatt und dem Coaching zum Arbeitseinstieg mehr als zwei Fünftel der Zeit auf Interventionen wie *„Sozialberatung"*, *„sozialpädagogische Begleitung"* und *„Standortgespräche"*, während der Fach- und praktische Unterricht sowie der Deutschunterricht jeweils weniger Zeit umfassen (ein knappes Drittel bzw. ein Viertel der Zeit). Zu den Inhalten der *„sozialpädagogischen Begleitung"* gehört etwa, Informationen *„über gesellschaftliche Regeln der Arbeitswelt (Zuverlässigkeit, Pünktlichkeit, Verhalten gegenüber Vorgesetzten und Mitarbeitern, Verhalten bei Krankheit usw.)"* zu vermitteln, *„damit die TN sich in den Arbeitsablauf im Praktikumsbetrieb einfügen können"*, wie es im Konzept der Kurse heisst.

Das Projekt vermittelt somit nicht nur Sprach- und Fachkenntnisse, sondern auch informelle Kenntnisse und Normen eines als Referenz gesetzten vereinheitlichten Schweizer Arbeitsmarkts. Das ist mit spezifischen Anforderungen an die Subjekte verbunden. Die Projektmitarbeitenden grenzen dabei in einem Prozess des *Othering* (Spivak 1985: 134f.) den Raum, aus dem die Projektteilnehmenden kommen, von der Schweiz ab, deren Arbeitsmarkt als anspruchsvoll, anforderungsreich und professionell dargestellt wird.[103] Aufgabe des Projektes ist es entsprechend, den Teilnehmenden die *„hier"* geforderte Professionalität zu vermitteln.

5.1.3   *„Wir machen die Vorselektion" – Etablierung von Aufnahmehürden*

Wenn Ausbildung und bisherige Berufserfahrung für die Aufnahme in das ina-Projekt *„zweitrangig"* sind, was sind dann zentrale Kriterien für die Auswahl der Teilnehmenden? Ausschlaggebend für die Zuteilung in einen Kurs seien vor allem die Deutschkenntnisse und daneben die Motivation, erklärt die Projektleiterin:

> *„Das braucht halt schon ein gewisses Deutschniveau, um Arbeitsaufträge verstehen zu können, um überhaupt extern arbeiten zu können, also das verlangen auch die Arbeitgeber, die geben uns keine Praktikumsplätze, wenn jemand nicht ein Minimum an Deutsch kann. Und [der Pflegekurs] ist noch einmal höher, weil ja die Aufträge schriftlich dokumentiert*

---

102 Die von mir unter „sozialpädagogische Interventionen" gefassten Aktivitäten beinhalten *„allgemeine Beratung"*, *„Standortbestimmung"*, *„Zielvereinbarungen"*, *„Informationen zu Arbeitsmarkt und Stellensuche"* u.ä.
103 Die Interpretation, dass hier ein vereinheitlichter Arbeitsmarkt konstruiert wird, verdanke ich Martina Koch (Koch 2014).

werden, das ist einfach der anspruchsvollste Kurs. Deutsch ist ein Kriterium, ein Hauptkriterium, aber auch, ob sie überhaupt ein Interesse haben, an der Tätigkeit, Motivation."

Teilnehmende mit wenig Deutschkenntnissen haben die Möglichkeit, im Handwerkskurs in der Kurswerkstatt zu arbeiten. Die höchsten Anforderungen an die Deutschkenntnisse stellt der Kurs für angehende PflegehelferInnen. Die Kursleiterin erläutert, dass die Teilnehmenden Arbeitsaufträge verstehen und der Theorie im Fachunterricht folgen können müssen. Wenn KursteilnehmerInnen keine Stelle fänden, seien meist fehlende Sprachkompetenzen die Begründung. Für die Teilnehmenden kommt erschwerend hinzu, dass sie sowohl Standarddeutsch als auch Schweizer Mundart beherrschen müssen. Dass Sprachkenntnisse die Basis für die Integration von Zugewanderten bilden, ist eine zentrale Prämisse der Schweizer Integrationspolitik (Achermann/Künzli 2011, Mateos 2009, Prodolliet 2007). Nicht auf eine Schweizer Landessprache bezogene Sprachkenntnisse gelten nicht als relevante Kompetenz.

Die Deutschkenntnisse werden für alle ina-Kurse im Aufnahmegespräch und in einem schriftlichen Test geprüft. Allerdings sind die Anforderungen an die Sprachkenntnisse nicht einheitlich festgelegt. Im Reporting für das Jahr 2009 wird einmal das Sprachniveau B1 als Anforderung für den Pflegekurs erwähnt, sonst sind die geforderten Sprachkompetenzen nicht definiert.[104] Die Kursleiterin erklärt, dass das Projekt keine Nachweise über Sprachkenntnisse fordert und begründet dies so:

„Weil, wenn wir das – bis jetzt jedenfalls, jetzt bin ich mir nicht sicher, ob wir es fast schaffen würden, den Kurs zu füllen, aber bis jetzt war es nicht möglich, wir hatten nicht genug Leute, die dieses Niveau hatten, um das wirklich so durchsetzen zu können. Und dann haben wir halt gefüllt mit Leuten, die weniger konnten."

Dies zeigt, dass die Anforderungen flexibel gehandhabt werden und Spielraum für subjektives Ermessen lassen. Die Kursleiterin bezeichnet die Deutschkenntnisse als *„eigentlich das kritischste Thema"*: Einerseits seien mangelnde Sprachkompetenzen eine zentrale Hürde bei der Stellensuche. Die Anforderungen der Heime an die PraktikantInnen seien sehr hoch. Andererseits steht das Projekt aber unter dem Druck, genügend Teilnehmende mit ausreichenden Sprachkenntnissen zu finden, um *„den Kurs zu füllen"*. Hier deutet sich an, dass das Projekt strukturellen Zwängen unterliegt, die den Zielsetzungen des Projekts teilweise entgegenlaufen. Es besteht jedoch

---

104 Die Angaben zu den Deutschanforderungen unterschieden sich in den verschiedenen Projektdokumenten. So werden der Projektwebsite zufolge *„gute mündliche Deutschkenntnisse"* verlangt, ausser beim Kurs Pflegehilfe, bei dem *„sehr gute mündliche und schriftliche Deutschkenntnisse"* nötig seien. Ein Faltblatt nennt hingegen *„gute Deutschkenntnisse"* für alle vier Kurse als Teilnahmevoraussetzung, während es im Konzept des Pflegekurses heisst: *„Sehr gute mündliche und gute schriftliche Deutschkenntnisse"*.

eine ausreichend grosse Nachfrage nach den Kursplätzen, wie die Projektleiterin ausführt:

"Wir sind wirklich jetzt in diesem und letztem Jahr ... in der glücklichen Lage, dass wir wirklich viel zu viel Anmeldungen haben und da kann man dann wirklich die aufnehmen, bei denen wir jetzt das Gefühl haben, dass sie genügend Deutsch sprechen."

Für das Projekt ist es zentral, eine möglichst geringe Abbruchquote zu erzielen, denn die Finanzierung durch den Kanton hängt davon ab, dass möglichst viele sogenannte *"Teilnehmerstunden"* erreicht werden. Damit sind die Stunden gemeint, die die Teilnehmenden im Projekt verbringen. Wie die Interviews zeigen, ist es schwierig, eine andere Regelung der Finanzierung zu erreichen – dies macht deutlich, wie eingeschränkt der Handlungsspielraum der NGO gegenüber dem Kanton als Auftraggeber ist. Die Projektverantwortliche erläutert:

"Im Vertrag wird definiert, wie viel Teilnehmerstunden im Programm abgewickelt werden. Und wenn man 90 % der Teilnehmerstunden erreicht, dann erhält man die Vollsubvention und wenn man darunter fällt, wenn man weniger Teilnehmerstunden erreicht, dann wird die Subvention proportional abgestuft gekürzt."

Daher hat es negative Folgen für das Projekt, wenn Teilnehmende den Kurs abbrechen oder ihm fernbleiben. Durch die Kopplung der Finanzierung an die *"Teilnehmerstunden"* entsteht der Druck, die Teilnehmenden möglichst lange im Projekt zu behalten. Daher ist es auch nachteilig für das Projekt, wenn Teilnehmende vor Ablauf des Kurses eine Arbeitsstelle finden.[105] Das Projekt ist somit gezwungen, sicherzustellen, dass die Teilnehmenden den Kurs regelmässig besuchen. Teilnehmende, die häufig fehlen, werden vielfach trotzdem im Kurs behalten, um keine Teilnehmerstunden zu verlieren. Die Regelung, dass ein Kurszertifikat nur erhält, wer weniger als 15 Prozent Abwesenheit – ob entschuldigt oder unentschuldigt – aufweist, kann als Sanktionierung von unregelmässiger Teilnahme gesehen werden. Dazu kommt: Die Teilnehmenden werden von Sozialhilfestellen zugewiesen und sind zur Teilnahme verpflichtet.[106] Die Sozialarbeitenden verfügen jedoch kaum über Sanktionsmöglichkeiten, wie die Projektverantwortliche erklärt:

---

105 Diese Regelung, die Teilnahmestunden von Kursteilnehmenden, die eine Arbeitsstelle gefunden haben, nicht anrechnen zu können, führte zu Konflikten mit dem Kanton. Zum Zeitpunkt der Studie stand eine für beide Seiten zufriedenstellende Lösung noch aus.

106 Nach Art. 6 VIntA können anerkannte Flüchtlinge und VA, die Sozialhilfe beziehen, zur Teilnahme an Ausbildungs- und Beschäftigungsprogrammen verpflichtet werden. Kommen sie dieser Aufforderung nicht nach, können die Sozialhilfeleistungen gekürzt werden. Diese Verpflichtung gilt für alle Sozialhilfebeziehenden; die gesonderte und damit doppelte Regelung suggeriert eine fehlende Bereitschaft von Flüchtlingen bzw. VA zum Besuch der Programme.

„*Die Sanktionsmöglichkeiten durch die Sozialhilfe sind relativ gering. Das ist eine andere Geschichte als bei den RAVs. Dort [bei der Sozialhilfe] gibt es einfach die IZU, (...) also Integrationszulage, die die Leute ausgezahlt kriegen, aber das sind 200 Franken im Monat, die könnte man streichen (...), wenn jemand sagt: ‚Mache ich nicht, ist mir zu blöd'. Aber das ist natürlich nicht ein wahnsinniges Instrument und deshalb versucht man vor allem, sie [die Teilnehmenden] zu motivieren. Und im Moment ist es relativ angenehm. Im Moment die Leute aus dem ostafrikanischen Gebiet, die wollen so fest arbeiten, dass sie motiviert sind wie verrückt. Und die Angebote sind von mir aus gesehen natürlich auch gut und verbindlich. Und es ist auch eine gute Arbeitsstimmung (...). Es ist so ein bisschen ein stärkender, aufbauender Rahmen, wo natürlich das Ziel wäre, dass die Leute gerne kommen. Aber es gibt natürlich immer Leute, die finden, also was ich auch total gerechtfertigt finde, ‚Ich mag jetzt nicht mehr zur Schule gehen'. (...) Es gibt auch Leute, die gesundheitlich in einem schlechten Zustand sind, auch psychisch, die es gar nicht halten können, diese Frequenz und Verbindlichkeit. Ja, es sind ganz unterschiedliche Ausgangslagen. Aber im Moment ist die Motivation tendenziell hoch.*"

Dieser Darstellung zufolge kann die Teilnahme am Projekt nicht durch Zwangs- und Disziplinierungsinstrumente gesichert werden. Daher setzt das Projekt auf positive Anreize: eine angenehme, unterstützende Atmosphäre als Motivierungs- und Aktivierungsstrategie. Implizit klingt der Diskurs um arbeits- und integrationsunwillige MigrantInnen an, der der Aktivierungslogik der Integrationsförderung inhärent ist (vgl. Bachmann/Riaño 2012, Eser Davolio/Tov 2011). Die Abklärung der Motivation und der Eignung der InteressentInnen im Aufnahmegespräch kann als Strategie interpretiert werden, die Gefahr von Fehlzeiten und Kursabbrüchen zu verringern. Im Informationsblatt zu den Anforderungen für die ina-Kurse heisst es:

„*Das Aufnahmegespräch hat den Stellenwert eines Bewerbungsgesprächs. Es wird geprüft, ob die interessierte Person ihre Motivation und ihr Interesse zeigen kann und ob sie die spezifischen Aufnahmekriterien für den Fachkurs (Schulzeiten, Arbeitszeiten im Praktikum, Arbeitsfähigkeit) erfüllt.*"

In den Dokumenten des Projekts sind verschiedene Aufnahmekriterien festgehalten. Dazu gehören Interesse am Fachgebiet und eine gute körperliche Konstitution. Die Teilnehmenden müssen zudem „*100% vermittelbar*" sein.[107] In den Konzepten der Kurse Pflege, Handwerk und Reinigung ist als Anforderung „*grosse Motivation, Einsatzbereitschaft, Selbständigkeit und Zuverlässigkeit*" vermerkt. Nötig ist auch eine „*gute körperliche und psychische Verfassung*", denn im Praktikum werden teilweise körperlich anstrengende Arbeiten verrichtet. Je nach Kurs werden spezifische Ansprüche an die Eignung für den Fachbereich gestellt. So werden für den Handwerkskurs „*handwerkliches Geschick*", für die Kurse in den Bereichen Gastronomie und Reinigung die

---

107 Dies erschwert den Zugang von Personen mit Betreuungsaufgaben.

"gesundheitliche Eignung" und für Pflegehilfe *"ausgeprägte soziale und kommunikative Fähigkeiten"* gefordert. Wer Pflegehelferin werden möchte, muss eine besondere Eignung aufweisen, denn die anstrengende und verantwortungsvolle Arbeit im Schichtdienst und die psychische Belastung im Umgang mit Kranken und Sterbenden stellen grosse Anforderungen an die Pflegenden. Daher *"sollte plausibel erklärt werden können, warum genau diese Pflegetätigkeit erwünscht ist"*, rät ein Informationsblatt des Projektes potentiellen Teilnehmenden. In dem Schreiben heisst es weiter: *"Die Mitarbeit in einem stark geforderten Team bedingt ein hohes Mass an Selbstverantwortung, Flexibilität und Zuverlässigkeit"*. Die TeilnehmerInnen *"müssen teilweise einen langen Anfahrtsweg in Kauf nehmen und bereit sein, entsprechend früh aufzustehen"*. Zudem wird die Bereitschaft verlangt, an Wochenenden und Abenden zu arbeiten. Damit zeigt sich, dass die Anforderungen an die künftigen Kursteilnehmenden sehr hoch sind, zumal es nur wenige Plätze gibt – je nach Kurs 12 oder 15 Plätze pro Halbjahr – und die Zahl der BewerberInnen das Angebot übersteigt.

Der Pflegehelfer-Kurs weist noch weitere Hürden auf. So müssen die KandidatInnen neben dem Bewerbungsgespräch und dem Deutschtest ein viertägiges „Schnupperpraktikum" in einem Pflege- oder Altersheim absolvieren, in dem die *"Eignung zum Pflegeberuf"* abgeklärt wird. Das mehrstufige Aufnahmeverfahren dauert zwei Monate, bis eine Entscheidung getroffen wird. Wenn alle Plätze belegt sind, kann es auch bei Personen, die die Bedingungen erfüllen, noch länger bis zur Entscheidung dauern. Das Schnupperpraktikum wurde 2010 eingeführt, nachdem immer wieder Teilnehmende das Praktikum abbrachen, wie die Kursleiterin erklärt:

> *"Das allerletzte [Wort] hat das Heim, das allerLETZTE [betont], das ist jetzt neu für uns. (...) Vorher hatten wir wirklich nur das Gespräch und den Deutschtest. Und dann habe ich irgendwie gemerkt, es gab nachher im letzten Kurs sehr viele Leute, die aufgehört haben. SEHR [betont] viele. Und das ist natürlich gar nicht gut, für niemand. Und dann sind wir drauf gekommen, haben das letztes Jahr zum ersten Mal gemacht, dass wir dieses Schnupperpraktikum machen wollen. Von beiden Seiten her. Weil es gab dann wirklich auch jetzt im Schnupperpraktikum drei Personen, die haben das gemacht, haben gesagt: ‚Das kann ich nicht. Das stinkt, mir wird schlecht.' (...) Und so machen wir die Vorselektion und letztlich entscheidet dann der Bericht vom Heim. Also sie müssen dann wirklich auch dann einzelne Punkte beurteilen. Und dann: ‚Geeignet als Pflegehelfer oder nicht'"*

Die Beurteilung, ob eine Person den Anforderungen gerecht wird und somit für den Kurs geeignet ist, obliegt den Projektmitarbeitenden, die sich wiederum auf die Einschätzungen der zuweisenden Sozialarbeitenden (und im Falle des Pflegekurses zusätzlich auf die Beurteilung durch ein Pflege- oder Altersheim) stützen. Es ist zudem davon auszugehen, dass die zuweisenden Sozialhilfestellen ebenfalls eine Vorauswahl treffen, bevor sie ihre KlientInnen beim Projekt anmelden. Sie sind involviert in die Auswahl derjenigen Personen, die als geeignet für die Angebote angesehen werden. Die Projektverantwortliche beschreibt den Prozess so:

„Und die [zuständigen Sozialarbeitenden] müssen dann ein Anmeldeformular ausfüllen (...). Die schicken das dann und wir entscheiden, es gibt ein Aufnahmegespräch und wir entscheiden, ob die Person auf das Angebot passt, oder wäre sie besser in einem anderen Angebot. Dann melden wir das zurück und dann gibt es eine definitive Aufnahme, wenn wir Platz haben, oder Warteliste, wenn die Programme voll sind"

Die Kursleiterin, die u.a. für das Aufnahmeverfahren des Pflegekurses zuständig ist, spricht von Personen, bei denen „wir jetzt das Gefühl haben, dass sie genügend Deutsch sprechen" und „wir den Eindruck haben, ... das wäre eventuell jemand, der diesen Kurs schaffen könnte". Diese Wortwahl macht erneut deutlich, dass die Kriterien der Aufnahme nicht eindeutig definiert sind und subjektive Entscheidungs- und Ermessensspielräume offenlassen.

Die Teilnehmenden der ina-Kurse müssen also zunächst verschiedene Hindernisse überwinden, bevor sie das Projekt besuchen können. Wenn beispielsweise die Sprachkenntnisse als nicht ausreichend eingestuft werden, die 100-prozentige Verfügbarkeit nicht gesichert oder die „*Motivation*" fraglich ist, werden die Betreffenden nicht aufgenommen. Mit der Erhöhung der Anforderungen an die KandidatInnen steigen die Chancen, dass die Teilnehmenden im Projekt bleiben und es erfolgreich abschliessen. Somit können die Auswahlkriterien als eine Möglichkeit gesehen werden, zu gewährleisten, dass eine ausreichende Anzahl von Teilnehmenden die vom Kanton geforderten „*Anschlusslösungen*" vorweisen kann. Dazu die Projektleiterin:

„Ja, wir haben 70 Prozent, die eine Anschlusslösung nach dem Kurs haben muss. (...) das ist fast noch leichter zu erreichen, als der Anteil, der dann wirklich in den Arbeitsmarkt integriert sein muss, 30 Prozent, nach 3 Monaten haben wir dort 30 Prozent. (...) Als Anschlusslösung akzeptiert [der Kanton] zum Beispiel auch das RAV, also wenn wir jemanden so weit befähigen, dass er sich beim RAV anmelden kann, das gilt auch schon als Anschlusslösung."

Neben einer Anstellung oder einer RAV-Anmeldung sind weitere akzeptierte „*Anschlusslösungen*" bzw. „*geeignete Folgeaktivitäten*" der Besuch eines Deutschkurses oder eines „*begleiteten Angebotes*" (z.B. ein anderes Integrationsprojekt) oder die Aufnahme einer Ausbildung. Durch die starke Abhängigkeit von den Zielvorgaben des Geldgebers orientiert sich die Erfolgsdefinition des Projektes an den vorgegebenen quantifizierbaren Kriterien. Somit bemisst sich der „Erfolg" des Projekts daran, dass die Teilnehmenden wenigstens vorübergehend keine Sozialhilfe mehr beanspruchen, – und nicht an der Zufriedenheit der Projektteilnehmenden oder an einer längerfristigen selbständigen Existenzsicherung der Teilnehmenden. Diese Definition von Erfolgszahlen beinhaltet die Gefahr, dass die Teilnehmenden in vorübergehende Massnahmen und Aktivitäten kanalisiert werden, ohne ihre langfristige Erwerbseingliederung zu sichern. Durch die Akzeptanz einer breiten Palette von Anschlusslösungen als Erfolgsindikatoren wird die weiter bestehende Exklusion der teilnehmenden MigrantInnen unsichtbar gemacht.

5.1.4 „In materiellen Sachzwängen" – Anpassung an Finanzvorgaben

Ursprünglich bildeten Asylsuchende die Hauptzielgruppe des Basiskursprojekts, nur ein kleinerer Teil der Teilnehmenden waren vorläufig Aufgenommene (VA) und anerkannte Flüchtlinge. Seit 2009 erhalten Asylsuchende keinen Zugang zum Arbeitsmarkt mehr und dürfen daher auch nicht mehr an Integrationsprojekten teilnehmen. Damit musste die Zielgruppe des Projektes geändert werden. Seit 2010 werden faktisch nur VA und anerkannte Flüchtlinge mit dem Ausweis B oder F ins ina-Projekt aufgenommen. Die Projektverantwortliche erklärt, die Fokussierung auf diese Statusgruppe sei „*rein durch die Finanzierung bedingt*", da der Bund zur Finanzierung von Integrationsprojekten für diese Personen Mittel bereitstellt. Die Kantone verteilen diese Mittel des Bundes, ergänzen sie mit eigenen Geldern und koordinieren und kontrollieren die Integrationsprojekte (vgl. Kap. 2.4). Im Jahresbericht der Basiskurse von 2009 heisst es:

> „*Vermehrt sollte der Fokus auf die berufliche Integration gelegt werden, da Personen aus dieser Zielgruppe mit grösster Wahrscheinlichkeit in der Schweiz bleiben werden.*"

Daher musste das Projekt inhaltlich neu ausgerichtet werden: Statt Rückkehrorientierung und Tagesstruktur war nun berufliche Integration „*gefragt*", wie die Leiterin des Pflegekurses sagt. Sie beschreibt, wie der Pflegekurs ca. 1996 entstanden ist:

> „*Und damals, als es entstanden ist, war es wirklich noch weniger auf berufliche Integration ... konzentriert. Es war wirklich mehr noch Tagesstruktur und so. Und auch rückkehrorientiert, das kann man ja jetzt gar nicht mehr. Mit dem kommt man nicht mehr weit und so. Und auch noch offen für Leute mit N-Ausweis [= Asylsuchende], war das am Anfang. Ist es ja jetzt auch nicht mehr. Und dann ist das so entstanden (...) Und dann halt auch mit der politischen… oder dass immer, dass Integration, dass das nachher gefragt war, berufliche Integration, haben wir uns auch angepasst.*"

Das Projekt ist demnach ein Angebot, das auf die Nachfrage des Staates reagiert. Um weiterhin Fördermittel zu erhalten, musste das Projekt entsprechend den Vorgaben der staatlichen Stellen „*angepasst*" werden. Im Zuge der Reorganisation wurden die ina-Kurse konzeptionell überarbeitet, die Kursdauer wurde verlängert und der Aufbau neu strukturiert, so ist etwa die Begleitung bei der Stellensuche ein neues Element des Kurses. Ausserdem schrieb der Kanton die Trägerschaft des Projekts aus. Die Projektverantwortliche beschreibt, wie das Mandat für die Kurse an die jetzige Trägerorganisation vergeben wurde:

„Man hat eine Ausschreibung gemacht, unter den Hilfswerken, die in der Integrationsförderung sind [im Kanton], und schlussendlich hat [die Trägerorganisation des ina-Projekts] nachher den Zuschlag erhalten. Einfach aufgrund der thematischen Nähe, weil das [Projekt ina] auch Arbeitsintegration macht, und die anderen Anbieter sind halt stärker auf soziale Integration oder Sprachförderung oder so ausgerichtet."

NGOs als „Anbieter" von Integrationsprojekten müssen sich auf einem umkämpften Markt behaupten. Daher stehen sie unter grossem finanziellen Druck, um bestehen zu können. So war es nicht nur die „thematische Nähe", die den Ausschlag für die Mandatserteilung gab, sondern auch das Kostenargument, erklärt die Projektleiterin:

„Es gab eine Ausschreibung damals, das weiss ich noch, (...) man konnte sich bewerben und das Rennen machten natürlich dann die Anbieter, die am kostengünstigsten offeriert haben."

Der Kostendruck zwingt NGOs zu einer stärkeren Ökonomisierung sozialer Dienste (vgl. Dahme/Wohlfahrt 2008), verbunden mit der zunehmenden Orientierung an betriebswirtschaftlichen Effizienzkriterien und der Übernahme privatwirtschaftlicher Managementinstrumente. Es ist davon auszugehen, dass dies auch Auswirkungen auf die Arbeitsbedingungen in NGOs hat. Mit Kostendruck begründen die Mitarbeitenden die eingeschränkten Möglichkeiten an, Teilnehmende bei der Arbeitsintegration zu unterstützen. Die Projektleiterin sagt, dass Angebote für MigrantInnen mit einer qualifizierten Ausbildung mehr Ressourcen benötigen würden:

„[Das futura-Mentoring hat] gezieltes Stellenprozent, (...) da kann ich mir vorstellen, dass wenn dort jemand Eins-zu-Eins-Begleitung hat, dass sie auch Zeit haben, abzuklären: ‚Was ist das für ein Zertifikat, wird das anerkannt?', und sie machen auch solche Abklärungen dort, und diese Zeit fehlt uns hier ein bisschen. Also, wir haben ja diese Fachkurse und ein dreimonatiges Coaching, und ja, natürlich versucht man das, so, aber die Zeit reicht halt nicht im Rahmen unserer [Basiskurse]."

Mit fehlenden Ressourcen begründet die Mitarbeiterin, warum Unterstützung im Äquivalenzverfahren für Bildungstitel im Rahmen des Projektes ina nicht möglich ist. Die formale Anerkennung ausländischer Abschlüsse wäre eine Voraussetzung, um Qualifikationen in der Schweiz nutzen zu können. Die Gestaltung des Projekts ist jedoch durch den engen finanziellen Rahmen begrenzt. Damit begründet die Projektleiterin auch das aktuelle Angebot in den Bereichen Handwerk, Pflege, Reinigung und Gastronomie. Frühere Kurse wie Informatik oder Elektrotechnik seien eingestellt worden, da sich hier die berufliche Eingliederung von MigrantInnen schwieriger gestaltete und der ökonomische Druck gross gewesen sei, nur noch Kurse durchzuführen, bei denen Eingliederungschancen bestehen:

> „Wir müssen jährlich ein Reporting machen, gegenüber dem Kanton, (...) wir machen Leistungsverträge, und wenn man dort die Ziele nicht erreicht, bekommt man eigentlich kein Geld mehr, ganz einfach. (...) Von daher ist es sozusagen gesteuert, auch von den Vorgaben vom Kanton, gesteuert über die Leistungsverträge."

Hier zeigt sich die Abhängigkeit von den Vorgaben des Kantons, die zu einer Einschränkung des Angebotes geführt haben – bestimmt von den vorgegebenen Anschlussmöglichkeiten der KursteilnehmerInnen. Die Projektverantwortliche formuliert es so: „*wir sind ganz fest in materiellen Sachzwängen*".

5.1.5 „Eine Herzensangelegenheit" – Darstellung besonderer Eignung

Neben der Abhängigkeit von der öffentlichen Förderung finden sich noch weitere Begründungen, warum das ina-Projekt gerade diese vier Arbeitsfelder umfasst. Am Beispiel des Pflegekurses zeigt sich anschaulich, wie verschiedene Argumentationsstränge zusammenlaufen, die diesen Arbeitsbereich als besonders für ein Integrationsprojekt geeignet darstellen. Die Leiterin des Pflegekurses erläutert, warum der Pflegekurs eingerichtet wurde:

> „Und was halt auch [noch ist], einerseits, es passt zu den Forderungen, die kommen, nach beruflicher Integration, und nachher merke ich halt schon auch, dass das für viele Leute, je nach Kultur, also jetzt zum Beispiel für Tibeter, ist das ein Gebiet, wo sich jetzt sehr viele Leute dazu hingezogen fühlen, diese Pflege. [Für] Tibeter, oder jetzt viele Eritreer, die jetzt da sind, ist das irgendwie auch eine Herzensangelegenheit, in dieser Pflege zu arbeiten. ... Von dem her erweist sich das als sehr gutes Gebiet für diesen Kurs."

Die Ausrichtung auf Pflege wird also einerseits mit der Möglichkeit der Finanzierung begründet. Andererseits schreiben die Mitarbeitenden MigrantInnen aufgrund ihrer „*Kultur*" besondere Fähigkeiten zu, die sie für die Betreuung von Pflegebedürftigen prädestinieren. Im Jahresbericht 2009 der Kurse heisst es:

> „Viele unserer Praktikantinnen und Praktikanten begegnen, auch geprägt durch die eigene Kultur, alten Menschen mit besonderem Respekt, mit grossem Einfühlungsvermögen und Herzlichkeit. Das wird von den Bewohnerinnen und Bewohnern wahrgenommen und mit Zuneigung belohnt. So hängt seit diesem Sommer über dem Bett einer Heimbewohnerin neben Fotos der Enkelkinder auch ein Foto der jungen Praktikantin aus Somalia mit dem Kopftuch."

Diese Darstellung besonderer Fürsorglichkeit und Emotionalität von MigrantInnen kann mit dem Wunsch erklärt werden, ein positives Gegenbild zu verbreiteten medialen Darstellungen von MigrantInnen (besonders von migrantischen Männern) als defizitär, deviant und bedrohlich zu entwerfen (vgl. Kofler/Fankhauser 2009, Bonfadelli 2007). Indem eine besondere Eignung von MigrantInnen für Pflegearbeiten konstruiert und an ihre kulturelle Herkunft geknüpft wird, besteht jedoch die Gefahr der Essentialisierung und Vereinheitlichung von Differenzen. Die Kursleiterin schildert, worin sie die besonderen Fähigkeiten – die „*anderen*" Kompetenzen – der am Pflegekurs teilnehmenden MigrantInnen sieht:

> „*Einerseits ist sicher das Verhältnis zum Alter, wo man merkt, Alter ist präsenter und hat wirklich auch eine Stellung. Wir haben auch schon darüber gesprochen, dass es eben so Sachen, die passiert sind in Heimen mit demütigenden Sachen, die sind geschockt, die sind wirklich geschockt, die können das wirklich nicht verstehen. Für sie ist das soo klar, ein alter Mensch, der wird geehrt für seine Erfahrungen und so. Ja, das ist mal. Und dann zum Teil, glaube ich auch, je nach dem eine, oder auch rein, dass sie die Kultur selber rein bringen. Ich hab auch schöne Sachen gehört in Heimen, (...) die haben so Kochgruppen gemacht, oder gesagt: Kannst du mal ein Lied mitbringen und das singen und so. Und es gibt auch Bewohner, die dann wirklich fragen. Für die ist das dann wie eine Reise. Die fragen dann: ‚Ja, und wie ist es da? Und was habt ihr da? Hast du Fotos?' Und dann bringen sie auch Fotos mit. Ja, ich glaube sonst für die Arbeit, ist schon vor allem, der Respekt vor dem Alter und eine gewisser natürlicher Umgang mit Körper, mit Krankheiten, mit, mit – (...) Und eine Herzlichkeit halt auch.*"

Die Mitarbeiterin schreibt MigrantInnen eine grössere Natürlichkeit, Emotionalität und Authentizität im Umgang mit den Pflegebedürftigen zu und grenzt dies ab von einem angeblich abwertenden Umgang mit Alten und Pflegebedürftigen in der Schweiz. Diese sei für MigrantInnen undenkbar, da alte Menschen in ihrer Kultur grosse Wertschätzung erführen. Daneben stellt sie den Kontakt mit dem exotisierten Anderen als eine Bereicherung für die Betreuten dar. Die „andere Kultur" der MigrantInnen wird so zu einer kommodifizierbaren Ressource, die ihnen Zugang zum Berufsfeld Pflege eröffnet. Zugleich konstruiert die Kursleiterin damit eine ethnisierende Zuordnung von MigrantInnen zur Betreuungsarbeit und legitimiert die Wahl von niedrig qualifizierten, gering entlohnten Dienstleitungsarbeiten als Kursinhalte. Die Projektleiterin führt noch einen weiteren Grund für die Einrichtung des Pflegehilfskurses an: Um zu erreichen, dass mehr Frauen am Kursprojekt teilnehmen, wurde mit der Pflegehilfe ein Kurs in einem Berufsfeld angeboten, „*das ihnen [den Frauen] auch gelegen ist*": Die Konzeption des Pflegekurses bezieht sich somit auf traditionelle Geschlechterrollen, nach denen Frauen besonders für Pflege- und Betreuungsarbeiten geeignet sind. Im Konzept des Pflegekurses von 2011 ist festgehalten: „*Frauen werden bevorzugt aufgenommen*". Die Kursleiterin beschreibt jedoch, dass in der Praxis Frauen mit Kindern teilweise nicht in den Kurs aufgenommen werden, wenn die ina-Mitarbeitenden annehmen, dass sie ihn aufgrund ihrer Mehrfachbelastung durch die Betreuungsaufgaben nicht bewältigen können. Hier schlägt sich der finanziell begründete Druck nieder, möglichst nur Personen aufzunehmen, bei denen die Wahrscheinlichkeit gross ist, dass die vorgegebenen Indikatoren des Kantons erreicht werden können. Personen mit Betreuungspflichten stufen die Mitarbeitenden als Risiko für die Erfüllung der Projektziele ein. Die Logik der Finanzierung – die eine Sicherung der Teilnahmezuverlässigkeit erfordert – durchkreuzt und überdeckt die geschlechtliche Zuordnung der Arbeitsbereiche, sodass die Konstruktion kultureller Kompetenzen stärkeres Gewicht erhält.

Die öffentliche Finanzierung von Integrationsmassnahmen für bestimmte Kategorien von MigrantInnen gibt den Rahmen der Gestaltungsmöglichkeiten vor, in dem sich das Projekt ina situiert. Die Konstruktion einer spezifischen Eignung anhand von Geschlecht und Kultur legitimiert zusammen mit Zuschreibungen über niedrige Bildung und fehlende berufliche Qualifikationen die Zuordnung der MigrantInnen auf diese Arbeitsbereiche. Das Projekt greift dabei Bilder von MigrantInnen als kulturell Andere auf und reproduziert und verfestigt diese Konstruktionen. Die Zuschreibung traditioneller Arbeitsteilung zwischen Männern und Frauen begründet eine geschlechtsspezifische Rekrutierungspraxis, die Männer bevorzugt.

5.1.6 „Für eine Familie zu wenig" – Nicht-existenzsichernde Einkommen

Das ina-Kursprojekt bietet den Teilnehmenden kaum Möglichkeiten, allfällige vorhandene berufliche Erfahrungen und Qualifikationen zu nutzen. Allerdings sind Berufsinhalte aus Sicht der Projektmitarbeitenden für die Teilnehmenden nicht prioritär. Vielmehr bilde die eigenständige Existenzsicherung die Hauptmotivation der Projektteilnehmenden, an den ina-Kursen teilzunehmen. So erklärt etwa die Projektleiterin, dass die Teilnehmenden des Projektes möglichst rasch eine Erwerbsarbeit aufnehmen wollen und dass der Wunsch nach finanzieller Selbstständigkeit das Hauptmotiv für die Projektteilnahme bilde:

> *„Die meisten [Teilnehmenden] spüren als erste Motivation die finanzielle Unabhängigkeit und da geht manchmal der Berufswunsch ein bisschen in den Hintergrund, da steht die finanzielle Unabhängigkeit im Vordergrund und dann wählen sie einfach das, was ihnen am erfolgsversprechendsten erscheint. Also wir fragen zum Beispiel an den Aufnahmegesprächen auch ‚Was ist eure Motivation, warum habt ihr euch für diesen Kurs angemeldet?' Da kommen so standardmässig, irgendwie: ‚Reinigung ist mein Hobby' oder irgendwie [lacht], viele geben auch an, dass sie überhaupt irgendetwas machen wollen und nicht nur zu Hause herumsitzen, das ist eine grosse Motivation. (...) ich nehme das ehrlich gesagt niemandem ab, der mir sagt: ‚Reinigung ist mein [Hobby]', also nein! Ich finde [lacht], das sagen sie so, weil sie müssen sich ja verkaufen, das ist mir ja schon klar, und ich finde, das ist auch schon wirklich eine Motivation, zeigt für mich wirklich Motivation, wenn jemand sagt: ‚Ich will nicht zuhause sein' oder ‚Ich will etwas tun, ich will etwas lernen, ich will eine Tagesstruktur und finanzielle Unabhängigkeit', also ich finde das, ja, ich wertschätze das."*

Diese Beschreibung beinhaltet eine Abwertung der Arbeitsbereiche, die in den vier ina-Kursen vermittelt werden. Äussern die Teilnehmenden Interesse an den fachlichen Inhalten, stuft die Projektleiterin dies als nicht glaubwürdig ein, sondern interpretiert es als Strategie, um in den Kurs aufgenommen zu werden. Deutlich zeigt sich hier, dass die Performanz von „Motivation" ein zentrales Aufnahmekriterium darstellt. Dieser Darstellung zufolge honoriert das Projekt, wenn die Teilnehmenden sich der Logik des Feldes unterordnen und sich motiviert darstellen, indem sie Vokabular der Sozialen Arbeit benutzen wie „Tagesstruktur" und „finanzielle Unabhängigkeit". Durch das Formulieren hoher Anforderungen und die Kontrolle der „Motivation" werden aktivierbare von nicht-aktivierbaren Teilnehmenden differenziert.

Auffällig ist: Das Projekt muss gegenüber dem Kanton „Anschlusslösungen" der Teilnehmenden vorweisen, die darin bestehen, dass die Betreffenden keine staatlichen Wohlfahrtsleistungen mehr beziehen – und genau dies wird den Teilnehmenden auch als Motiv für die Teilnahme am Kursprojekt zugeschrieben. Das Ziel der finanziellen „Unabhängigkeit" bzw. „Selbständigkeit" bezieht sich auf die Loslösung von der Sozialhilfe. Mit der Darstellung, dass die Kursteilnehmenden vorrangig am Einkommen interessiert seien und weniger an beruflichen Inhalten, kann zugleich legitimiert werden, dass die Kurse sich auf Arbeitsbereiche beziehen, die als nicht erfüllend taxiert werden und sich durch geringes Prestige auszeichnen.

Dem von den Mitarbeitenden thematisierten Ziel, eine „finanzielle Unabhängigkeit" zu erreichen, steht die Schwierigkeit gegenüber, mit Hilfsarbeiten die Existenz selbständig zu sichern. Sofern das Einkommen für weitere Angehörige reichen muss, ist dies nicht möglich, betonen sowohl Projektleiterin als auch Kursleiterin:

„Kommt darauf an, ob jemand Familie hat, jemand alleine: Ja, jemand mit Familie: Schwerlich, ausser die Frau arbeitet dann längerfristig auch. (...) das ist eine Illusion, in diesem Bereich eine Familie ernähren zu wollen..."

„Als Pflegehelfer, wenn du halt Familienvater bist, und zwei Kinder, dann wirst du nachher finanziell nicht unabhängig sein können, die verdienen vielleicht drei acht [= 3'800 Franken im Monat] oder so. Und das ist für eine Familie zu wenig."

Demnach sind die TeilnehmerInnen also auch bei gelungener Arbeitsintegration auf ein zweites Einkommen angewiesen, sofern sie Kinder haben.[108] Um die Existenz selbständig zu sichern, müssen also in einer Familie beide Elternteile ein Einkom-

---

108 Das genannte Einkommen von 3'800 Franken für eine Vollzeitstelle ist niedriger als die sogenannte Tieflohnschwelle. Diese liegt bei zwei Drittel des standardisierten, also auf Basis eines Vollzeitpensums mit 40 Wochenstunden berechneten Bruttomedianlohns (BFS 2008b). In der Schweiz beträgt die Tieflohnschwelle 3'986 Franken brutto pro Monat (berechnet mit Daten aus BFS 2012b).

men erzielen.[109] Damit ist die Frage offen, wer unbezahlte Reproduktionsarbeiten übernimmt, insbesondere die Betreuung von Kindern. Dazu kommt, dass das Einkommen aus Hilfsarbeitsstellen teilweise niedriger sei als Sozialhilfe. Aus der Perspektive des Projektes resultiert daraus eine *„Anreizproblematik"*, wie es die Projektverantwortliche nennt:

> *„Es sind vor allem niedrig qualifizierte Jobs. Und dort haben wir auch die Schwierigkeit, dass das Lohnniveau halt so tief ist, dass es viele Enttäuschungen mit sich bringt. Und dort gibt es zum Teil dann auch so ein bisschen eine Anreizproblematik, also dass die Leute eigentlich fast besser gestellt sind, wenn sie in der Sozialhilfe sind, als wenn sie selbstständig werden. Sie machen dort zum Teil noch einen Abstieg. Und das ist nochmals ein grosses Thema, dass man sie in der Auseinandersetzung mit der Thematik unterstützt. Das ist fast wie eine Güterabwägung. Bin ich von der Sozialhilfe unterstützt, oder bin ich selbstständig in dem Land? Aber dafür aber fast ärmer als in der Abhängigkeit vom Staat."*

Die Motivation der MigrantInnen, an Projekten zur Erwerbsintegration wie den ina-Kursen teilzunehmen, sinkt demnach, wenn der Lohn keinen ausreichenden *„Anreiz"* gegenüber der Sozialhilfe bietet. Die Schwierigkeit, mit Hilfsarbeiten die Existenz zu sichern, mündet aus der Perspektive der Projektverantwortlichen also in die Gefahr, dass das Projekt die mit dem Kanton vereinbarten Ziele nicht erreichen kann. Die Projektmitarbeitenden stehen daher vor der Aufgabe, die Teilnehmenden so zu aktivieren, dass sie trotzdem motiviert sind, das Projekt zu besuchen und sich von der Sozialhilfe zu lösen. Die Begleitung und Unterstützung *„in der Auseinandersetzung mit der Thematik"* durch die Projektmitarbeitenden sichert die Akzeptanz der Teilnehmenden, sodass sie sich in das unabänderlich scheinende Schicksal fügen.

Drei Monate nach Kursende werden mittels Fragebogen an die betreuenden Sozialhilfestellen *„Anschlusslösungen"* und *„Fürsorgeabhängigkeit"* der ehemaligen Teilnehmenden ermittelt. Die Ergebnisse werden in den Evaluationen der ina-Kurse erfasst. Diese Erhebungen zeigen, dass sich von einer Anstellung mittelfristig nicht auf eine Unabhängigkeit von Sozialhilfeleistungen schliessen lässt:[110] Von insgesamt 59 Teilnehmenden fanden 13 Personen eine unbefristete und drei Personen eine befristete Anstellung. Ausserdem fanden drei Personen eine Lehrstelle. Die Arbeitsstellen umfassen Anstellungen im Umfang von 20 bis 100 Stellenprozent. Selbst eine Vollzeitstelle führt jedoch nicht immer dazu, dass eine Unabhängigkeit von der Sozialhilfe erreicht werden kann. So erwähnt die Evaluation des Reinigungskurses,

---

109 Beide Zitate gehen implizit davon aus, dass die Kursteilnehmenden männlich sind, das zeigt der Hinweis auf *„die Frau"* des Teilnehmers (die als normalerweise nicht erwerbstätig dargestellt wird) und die Formulierung *„Familienvater"*.
110 Evaluiert wurde jeweils ein Kurs von zweien im Jahr 2010. Die Evaluation des Pflegekurses 2010 lag zum Zeitpunkt der Untersuchung noch nicht vor, daher beziehen sich die Angaben auf den Pflegekurs 2009.

dass von drei Teilnehmenden, die drei Monate nach Kursende noch erwerbstätig waren, zwei Teilnehmende mit Teilzeitanstellung „*finanziell selbständig*" waren, während eine Person trotz Vollzeitanstellung weiterhin Sozialhilfe bezog – obwohl sie anders als die beiden anderen keine Familienangehörige unterstützen musste. Trotz vollem Erwerbspensum verfügen die ehemaligen KursteilnehmerInnen teilweise nicht über ein existenzsicherndes Einkommen, sind also sogenannte „Working Poor"[111] (vgl. Mäder 2009b, Streuli/Bauer 2001).

Von den in den Evaluationen aufgeführten 59 Kursbesuchenden gelang nur sechs Personen nach drei Monaten die Loslösung von der Sozialhilfe, das sind zehn Prozent dieser Teilnehmenden.[112] Zehn ehemalige Teilnehmende waren demnach weiterhin „*teilweise fürsorgeabhängig*", 29 Personen „*völlig fürsorgeabhängig*". Nur ein Bruchteil der Projektteilnehmenden hat also das formulierte Ziel des Integrationsprojektes – die „*wirtschaftliche Eigenständigkeit*" – erreicht. Somit ist fraglich, ob mit den Hilfsarbeitskursen die explizite Zielsetzung des Projekts erreicht werden kann, nachhaltig die ökonomische Teilhabe von MigrantInnen zu verbessern und damit einen Beitrag zu Überwindung von Armut zu leisten. Das Projekt repräsentiert die in der Schweiz vorherrschende Orientierung an einer kurzfristigen Eingliederungsperspektive (vgl. OECD 2010). Die Logik des Workfare – Arbeit statt Sozialleistungen – führt somit nicht zur Auflösung prekärer Arbeits- und Lebensverhältnisse, sondern bringt eine neue Prekarität hervor (vgl. Streckeisen 2012).

5.1.7 Zusammenfassung: Auswahl der aktivierbaren Teilnehmenden

Die ina-Basiskurse vermitteln den Teilnehmenden theoretische und praktische berufliche Basiskenntnisse, sodass sie Hilfsarbeiten in vier Bereichen verrichten können. Daneben erhalten sie Sprachunterricht und werden bei der Stellensuche unterstützt. Die Mitarbeitenden fokussieren MigrantInnen mit fehlender (anerkannter) Bildung als Zielgruppe des Projektes. Im Projekt wird das berufsbezogene Wissen der Teilnehmenden umfassend abgewertet. Die ina-Kurse bieten auch kaum Raum für die Berücksichtigung beruflicher Qualifikationen. Das Fehlen solcher Qualifikationen legitimiert die Ausrichtung des Projekts an gering qualifizierter und meist nicht-existenzsichernder Arbeit, welche die Teilnehmenden als einzig mögliche berufliche Perspektive akzeptieren sollen.

---

111 Als Working Poor werden Erwerbstätige bezeichnet, deren Einkommen unter der Armutsgrenze liegt, obwohl der kumulierte Erwerbsumfang ihres Haushalts mindestens einer Vollzeitbeschäftigung entspricht (BFS 2008b: 54).

112 Von den Personen mit einer Anstellung nach Kursende waren manche drei Monate später nicht mehr beschäftigt oder konnten die Stelle nicht antreten. Von einzelnen Teilnehmenden lagen keine Angaben vor.

Das Beispiel des Pflegekurses zeigt, dass die ina-Mitarbeitenden die Kategorie Kultur als Basis für die diskursive Konstruktion einer besonderen Eignung von MigrantInnen für die Altenpflege heranziehen: In der Gegenüberstellung des unprofessionellen, aber gegenüber SeniorInnen respektvollen Herkunftsraum der MigrantInnen mit der zwar professionellen, aber SeniorInnen abwertenden Schweiz werden Emotionalität, Fürsorglichkeit und Natürlichkeit als kulturelle Ressourcen der MigrantInnen konstruiert. Diese institutionelle Re-Definition von Kompetenzen und Qualifikationen ermöglicht es den ina-Teilnehmenden, sich als Erwerbstätige zu positionieren. Diese Strategie der Zuordnung beinhaltet nicht nur eine Kommodifizierung kultureller Differenz, sondern verfestigt ethnisierte und vergeschlechtlichte Machtverhältnisse, indem niedrig qualifizierte, gering entlohnte Arbeiten als einzige Option für nichteuropäische MigrantInnen präsentiert werden. Durch die Projektpraktiken wird ein generell inkompetentes Subjekt konstruiert, das kulturell anders und beruflich limitiert ist.

Die Trägerorganisation der ina-Kurse ist gezwungen, sich bei der Projektgestaltung an den Vorgaben des *„Auftraggebers"*, dem Kanton, zu orientieren, um die Finanzierung des Projekts zu sichern. Diese Vorgaben bestimmen Zielgruppe, Angebot, Umfang, Arbeitsbereiche und Erfolgsdefinition des Projektes. Damit die Finanzierung des Projektes gewährleistet werden kann, steht das Projekt insbesondere unter Druck, Absenzen und Kursabbrüche der Teilnehmenden zu verhindern. Um dies sicherzustellen, stellt das Projekt hohe Anforderungen an die Eignung der Teilnehmenden, so dass aktivierbare Personen ausgewählt werden können. Die Vermittlungsarbeit des Projektes konzentriert sich somit auf jene Teilnehmende, die Chancen auf Erwerbsarbeit haben.

Das Projekt ina geht dadurch über die Vermittlung von Fachwissen und Sprachkenntnissen für die berufliche Inklusion hinaus: Die Kurse beinhalten einen umfassenden Zugriff auf das Verhalten und die Einstellungen der Subjekte (vgl. Kessl 2007). So werden Persönlichkeitseigenschaften und soziale Kompetenzen wie *„Pünktlichkeit"*, *„Motivation"* oder *„Zuverlässigkeit"* für die Teilnahme am Projekt vorausgesetzt. Von den Teilnehmenden wird die Bereitschaft erwartet, in gering qualifizierten Stellen zu arbeiten, die oftmals nicht existenzsichernd sind. Die Mitarbeitenden stellen den Schweizer Arbeitsmarkt als anforderungsreich dar, da er Mobilität, unregelmässige Arbeitszeiten und Vollzeitverfügbarkeit erfordere. Die am Überleben des Projekts orientierte Logik kollidiert teilweise mit der formulierten Zielsetzung, die *„Fähigkeiten von Menschen [zu fördern], ihre gesellschaftlichen und politischen Rechte wahrzunehmen"* und *„wirtschaftliche Eigenständigkeit zu erlangen"*. Die Gefahr besteht, dass gerade diejenigen Personen, die besonders Unterstützung bei der Erwerbsintegration benötigen – etwa weil sie betreuungspflichtige Kinder haben –, durch diese Auswahlpraktiken keinen Zugang zum Projekt erhalten.

5.2 Das Projekt futura: Aktivierung zum beruflichen Abstieg

5.2.1 Übersicht über das Projekt futura

Das Projekt futura[113] zielt auf einen besseren Zugang zum Arbeitsmarkt für anerkannte Flüchtlinge und vorläufig Aufgenommene. Es umfasst drei Projektmodule, die separat oder nacheinander besucht werden können und die jeweils individuelle Beratung der Teilnehmenden durch Sozialarbeitende beinhalten:

a. Perspektive-Kurs zur beruflichen Orientierung: Dieser beinhaltet täglichen Unterricht, in dem Deutschkenntnisse, EDV, Mathematik, Bewerbungstechnik sowie Informationen zum Leben und Arbeiten in der Schweiz und zur Gesundheitsförderung vermittelt werden. Die Teilnehmenden können Bewerbungsgespräche üben, erstellen ein Bewerbungsdossier und absolvieren nach Möglichkeit kurze unbezahlte Arbeitseinsätze. Der Kurs ist das älteste Modul des Projektes futura, er besteht seit 1995.

b. Mentoring: Die Teilnehmenden werden durch ehrenamtliche MentorInnen beim Arbeitseinstieg begleitet. Sie besuchen zwei Mal wöchentlich einen Deutschkurs und tauschen sich in der Gruppe über ihre Erfahrungen auf dem Arbeitsmarkt aus.[114] Die Mitarbeitenden nehmen berufliche Abklärungen vor, vermitteln ehrenamtliche MentorInnen und Praktikumsstellen und unterstützen die Teilnehmenden nach dem Praktikum bei der Stellensuche. Im Idealfall sollen die Teilnehmenden nach einem unbezahlten „*Orientierungspraktikum*", das maximal einen Monat dauert, ein bezahltes Praktikum von maximal einem Jahr antreten und danach vom Praktikumsbetrieb regulär angestellt werden.

---

113 Die Untersuchung stützt sich auf Einzelinterviews mit drei Projektmitarbeitenden im Zeitraum Mai bis Juni 2011 sowie auf Einzelinterviews mit zwei ehemaligen Kursteilnehmenden im Februar 2012, ausserdem auf unveröffentlichte und veröffentlichte Dokumente der Trägerorganisation (Jahresberichte 2010 und 2011, Leitbild, Porträt, Profil, Website) und des Projekts (Kurzbeschreibung, Ablaufschema, Abschlussberichte 2008, 2009 und 2010 zuhanden des Kantons, drei externe Evaluationen zur beruflichen Integration der Teilnehmenden von 2000, 2005 und 2007). In dieses Kapitel flossen Rückmeldungen zweier anonymer GutachterInnen und der Herausgeberschaft der Zeitschrift für Soziologie ZfS ein.

114 Ursprünglich war den Projektmitarbeitenden zufolge das Ziel, dass die MentorInnen – die einen ähnlichen Berufshintergrund wie die jeweiligen Teilnehmenden haben sollten – den Teilnehmenden über ihre Netzwerke einen Zugang zum Arbeitsmarkt eröffnen und sie gegebenenfalls nach dem Berufseinstieg begleiten. In der Praxis ist es aufgrund der geringen Zahl von MentorInnen selten möglich, dass Teilnehmende und MentorIn denselben beruflichen Hintergrund haben. In der Regel unterstützen die MentorInnen die Teilnehmenden punktuell bei einem spezifischen Ziel und entlasten so die Projektmitarbeitenden. So begleitete etwa ein ehrenamtlicher Mitarbeiter zwei Projektteilnehmende bei der Vorbereitung auf die Fahrprüfung für Lastkraftwagen, was spezifische technische und terminologische Kenntnisse erfordert.

c. Austauschforum zur Stellensuche: Hier treffen sich die Teilnehmenden einmal pro Woche, um sich über ihre Erfahrungen auf dem Arbeitsmarkt auszutauschen, sich auf Vorstellungsgespräche vorzubereiten, Informationen zur Bewerbungstechnik und über den Schweizer Arbeitsmarkt zu erhalten und gezielt Arbeitsstellen zu suchen. Sie werden dabei von Sozialarbeitenden begleitet.

Das Angebot ist an Frauen und Männer gerichtet, die einen rechtlichen Status als anerkannte Flüchtlinge (Ausweis B oder F) oder vorläufig Aufgenommene (VA) haben (vgl. Kap. 2.2). Die Mehrheit der Teilnehmenden (durchschnittlich 90 Prozent) sind anerkannte Flüchtlinge, nur 10 Prozent haben den Status VA. Jährlich nehmen durchschnittlich knapp 140 Personen am Projekt teil, davon sind durchschnittlich 70 Prozent sind männlich, nur 30 Prozent weiblich. Im Durchschnitt besuchen 82 Personen den Perspektive-Kurs, 20 Personen das Mentoring und 36 das Austauschforum. Die maximale Teilnahmedauer beträgt ein Jahr. Es gibt eine grosse Nachfrage: Die Zahl der InteressentInnen für das Projekt auf der Warteliste ist dreimal höher als die Zahl der vorgesehenen Plätze. Die Teilnehmenden an den futura-Angeboten werden ausschliesslich von den zuständigen Sozialhilfe-Institutionen zugewiesen, Interessierte können sich nicht selbst anmelden.[115] Für die Teilnehmenden ist das Projekt kostenfrei, sie beziehen weiterhin Sozialhilfe. Wer für ein Programm angemeldet ist, ist gesetzlich zur Teilnahme verpflichtet.[116]

Das Projekt futura existiert seit Mitte der 1990er Jahre. Es wird von einem nichtstaatlichen Hilfswerk getragen, das sich in der Schweiz und in der humanitären Hilfe und internationalen Zusammenarbeit in verschiedenen Ländern engagiert. Zu den Angeboten der Trägerorganisation zählen in der Schweiz neben dem futura-Programm auch die ina-Basiskurse (vgl. Kap. 5.1) sowie verschiedene Massnahmen für Erwerbslose, die ihre Chancen auf dem Arbeitsmarkt erhöhen sollen, wie die Vermittlung von Kurzzeitarbeitseinsätzen, Kurse, Bewerbungstraining und Beratung.[117] Das futura-Programm wird über Mittel des Kantons finanziert.[118]

Bei futura arbeiten grösstenteils ausgebildete Sozialarbeitende. Für die Untersuchung wurden drei Interviews mit folgenden Angestellten des Projekts geführt: Die *Projektverantwortliche* ist Leiterin der Integrationsprojekte bei der Trägerorganisa-

---

115 Daher haben de facto nur MigrantInnen, die Sozialhilfe beziehen, die Möglichkeit, am Projekt teilzunehmen. Personen, die ihren Lebensunterhalt anderweitig finanzieren oder keinen geregelten Aufenthaltsstatus haben, können die Kurse nicht besuchen.
116 Nach Art. 6 VIntA können Anerkannte Flüchtlinge und VA, die Sozialhilfe beziehen, zur Teilnahme an Ausbildungs- und Beschäftigungsprogrammen verpflichtet werden.
117 Die Differenzierung der Angebote für die Zielgruppen MigrantInnen und Erwerbslose begründen die Projektverantwortlichen mit den Anforderungen der (staatlichen) Finanzierung.
118 Der Bund hat die Verteilung und Kontrolle der Integrationspauschale an die Kantone delegiert, die diese Gelder mit kantonalen Mitteln ergänzen. Nach Schätzungen der Projektverantwortlichen setzt sich die Finanzierung der Projektkosten zu drei Vierteln aus der Integrationspauschale des Bundes und zu einem Viertel aus kantonalen Mitteln zusammen.

tion und zuständig für Konzeption, Finanzierung und Personal der Projekte.[119] Die *Projektleiterin* ist insbesondere für die Abschlussberichte und das Reporting gegenüber dem Kanton verantwortlich, sie war zum Zeitpunkt des Interviews seit 14 Jahren bei der Organisation und seit zehn Jahren im Projekt futura angestellt. Der *Coach* hat bei Einführung des Mentoring-Projektes die Feinkonzeptplanung erstellt, er ist zuständig für die Einzelbegleitung der Teilnehmenden, die Vermittlung von Praktika sowie den Kontakt mit MentorInnen und Arbeitgebenden.

5.2.2 „Sie haben das Nachsehen" – Darstellung limitierter Perspektiven

Die Mitarbeitenden erklären, die Teilnehmenden wiesen je nach Herkunftsland oft keine Berufsausbildung auf. Nur selten würden sie über Berufserfahrung verfügen, und dann vorwiegend in gering qualifizierten Arbeitsbereichen wie Gastronomie, Reinigung oder Landwirtschaft. Teilweise hätten die Teilnehmenden keine obligatorische Schulbildung durchlaufen. Ein Teil habe zwar sekundäre oder tertiäre Ausbildungen absolviert, aber oft fehlten Dokumente wie Bildungsabschlüsse oder Arbeitszeugnisse. Selbst wenn Dokumente über absolvierte Ausbildungen vorlägen, seien sie kaum nutzbar, denn eine Anerkennung aussereuropäischer Bildungstitel erfolge in der Schweiz praktisch nie. Das Projektmodul Mentoring richtet sich gezielt an MigrantInnen, die Berufserfahrung aufweisen. Aber auch für sie sei die Erwerbsintegration schwierig. In der Projektbeschreibung des Mentorings heisst es:

„Anerkannte Flüchtlinge bringen in der Regel Praxiserfahrung und berufliches Wissen mit. Dennoch gelingt es ihnen oft nicht, einen Einstieg in den Arbeitsmarkt zu finden. Dafür gibt es vielfältige Gründe: Geringe Deutschkenntnisse, fehlende Vertrautheit mit der schweizerischen Arbeitsrealität, kaum Anerkennung von Ausbildungen der Herkunftsländer, keine Arbeitserfahrung in der Schweiz, verminderte Leistungsfähigkeit wegen Traumatisierung und Entwurzelung. Ein weiteres Hindernis ist ein Arbeitsmarkt, der bedingt durch den enormen Kostendruck, Personen mit solchen Leistungshemmnissen nur beschränkt aufnehmen kann."

Auch wenn die Zielgruppe des Projektes über berufliche Erfahrungen verfügt, bilden demnach individuelle Defizite wie fehlendes Wissen und mangelnde Erfahrungen zusammen mit der strukturellen Hürde der fehlenden Diplomanerkennung Barrieren für eine Erwerbsarbeit in der Schweiz. Die Projektmitarbeitenden räumen den Teilnehmenden aufgrund der fehlenden oder nicht nachweisbaren Qualifikationen nur eingeschränkte berufliche Perspektiven ein. Die Projektverantwortliche formuliert es so:

---

119 Sie ist damit auch für das Projekt ina zuständig (vgl. Kap. 5.1).

"Sie haben praktisch keine Chance, weil sie nichts mitbringen. Oder selbst wenn sie eine Ausbildung haben, haben sie keine Papiere."

Möglichkeiten zur Erwerbsarbeit bestünden demnach für die futura-Teilnehmenden faktisch nur im Bereich gering qualifizierter Arbeit, in „Nischenbereichen", wie die Programmleiterin sagt. Sie führt aus, dass dies ebenso für MigrantInnen ohne Ausbildung oder Berufserfahrung wie für MigrantInnen mit tertiärer Bildung und langjähriger Berufserfahrung gelte. Eine zusätzliche Hürde für die berufliche Integration der Teilnehmenden ist die Bewilligungspflicht: Anerkannte Flüchtlinge und vorläufig Aufgenommene müssen vor dem Antritt jeder Stelle ein Gesuch um Arbeitsbewilligung einreichen. Dabei prüfen die Behörden, ob die ortsüblichen Lohn- und Arbeitsbedingungen eingehalten werden (vgl. Kap. 2.2). Im Bericht an den Kanton 2008 heisst es:

"Die aufwändigen Formalitäten betreffend Erteilung Arbeitsbewilligung und der mit einer Anstellung verbundene administrative Aufwand, z.B. Quellensteuer, machen Flüchtlinge mit Ausweis B und F für Arbeitgeber wenig attraktiv."

Die Bewilligungspflicht bedeutet für die Arbeitgebenden zusätzlichen administrativen Aufwand und Kosten, was dazu führt, dass die futura-Teilnehmenden oftmals Absagen auf die Anfrage nach Praktikums- oder Arbeitsstellen erhalten, auch wenn das Projekt Arbeitgebenden administrative Hilfe anbietet. So sei die Stellensuche über Temporärarbeitsvermittlungen bzw. Zeitarbeitsagenturen aufgrund der Bewilligungspflicht „*praktisch unmöglich geworden*", da diese Agenturen Arbeitsuchende bevorzugten, die kein Gesuch auf Stellenantritt stellen müssen, heisst es im Bericht 2010 an den Kanton. Die Projektleiterin schildert:

"Das gibt auch immer wieder so Auseinandersetzungen zwischen der Fremdenpolizei respektive [mit den kantonalen Migrationsbehörden] [lacht], die sagen, nach einem halben Jahr muss ein Arbeitgeber einen normalen, branchenüblichen Lohn bezahlen und die Arbeitgeber sagen uns auf der anderen Seite, ‚Die Leute können noch nicht voll bei uns mitarbeiten', also das heisst, es gibt sprachliche Defizite, die noch zu schwerwiegend sind, und es gibt auch fachliche Defizite, weil die Ausbildungen natürlich nicht vergleichbar sind."

Die gesetzlichen Anforderungen eines branchenüblichen Lohnes seien demnach zumindest anfänglich zu hoch, da die futura-Teilnehmenden „*sprachliche*" und „*fachliche Defizite*" aufweisen würden. Aus Sicht der Mitarbeitenden führen somit formelle und informelle Ausschlussmechanismen zusammen mit fehlenden (anerkannten) beruflichen Qualifikationen dazu, dass die Teilnehmenden vielfach keinen Zugang zum Arbeitsmarkt erhalten. Im Abschlussbericht des futura-Mentoringmoduls von 2010 wird die Situation der Teilnehmenden so beschrieben:

"Unsere Zielgruppe hat verschiedene Handicaps: sie verfügt über ‚mangelhafte' Deutschkenntnisse, hat tiefere Qualifikationen und muss für jede neue, bezahlte Stelle ein Gesuch für die Arbeitsbewilligung einreichen. Damit haben unsere TN bei der Stellensuche immer häufiger das Nachsehen."

5.2.3 *"Entscheidend für den Arbeitseinstieg"* – Praktika als Basis

Das Projekt futura versucht, den Zugang zum Arbeitsmarkt für anerkannte Flüchtlinge und vorläufig Aufgenommene zu verbessern, indem es die konstatierten „Handicaps" verringert. Dies soll durch die Vermittlung von Sprachkompetenzen und Arbeitseinsätzen auf dem ersten Arbeitsmarkt sowie Bewerbungstraining und individuelle Beratung erreicht werden. Da die Mitarbeitenden in fehlenden Sprachkenntnissen ein grosses Hindernis für den Erwerbseinstieg sehen, sollen die Teilnehmenden ihre Standarddeutsch- und Dialektkenntnisse verbessern und Sprachzertifikate erwerben. Das Projekt unterstützt sie bei der Vorbereitung auf (extern absolvierte) Sprachprüfungen. Um eine Chance auf berufliche Eingliederung zu haben, sind ausserdem aus Sicht der Projektmitarbeitenden vor allem praktische Arbeitserfahrungen in der Schweiz notwendig. Daher strebt das Projekt an, dass die Teilnehmenden Praktika absolvieren, wie die Projektverantwortliche erklärt:

"Weil es sich gezeigt hat, dass das entscheidend ist für den Arbeitseinstieg. Also, wieviel Berufserfahrung die Leute mitbringen, ist ein wichtiges Kriterium bei der Selektion."

Das Projekt vermittelt den futura-Teilnehmenden Arbeitseinsätze in Form von kurzen unbezahlten Schnupperpraktika von maximal vier Wochen Dauer oder längeren bezahlten Praktika bis zu einem Jahr, damit die TeilnehmerInnen berufliche Erfahrungen in der Schweiz vorweisen können. Ausserdem versuchen die futura-Mitarbeitenden nach Möglichkeit, Aus- oder Weiterbildungen in der Schweiz zu initiieren, etwa eine berufsbegleitende Lehre. Der Coach erklärt:

"Je mehr Weiterbildung, Ausbildung jemand hat, desto besser sind die Chancen, danach nicht in einem prekären Arbeitsverhältnis zu landen, sondern eine berufliche Perspektive zu haben."

Ohne einen in der Schweiz anerkannten Ausbildungsabschluss liefen demnach die TeilnehmerInnen Gefahr, nur befristete Anstellungen mit niedrigen Löhnen und prekären Arbeitsbedingungen zu finden. Einer umfassenden Evaluation des Projekts von 2007 zufolge sind die Chancen, eine feste Stelle zu finden und die Existenz langfristig sichern zu können, erheblich besser, wenn nach dem Programm eine Aus- oder Weiterbildung absolviert wurde. Auch die Zufriedenheit mit der Arbeit ist dann deutlich höher. Der Coach erklärt, dass das Organisieren einer Aus- oder

Weiterbildung aufwändig ist und zudem den Vorgaben des Auftraggebers zuwiderläuft, die Teilnehmenden möglichst rasch in den Arbeitsmarkt einzugliedern:

„Aber unser Auftrag wäre eigentlich, dass die Leute nach 12 Monaten einen Job haben. 60 Prozent, oder [lacht].“[120]

In den jährlichen Abschlussberichten des Projekts an den Kanton regen die Projektmitarbeitenden daher wiederholt an, dass der beruflichen Qualifizierung mehr Gewicht beigemessen werden sollte. Insbesondere sollten mehr Mittel für qualifizierende Massnahmen zur Verfügung gestellt werden. Zudem sei eine *„nachhaltige berufliche Integration ... in einem bis zwei Jahren in den meisten Fällen unrealistisch"*, so eine Anregung aus dem Bericht an den Kanton über das Projektjahr 2010. Bereits in den Berichten von 2008 und 2009 heisst es:

„Arbeitsintegration muss, um nachhaltig zu sein, unbedingt die langfristige Perspektive einbeziehen. Der Einstieg in eine qualifizierte Arbeit, wo Personen effektiv ihre beruflichen Erfahrungen und ihre Fachkenntnisse einsetzen können, braucht oft mehr Zeit und, neben dem vertieften Erwerb einer Landessprache, braucht es Möglichkeiten und Mittel, um adäquate, individuelle Weiterbildungen zu ermöglichen. Es hilft wenig, möglichst viele Personen möglichst schnell in einen beliebigen Job im Bereich Hilfsarbeit zu platzieren. Als Übergangslösung oder als erster Schritt in den Arbeitsmarkt ist dies für viele unserer TN zwar sinnvoll, jedoch werden sie kurz- oder mittelfristig wieder erwerbslos sein."

„Unserer Meinung nach macht es wenig Sinn weitere Angebote oder Projekte zu initiieren, bei denen das Ziel der möglichst raschen Integration auf dem 1. Arbeitsmarkt im Vordergrund stehen, weil unsere Erfahrungen zeigen, dass unsere Zielgruppe vor allem spezifische Qualifikationsmassnahmen braucht."

Die futura-Mitarbeitenden äussern somit Kritik an der in der Schweizer Sozialpolitik vorherrschenden Perspektive der kurzfristigen Existenzsicherung (vgl. OECD 2010). Sie versuchen ihren Handlungsspielraum auszuloten, um den Projektteilnehmenden statt einer möglichst raschen Erwerbseingliederung eine langfristige berufliche Teilhabe zu ermöglichen, wie es dem Konzept von *economic citizenship* entspricht (vgl. Riaño 2011). Dafür ist nach Ansicht der Projektmitarbeitenden eine in der Schweiz absolvierte Ausbildung unerlässlich, um – so der Bericht 2008 – *„die TN unserer Zielgruppe fachlich auf schweizerische Standards zu bringen"*. Hierbei stellt sich

---

120 Dem Bericht zufolge muss dem Leistungsvertrag zufolge im Mentoring unter anderem der folgende Indikator erfüllt sein: „Mindestens 60% der TN sind innerhalb eines Jahres in einem bezahlten, wenn möglich festen Arbeitsverhältnis." Im Projektteil Austauschforum müssen mindestens 40 Prozent der Teilnehmenden innerhalb eines Jahres eine möglichst unbefristete Stelle aufweisen, beim Perspektive-Kurs wird eine „Anschlusslösung" (Anstellung, Aus-/Weiterbildung, Beschäftigungs- oder Qualifizierungsprogramm) bei 80 Prozent der Teilnehmenden verlangt.

das Problem, dass Qualifizierungsmassnahmen teilweise schwer finanzierbar sind. Die Sozialhilfebehörden bewilligten nur in eingeschränktem Rahmen Deutschkurse oder berufliche Aus- und Weiterbildungen. Ausbildungsstipendien werden nur für Personen unter 35 Jahren und nur für die Finanzierung von Erstausbildungen gewährt. Dabei werden die bisher absolvierten Ausbildungsjahre angerechnet – auch wenn die Ausbildung nicht anerkannt wird, – was die Finanzierung von Aus- und Weiterbildungen vielfach verunmöglicht. Um dieses Problem anzugehen, schlagen die Mitarbeitenden den kantonalen Behörden im Bericht von 2008 vor, zu prüfen, ob „*in begründeten Fällen unbezahlte Praktika für qualifizierte Arbeiten, auch länger als vier Wochen ohne Lohn durchgeführt werden können.*" Auch im Bericht von 2009 an den Kanton heisst es:

„*Die TN von [futura] sind manchmal zu alt und/oder verfügen nicht über ausreichende Sprachkenntnisse, um noch eine Ausbildung absolvieren zu können. Zudem werden ihre Qualifikationen und beruflichen Erfahrungen mehrheitlich nicht anerkannt oder sind nicht mit den hiesigen vergleichbar. Mit gezielten Weiterbildungen, die auf bestehenden Arbeits- und Berufserfahrungen aufbauen, könnten auch diese Flüchtlinge ihre Chancen auf dem Arbeitsmarkt verbessern. Unbezahlte Praktika bis sechs Monate mit klaren Lernzielen, die regelmässig überprüft werden könnten, wären eine kostengünstige Möglichkeit, unsere TN zu qualifizieren.*"

Das Projekt futura zielt also darauf, dass die Teilnehmenden in der Schweiz anerkannte Qualifikationen erwerben. Da die Möglichkeiten zur Aus- und Weiterbildung für ihre Zielgruppe jedoch eingeschränkt sind und eine Initiierung von Aus- und Weiterbildung nicht in der Leistungsvereinbarung mit dem Kanton enthalten ist, erweitern die Mitarbeitenden den Begriff der Qualifizierung und werten praktische Arbeitseinsätze ebenfalls als qualifizierende Massnahmen. So gewinnen Praktika neben Sprachunterricht und Beratung eine zentrale Rolle im Projekt.

5.2.4 „*Abgleichen der Erwartungen*" – Modifikation der beruflichen Ziele

Aus Sicht der Projektmitarbeitenden haben die futura-Teilnehmenden wenig berufliche Handlungsmöglichkeiten. Da die Zielgruppe des Projektes vielfältige „*Handicaps*" aufweise, bestünden Chancen auf berufliche Eingliederung vorrangig im Bereich gering bezahlter, unqualifizierter Hilfsarbeiten. Die Integration auf dem Arbeitsmarkt sei demnach für den Grossteil der Teilnehmenden mit einem beruflichen Abstieg verbunden. Das sei sowohl für die Mitarbeitenden wie für die Teilnehmenden mit Enttäuschung und Frustrationen verbunden. Denn die Zielsetzungen der Teilnehmenden, ein möglichst umgehender Berufseinstieg und ein existenzsicherndes Einkommen, seien oftmals nicht realisierbar. So schildert die Projektleiterin:

„Die meisten wollen eigentlich möglichst rasch arbeiten und Geld verdienen. Und das prallt dann so aufeinander mit der Realität vom Arbeitsmarkt."

Dies bedeute für die Mitarbeitenden des Projektes Druck und eine *„Sandwichposition"* zwischen den verschiedenen Anforderungen, erklärt die Projektleiterin weiter. Die Projektverantwortliche beschreibt die Situation so:

> *„Das ist natürlich eine grosse Schwierigkeit, dass viele Leute eine sehr HOHE Erwartung haben. Es sind viele Leute, die wirklich Geld verdienen wollen. Weil sie aus der Sozialhilfeabhängigkeit raus wollen, aber auch weil sie auch Familien und Netzwerke unterstützen wollen. Und [es] ist häufig auch eine Abstiegsbegleitung, das Ganze, oder, einfach ein Abgleichen von Erwartungen mit den Chancen zur Teilhabe."*

Die Mitarbeitenden stellen die *„sehr hohe Erwartung"* der Teilnehmenden der *„Realität vom Arbeitsmarkt"* gegenüber. Wie geht das Programm mit dieser *„Sandwichposition"* um, also mit dem Spannungsfeld zwischen den beruflichen Zielen der Teilnehmenden und den Schwierigkeiten bei der Realisierung dieser Ziele? Wie läuft der angesprochene Prozess dieses Abgleichens *„von Erwartungen mit den Chancen"* konkret ab?

A) „Abklärung" – Bestimmung der beruflichen Ziele und Kompetenzen

Die Vermittlung von Praktika ist von einem Coaching der Teilnehmenden durch Projektmitarbeitende begleitet. Das Coaching beinhaltet laut Projektbeschreibung die *„Beratung und Unterstützung bei der Realisierung der individuellen Berufsziele"* und soll die *„Anforderungen der schweizerischen Arbeitswelt verständlich machen"*. Was verbirgt sich hinter diesem Aufgabenprofil? Das Projekt bezweckt individuell angepasste Lösungen, diese werden in einem professionalisierten Setting in standardisierten Abläufen systematisch erarbeitet. Die individualisierte Arbeit mit den Teilnehmenden bezeichnen die Mitarbeitenden als *„ressourcen- und zielorientiert"*. Die Projektverantwortliche umschreibt es so:

> *„Einfach dort Unterstützung zu leisten, wo die Person sie braucht. Die Grundhaltung ist natürlich nicht, dass man einfach den Leuten grad einen Job hinfräst und sie quasi an der Hand nimmt und einfach zum Arbeitgeber führt, sondern eher herauszufinden, was ist vorhanden, was braucht die Person, was kann sie selbst und so, immer in der ständigen Diskussion mit der Person, das herauszufinden."*

„Ressourcenorientierte" Arbeitsansätze – also solche, die darauf zielen, die Stärken der KlientInnen zu aktivieren, – haben in den vergangenen Jahren zunehmend Eingang in die Methodik der Sozialen Arbeit gefunden (Sanchez 2008: 15). Die Verwendung solcher Konzepte im Projekt futura spiegelt daher die Entwicklung in

der Sozialen Arbeit. In einem ersten Schritt erfassen die futura-Mitarbeitenden im Gespräch die Kompetenzen der Teilnehmenden und bestimmen ihre beruflichen Ziele. Der Coach und die Projektverantwortliche beschreiben dieses „*Abklärungsgespräch*" wie folgt:

„*Also das Gespräch sieht so aus, (...) dass man mal ganz genau anschaut, was sind ihre Berufserfahrungen bisher, in ihrer Heimat, in anderen Ländern, in der Schweiz. Und wo man dann genau nachfragt, was haben sie dort für Arbeiten gemacht. In welchem Level sind sie vom Wissen her? Wie fest ist das vergleichbar mit den Verhältnissen in der Schweiz?"*

„*Dort geht es darum zu schauen, was sie mitbringen. Was haben sie für Bildungschancen in der Schweiz? Kann man versuchen, ein Gleichwertigkeitsverfahren für ihre Ausbildung zu machen? Einfach auch, dass sie sich ein Bild verschaffen können, was sind die Anforderungen hier, wie ist der Arbeitsmarkt, wie sind meine Chancen? Es wird eine erste Ausrichtung mit dem Teilnehmer definiert, wo es hingehen könnte."*

Die Mitarbeitenden erfassen also die individuellen Ausbildungen und beruflichen Erfahrungen der Projektteilnehmenden und prüfen die Möglichkeit der Anerkennung der Abschlüsse. Dabei nehmen sie eine Einstufung dieser Qualifikationen vor und übertragen sie auf das Berufsbildungssystem der Schweiz. Unklar bleibt, worauf die Projektmitarbeitenden ihre Beurteilung stützen. Da keine standardisierten Vorgaben zur Vergleichbarkeit von Bildungsabschlüssen und Berufserfahrungen existieren, entsteht hier ein grosser Spielraum für subjektive Einschätzungen. Wie die Aussagen zeigen, dient die „*Abklärung*" der beruflichen Situation der Teilnehmenden durch das Projekt gleichzeitig dazu, dass diese selbst ihre beruflichen Möglichkeiten selbst einschätzen können. Der Coach erklärt, worauf er achtet:

„*Sind die [beruflichen Ziele] halbwegs realistisch? Kann man sich vorstellen bei uns einen Prozess zu machen mit dieser Zielsetzung? Wenn sie dann anfangen, klären wir das genauer ab. Leiten allenfalls Diplomanerkennung oder Gleichwertigkeitsanerkennung in die Wege. Klären ab, was es für sie für Möglichkeiten gibt."*

Zentral bei der Bestimmung der beruflichen Zielsetzungen ist also die Frage, ob diese den Möglichkeiten entsprechen und somit umsetzbar sind. Dies ist wiederum abhängig von der Einschätzung der beruflichen Kompetenzen und Qualifikationen der Projektteilnehmenden und von der Beurteilung der Anforderungen und Möglichkeiten des Schweizer Arbeitsmarktes. Die Projektleiterin beschreibt das „*Beratungskonzept*" von futura, das mit dem Instrument wiederholter „*Standortbestimmungen*" arbeitet, etwa nach Abschluss eines Praktikums. Hierbei wenden die Mitarbeitenden „*Selbst- und Fremdeinschätzungen*" an. Neben „*berufsspezifischen Kompetenzen*" werden auch „*Schlüsselkompetenzen allgemeiner Art, wie Zuverlässigkeit, Pünktlichkeit, Teamfähigkeit*" erfasst, erläutert der Coach. Da formelle berufliche Qualifikationen oft nicht vorhanden oder anerkannt sind, versuchen die Mitarbeitenden mit einem selbsterstellten „*Raster*", persönliche und fachliche Fähigkeiten und Potenziale der Teilnehmenden zu ermitteln.

Die „*Standortbestimmung*" bzw. „*Abklärung*" der vorhandenen Kompetenzen beinhaltet zugleich die Vermittlung bestimmter Verhaltensanforderungen, wie dieser Hinweis der Projektleiterin illustriert:

> „*[Dort] gibt es dann auch diese ganzen Diskussionen über was heisst Zuverlässigkeit bei uns, was heisst Pünktlichkeit bei uns, solche Begrifflichkeit.*"

Parallel erhalten die Teilnehmenden im Kursteil des Projektes Informationen zum Arbeitsmarkt, Bildungssystem und Berufsbildern in der Schweiz und erlernen Bewerbungstechniken. Die Projektleiterin erklärt dazu:

> „*Das üben wir auch, dass es dort wichtig ist, sich zu präsentieren, dass man eben sagen kann, ich bin -, was heisst, in einem Team zu arbeiten, was bedeutet das in einer Gruppe, Hilfsbereitschaft, der gegenseitige Respekt, und und und. Das ist sehr ein breites Gebiet.*"

Das Projekt lehrt demnach den Teilnehmenden weitreichende Fähigkeiten und Verhaltensweisen, die sich an der (vermeintlichen) Norm des Arbeitsmarktes orientieren. Deutlich wird hier erneut: Die Mitarbeitenden gehen davon aus, dass den Teilnehmenden grundlegende Kenntnisse des Arbeitsalltags fehlen, die erst noch erlernt und trainiert werden müssen: Schlüsselkompetenzen wie „*Zuverlässigkeit*", „*Respekt*" oder „*Pünktlichkeit*" sind ihnen demnach unbekannt. Die Projektpraxis ist also mit spezifischen Anforderungen an die Subjekte verbunden. Die beruflichen Ambitionen der Teilnehmenden werden kontinuierlich mit den Bewertungen ihrer fachlichen und persönlichen Kompetenzen und mit der Einschätzung der „*Realität vom Arbeitsmarkt*" abgeglichen, sodass die Teilnehmenden die Beurteilung ihrer beruflichen Möglichkeiten anpassen.

B) „Feedback erhalten" – Praktika als Korrektiv beruflicher Ziele

Im Prozess der „*Abklärung*" versuchen die Mitarbeitenden die Kompetenzen und Qualifikationen der Teilnehmenden ebenso wie die Anforderungen und Möglichkeiten des Arbeitsmarktes zu objektivieren. Hierfür weisen die Mitarbeitenden den praktischen Arbeitseinsätzen eine zentrale Rolle zu. Diese haben laut Projektbeschreibung die Funktion der „*beruflichen Orientierung und Eignungsabklärung*". Der Coach erläutert die Bedeutung von Praktika so:

„*Damit sie in der Schweiz in dem Bereich mal eine erste Arbeitserfahrung haben und damit wir eine Rückmeldung kriegen, wo sie stehen, was sie für ein Potenzial haben, was sie für Defizite haben, und ob sie sie allenfalls als geeignet einschätzen, diesen Beruf zu machen.*"

Ein berufliches Praktikum im Projekt dient also nicht nur dazu, nachweisbare Arbeitserfahrung in der Schweiz zu erwerben, sondern ausserdem der „*Abklärung*" der beruflichen Optionen. Die Rückmeldungen der Arbeitgebenden, die die beruflichen Fähigkeiten und Eignung der Teilnehmenden bewerten, werden als objektiver Massstab gesetzt. Die Projektleiterin erläutert die Rolle von Praktika für die Teilnehmenden so:

„*Damit sie eine Ahnung bekommen, wie sieht ein Beruf in der Praxis aus, eventuell auch eine berufliche Erfahrung, die sie mitbringen aus ihrem Heimatland, um das auch vergleichen zu können, wie funktioniert das hier, wie sieht es hier aus. Zum Beispiel bei gewissen Berufen, von der Technik her sind wir natürlich hier in der Schweiz recht weit entwickelt, also viel passiert maschinell, was in Herkunftsländern noch alles manuell war, z.B. Schreinerei und so weiter, oder auch im EDV-Bereich natürlich, sind die Programme und die Anwendungen und so weiter, oder auch in der Programmierung im IT-Bereich WEITER [betont] als in den meisten Herkunftsländern unserer Zielgruppe.*"

Ein Praktikum soll also den Projektteilnehmenden die beruflichen Anforderungen und Arbeitsbedingungen in der Schweiz vermitteln, sodass die Teilnehmenden ihre beruflichen Möglichkeiten mit diesen Anforderungen abgleichen und somit „*realistisch*" beurteilen können. Die Normen und Verhaltensanforderungen des Arbeitsmarktes erscheinen als einheitlich, determiniert und statisch. Immer wieder wird im Datenmaterial das Bemühen der Mitarbeitenden deutlich, nicht zu vereinheitlichen und Ressourcen der teilnehmenden MigrantInnen zu fokussieren. Neben der Erwähnung der Qualifikationen der Teilnehmenden stehen jedoch Schilderungen wie die obige, die das Wissen von MigrantInnen umfassend negieren. Durch die Migration sind sie demnach mit einem völlig neuen, unbekannten beruflichen Kontext konfrontiert, für den ihnen die nötigen Kompetenzen und Fähigkeiten fehlen. Dieses Wissen muss demnach über Institutionen wie Integrationsprojekte vermittelt werden. Das Anderssein der Herkunftsländer besteht hierbei in einer temporalen Differenz aus der Perspektive des Eigenen: Sie sind „nicht tatsächlich anders. Sie sind lediglich zurückgebliebene Versionen von uns" (Massey 2003: 33). Diese Perspektive impliziert nicht die Anerkennung von Differenz im Sinne einer eigenen, autonomen Geschichte (vgl. ebd.), sondern deutet Unterschiede als Defizite.

Die Darstellung der Mitarbeiterin, dass den Teilnehmenden grundlegende fachliche und berufliche Kenntnisse fehlten, steht im Zusammenhang mit der Schwierigkeit, in aussereuropäischen Staaten erworbene Abschlüsse auf dem Schweizer Arbeitsmarkt geltend zu machen (vgl. Kap. 2.1), somit sind die beruflichen Qualifikationen der Teilnehmenden in der Schweiz tatsächlich kaum nutzbar und weitestgehend wertlos. Problematisch ist hierbei, dass die Mitarbeitenden des Integrationsprojektes nur unzureichend kompetent sind, die vielfältigen Berufsbilder zu bewerten und zu vergleichen. Einheitliche und transparente Kriterien für die Bewertung von Ausbildungen und beruflichen Standards fehlen. Dies dürfte der Grund sein, warum die futura-Mitarbeitenden den Rückmeldungen aus der Praxis des Arbeitsmarktes viel Gewicht beimessen: Da eine Anerkennung der Gleichwertigkeit der Ausbildung oftmals nicht möglich ist, muss für die Beurteilung der individuellen Eignung und der beruflichen Chancen der Teilnehmenden auf die subjektiven Einschätzungen der Arbeitgebenden zurückgegriffen werden. Die Verantwortung für diese Beurteilung liegt somit bei den Arbeitgebenden, und nicht bei den Projektmitarbeitenden. Der Coach und die Projektleiterin sagen:

„Es gibt eine erste Phase im Abklärungsgespräch, wo man schauen muss, wie schätzen wir das ein. Wo wir versuchen zu erklären, die Schwierigkeiten, mit denen sie rechnen müssen, wenn ein Ingenieur hier als Ingenieur arbeiten will und sprachlich auf A2, B1 ist, hat er ein grosses Problem. Oder, dass wenn jemand als Bauzeichner arbeiten will, muss er vermutlich die ganze Ausbildung hier nochmals machen. Das probieren wir dann zu vermitteln, ist aber häufig zu früh. Und dann ist es sehr hilfreich, wenn die Leute mal in die Praxis gehen, Mitteilung, Rückmeldung von einem Arbeitgeber erhalten, und vor allem auch die Schwierigkeiten sehen, die sie haben, von den Sprachkenntnissen her."

„Wichtig ist auch, dass sie nicht nur von uns hören, wie die Realität aussieht, sondern dass sie auch Feedback erhalten eben in diesen Praktika oder bei Betriebsbesichtigungen oder was auch immer."

Dieser Darstellung zufolge kennen die Projektmitarbeitenden die Anforderungen des Schweizer Arbeitsmarktes, sie können – anders als die Teilnehmenden – die Schwierigkeiten einschätzen, mit denen diese rechnen müssen. Die Mitarbeitenden gehen davon aus, dass die Teilnehmenden tendenziell zu hohe Erwartungen bezüglich ihrer beruflichen Chancen haben. Sie sollen ihre Zielsetzungen mit der objektivierten „Realität" abgleichen. Dadurch kommt den Arbeitseinsätzen eine zentrale Rolle bei der beruflichen Standortbestimmung zu. So betont der Coach, dass es enorm wichtig sei, dass die Teilnehmenden praktische Erfahrungen sammeln und Rückmeldungen aus der Praxis erhalten:

„Weil mündlich ist das fast nicht zu vermitteln. Dass es die Leute internalisieren können. Sie sagen dann im Moment: Ja, schon schwierig, aber eigentlich bleibt ihnen ihr Wunsch, ihre Vorstellung, was sie beruflich wollen. Und für uns ist es häufig auch schwierig, wir können auch nicht einfach sagen, ja das kennen wir die Problematik, oder das kommt dann so und so raus. Weil es kommt immer wieder vor, dass Leute, bei denen wir das Gefühl haben, die haben keine Chance, das Ziel zu erreichen, die es dann trotzdem schaffen. Also von dem her versuchen wir nicht, in dieser Phase schon zu viel abzuwürgen, sondern

probieren unsere Sicht zu zeigen, und probieren halt möglichst Praxis zu vermitteln. Wo es dann für die Leute viel einsichtiger ist, was das Problem ist und was die Realität ist."

Die Beurteilung der Arbeitsmarktchancen der teilnehmenden MigrantInnen durch die Projektmitarbeitenden kollidiert demnach mit deren Zielsetzungen: Die Projektteilnehmenden hätten unrealistische Erwartungen, an denen sie festhielten. Erst durch die Intervention des Projektes – über die Vermittlung von Praxis – erlangten sie Einsicht. Die Konfrontation mit der *„Praxis"* und *„Realität"* des Arbeitsmarktes soll also eine (nachhaltige) Korrektur der beruflichen Erwartungen der MigrantInnen bewirken: Sie sollen verinnerlichen, dass ihre beruflichen Vorstellungen nicht realisierbar sind. Praktika sind somit ein Instrument der Regulierung. Sie ermöglichen die Objektivierung der Einschätzungen der Mitarbeitenden. Dies wiederum stützt die Zuschreibung von Eigenverantwortung. Die Teilnehmenden sollen ihre beruflichen Ziele in der Überzeugung korrigieren, dass diese Anpassung richtig und angemessen ist. Diese Narration reproduziert einen Blick auf die teilnehmenden MigrantInnen, der als koloniale Verkindlichung und Entmündigung interpretiert werden kann: Die MigrantInnen werden wie unwissende, nahezu infantile SchülerInnen beschrieben, die zur Einsicht gebracht werden müssen und der Korrektur ihrer Vorstellungen bedürfen.[121] Der Interviewausschnitt erinnert an die kritische Zuspitzung von Kien Nghi Ha, der bezogen auf den Kontext der bundesdeutschen Integrationspolitik von der „Bürde des weissen Helfers, den Anderen zu seinem Glück zu bringen" spricht (Ha 2013b).

Die Projekte stehen vor der Herausforderung, den Teilnehmenden zu vermitteln, dass ihre im Herkunftsland erworbenen Qualifikationen in der Schweiz eine Abwertung erfahren. Folglich müssen die Teilnehmenden die an ihre beruflichen Titel und Erfahrungen geknüpften Ziele dämpfen. Sie sollen sich dementsprechend auf einen Bruch zwischen der sozio-ökonomischen Position im Herkunftsland und der in der Schweiz erreichbaren Position einstellen – wobei die Projektmitarbeitenden die Möglichkeit eines späteren beruflichen Aufstiegs offenlassen. Der Coach problematisiert, dass die Einschätzungen der Projektmitarbeitenden nicht immer zutreffen, denn manche Teilnehmende würden es *„dann trotzdem schaffen"*, ihre beruflichen Ziele zu erreichen. Umso wichtiger ist damit die Zuschreibung von Eigenverantwortung, denn so scheint die Anpassung der beruflichen Ziele selbstgewählt.

---

121 Verschiedene AutorInnen dokumentieren die intensive und profitable Beteiligung von Schweizer Unternehmen, Händlern, InvestorInnen, Weltreisenden, Forschenden und MissionarInnen an transatlantischem Sklaven- und Warenhandel und kolonialer Wissensproduktion (vgl. Haenger/Labhardt/Stettler 2004, Fässler 2005, David/Etemad/Schaufelbuehl 2005, Franc 2008, Fuchs et al. 2011, Zangger 2011, Purtschert/Lüthi/Falk 2012, Schär 2015). Danach prägt die Kolonialgeschichte Diskurse in der Schweiz bis heute, obwohl die Schweiz selbst nie Kolonien besass.

C) „Anpassung" – Korrektur der beruflichen Ambitionen

Die angesprochene „*Abstiegsbegleitung*", das „*Abgleichen von Erwartungen mit den Chancen zur Teilhabe*" zielt somit auf eine Modifikation des beruflichen Selbstbildes der MigrantInnen. Zwar brächten sie teilweise Kompetenzen und Ressourcen mit, diese seien jedoch in der Schweiz wertlos. Daher müssten sich die Teilnehmenden der „*Realität*" anpassen, auf dem Arbeitsmarkt „*praktisch keine Chance*" zu haben. Dies wird auch deutlich in der folgenden Schilderung des Coachs, in der er ein „*typisches Beispiel*" aus seiner Praxis beschreibt:

> „*Ich kann ein Beispiel erzählen von einer Bauzeichnerin aus Eritrea, die hier in ein Praktikum ging und dann gemerkt hat, dass es hier Isolation von Häusern gibt, all die Vorschriften. Also es wird ganz anders gebaut, die Bautechnik ist ganz anders als das, was sie gelernt hat, das kennt sie alles gar nicht. Und es gibt ganz viele Normen dazu und es ist ihr wie klar geworden, ich müsste jetzt nochmals eine 4jährige Ausbildung machen, damit ich auf dem Beruf wirklich arbeiten kann. Sie hat sich danach für die Pflege entschieden. (...) eigentlich hat sie das dann für sich selbst entscheiden können, hat dann den SRK-Pflegehelfer-Kurs gemacht.*"

Ziel der Beratungsarbeit des Projektes futura ist demnach, den Teilnehmenden die „*Realität*" des Arbeitsmarktes „*zu vermitteln*". Wenn die Vermittlung gelingt, haben die Teilnehmenden die Einschränkung ihrer Möglichkeiten „*internalisiert*" und sich „*für sich selbst*", also eigenverantwortlich, für eine Option entschieden, die aus Sicht der Projektmitarbeitenden eine realistische Perspektive darstellt. Das berufliche Fachwissen der Projektteilnehmerin beschreibt der Mitarbeiter als „*ganz anders*" und entwertet es damit als unbrauchbar. Zwar ist das Projekt futura nicht auf einzelne Berufsbereiche beschränkt, wie etwa die Schneiderwerkstatt (vgl. Kap. 5.3) und die ina-Basiskurse (vgl. Kap. 5.1). Aber die Beschreibung im obigen Zitat deutet daraufhin, dass es auch in diesem Programm vorgesehene Berufssegmente gibt. Nämlich diejenigen, welche die Programm-Mitarbeitenden als angemessen einschätzen – in diesem Fall ein Pflegehelferkurs des Schweizerischen Roten Kreuzes (SRK). Dieses Kursangebot ist mit den ina-Kursen vergleichbar.

Die Schilderung unterstellt eine autonome Entscheidung der Teilnehmerin – obwohl die Mitarbeitenden den MigrantInnen die Fähigkeit absprechen, ihre beruflichen Möglichkeiten realistisch einzuschätzen. Die Darstellung der Entscheidung als eigenverantwortlich betont die Konsensualität der beruflichen Platzzuweisung und verschleiert, dass es sich hier um einen machtvollen Prozess der Zurichtung handelt. Um diese Konsensualität zu ermöglichen, wird eine einvernehmliche Atmosphäre zwischen Projektverantwortlichen und -teilnehmerInnen angestrebt. Das ist ein Element der ressourcenorientierten Ansätze, die sich in der Sozialen Arbeit zunehmend durchsetzen: Durch eine akzeptierende Haltung sollen sich die KlientInnen „als denkendes und handelndes Subjekt ernstgenommen" fühlen (Sanchez 2008: 7). Das Schaffen eines vertrauensvollen Verhältnisses zwischen Institutionenvertreterlnnen und Klientlnnen kann somit als Instrument einer indirekten Steuerung interpretiert werden. Die Projektleiterin beschreibt den Aufbau von Vertrauen bei den Teilnehmenden als Basis für den Prozess der „*Abstiegsbegleitung*":

> „*Was die Voraussetzung ist, ist, dass wir hier ganz klar auch eine Zusammenarbeit anstreben, die auf Vertrauensbasis fundiert, also sei es in der Einzelberatung wie auch im Kurs, also dass die Leute sich hier willkommen fühlen, dass sie wissen, es wird vertraulich gesprochen auch oder begleitet.*"

Ein wohlwollendes Klima der Glaubwürdigkeit und des Vertrauens, in dem sich die Teilnehmenden wohl und akzeptiert fühlen, soll ihre Kooperation sichern und somit einen positiven Anreiz zu ihrer Aktivierung bilden. Dies dürfte insbesondere deswegen nötig sein, da die Projektmitarbeitenden eng mit den zuweisenden Sozialhilfestellen zusammenarbeiten. So gibt es gemeinsame „*Standortbestimmungen*", in denen die beruflichen Ziele der Teilnehmenden mit den Sozialarbeitenden abgestimmt werden. Hierbei stellt sich die Problematik der Doppelfunktion von Hilfe und Kontrolle der Sozialen Arbeit: Sie soll einerseits Individuen Unterstützung leisten und andererseits muss die Einhaltung von staatlichen Vorgaben überprüft und gegebenenfalls sanktioniert werden. Dieser zweifache Auftrag mit sich teilweise widersprechenden Interessen – denen der Klientlnnen und denen des Staates – wird mit dem Begriff des doppelten Mandats der Sozialarbeit gefasst (vgl. Marzahn 1992, Maeder/Nadai 2004, Magnin 2005). Da die Zuweisung der Teilnehmenden an das Projekt über die Sozialhilfestellen erfolgt, gibt es kaum eine Möglichkeit, abzulehnen, denn die Sozialhilfe beziehenden Migrantlnnen sind zur Teilnahme verpflichtet (vgl. Art. 6 VIntA). Überdies existieren neben den auf gering qualifizierte Arbeiten ausgerichteten Integrationsprojekten praktisch keine Optionen zur Verbesserung der beruflichen Integration (vgl. Kap. 2.4). Die Migrantlnnen müssen also die institutionelle Platzzuweisung akzeptieren, nur im Bereich gering qualifizierter Arbeiten überhaupt berufliche Perspektiven zu haben. Es bleibt ihnen wenig anderes übrig, als die berufliche Dequalifizierung hinzunehmen und weitergehende berufliche Pläne als „*unrealistisch*" aufzugeben. Das „*Anpassen*" der beruflichen Zielsetzungen ist eine inhärente Zielsetzung des Projektes, wie auch in einer Darstellung von futura in einem Projektdokument deutlich wird:

> „*Die Teilnehmenden suchen eine Stelle gemäss ihren Zielen. Sie arbeiten einzeln und in der Gruppe, werten ihre Erfahrungen laufend aus und passen ihre beruflichen Ziele entsprechend an. Dabei werden sie von [Coachs] und freiwilligen Mitarbeiterlnnen unterstützt.*"

Das Integrationsprojekt futura zielt also auf eine Modifikation der beruflichen Ambitionen der Teilnehmenden – und zwar nach unten.[122] Dies wird mit den eingeschränkten Möglichkeiten begründet, die der Schweizer Arbeitsmarkt MigrantInnen bietet. Aufgrund der Schwierigkeiten, geeignete Stellen zu finden, müssten die „*beruflichen Ziele der TN ... überdacht und angepasst werden*", heisst es im Bericht 2008 an den Kanton. Dort steht weiter unter dem Stichwort „*positive Erfahrungen*":

> „*1) Die Praktika haben eine aktivierende und motivierende Wirkung auf die TeilnehmerInnen und geben ArbeitgeberInnen die Möglichkeit, potenzielle ArbeitnehmerInnen vor einer Anstellung kennen zu lernen. 2) Die Praktika vermitteln ein realistisches Bild über die Anforderungen eines Berufes im ersten Arbeitsmarkt. 3) Der Erfahrungsaustausch in der Gruppe ermöglicht die bessere Verarbeitung von schwierigen Erfahrungen im Arbeitsintegrationsprozess und hilft die eigene Situation realistischer einzuschätzen. (…) Die Deutschniveauunterschiede ... fördern das selbständige Arbeiten und stärken die Fähigkeit, sich selber realistisch einzuschätzen.*"

Eine „*realistische*" Beurteilung der beruflichen Fähigkeiten, Möglichkeiten und Anforderungen – in diesem Abschnitt dreimal explizit angesprochen – ist somit essenziell für die Projektlogik. Nicht nur die Praktika dienen der Korrektur der Einschätzungen und beruflichen Ziele der Teilnehmenden, sondern auch der Austausch in der Gruppe fördert dies durch das Vergleichen der Teilnehmenden miteinander. Die Bereitschaft zur Korrektur der eigenen Erwartungen und Ziele ist eine Anforderung des Programmes, wie etwa diese Beschreibung des Coachs zeigt:

> „*Wir sagen den Leuten häufig: Ok, du hast ein Ziel. Du willst das und das machen, aber wir stellen das als Bedingung, dass sie offen sind, auch über andere berufliche Perspektiven zu diskutieren.*"

Auch die Berichte an den Kanton deuten darauf hin, dass das Projekt die Modifikation der beruflichen Ziele der Teilnehmenden als Erfolg wertet:

> „*Die Teilnehmenden waren motiviert bei der Stellensuche und bereit, sich mit den erschwerten Rahmenbedingungen auseinander zu setzen und ihre Wünsche und Erwartungen den Möglichkeiten anzupassen*".

> „*Trotz schlechter Arbeitsmarktlage konnten die meisten TN immer wieder motiviert werden, mit der Stellensuche weiter zu machen. Die TN waren flexibel und bereit unquali-*

---

[122] Martina Koch zeigte ähnlich am Beispiel eines Integrationsprojektes der Sozialhilfe, wie das Projekt die Teilnehmenden an eine Identität des Gescheitert-Seins und die Senkung ihrer beruflichen Ziele heranführt (Koch 2010).

zierte Arbeit anzunehmen, obwohl sie zu Beginn der Teilnahme höhere Erwartungen hatten."

„Trotz der schwierigen Wirtschaftslage blieben die TN stets motiviert bei der Stellensuche und waren bereit unqualifizierte Arbeit anzunehmen. (...) War die Stellensuche erfolglos, waren die TN auch bereit, ihre berufliche Situation realistisch einzuschätzen, kooperativ ihren beruflichen Werdegang schrittweise anzugehen und in einen Fachkurs oder ein Beschäftigungsprogramm einzusteigen."

Die Teilnehmenden werden also angehalten, ihre beruflichen Chancen als eingeschränkt zu betrachten und die Notwendigkeit eines beruflichen Neuanfangs einzusehen. Das Projekt futura zielt auf eine Anpassung der Teilnehmenden an die Logik der beruflichen Chancenlosigkeit und der Zuordnung auf gering qualifizierte Arbeit. Die Teilnehmenden sollen somit zugleich Arbeitswillen demonstrieren und ihre Bereitschaft zeigen, ein angepasstes Selbstkonzept zu entwickeln. Im Projekt findet eine Aktivierung zum beruflichen Abstieg statt.

5.2.5 Zusammenfassung: Korrektur beruflicher Ziele nach unten

Die Arbeitsmarktintegration der Zielgruppe des Projektes futura gestaltet sich oftmals schwierig. Die Mitarbeitenden schildern, dass es den am Projekt teilnehmenden MigrantInnen vielfach aufgrund sprachlicher, gesundheitlicher und fachlicher Defizite nicht gelinge, Erwerbsarbeit in der Schweiz zu finden, was durch strukturelle Hürden verschärft werde. Insbesondere fehlten den MigrantInnen (anerkannte) berufliche Qualifikationen. Die futura-Mitarbeitenden räumen den Teilnehmenden aufgrund dieser verschiedenen „Handicaps" nur eingeschränkte berufliche Perspektiven ein. Chancen auf Erwerbsarbeit bestünden meist lediglich im Bereich gering qualifizierter Arbeit.

Das Projekt versucht vor diesem Hintergrund, den Zugang der Zielgruppe zum Arbeitsmarkt durch Deutschunterricht, Beratung und Vermittlung von praktischen Arbeitseinsätzen zu verbessern. Die Mitarbeitenden sind bestrebt, auf die individuelle Situation der einzelnen Teilnehmenden einzugehen und deren Ressourcen zu fokussieren. Sie versuchen, Handlungsspielräume zu nutzen, um langfristige berufliche Perspektiven zu realisieren. So initiieren die Mitarbeitenden nach Möglichkeit Aus- oder Weiterbildungen. Ihre Handlungsmöglichkeiten sind hierbei jedoch durch die Vorgaben des Auftraggebers beschränkt. Praktische Arbeitseinsätze stehen daher im Zentrum des Projektes. Sie werden als qualifizierende Massnahme gewertet und dienen dem Sammeln von Berufserfahrung in der Schweiz. Die Mitarbeitenden weisen Praktika überdies eine wichtige Rolle zu, da die MigrantInnen so die Möglichkeit erhielten, die Anforderungen und Bedingungen des Schweizer Arbeitsmarktes kennenzulernen. Sie könnten dabei zugleich ihre beruflichen Kompetenzen und Möglichkeiten „*realistisch*" einschätzen. Da eine standardisierte Bestimmung der vorhandenen Kompetenzen und Ressourcen der MigrantInnen vielfach nicht möglich ist, müssen die Mitarbeitenden eigene Massstäbe der Beurteilung und Vergleichbarkeit entwickeln und greifen dafür auf die Einschätzungen der Vorgesetzten im Praktikum zurück.

In einem fortwährenden institutionalisierten Prozess der Bestimmung der individuellen Fähigkeiten und beruflichen Möglichkeiten – „*Abklärung*" und „*Standortbestimmung*" – werden die Einschätzungen der Teilnehmenden mit den Beurteilungen der Mitarbeitenden (und der Arbeitgebenden im Praktikum) abgeglichen. Ein vereinheitlichter, objektivierter Arbeitsmarkt dient hierbei als Referenzpunkt. Der Verweis auf dessen spezifische Anforderungen und Bedingungen – die „*Realität*" – legitimiert den Anspruch an die Teilnehmenden, ihre beruflichen Ziele (zumindest mittelfristig) auf gering qualifizierte Arbeit auszurichten. Gleichzeitig werden spezifische Verhaltensanforderungen vermittelt, die an der Norm des Schweizer Arbeitsmarktes ausgerichtet sind. Dabei erfolgt eine umfassende Abwertung des vorhandenen Wissens der MigrantInnen, was als eine Spiegelung der Abwertung ausländischer Abschlüsse auf dem Schweizer Arbeitsmarkt gesehen werden kann.

Das Projekt futura zielt somit auf eine Anpassung der beruflichen Ziele der Teilnehmenden und auf deren Selbstverortung in einer untergeordneten ökonomischen Position: Die MigrantInnen sollen den beruflichen Abstieg akzeptieren. Das Projekt begleitet diesen Prozess und greift subtil korrigierend ein, wo Teilnehmende andere, weitergehende berufliche Ziele verfolgen. Diese indirekte Steuerung zielt darauf, dass die Teilnehmenden sich „*flexibel*" und „*motiviert*" in eine Logik beruflicher Perspektivlosigkeit einordnen und sich bereitwillig im untersten Arbeitsmarktsegment positionieren. Diese gouvernementale Zurichtung wird als selbstgewählte und logische Anpassung an die „*Realität*" dargestellt. Die Regulierung erfolgt somit über die Vermittlung von Einsicht in die Faktizität der limitierten Chancen. Um die Kooperation der Teilnehmenden zu sichern, wird ein einvernehmliches, vertrauensvolles Klima im Projekt geschaffen. Die Disziplinierung und Normierung, die dieser institutionellen Platzzuweisung innewohnt, wird so verschleiert. Dazu kommt, dass die Teilnehmenden zur Teilnahme verpflichtet sind und ihnen kaum andere Unterstützungsangebote zur Erwerbseingliederung zur Verfügung stehen als auf gering qualifizierte Arbeit ausgerichtete Integrationsprojekte.

5.3 Das Projekt Schneiderwerkstatt: Priorisierung sozialer Integration

5.3.1 Übersicht über das Projekt Schneiderwerkstatt

In der Schneiderwerkstatt[123] führen Migrantinnen im Kundenauftrag Bügel-, Flick- und Änderungsarbeiten durch, fertigen Wohntextilien an und schneidern Kleider nach Mass. KundInnen der Werkstatt sind vorwiegend Privatpersonen. Für ihre Arbeit erhalten die Teilnehmerinnen auf Wunsch ein Zeugnis, das sie für Bewerbungen nutzen können. Die Projektmitarbeitenden unterstützen die Teilnehmerinnen bei Bewerbungen und beraten sie bei alltäglichen Problemen. Das Projekt bietet den Teilnehmerinnen ein kleines Nebeneinkommen von bis zu mehreren hundert Franken im Monat aus den Kundenaufträgen.

Das Projekt richtet sich ausschliesslich an Frauen. Nicht erwerbstätige Mütter sollen vorrangig erreicht werden. Abgesehen davon ist die Zielgruppe des Projektes nicht weiter definiert. Es nehmen je nach Auftragslage sieben bis maximal 15 Migrantinnen teil. Die Angaben zu den Herkunftsländern der Projektteilnehmerinnen im Material sind vage, so beschreibt etwa der Jahresbericht 2006 der Projektträgerschaft die Teilnehmerinnen als *„eine Gruppe von Frauen aus ganz verschiedenen Ländern"*. Teilweise benennen die Projektmitarbeitenden oder die Dokumente explizit einzelne Herkunftsländer, dies sind fast ausschliesslich Staaten ausserhalb der EU-/EFTA. Die Teilnehmerinnen sind überwiegend erwerbslos. Nach Angabe der Projektleiterin beziehen drei Viertel der Teilnehmerinnen Sozialhilfe, manche Teilnehmende haben Teilzeitanstellungen. An der Schneiderwerkstatt interessierte Frauen melden sich selbst beim Projekt oder werden über Institutionen wie Sozialdienste vermittelt. Es besteht eine Warteliste von rund 20 Personen. Wenn ein Platz frei wird, kann sich eine Interessentin vorstellen und im Projekt „schnuppern". Die Teilnahme ist nicht befristet. Meist bleiben die Teilnehmerinnen einige Monate im Projekt, bis sie eine Erwerbsarbeit gefunden habe. Einzelne Frauen arbeiten auch nach einer Anstellung weiterhin im Projekt. Zum Zeitpunkt der Studie nahmen acht Frauen am Projekt teil.

Für die Untersuchung wurden Einzelinterviews mit den zwei Projektmitarbeitenden geführt: Die *Projektleiterin*, eine ausgebildete Schneiderin, begleitet die Teilnehmerinnen fachlich. Sie ist im Teilzeitpensum als operative Leiterin der Schneiderwerkstatt für das Tagesgeschäft, die Kundenkontakte und die Auftragsbuchfüh-

---

123 Die Analyse stützt sich auf ein Einzelinterview mit der Geschäftsleiterin im April 2011, ein Einzelinterview mit der Projektleiterin im Januar 2012 und Memos von zwei Besuchen der Schneiderwerkstatt Ende 2012 sowie auf folgende Projektdokumente: eine dreiseitige Projektselbstbeschreibung von 2010, eine undatierte zweiseitige Projektzusammenfassung, die Website des Projekts, Berichte über das Projekt in den Jahresberichten der Trägerorganisation 2006 bis 2011, sowie ein wirtschaftlicher Strategieplan, den zwei Studierende einer Wirtschaftsfachhochschule 2008 im Auftrag der Geschäftsleiterin erarbeiteten.

rung zuständig. Auch die Auswahl der Teilnehmerinnen liegt bei der Leiterin der Schneiderwerkstatt. Strategische Aufgaben obliegen der *Geschäftsleiterin*, einer ausgebildeten Sozialarbeiterin und Erwachsenenbildnerin. Sie ist bei der Trägerorganisation neben anderen Aufgaben für das Projekt zuständig. Zu ihren Aufgaben gehören die Sicherung der Finanzierung, Öffentlichkeitsarbeit, Begleitung und Weiterentwicklung der Schneiderwerkstatt. Ausserdem berät sie die Teilnehmerinnen bei alltäglichen Schwierigkeiten. Beide Mitarbeiterinnen arbeiten seit der Gründung der Schneiderwerkstatt vor 14 Jahren in ihren Funktionen.

Die Schneiderwerkstatt wurde 1997 eröffnet. Sie ging aus Nähkursen für Migrantinnen hervor, die von einer Anlauf- und Beratungsstelle für MigrantInnen angeboten wurden. Die heutige Geschäftsleiterin der Schneiderwerkstatt hatte diese Anlaufstelle gegründet und aufgebaut. Sie berichtet, dass ihre damalige türkische Praktikantin den Aufbau der Nähkurse initiierte. Daraus entstand die Idee, eine Schneiderwerkstatt einzurichten, die kostenpflichtige Dienstleistungen für externe KundInnen anbietet. Die heutige Projektleiterin leitete die Nähkurse, die teilweise von der Kantonalen Stelle für Erwachsenenbildung finanziert wurden. Aus Geldmangel mussten die Kurse jedoch eingestellt werden.

Zum Zeitpunkt der Studie hat die Schneiderwerkstatt ihren Standort in einem Stadtteiltreff, an dem an anderthalb Tagen in der Woche Aufträge entgegengenommen werden. Daneben ist das Projekt auch noch an weiteren Standorten in anderen Stadtteilen präsent. So nimmt die Schneiderwerkstatt einen Vormittag wöchentlich in einer Kirchengemeinde Aufträge entgegen und ist je einen halben Nachmittag pro Woche in einem SeniorInnenheim sowie für zwei Stunden alle vierzehn Tage in einem Behindertenheim präsent, sodass die HeimbewohnerInnen, aber auch externe KundInnen Aufträge abgeben können.

Trägerorganisation der Schneiderwerkstatt ist eine städtische Fachstelle für Integration, bei der die zwei Projektmitarbeiterinnen angestellt sind. Die Integrationsfachstelle bietet Beratungen für Einzelpersonen und Organisationen an und führt Projekte sowie Sprach- und Integrationskurse durch. Sie finanziert sich zum Zeitpunkt der Analyse zum grossen Teil über öffentliche Gelder, unter anderem aus Mitteln des Bundes für Integrationsförderung. So hat die Fachstelle mit dem Bund Leistungsverträge als anerkanntes ‚Kompetenzzentrum Integration' abgeschlossen. Ausserdem erhält sie Mittel des Kantons und der Stadt, z.B. für die Durchführung von Integrations- und Sprachkursen. Mietkosten und einen Teil der Personalkosten der Schneiderwerkstatt übernimmt die Trägerorganisation, die übrigen Kosten für Infrastruktur und Personal werden über Spenden und Beiträge von privaten Stiftungen, Kirchgemeinden, Gewerkschaften, Hilfswerken etc. finanziert.

Eine Zeitlang wurde die Anstellung der Projektleiterin aus Mitteln des Kantons finanziert, zum Zeitpunkt der Untersuchung erhält das Projekt keine öffentlichen Fördermittel, abgesehen von einem einmaligen kleineren Beitrag aus städtischen Mitteln zur Beschaffung von Nähmaschinen. Das Projekt erfüllt die Bedingungen für Mittel aus dem Integrationskredit des Bundes nicht, da es weder Sprachförderung zum Inhalt hat noch ein Pilotprojekt ist. Damit ergibt sich eine grosse finanzielle Unsicherheit und Abhängigkeit von Spenden – ein zentrales Thema in den Interviews und Projektdokumenten. Wiederholt war das Projekt aus Geldmangel von Schliessung bedroht.

5.3.2 „Ein bisschen Nähkenntnisse" – Geringe Teilnahmeanforderungen

Ein Projektdokument nennt als Ziel der Schneiderwerkstatt „*die (Re-)integration in die Arbeitswelt.*" Um dies zu erreichen, sollen die Teilnehmerinnen im Projekt ihr fachliches Wissen erweitern und Erfahrungen für den beruflichen (Wieder-)Einstieg sammeln und damit zugleich in ihrer Persönlichkeit gestärkt werden. Das wird als „*Empowerment*" beschrieben. Der Jahresbericht 2011 der Trägerschaft hält fest: „*Die Mitarbeit im [Projekt] bildete in der Vergangenheit für viele Frauen ein Sprungbrett für den Einstieg in den ersten Arbeitsmarkt*". Die Schneiderwerkstatt zielt somit darauf, eine grundlegende Basis für die Erwerbsintegration zu schaffen. Gleichzeitig ist die soziale Integration ebenfalls Ziel der Schneiderwerkstatt: Das Projekt richtet sich laut der Projektselbstbeschreibung an Frauen, „*die sich in dieser Berufssparte (Schneiderei, Nähen) weiterbilden und verbessern wollen, ihre Kenntnisse vertiefen, um sich in der Arbeitswelt zu integrieren, die sich besser in ihr soziales Umfeld integrieren wollen*".

Die Anforderungen an die Vorkenntnisse der Frauen, die in der Schneiderwerkstatt arbeiten wollen, sind gering. Die Geschäftsleiterin umschreibt die Voraussetzungen mit: „*ein bisschen Nähkenntnisse haben und ein bisschen Deutsch können*". Die Teilnehmerinnen sollen jedoch ausreichend Deutsch können, um Kundenwünsche zu verstehen. Minimale Nähkenntnisse seien notwendig, da die Kundenzufriedenheit für den Fortbestand des Projektes zentral sei. Das Projekt erfasst den beruflichen Hintergrund der teilnehmenden Frauen nicht. Berufsausbildung und -erfahrung sind folglich für die Teilnahme sekundär. Es existiert keine Statistik des Projektes über die Ausbildungen der Teilnehmenden und keine Erhebung in Bezug auf ihre Herkunft, ihren Aufenthaltsstatus, die Dauer der Teilnahme oder darüber, ob sie im Anschluss eine Stelle gefunden haben. Die Geschäftsleiterin begründet dies mit dem bürokratischen Aufwand, der nicht sinnvoll sei. Für die Zielsetzung des Projektes sind eine Erfassung der Ausbildungen der Teilnehmerinnen und eine Evaluation der erzielten Arbeitsmarktintegration offensichtlich nicht relevant. Die Projektverantwortlichen gehen folglich davon aus, dass die Teilnehmenden in der Regel nicht über Ausbildungen und Berufserfahrungen verfügen. Gleichzeitig gibt es einzelne dem widersprechende Beschreibungen, so heisst es in der Projektselbstbeschreibung:

> „Die Migrantinnen können wie folgt charakterisiert werden: geringe Deutschkenntnisse, teilweise keine Ausbildung (manchmal mit sehr guter Ausbildung), sozio-ökonomisch schlecht gestellt, nicht gut integriert."

Die Darstellung betont die individuellen Defizite der Migrantinnen, zugleich weist die Bemerkung in der Klammer darauf hin, dass einzelne Teilnehmerinnen eine „sehr gute Ausbildung" absolviert haben, also eine Berufsausbildung oder sonstige tertiäre Ausbildung, ohne darauf näher einzugehen. Im selben Dokument heisst es an anderer Stelle:

> „Die meisten Frauen (...) waren teils ohne Arbeit mangels Sprachkenntnissen, nicht Anerkennung [sic!] ihrer Ausbildungen, teils auch ohne Ausbildung."

Auch diese Formulierung verweist darauf, dass die Teilnehmerinnen für die berufliche Integration schlechte Voraussetzungen aufweisen und impliziert zugleich, dass ein Teil der Migrantinnen Ausbildungen absolviert hat – diese aber aufgrund der Hürden bei der Anerkennung ihrer Abschlüsse nicht geltend machen kann. Abgesehen von diesen beiden – eher versteckten – Hinweisen beschreiben die Projektmitarbeitenden und die Projektdokumente die Teilnehmenden durchgehend als Frauen ohne abgeschlossene Berufsausbildung. Implizit verweisen die Mitarbeitenden jedoch wiederholt auf das Vorhandensein von Fähigkeiten und Kenntnisse der Teilnehmerinnen. So heisst es etwa in zwei Projektdokumenten:

> „Es nehmen Frauen teil, die über gute Nähkenntnisse verfügen. Sie wollen sich hier zusätzliche Fähigkeiten und Kenntnisse erwerben, ihre Deutschkenntnisse verbessern, damit sie ihr Ziel der vermehrten Selbständigkeit/Eigenständigkeit verwirklichen können"

> „Das Projekt richtet sich gezielt an Frauen. Deren Fähigkeiten, Kenntnisse, ihr Wissen und ihre Ressourcen werden gefördert und wo nötig so begleitet, dass sie ihren Integrationsprozess weitgehend selbständig gestalten können"

Nach diesen Schilderungen verfügen die am Projekt teilnehmenden Frauen bereits über Fertigkeiten und Know-how. Das Projekt zielt demnach auf eine Weiterqualifizierung und einen Ausbau existierender Kompetenzen. So heisst es etwa im Strategieplan, in der Schneiderwerkstatt „vergrössert sich das fachliche Wissen der Mitarbeitenden". Die Teilnehmerinnen erwerben im Projekt jedoch keine zertifizierten Fachkenntnisse, sondern eignen sich einfache Schneider- und Nähkenntnisse per learning by doing durch die praktische Arbeit an. Der explizit formulierte Anspruch der Qualifizierung bezieht sich somit auf spezifische Fähigkeiten, nämlich vor- und ausserberufliches Know-how auf einem niedrigen Niveau, nicht auf berufliche Fachqualifikationen. Das wird deutlich im folgenden Zitat aus der Projektzusammenfassung:

„Das [Projekt] bietet die Möglichkeit, die soziale und kognitive Qualifizierung der Migrantinnen zu unterstützen und sie durch sinnvolle Arbeit zu beschäftigen."

Zwar wird auch hier der Qualifizierungscharakter des Projektes angesprochen, zugleich zielt das Projekt demnach eher auf eine Tagesstruktur als auf eine existenzsichernde Erwerbsarbeit. Zwar richtet sich die Schneiderwerkstatt der Projektselbstbeschreibung zufolge an *„Migrantinnen, die sich in dieser Berufssparte (Schneiderei, Nähen) weiterbilden (...) möchten"*, aber trotz der Bezeichnung von Schneidern und Nähen als Beruf geht es nicht um fachlich anerkannte Arbeit, sondern um das Erbringen einer günstigen Dienstleistung. Eine Berufsausbildung als Schneiderin oder ähnliches ist auch keine Voraussetzung für die Teilnahme. Es genügen minimale Nähkenntnisse, die sich die teilnehmenden Frauen zuhause durch unbezahlte Flick- und Näharbeiten angeeignet haben. Der explizite Anspruch, vorhandene Ressourcen zu fördern und Eigenständigkeit zu initiieren, bleibt vage und unkonkret. Er wird gebrochen durch Aussagen, welche die Teilnehmenden als inkompetent und unqualifiziert darstellen.

Trotz der ausdrücklich auf Potentiale und vorhandene Kompetenzen fokussierten Beschreibungen ist die Perspektive des Projektes implizit defizitorientiert. Zum einen beinhaltet bereits der Umstand, dass die Frauen ein Integrationsprojekt besuchen, die Annahme, dass sie nicht in der Lage sind, eigenständig und ohne Hilfe eine existenzsichernde Arbeitsstelle zu finden und die alltäglichen Herausforderungen zu bewältigen. Damit geht fast unweigerlich eine defizitorientierte Perspektive einher. Zum anderen bezieht sich das für das Projekt zentrale Konzept „Empowerment" indirekt auf den Defizitdiskurs: Mitarbeitende und Dokumente nennen *„Empowerment von Migrantinnen"* als Ziel der Schneiderwerkstatt. Insbesondere soll das Selbstwertgefühl der Teilnehmerinnen durch das Bewusstmachen ihrer Stärken und Fähigkeiten gestärkt werden – damit sie *„nicht das Gefühl haben, niemand zu sein"*, beschreibt es die Geschäftsleiterin. In der Projektbeschreibung heisst es zu den Zielsetzungen des Projektes:

„Förderung der Stärken und Ressourcen der Migrantinnen durch die praktischen Tätigkeiten soll dazu motivieren, erste oder nächste Integrationsschritte zu tun. (...) Entwicklung des selbständigen Handelns gleichzeitig mit der Förderung der Sprachkompetenz (Hilfe zur Selbsthilfe); Sich bewusster werden über die eigene Situation; Eigeninitiative entwickeln, um den Integrationsprozess voranzutreiben."

Diese Beschreibung spricht Eigenständigkeit und Selbstverantwortung der Teilnehmerinnen als Ziel an, wobei das Projekt einen ersten Impuls liefern soll. Somit wird den Migrantinnen grundsätzlich Handlungsfähigkeit zugebilligt – aber nur unter der Voraussetzung, dass sie Hilfe erhalten, um die Ressourcen tatsächlich nutzbar zu machen. Auch der Ansatz des Empowerment beruht auf einer Konstruktion von Hilfsbedürftigkeit und ist somit inhärent defizitorientiert.

5.3.3 Die Frauen „aufpäppeln" – Diskursive Viktimisierung

In den Projektdokumenten wird festgehalten, dass die Schneiderwerkstatt „*kein Arbeitslosenprojekt*" sei. Auch die Geschäftsleiterin betont dies im Interview. Im Jahresbericht 2006 der Trägerorganisation wird die Projektleiterin mit der Aussage zitiert, dass das Projekt „*mehr als ein Nischenarbeitsplatz*" sei. Diese Abgrenzung von staatlich subventionierten Arbeitsverhältnissen und Beschäftigungsprogrammen des zweiten Arbeitsmarktes unterstreicht den Anspruch des Projektes, eine umfassende Sicht auf Integration zu realisieren. So gehören sowohl die Vermittlung von stellensuchenden Frauen in den ersten Arbeitsmarkt als auch deren soziale Integration und die Begleitung im Alltag zu den Projektinhalten, wie ein Projektdokument betont:

„*Es ist ... kein Arbeitslosenprojekt, sondern ein Projekt zur Integration in die Arbeitswelt, in die soziale Umgebung sowie zur Unterstützung im Alltag.*"

Aus Sicht der Projektmitarbeiterinnen stellt sich für die Frauen, auf die das Projekt zielt, nicht nur die Problematik der Erwerbsintegration, sondern sie sind mit vielfältigen Schwierigkeiten konfrontiert. So problematisiert die Geschäftsleiterin die Betreuungspflichten der teilnehmenden Migrantinnen als Integrationshürde:

„*Aber es braucht wirklich mehr Zeit bei ihnen, weil [die Projektteilnehmerinnen] sind ... Frauen, die aus verschiedenen Gründen in der Schweiz sind, sie sind geschieden, alleine mit den Kindern, Probleme zuhause, mit einem Jungen, der keine Lehre machen will, also das ist noch schwierig. Ich denke, sie integrieren sich anders, sie haben einen anderen, zusätzlichen Auftrag noch, der erschwert. Oder, wenn du zuhause schwierige Situationen hast, mit deinen Kindern oder mit deinen jungen Erwachsenen, das ist schwierig*"

Dieser Darstellung zufolge haben die Projektteilnehmerinnen Kinder und sind zuständig für deren Betreuung und Erziehung. Dieser „*zusätzliche Auftrag*", die familiäre Betreuungs- und Sorgearbeit, erschwert aus Sicht der Projektmitarbeitenden neben der fehlenden Bildung die Integration der Migrantinnen. Die Projektverantwortlichen schildern die Verflochtenheit verschiedener Dimensionen, die demnach die Situation der Teilnehmerinnen kennzeichnen: Problematiken wie fehlende (dokumentierte) Ausbildung und mangelnde rechtliche Sicherheit durch die Abhängigkeit des Aufenthaltsrechts vom Schweizer Partner kumulierten sich zusammen mit der geschlechtsspezifischen Zuständigkeit für unbezahlte Betreuungsaufgaben zu einer mehrfach belastenden Lebenssituation. Aus Sicht der Mitarbeitenden sind die Teilnehmerinnen nicht in der Lage, diese Schwierigkeiten eigenständig zu meistern. Sie benötigen weitreichende Unterstützung und Begleitung bei der Bewältigung des Alltags. Die Teilnehmerinnen erscheinen als Opfer der Umstände, denen sie weitestgehend hilflos ausgeliefert sind. In diesen viktimisierenden Beschreibungsmustern spiegelt sich das verbreitete Bild von Migrantinnen, die in Wissenschaft und

Öffentlichkeit vorrangig stereotyp als unqualifiziert, schwach, passiv, abhängig und kaum integriert dargestellt werden (Kofler/Fankhauser 2009: 22). „Die" Migrantin repräsentiert dabei Hilfsbedürftigkeit, Traditionalität und Inkompetenz. Das Projekt bietet den Migrantinnen in dieser Situation der vielfachen Belastung und Hilfsbedürftigkeit Unterstützung, indem sie sich untereinander und mit den Projektverantwortlichen über ihre alltäglichen Probleme etwa mit den Kindern austauschen können. Die Unterstützung reicht dabei weit in den Alltag hinein. Sie betrifft Themen wie Arbeit, Kinder, Ehe, Krankenversicherung oder Behörden und kann bis zu aufenthaltsrechtlicher Begleitung gehen, wie die Geschäftsleiterin schildert:

„Zum Beispiel eine gab es, das war eine Afrikanerin, (...) und die musste die Schweiz verlassen. Dann hat [die Projektleiterin] sich total eingesetzt, einen Brief geschrieben, warum und wieso, und jetzt weiss ich nicht, wo sie ist, aber das ist dann auch so, dass wir uns für jemanden einsetzen, der in Schwierigkeiten ist,, oder das ist dann wie eine kleine Familie."

Die Formulierung „wie eine kleine Familie" unterstreicht den informellen Charakter des Arbeitsalltages in der Schneiderwerkstatt: Man kümmert sich umeinander, unterstützt sich gegenseitig. Die Schneiderwerkstatt erscheint als geschützter Rahmen, der wenig professionalisiert ist und nur geringe Hierarchien aufweist. Schwierigkeiten würden informell im Projekt angegangen. Dies ergebe sich aus der Verbundenheit der Frauen miteinander durch den alltäglichen Kontakt. Die Projektteilnehmerinnen erscheinen in den Beschreibungen der Mitarbeiterinnen umfassend unterstützungsbedürftig und unselbständig. Dies wird besonders in einer Interviewpassage deutlich, in der die Geschäftsleiterin neue Finanzierungsmöglichkeiten für das Projekt durch eine Kooperation mit dem Sozialamt erörtert:

„Ich könnte ja mal mit dem [X.Y.] reden, der ist ja Chef vom Sozialamt, die haben ja auch Frauen im Sozialdienst, die vielleicht interessiert wären, also weisst du, eine, zwei, und dann, dass wir die aufpäppeln könnten, dass die wieder in den Ersten Arbeitsmarkt könnten."

Der Ausdruck „aufpäppeln" bezieht sich auf eine sehr schlechte Ausgangslage eines passiven, unselbständigen Hilfeempfängers mit einem grossen Bedürfnis nach Unterstützung und geringen persönlichen Kompetenzen und Ressourcen. Nach dieser Beschreibung soll die Schneiderwerkstatt eine minimale Grundlage für die Teilnehmerinnen schaffen, die ihnen eine Erwerbsintegration überhaupt ermöglicht. Diese Darstellung entspricht der Logik einer essenziellen Unterstützung und Fürsorge, die auf der Konstruktion eines hilfsbedürftigen Subjekts basiert.

5.3.4 „Fenster zur Aussenwelt" – Problematisierung sozialer Isolation

Als Zielgruppe nennt der Strategieplan: „im Hinblick auf das Gesamtziel Niederschwelligkeit und Erreichung schwer zugänglicher Bevölkerungsgruppen insbesondere nicht berufstätige Mütter." Diese Zielgruppe entspricht der Schwerpunktsetzung der Schweizer Integrationspolitik, besonders die Integration von zugewanderten Frauen zu fördern. Dem Integrationsbericht des Bundes zufolge sind ausländische Frauen eine von fünf genannten „besonders von Desintegration betroffene Risikogruppe" (BFM 2006: 50). Als „schwer erreichbare Personen" gelten „namentlich ... Frauen mit Erziehungspflichten und ohne Erwerbsarbeit" (TAK 2009: 21). Die Beschreibungen der Mitarbeitenden in den Interviews und Projektdokumenten der Schneiderwerkstatt thematisieren die Möglichkeit zum Kontakt und Austausch mit anderen Frauen in einer ähnlichen Lebenssituation wiederholt als eine der zentralen Zielsetzungen des Projektes:

> „Durch den Kontakt mit den KundInnen und untereinander ist [die Schneiderwerkstatt] ein wichtiges Fenster zur Aussenwelt. Der soziale Aspekt ist sehr wichtig"
>
> „Es gibt ja auch viele, die alleine zuhause sind, keine Kontakte haben und da ist [die Schneiderwerkstatt] schon etwas Spezielles."
>
> „Knüpfen von Netzen gegen die Isolation – für viele Migrantinnen eine erste, niederschwellige Gelegenheit, ausserhäusliche Kontakte zu anderen Frauen in der gleichen Situation zu knüpfen, Erfahrungen auszutauschen und sich gegenseitig zu stützen"

In diesen Darstellungen werden die Projektteilnehmerinnen als Frauen beschrieben, denen vielfach ausserhäusliche Kontakte fehlen, die also häufig auf ihren häuslichen Kreis beschränkt und sozial wenig integriert sind. Nachdem die soziale Isolation vieler Migrantinnen konstatiert wird, liegen Kontaktmöglichkeiten „zur Aussenwelt" als Lösung nahe. Entsprechend bietet das Projekt den Teilnehmerinnen die „Gelegenheit, mit anderen Frauen mit ähnlicher Biographie neue soziale Kontakte zu knüpfen und zu pflegen", heisst es in einer Projektbeschreibung. Die Geschäftsleiterin erläutert:

> „Also das ist eben ein wichtiger Punkt: Knüpfen von Netzen gegen Isolation. Weil für viele Migrantinnen, (...) das siehst du bei dieser [einen Teilnehmerin], ausserhäuslicher Kontakt ist für sie wichtig, weil ihr Mann schon lange da ist und sie ist erst neu [in die Schweiz] gekommen. (...) andererseits gibt es aber auch solche, die schon länger hier sind, aber die sind immer so in ihrem Kreis drin, es gibt wie keinen Schritt weiter."

Nach dieser Darstellung sind viele Migrantinnen sozial isoliert, weil sie erst seit kurzem in der Schweiz leben und daher noch keine Netzwerke aufbauen konnten, oder weil sie sich nur in einem eng begrenzten Umfeld bewegen. Mit dem Bezug darauf, dass „*ausserhäuslicher Kontakt*" der am Projekt teilnehmenden Migrantinnen fehle, greift die Mitarbeiterin den postkolonialen Diskurs auf, der migrantische Frauen als vorrangig auf die Sphäre von Haus und Familie bezogen und in traditionellen Geschlechterrollen verhaftet schildert. Die Problematik, sich „*immer in ihrem Kreis*" zu bewegen, besteht laut der Geschäftsleiterin darin, dass so „*falsche Informationen ... innerhalb ihrer Kulturgruppe*" verbreitet würden. Demnach sind mit der Formulierung „*in ihrem Kreis*" Netzwerke von Menschen der gleichen nationalen oder ethnischen Herkunft gemeint. Darin klingt der Diskurs um eine drohende Spaltung der Gesellschaft durch einen sozialen Rückzug von MigrantInnen aus der Mehrheitsgesellschaft an (vgl. Ronneberger/Tsianos 2009). Diese Deutung liegt hier auch deswegen nahe, da die Interviewpartnerin an anderer Stelle explizit den mangelnden Austausch von MigrantInnen mit der Mehrheitsgesellschaft kritisiert, als sie auf einen Schwimmkurs für Migrantinnen zu sprechen kommt. Sie betont demgegenüber die Offenheit der Schneiderwerkstatt, da dort Kontakte der Teilnehmerinnen zu SchweizerInnen und europäischen Migrantinnen möglich seien:

„*Wenn man nur noch so Parallelgesellschaften schafft, da habe ich eben sehr Mühe, ich finde, [die Schneiderwerkstatt] ist jetzt offen, ich habe auch Kontakt mit Schweizerinnen und Schweizern, es kommen auch Migrantinnen [als Kundinnen], weisst du, aus Deutschland.*"

Das Schlagwort „*Parallelgesellschaften*" popularisiert die Angst vor einer Spaltung der Gesellschaft. Die Schilderung stellt die Migrantinnen, die in der Schneiderwerkstatt arbeiten, den KundInnen gegenüber, die aus der Schweiz oder aus den Nachbarstaaten der Schweiz stammen. Projektdokumentationen umreissen die nationale Herkunft der Teilnehmerinnen oft nur grob, etwa ein Jahresbericht mit „*aus ganz verschiedenen Ländern*" oder eine Projektbeschreibung mit „*aus verschiedenen Nationen*". Teilweise werden einzelne Staaten aufgeführt, dies sind grösstenteils Nicht-EU-Staaten. Die Frauen, die in der Schneiderwerkstatt arbeiten, stammen demnach vorwiegend aus aussereuropäischen Ländern. Dass sie den Schweizerinnen und Schweizern, aber auch deutschen Migrantinnen im obigen Zitat gegenübergestellt werden, verweist auf die „Dualisierung der Ausländerfrage" (Schönenberger/D'Amato 2009: 16) in der Schweizer Migrationspolitik, die europäische Staatsangehörige in arbeits- und aufenthaltsrechtlichen Belangen SchweizerInnen gleichstellt und damit gegenüber Drittstaatenangehörigen privilegiert (vgl. Kap. 2.2). Diese Politik schreibt Personen, die nicht aus EU-/EFTA-Staaten stammen, Defizite hinsichtlich Kultur, Sprache, Bildung u.a. zu und unterstellt eine kulturelle Distanz zu Menschen aus der Schweiz und Europa (Wicker 2009: 35). Mit dem Schweizer Drei- und Zweikreisemodell der Migrationspolitik wurde dieses Argument einer kulturellen Distanz rechtlich verankert (Menet 2013: 6) und ist weiterhin Bestandteil der heutigen Zulassungs- und Integrationspolitik. Die angesprochene „*soziale Isolation*", die das Projekt aufbrechen soll, bezieht sich somit nicht nur auf die Vereinsamung einer Person, sondern auf mangelnde Kontakte zum ersten Kultur-„Kreis", der durch die Kundinnen und Kunden der Schneiderwerkstatt repräsentiert ist. Danach gelten auf Ethnie, Familie oder nationale Herkunft bezogene Netzwerke als Desintegration, auch wenn diese eine wichtige Ressource zur Bewältigung des Alltags und für die Möglichkeit zu Erwerbsarbeit darstellen können, etwa indem die familienexterne Kinderbetreuung innerhalb der migrantischen Community organisiert wird. Dies deutet auf ein assimiliatives Verständnis von Integration hin (vgl. Kap. 3.1), was der Strategieplan des Projekts auch explizit so formuliert:

„Neben dem finanziellen Entgelt erhalten die Migrantinnen im Gespräch untereinander und mit der Kundschaft Informationen zu Bräuchen, Verhaltensregeln und kulturellen Gepflogenheiten der Schweiz, welche ihnen und ihren Familien die Integration in die Gesellschaft erleichtert. Dabei spielt auch der sprachliche Aspekt eine zentrale Rolle im Assimilierungsprozess."

Die Mitarbeit in der Schneiderwerkstatt soll somit in zweifacher Hinsicht „*ein Forum für Austausch und Kommunikation*" bieten, wie es die Projektbeschreibung nennt: Einerseits erhalten die Teilnehmerinnen Gelegenheit zum Austausch „*mit anderen Frauen mit ähnlicher Biographie*", wodurch sie die häusliche Sphäre verlassen. Andererseits beschreiben die Projektmitarbeitenden den Kontakt zu Kunden und Kundinnen als integrativen Faktor, weil die Migrantinnen so aus ihrer begrenzten „*Kulturgruppe*" heraustreten und die Normen der Schweiz kennenlernen würden. Das Projekt setzt dabei mit den Handarbeiten auf einen Arbeitsbereich, der als weiblich gilt, aufgrund der kulturellen Zuordnung von Frauen auf Subsistenzarbeiten wie dem Reparieren und Anfertigen von Kleidung für den Eigenbedarf. Im Strategieplan heisst es:

„Das Thema Nähen ist ein in vielen Kulturen angesehenes und den Frauen zugeschriebenes Arbeitsfeld. Es ist somit das Vehikel, um die vordringlichere Integrationsthematik anzugehen. (…) In einem für viele Frauen vertrauten Arbeitsfeld bietet sich die Möglichkeit, eigene Fähigkeiten zu vertiefen und gleichzeitig nützliche Arbeit zu leisten, die dadurch, dass sie ausser Haus gemacht wird, einen anderen Stellenwert gewinnt."

Das Nähen wird somit zum Hilfsmittel, das die Frauen dazu bewegen soll, die häusliche Sphäre zu verlassen und ein Einkommen zu erwirtschaften. Zugleich bleiben die Migrantinnen auf gering qualifizierte Dienstleistungsarbeit festgeschrieben. Eine chancengleiche und den Qualifikationen entsprechende Teilhabe am Arbeitsmarkt im Sinne von *economic citizenship* (Riaño 2011) ist keine Zielsetzung des Projekts.

Die Kunden und Kundinnen der Schneiderwerkstatt werden der Projektzusammenfassung zufolge als „*zweite Zielgruppe*" des Projektes gesehen. Eine besondere Rolle spielt dabei die regelmässige Präsenz der Schneiderwerkstatt in einem Altersheim und in einem Zentrum für Behinderte. Dadurch, heisst es in einem Projektdokument, wirke die Schneiderwerkstatt

„(...) doppelt integrativ: Die teilnehmenden Migrantinnen können in der Schneiderwerkstatt ihre Fertigkeiten im Nähen vertiefen, die Deutschkenntnisse verbessern und sich so schrittweise in die Arbeitswelt integrieren. Damit hilft das Projekt längerfristig dabei, Kosten in der Sozialhilfe zu sparen. Die Kundinnen und Kunden der Schneiderwerkstatt profitieren ebenfalls, handelt es sich um Menschen, welche ihrerseits sozial ausgegrenzt sind, (...) für beide Seiten eine Win-Win-Situation."

In dieser Darstellung klingt die Konzeption von Integration als einem gegenseitigen Prozess an, an der nicht nur die Migrantinnen und Migranten, sondern auch die Bevölkerung und die Institutionen der Schweiz beteiligt sind (vgl. Art. 4 Abs. 3 AuG). Gleichzeitig suggeriert diese Schilderung einen Dialog auf Augenhöhe und vernachlässigt die Unterschiede beim Zugang zu gesellschaftlichen Ressourcen:

„Ich finde nur schon diese Auseinandersetzung, einerseits mit dem Alter, andererseits mit Behinderung, das finde ich also so gut. (...) und ich finde diesen Austausch natürlich einmalig, das gibt es gar nicht."

Diese Beschreibung der Geschäftsleiterin setzt Migrantinnen, Behinderte und Alte in ihrer Gemeinsamkeit als sozial Marginalisierte gleich. Der Begriff der Integration verwischt sich, indem darunter unverbindliche Begegnungen und sozialer Austausch verstanden werden. Da die Kontakte selbst schon die Integration beinhalten sollen, rückt ein beruflicher Nutzen für die Teilnehmenden in den Hintergrund.

5.3.5 *„Unternehmen mit integrativem Charakter"* – Ökonomische Logik

Die Einkünfte aus den Näharbeiten sollen einen Anreiz zur Aktivierung der Teilnehmerinnen darstellen: Über die Einkünfte soll ihre Motivation gesichert und eine hohe Qualität der Arbeit erreicht werden. Zudem sollen, wie der Strategieplan erläutert, die Teilnehmerinnen durch die erzielten Einkünfte aus den Dienstleistungen das System der kapitalistischen Marktwirtschaft kennenlernen, das ihnen demnach nicht vertraut ist:

„Durch das Lohnanreizsystem werden die Migrantinnen zu kleinen Unternehmerinnen innerhalb [der Schneiderwerkstatt]. Sie erhalten 90 % des Dienstleistungspreises, 10 % werden in die [Werkstattkasse] eingelegt. Dies sichert eine hohe Loyalität, Kundenorientierung und macht die Mitarbeiterinnen mit unserem Marktsystem vertraut."

Diese positive Darstellung verdeckt die Geringfügigkeit der Einkünfte in der Schneiderwerkstatt: Das erzielbare Einkommen durch die Aufträge der KundInnen schwankt stark und bildet der Geschäftsleiterin zufolge lediglich ein *„Taschengeld"*, das für eine eigenständige Existenzsicherung nicht ausreicht. Die Geschäftsleiterin beziffert es auf 80 bis 100 Franken pro Arbeitstag, teilweise könnten bis zu 150 Franken erzielt werden. Die Frauen arbeiten in der Regel vier Mal im Monat jeweils sechs Stunden und könnten somit je nach Auftragslage zwischen 320 und 600 Franken im Monat erzielen. Sie bleiben also auf wohlfahrtsstaatliche Unterstützungsleistungen oder weitere Einkünfte angewiesen.

Da die Migrantinnen, auf die das Projekt zielt, als niedrig qualifiziert und nicht erwerbstätig geschildert werden, eröffnet das niederschwellige Angebot des Projektes aus Sicht der Projektverantwortlichen neue Möglichkeiten und Handlungsoptionen für die Zielgruppe. So wertet die Projektbeschreibung die Arbeit im Nähatelier sehr positiv:

„Ihnen [den Migrantinnen] gefallen diese Tätigkeiten, da sie ihnen einiges zu bieten haben: Sie können ihre Kreativität ausleben, Kontakte mit der Kundschaft pflegen, im Team arbeiten, und z.T. danach eine selbständige Tätigkeit aufbauen, indem sie zu Hause für die Nachbarschaft, FreundInnen, Bekannte, Flick- und Näharbeiten ausführen können."

Obwohl das Projekt demnach auf teilweise informelle und prekarisierte Erwerbsmöglichkeiten zielt, wird dies als Verbesserung der Situation der MigrantInnen dargestellt. Zwei der Teilnehmerinnen arbeiten selbständig, wie die Projektleiterin sagt, wobei unklar ist, ob sich dies auf – wie im Zitat angedeutet – irreguläre Arbeiten bezieht oder auf die Tätigkeit als selbständige Kleinunternehmerin. Die Mitarbeiterinnen nennen daneben Anstellungen in einer Krankenhaus-Wäscherei und in der Textilreinigung als Arbeitsstellen, in denen die Teilnehmerinnen nach dem Projekt arbeiten. So schildert die Geschäftsleiterin:

„Das sind Jobs, zum Beispiel im [Krankenhaus X] in der Wäscherei, wo man dann bügeln oder flicken kann, oder zum Beispiel chemische Reinigung, ... also sie gehen nachher nicht in den Putzdienst, sondern sind wirklich in dem, wo sie ein bisschen gearbeitet haben."

Das Projekt ist also auf niedrig qualifizierte, schlecht bezahlte Dienstleistungsarbeiten gerichtet. Bei diesen Stellen ist fraglich, ob sie finanzielle Sicherheit bieten und die Frauen damit das in einer Projektbeschreibung proklamierte Ziel erreichen, sich *„eine gewisse unabhängige Position gegenüber ihren Familien und Unterstützungsinstitutionen (Fürsorge, Hilfswerke, Arbeitslosenversicherung usw.)"* zu erarbeiten. Die Geschäftsleiterin grenzt die von den Teilnehmerinnen nach dem Projektabschluss gefundenen Stellen jedoch von der Arbeit im Reinigungsbereich ab und stellt die erreichte Erwerbsarbeit somit als Verbesserung dar.

Auch die Projektleiterin selbst arbeitet prekarisiert.[124] Da sie von ihrem Einkommen aus der Anstellung in der Schneiderwerkstatt nicht leben könne, habe sie eine weitere Stelle in einem Imbiss angenommen, wo sie für den Einkauf und Organisationsarbeiten zuständig sei. Die Projektleiterin berichtet, dass sie insgesamt mehr als 100 Stellenprozent arbeite und klagt über gesundheitliche Probleme aufgrund von Stress. In der Schneiderwerkstatt gebe es sehr viele Aufträge, aber sie habe zu wenig Stellenprozent dafür. Sie ist zu 20 Prozent im Projekt angestellt, und arbeitet nach ihrer Schilderung weitere 30 Prozent unbezahlt. Dies sei nötig, da die Teilnehmerinnen ihre Unterstützung bräuchten, wie sie mehrfach betont: Sie könnten die Arbeit in der Schneiderwerkstatt nicht eigenständig bewältigen, da die Kundenaufträge sehr anspruchsvoll seien und den Teilnehmerinnen fachliche Fertigkeiten fehlten. Zudem würden die Frauen umfassende Begleitung bei der Stellensuche und bei der Bewältigung alltäglicher Schwierigkeiten benötigen. Daher müsse sie die Frauen auch ausserhalb ihrer Arbeitszeit begleiten. Die Projektleiterin erwähnt, dass sie einmal ein halbes Jahr unentgeltlich gearbeitet habe, als die Finanzlage des Projekts besonders schlecht war. Währenddessen bezog sie Arbeitslosenentschädigung.

Die Schilderung zeigt das grosse Engagement der Mitarbeiterin und unterstreicht die Bedeutung ihrer Arbeit. Die Darstellung impliziert zugleich eine erneute Abwertung der Fähigkeiten der teilnehmenden Frauen: Sie werden als hilflos und unterstützungsbedürftig beschrieben, während die Projektleiterin sich als ihre unentbehrliche Unterstützerin präsentiert. Sowohl hinsichtlich beruflicher Kompetenzen als auch hinsichtlich der Lebensbewältigung scheinen die Frauen auf Hilfe angewiesen zu sein. Gleichzeitig macht die Beschreibung der Projektleiterin deutlich, wie ungesichert ihre Anstellung ist. Sie steht unter starkem Druck, einerseits durch die hohe Arbeitsbelastung, da die Schneiderwerkstatt eine grosse Zahl von Kundenaufträgen bewältigen muss, andererseits durch die Abhängigkeit von Spendengeldern und die damit verbundene grosse Zukunftsunsicherheit. Ihre Verantwortung ist hoch, sie muss vielfältige Aufgaben bewältigen – vom Tagesgeschäft in der Werkstatt bis zur sozialarbeiterischen Betreuung der Frauen, die teilweise grosses Wissen erfordert, etwa zu aufenthaltsrechtlichen Regelungen.

Die Situation der Projektleiterin verweist auf das Spannungsfeld, in dem sich das Projekt bewegt: Es verfolgt karitative Zwecke und wird von einer NGO getragen, die einen Teil der Infrastruktur- und Personalkosten übernimmt, aber dafür auf öffentliche Fördergelder und Zuwendungen von Stiftungen und Hilfsorganisationen angewiesen ist. Zugleich ist das Projekt wie ein kleines Unternehmen aufgebaut, das nach betriebswirtschaftlichen Gesichtspunkten funktionieren und Gelder über Kundenaufträge generieren muss – wie es auch im formulierten Selbstverständnis des *lokal verwurzelten Kleinunternehmens mit integrativem Charakter* im Strategieplan

---

124 Der jährliche Nettolohn der Projektleiterin schwankt stark. In den Jahren 2004 bis 2007 betrug er gemäss Bilanz im Strategieplan zwischen rund 7'300 CHF und 21'750 Franken, das sind pro Monat durchschnittlich zwischen ca. 600 bis 1800 Franken.

zum Ausdruck kommt. Die Schneiderwerkstatt steht dabei in Konkurrenz zu anderen karitativen Organisationen. Die „*Integrationshilfe*" für Migrantinnen wird so zum ökonomisch nutzbaren Marketingargument, wie der Strategieplan anspricht:

> „*[Das Projekt] grenzt sich insbesondere dahingehend von den Mitbewerbern ab, als dass bei ihm neben der reinen Dienstleistungserbringung eine soziale und integrative Komponente im Vordergrund steht. Dies hinterlässt beim auftraggebenden Kunden ein ‚gutes Gefühl', sozial schlechter gestellten Personen erste wirtschaftliche Aufträge und Verdienstmöglichkeiten zu vermitteln. (...) Der Kunde erhält nicht nur eine Dienstleistung zu einem attraktiven Preis, sondern er unterstützt damit auch eine sinnvolle Initiative zur Integration und Qualifikation von Menschen mit Migrationshintergrund.*"

Feministische Wissenschaftlerinnen haben in den vergangenen Jahren gezeigt, dass unbezahlte Reproduktionsarbeit zunehmend als Erwerbsarbeit geleistet und damit einer Marktlogik von Effizienzsteigerung und Profitmaximierung unterworfen wird (vgl. Knobloch 2010, Wichterich 2013).[125] Diese Betreuungs- und Versorgungsarbeiten sind meist gesellschaftlich gering bewertet und niedrig bezahlt. Auf dieser Kommodifizierung von vormals in Haushalten unbezahlt erbrachten Arbeiten basieren das Konzept und die Marktstrategie des Projektes. Es ist ein Beispiel dafür, dass auch Tätigkeiten wie Flicken, Ändern und Bügeln von Kleidung, die durch die zunehmende Erwerbstätigkeit der einheimischen Mittelschichtsfrauen von diesen nicht mehr selbst übernommen werden können, mehr und mehr marktförmig organisiert und an gering bezahlte Migrantinnen delegiert werden.

Die Unterstützung von Migrantinnen wird vor diesem Hintergrund zu einem Verkaufsargument, ähnlich wie Umweltschutzrichtlinien einen ökologischen „Mehrwert" eines Produktes für KonsumentInnen darstellen können. MigrantInnen erscheinen in dieser Marketingstrategie als vormoderne, Not leidende Subjekte, die dank den KundInnen „*erste*" Kontakte mit der westlichen Marktwirtschaft erhalten und so aus ihrer benachteiligten Lage herausgehoben werden. Das „*gute Gefühl*" wird damit zu einem Konsumgut und die KundInnen zu WohltäterInnen: Ein Kleidungsstück zum Flicken oder Ändern in die Schneiderwerkstatt zu bringen, kann von den KundInnen als gemeinnütziger Akt erlebt werden. Diesen Topos eines Subjektes, das altruistisch und verantwortungsvoll agiert und dadurch gerechte Verhältnisse herstellt, identifiziert Patrizia Purtschert als „beliebte postkoloniale (Selbst-)Inszenierung" (Purtschert 2008: 86). Die asymmetrischen Bedingungen der Produktion und des Konsums werden dabei ausgeblendet, wie Purtschert darlegt. Die moralische Dividende des Produktes wird noch erhöht, wenn diejenigen, die

---

125 Parallel dazu kommt es auch zu einer Privatisierung von bisher bezahlter Arbeit durch die Verlagerung von Fürsorgepflichten für Kranke und Pflegebedürftige aus der öffentlichen in die private Zuständigkeit (Brodie 2004: 27).

durch das Projekt unterstützt werden, als besonders hilfsbedürftig dargestellt werden, was eine defizitorientierte Perspektive auf MigrantInnen fördert. Da die Einnahmen aus den Aufträgen einen wichtigen Teil des Projektbudgets bilden, müsse die Qualität der Dienstleistungen die KundInnen zufriedenstellen: *„Die Kundenzufriedenheit ist sehr wichtig, die [KundInnen] kommen sonst nachher nicht mehr"*, betont etwa die Geschäftsleiterin. Um reibungslose Betriebsabläufe und gleichbleibende Qualität zu ermöglichen, ist es nötig, dass zumindest einzelne Teilnehmerinnen, die gut eingearbeitet sind, für eine gewisse Zeit im Projekt bleiben, damit die Schneiderwerkstatt ökonomisch rentabel ist. Ihre umfassende, existenzsichernde Arbeitsmarktintegration und damit ihr Ausstieg aus der Werkstatt wären somit nachteilig für das Projekt, wie die Geschäftsleiterin beschreibt:

„Es war auch nie das Ziel, dass die [Teilnehmerinnen] 20 Jahre bleiben, ausser die [Projekt-]Leiterin, und dann haben wir eine, die ist jetzt schon vier Jahre da, aber die braucht es auch, es braucht im [Projekt] nebst [der Projektleiterin], eine, zwei, die gut Deutsch können und das Zeugs kennen, weil wenn du immer neue –, also nicht immer, die bleiben dann auch so ein Jahr, aber wenn die natürlich einen Job haben, dann ist gut, dass sie gehen, dann gibt es aber solche, die einen Job haben und trotzdem ... kommen wollen. Und das dürfen sie."

Auch die Projektleiterin erwähnt, dass drei Frauen bereits eine Stelle haben, aber *„wegen der Atmosphäre"* und aufgrund der Freundschaften zu den anderen Teilnehmerinnen weiterhin in die Schneiderwerkstatt kommen. Das Ziel der Arbeitsmarktintegration und die ökonomische Logik des Kleinstunternehmens stehen sich in teilweise widersprüchlicher Weise gegenüber, zumal das finanzielle Überleben des Projektes immer wieder gefährdet ist. Die Erwerbsintegration der Teilnehmerinnen, das machen die Zitate deutlich, ist daher nicht das prioritäre Ziel des Projektes. Die soziale Integration und das *„Empowerment"* der Frauen stehen im Vordergrund.

5.3.6 Zusammenfassung: Reaktivierung postkolonialer Diskurse

Die Projektverantwortlichen beschreiben die Projektteilnehmerinnen als Personen mit geringer Ausbildung, deren gesellschaftliche und berufliche Integration durch familiäre Betreuungspflichten und strukturelle Hürden erschwert ist. Die Teilnehmerinnen können demnach kaum auf eine Ausbildung als Ressource zurückgreifen, sondern bringen lediglich minimale Kenntnisse im Nähen und Schneidern mit. Vorhandene berufliche Qualifikationen werden – wenn überhaupt – nur implizit angesprochen. Diese Beschreibung kontrastiert mit dem formulierten Ziel, im Projekt Schneiderwerkstatt vorhandene Ressourcen, Fähigkeiten und Erfahrungen der teilnehmenden Migrantinnen zu fördern und weiterzuentwickeln. Das Projekt zielt als „*Sprungbrett in den ersten Arbeitsmarkt*" vorrangig auf niedrig qualifizierte Stellen, die geringe finanzielle Sicherheit bieten.

Neben dem Projektziel der Erwerbsintegration hat auch das Ziel der sozialen Integration grossen Stellenwert in den Selbstdarstellungen des Projektes. Die integrative Wirkung des Projekts wird vor allem darin gesehen, dass die Teilnehmerinnen neben dem Erwerb praktischer Erfahrungen Kontakte zu anderen Migrantinnen sowie zu den KundInnen der Werkstatt knüpfen. Dies begründen die Projektmitarbeiterinnen mit der sozialen Isolation der teilnehmenden Migrantinnen. Diese seien einerseits aufgrund ihrer Geschlechterrolle auf den häuslichen Bereich beschränkt und andererseits durch die Migration auf ein enges, kulturell bestimmtes Umfeld bezogen. Diese doppelte Isolation soll mit der Projektkonzeption durchbrochen werden, die den Wert von Kontakten der Projektteilnehmerinnen zu anderen Migrantinnen sowie zu SchweizerInnen und EuropäerInnen betont. Diese Argumentation legitimiert die minimale Entlohnung der Teilnehmerinnen, da der Nutzen des Projektes für die teilnehmenden Frauen vorrangig im Austausch mit anderen Frauen läge und sie umfassende Unterstützung und Beratung bei Alltagsfragen erhalten. Ausserdem dient diese Begründung der Aufrechterhaltung des Projektes, da eine erfolgreiche Arbeitsmarktintegration aller Teilnehmerinnen für das Fortbestehen des Projektes kontraproduktiv wäre, da so nötiges Know-how verloren gehen würde.

In den Darstellungen der Projektmitarbeiterinnen stehen ressourcenorientierte Formulierungen einer diskursiven Viktimisierung der teilnehmenden Migrantinnen gegenüber. Dabei werden postkoloniale Bilder hilfloser, Not leidender Migrantinnen reaktiviert. Dies wird befördert durch die Positionierung des Projekts im Spannungsfeld zwischen einer Logik als marktorientiertes KMU und als karitatives NGO-Projekt: Die Schneiderwerkstatt muss als Kleinstunternehmen mit den Dienstleistungen der Frauen Aufträge akquirieren. Die Unterstützung von Hilfebedürftigen kann das Projekt als Marketingstrategie nutzen, zugleich wird jedoch so eine defizitorientierte Perspektive auf migrantische Frauen aufgegriffen und fortgeschrieben. Deutlich zeigt sich zwar das Bestreben, dem verbreiteten Negativdiskurs über Migrantinnen eine auf Stärken und Potentiale fokussierte Perspektive entgegenzusetzen. Das Projekt bleibt mit seinen generalisierenden Aussagen aber im Defizitdiskurs verhaftet.

5.4 Das Projekt femme: Ausrichtung an statuskongruenter Erwerbsarbeit

5.4.1 Übersicht über das Projekt femme

Im Projekt femme[126] werden Migrantinnen von ehrenamtlichen MentorInnen aus verschiedenen Berufen begleitet, die ihnen über ihre beruflichen Kontakte und Fachkenntnisse Zugänge zum Arbeitsmarkt eröffnen sollen. Das Projekt beinhaltet Workshops zu berufsbezogenen Themen wie Arbeitsrecht, Bewerben, Anerkennung von Abschlüssen, Rhetorik u.a. Ausserdem umfasst das Projekt politische Lobbyarbeit zur Veränderung diskriminierender Strukturen sowie Öffentlichkeitsarbeit zur Etablierung eines positiven Bildes von Migrantinnen.

Am Projekt können ausschliesslich Frauen teilnehmen. Pro Projektdurchlauf, der je zehn Monate dauert, nehmen 20 bis 25 Frauen teil. Sie stammen vorwiegend aus Staaten ausserhalb der EU und sind vorwiegend im Familiennachzug in der Schweiz, also in ihrem Aufenthaltsrecht an den (meist Schweizer) Ehemann gebunden.[127] Ein Teil der Frauen stammt aus europäischen Ländern.[128] Voraussetzung für die Teilnahme ist einer Mitarbeiterin zufolge, dass die Frauen „Deutsch beherrschen" (wobei die Sprachkenntnisse nicht genau definiert sind) und eine tertiäre Ausbildung aufweisen, also eine Berufsausbildung oder ein Hochschulstudium. Interessierte Frauen können sich selbst beim Projekt melden. Die Projektleiterinnen werben mit Flugzetteln und Rundmails für jeden neuen Durchgang. Es gibt eine Warteliste von bis zu 30 Frauen, die beim nächsten Durchgang berücksichtigt werden.

---

126 Die Untersuchung des Projekts femme stützt sich auf Einzelinterviews mit zwei Projektleiterinnen im Dezember 2010 und Februar 2011, Einzelinterviews mit zwei ehrenamtlichen Mentorinnen im April und Mai 2011 sowie auf Einzelinterviews mit vier Projektteilnehmerinnen im Zeitraum April bis Juli 2011. Ausserdem auf folgende Projektdokumente: Website des Projekts, Jahresberichte 2007 bis 2011 der Trägerorganisation, veröffentlichte Projektselbstdarstellungen, eine Informationsbroschüre, eine interne Projektpräsentation, politische Stellungnahmen einer Projektleiterin sowie Korrespondenz und informelle Gespräche mit den Projektleitenden und sechs Artikeln aus Zeitungen, Fachbüchern und der Mitgliederzeitschrift der Trägerorganisation, in denen das Konzept des Projekts vorgestellt wird.

127 Laut einer internen Statistik sind 69% der Mentees mit einem Schweizer verheiratet, 10% stammen aus der EU, 20% kamen als Asylsuchende in die Schweiz und haben die Bewilligung C, 1% sind aus Asien. Diese Kategorien sind nicht eindeutig voneinander abgrenzbar, so kann beispielsweise auch eine EU-Angehörige mit einem Schweizer verheiratet sein oder eine Asiatin in der Schweiz Asyl suchen, aber diese interne Statistik gibt doch einen Hinweis auf die Bandbreite der verschiedenen Herkunftsregionen und Aufenthaltskategorien der Projektteilnehmerinnen.

128 Einer Projektleiterin zufolge stammten zum Zeitpunkt der Studie zwei Frauen aus Italien und je eine aus Frankreich und Deutschland. Diese Angaben widersprechen den Zahlen der internen Statistik (vgl. Fussnote 127). Deutlich wird jedenfalls, dass das Projekt verschiedene Aufenthaltskategorien und Herkunftsländer adressiert und dass ein Teil der Teilnehmerinnen als EU-Bürgerinnen rechtlich deutlich besser gestellt ist als die anderen Teilnehmerinnen, etwa beim Zugang zum Arbeitsmarkt.

Für die Studie wurden Interviews mit zwei ehrenamtlichen Mitarbeiterinnen (*Mentorinnen*) sowie mit den beiden *Projektleiterinnen* geführt, die das Projekt auch konzipiert und entwickelt haben. Die Projektleiterinnen wählen die Teilnehmerinnen und Mentorinnen aus, stellen die Mentoringpaare und eine Begleitgruppe zusammen, betreuen als Ansprechpersonen die Teilnehmerinnen und leisten Lobby- und Öffentlichkeitsarbeit. Beide Projektleiterinnen sind Migrantinnen aus Lateinamerika, mit Schweizer Staatsbürgern verheiratet und leben seit mehr als zehn Jahren in der Schweiz. Eine Projektmitarbeiterin hat im Herkunftsland Jura und Geschichte und in der Schweiz Germanistik studiert, die andere Mitarbeiterin ist Sozialanthropologin und hat in der Schweiz ein Weiterbildungs-Studium in Kommunikation und Management absolviert.

Das Projekt femme wurde erstmals 2007 durchgeführt. Es wird von einer feministischen Organisation getragen, die Frauenprojekte in verschiedenen Ländern durchführt. Den Grossteil der Finanzierung des Projekts tragen staatliche Gleichstellungsfachstellen, dazu tragen ergänzend Stiftungen, Kirchengemeinden, Hilfswerke sowie einmalig die kantonale Volkswirtschaftsdirektion bei. Weitere Unterstützung kommt von der städtischen Verwaltung, die es ihren Angestellten ermöglicht, sich während der Arbeitszeit als MentorInnen zu engagieren. Zudem werden Kosten über die ALV und als Eingliederungsmassnahme durch den Kanton getragen. Da es weder Sprachförderung zum Inhalt hat noch ein Pilotprojekt ist, erhält femme keine Mittel aus dem Integrationsbudget des Bundes. Die Finanzierung des Projekts ist jeweils nur für eine befristete Zeitspanne garantiert, die finanzielle Unsicherheit ist ein zentrales Thema im Datenmaterial.

5.4.2 *„Sehr gut ausgebildet" – Qualifizierte Migrantinnen im Fokus*

Als zentrales Ziel von femme nennen die Mitarbeiterinnen, die Voraussetzungen dafür zu schaffen, dass die Teilnehmerinnen eine ihrer Ausbildung und Berufserfahrung entsprechende Stelle finden. Darüber hinaus zielt das Projekt darauf, den verbreiteten Diskurs zu kritisieren und zu verändern, indem der Fokus auf die Kompetenzen von Migrantinnen gerichtet und die Vielfalt von migrantischen Biographien sichtbar gemacht wird. Die Projektleiterinnen vermeiden defizitorientierte Darstellungen, wenn sie die Teilnehmerinnen in den Projektdokumenten und Interviews beschreiben, indem sie das Vorhandensein beruflicher Qualifikationen betonen:

> *„Frauen mit abgeschlossener Ausbildung, (...) in einer Anstellung, die ihren Qualifikationen nicht entspricht oder die arbeitslos sind, ohne berufsspezifische Vernetzungen, mit Interesse, eine Stelle zu finden. Einige Beispiele: Kinderärztin, Ingenieurin, Juristin."*

„*Es sind Frauen, die schon lange hier waren, immer eine unqualifizierte Arbeit hatten und ALLES [betont] versucht haben. Es ist nicht so, wie man überall denkt, dass die Frau zuhause, unerreichbar ist, (...) Das ist nicht so. Es gibt wirklich eine strukturelle Gewalt, es gibt eine Struktur, die lässt dich nicht weitergehen, wenn du nicht die Kanäle kennst.*"

„*Die Frauen sind sehr gut ausgebildet, sie kennen sich ziemlich gut aus. Sie brauchen nur ganz spezielle Inputs, das heisst Beziehungen, Sozialkapital und so.*"

Die Mitarbeiterinnen beschreiben die am Projekt teilnehmenden Migrantinnen als gut qualifizierte Frauen, denen aber berufliche Netzwerke in der Schweiz fehlen und denen der Einstieg in den Arbeitsmarkt aufgrund struktureller Hürden nicht gelingt. Die Formulierung, die Frauen hätten schon „*ALLES versucht*" impliziert, dass der Wille und das Bemühen zur beruflichen Integration vorhanden sind, aber trotzdem eine den Qualifikationen entsprechende Erwerbsintegration nicht gelingt. Damit ist der Diskurs um Eigenverantwortung zur Integration angesprochen (vgl. Bachmann/Riaño 2012, Piñeiro/Bopp/Kreis 2009a, Kabis 2004), den die Mitarbeiterinnen kritisieren. Die Mitarbeiterinnen verorten sich explizit in Opposition zu einem als hegemonial beschriebenen Diskurs: „*Es ist nicht so, wie man überall denkt*". Diese Abgrenzung kann sich ebenso auf den öffentlichen Diskurs zu MigrantInnen beziehen, wie auf die Vorstellungen, die in der Integrationspolitik leitend sind. So benennt die Formulierung „*die Frau zuhause, unerreichbar*" eine Zielgruppe der Schweizer Integrationspolitik, die sogenannten „*schwer erreichbaren Personen*", wozu insbesondere nicht erwerbstätige Frauen mit kleinen Kindern zählen (vgl. TAK 2009: 21).

Die Projektteilnehmerinnen weisen demnach zwar wesentliche Voraussetzungen für die berufliche Integration auf, aber haben trotzdem Mühe, eine ihren Qualifikationen entsprechende Erwerbsarbeit zu finden. Diesen beruflichen Ausschluss begründen die Projektleiterinnen nicht mit fehlenden individuellen Ressourcen der Frauen, sondern mit „*Strukturen*" bzw. „*struktureller Gewalt*". Das zeigt sich auch im folgenden Zitat aus einer internen Projektpräsentation, die ausschliesslich ausserhalb der individuellen Einflusssphäre liegende Faktoren aufzählt, und betont, dass diese „*strukturellen Mechanismen*" drastische Folgen für die individuellen Biographien zeigten:

„*Mechanismen des beruflichen Ausschlusses: Nichtanerkennung von ausländischen Diplomen und Erfahrungen, Aufenthaltsbewilligungen sehen keine berufliche Tätigkeit vor, Sprache als Instrument des Ausschlusses, Diskriminierung vor und bei der Anstellung, teurer Bildungs- und Weiterbildungsmarkt, Informationsdefizit über den schweizerischen Bildungs- und Arbeitsmarkt, mangelnde familienexterne Kinderbetreuung. – Wirkungen für die Frauen: Fehlende Berufspraxis, Verlust der Qualifikationen, Verlust der Autonomie, Verlust des Selbstvertrauens, Disempowerment, Frustration und Desintegration, Depression.*"

Diese Deutung von Schwierigkeiten bei der beruflichen Integration als *"strukturell"* verursacht und nicht in individuellen Defiziten begründet wird beim Thema Sprachkompetenz besonders deutlich– eine Problematik, die die Mitarbeiterinnen vielfach erwähnen. Mangelnde Sprachkenntnisse werden häufig als zentraler Grund für Schwierigkeiten bei der Erwerbsintegration angesehen. Ein Paradigma der Schweizer Integrationspolitik ist, dass Sprache als „Schlüssel" für die Integration von Zugewanderten angesehen wird (vgl. Prodolliet 2006c). Ein Fokus der Integrationsförderung sind daher Massnahmen zum Erwerb einer Landessprache (vgl. Kap. 2.4). Die Projektleiterinnen kritisieren diese Schwerpunktsetzung. Für sie sei es zwar *"selbstverständlich, dass für den beruflichen Ein- oder Aufstieg gute Deutschkenntnisse zwingend sind"*, so eine Mitarbeiterin in einer Projektbeschreibung, aber sie sehen fehlende Sprachkenntnisse nicht als vorrangige Ursache für berufliche Exklusion, sondern interpretieren *"Sprache als Instrument des Ausschlusses"*, indem mangelnde Kenntnisse konstruiert würden. So heisst es in der Projektbeschreibung weiter:

"Die Sprachkenntnisse werden oft instrumentalisiert: Spricht eine Migrantin Deutsch, wird ihr erklärt, dass die Stelle, auf die sie sich bewirbt, leider Dialektkenntnisse verlangt. Versteht sie Dialekt, verlangt das Stellenprofil Französischkenntnisse. Diese Ausschlussmechanismen erleben wir immer wieder."

Eine Mitarbeiterin erwähnt im Interview das Beispiel einer Teilnehmerin, die sehr gute Sprachkenntnisse in Deutsch, Französisch und Englisch aufwies, aber *"dann hat man gesagt: Dialekt und Italienisch kannst du nicht"*. Aus Sicht der Mitarbeiterinnen wird Integration im politischen und gesellschaftlichen Diskurs reduziert auf Sprachkompetenzen, aber Beispiele von Teilnehmenden aus dem Projekt zeigten, dass Sprache nicht zur Integration ausreiche: Auch Migrantinnen mit guten Sprachkenntnissen erhalten oftmals keine Stelle oder keine, die ihren Qualifikationen entspricht. Die Stagnation der beruflichen Entwicklung führt den Mitarbeiterinnen zufolge zu einem geschwächten Selbstwertgefühl. Das Projekt setzt dagegen das Konzept des *"Empowerment"*. Es umfasst aus Sicht der Projektleiterinnen verschiedene Dimensionen: Einerseits die konkrete Unterstützung der Teilnehmerinnen bei der beruflichen Integration, sodass sie vorhandene Ressourcen besser nutzen und eigenständig handeln können, was zu einer Stärkung ihres Selbstbewusstseins beitragen soll. Andererseits soll eine aktive Sensibilisierungs- und Öffentlichkeitsarbeit zur Veränderung der diskriminierenden Strukturen beitragen. Das Projekt thematisiert somit soziale Ungleichheit – aber nur in der Schweiz, nicht in den Herkunftsländern der Migrantinnen. Unsichtbar bleibt etwa, dass die Definition von Bildung schichtabhängig ist. Damit verbindet sich – trotz der grossen Sensibilität des Projektes für soziale Differenzen – eine Abgrenzung von Frauen, deren Zugänge zu beruflichen Qualifikationen eingeschränkt ist und eine Individualisierung sozialer Positionen. Indem persönliche Stärken und Ressourcen fokussiert werden, bleibt ihre gesellschaftliche Bedingtheit unreflektiert.

5.4.3 „Das Sozialkapital aufbauen" – Ausbildungsadäquate Perspektiven

Die femme-Mitarbeiterinnen diagnostizieren, dass nicht individuelle Defizite wie fehlende Qualifikationen oder Sprachkompetenzen Ursachen des beruflichen Ausschlusses von Migrantinnen sind, sondern verorten die Gründe in strukturellen Hindernissen. Ausserdem fehlten Migrantinnen berufliche Vernetzungen in der Schweiz sowie kontextbezogene Fachkenntnisse, denn die Migration führe zur Entwertung und zum Verlust von Wissen und zum Verlust von Netzwerken. Hier setzt das Projekt an: Es zielt darauf, den Teilnehmenden berufliche Möglichkeiten über die Vermittlung spezifischer Informationen sowie beruflicher Kontakte zu eröffnen, da diese *„den Zugang zum schweizerischen Arbeitsmarkt entscheidend bestimmen"*, so eine femme-Mitarbeiterin in einem Buchbeitrag.

Ziel des Projekts sei eine berufliche Integration, die den vorhandenen Qualifikationen der Teilnehmenden entspricht. Das Instrument des Mentorings beinhaltet, dass erfahrene Fachleute die Projektteilnehmerinnen ehrenamtlich coachen und sie in ihre beruflichen Netzwerke in der Schweiz einführen. Sie sollen die Mentees begleiten und beraten, sie beim Aufbau beruflicher Kontakte unterstützen und ihnen fachliche Einblicke in ihren Arbeitsbereich und die Strukturen des Arbeitsmarktes in der Schweiz vermitteln. Die MentorInnen erhalten somit eine zentrale Rolle bei der Umsetzung der Projektziele, anders als beim Projekt futura, das ebenfalls ein Modul Mentoring beinhaltet. Dort leisten die MentorInnen den Teilnehmenden vorrangig punktuell Unterstützung bei spezifischen Zielen, etwa durch die Vermittlung berufsbezogener Deutschkenntnisse oder die Vorbereitung auf die Fahrprüfung (vgl. Kap. 5.2).

Parallel dazu sollen bei femme die ehrenamtlichen MentorInnen als MultiplikatorInnen wirken, indem sie ihr berufliches und privates Umfeld für die Problematik der Dequalifizierung von Migrantinnen sensibilisieren. Das Mentoring hat also ein doppeltes Ziel: Fachpersonen sollen einerseits neue berufliche Möglichkeiten für Migrantinnen schaffen, indem sie ihnen Zugänge zu ihren Netzwerken und zur Arbeitswelt eröffnen, andererseits sollen sie sich für ein positives Bild von Migrantinnen in der Schweizer Bevölkerung einsetzen. Das Projekt soll somit nicht nur einzelne Migrantinnen unterstützen, indem es ihre Integration in die Arbeitswelt erleichtert, sondern zugleich auf die Situation von Migrantinnen als Arbeitnehmerinnen aufmerksam machen und zeigen, dass es entgegen dem verbreiteten Bild zahlreiche gut ausgebildete Migrantinnen in der Schweiz gibt.

Das Projekt beinhaltet die Erarbeitung einer detaillierten Standortbestimmung zu den Themenbereichen Beruf, persönliche Situation und Familiensituation. Dabei analysieren die Teilnehmerinnen jeweils ihre aktuelle Situation, das Veränderungspotenzial sowie Wege der Realisierung, schildert eine Mitarbeiterin im Interview:

„Wir machen mit ihr [der Teilnehmerin] quasi eine kleine Standortbestimmung: Was habe ich bis jetzt gemacht? In meinem Herkunftsland? Was habe ich bisher für Weiterbildungen gemacht? Was denke ich, fehlt mir noch? Wie ist mein Deutsch? Muss ich mein Englisch auffrischen? Muss ich mehr in mein Deutsch investieren? Diese Ziele wird sie auch mit ihrer Mentorin anschauen."

Die Projektleiterinnen haben in einem Pilotprojekt einen Kurs und ein Handbuch entwickelt, um formale und informelle Qualifikationen im Migrationskontext zu erfassen und zu analysieren. Dieses Instrument wurde ins Projekt femme integriert, um einen positiven Blick auf eigene Ressourcen zu ermöglichen, wie die Mitarbeiterinnen beschreiben. Die Potenzialanalyse umfasst neben formalen Qualifikationen auch informelle Ressourcen und thematisiert die Vereinbarkeit von Familie und Beruf. Denn die Problematik, ob die Kinderbetreuung so organisiert werden kann, dass eine Erwerbsarbeit im gewünschten Umfang möglich ist, stellt sich Eltern in der Migration besonders, da sie weniger auf familiäre Netzwerke zurückgreifen können als autochthone Eltern. Ziel der Standortbestimmung ist es, vorhandene Ressourcen sichtbar zu machen und mittels detailliertem Portfolio, das auch für Bewerbungen genutzt werden kann, den Einstieg in den Arbeitsmarkt zu erleichtern. Gleichzeitig zielt die Erfassung der vorhandenen Kompetenzen und Erfahrungen darauf, den Frauen ihr Selbstbewusstsein zurückzugeben, wie es in einer Informationsbroschüre des Projekts heisst.

Im Projektverlauf sind die Teilnehmerinnen aufgefordert, in einer kleinen Gruppe eine Veranstaltung zu organisieren, die mit der Stellensuche oder ihrem Beruf zu tun hat.[129] Dies begründen die Mitarbeiterinnen damit, dass die Teilnehmenden daraus einen direkten beruflichen Nutzen ziehen könnten, da sie so Expertise im Organisieren erwerben würden. Zugleich biete der Anlass auch die Möglichkeit, dass die Frauen sich als Expertinnen präsentieren und beruflich nutzbare Kontakte aufbauen können. Eine Mitarbeiterin erläutert es so:

„Dieser Apéro ist sozusagen die Plattform für Austausch. Wo viele, viele, viele Mentees ihre Jobs dort gefunden haben. Es kommen Leute von überall: aus der Verwaltung, aus der Privatwirtschaft und so. Und dann sage ich: Gebt euer Bestes! Das ist eure Visitenkarte! Eine Frau, eine Brasilianerin, eine Architektin, war eingeladen im [Tagungsort] (…) Und an diesem Apéro war dieser Austausch, diese Frau war auf unserer Warteliste. Und sie ist ins Gespräch gekommen mit [der Leiterin eines Amtes, die sagte]: ‚Ah, ich kenne ein [Architekturbüro], (…) ruf mich an'. [Jetzt] arbeitet sie in einem Architekturbüro (…), sie ist nicht mal ins Projekt gekommen!"

---

129 Dies beinhaltet die Aufgaben, eine Referentin einzuladen, einen Raum zu mieten, die Werbung zu gestalten und einen Apéro zu organisieren. Das Projekt finanziert den Anlass und sorgt für Verbreitung der Werbung.

Das Projekt femme vermittelt und trainiert somit Verhaltensweisen und Einstellungen, um beruflich erfolgreich auf dem Arbeitsmarkt agieren zu können. Ziel ist die (Wieder-)Erlangung der Beschäftigungsfähigkeit. Mit der Erwerbsarbeit verbindet sich nicht nur finanzielle Selbständigkeit, sondern auch umfassende sozioökonomische Teilhabe. Damit die Projektteilnehmenden den Anforderungen des Berufslebens gewachsen sind, ist eine Anpassung an die Bedingungen des Arbeitsmarktes nötig. Die Teilnehmenden sind daher aufgefordert, selbstbewusst und fachlich kompetent aufzutreten und ungeachtet der Betreuungspflichten flexibel verfügbar zu sein. Trainiert werden Schlüsselqualifikationen wie Selbstmanagement, Sozialkompetenz oder aktive Vermarktung der eigenen Arbeitskraft. Das Projekt fordert somit einen strategischen, unternehmerischen Umgang mit der eigenen Arbeitskraft, wie es Hans J. Pongratz und G. Günter Voss (2003) mit dem Idealtypus des „Arbeitskraftunternehmers" beschreiben. So sollen die femme-Teilnehmerinnen ihre Potentiale marktgerichtet entwickeln und ihre Leistungen und Fähigkeiten gezielt präsentieren.

Deutlich wird, dass das Projekt auf eine nachhaltige berufliche Integration der Teilnehmenden ausgerichtet ist. Es zielt auf eine chancengleiche und den Qualifikationen entsprechende Erwerbseingliederung, wie es in der Konzeption des *economic citizenship* (Riaño 2011) zum Ausdruck kommt. Mehr als die Hälfte aller Teilnehmerinnen der bisherigen Projektdurchläufe habe im Anschluss eine Anstellung gefunden, die ihren Qualifikationen entspricht, ein weiteres Viertel konnte ein Praktikum oder eine Weiterbildung beginnen, heisst es in einer internen Projektübersicht. Eine Projektmitarbeiterin spricht im Interview von einer *„Anschlussquote"* von *„60 bis 70 Prozent"* der Frauen, die eine mit ihren Qualifikationen übereinstimmende Stelle gefunden haben.[130] Das Projekt femme scheint also höchst erfolgreich das Ziel einer der Ausbildung und Berufserfahrung entsprechenden Erwerbsarbeit zu verfolgen. Die Projektstatistiken konkretisieren die Anstellungen der Teilnehmerinnen jedoch nicht. Ihre berufliche Position, der Erwerbsumfang oder das Einkommen sind somit nicht erfasst. Die Projektleiterinnen betonen, dass es sich um Anstellungen handelt, die den Qualifikationen der Teilnehmenden entsprechen. Was bedeutet jedoch „den Qualifikationen entsprechend"? Eine Vergleichbarkeit von im Ausland erworbenen Berufsabschlüssen mit Schweizer Bildungstiteln ist nicht einheitlich und transparent geregelt. Vorhandene Qualifikationen sind daher oftmals nicht

---

130 Wie viele Teilnehmerinnen nach Projektabschluss eine Stelle gefunden haben, ist nicht für jeden Projektdurchlauf in Zahlen erfasst. In den Jahresberichten finden sich folgende Angaben: 2007 fanden 60 Prozent der 23 Teilnehmenden nach Projektabschluss eine Stelle, die ihren Qualifikation entspricht. Für 2008 gibt es keine Angaben zu den Anstellungen der 25 Teilnehmenden. Für 2009 heisst es, 8 von 23 Frauen (35 %), haben eine Anstellung oder einen Praktikumsplatz erhalten. 2010 waren es 17 von 20 Frauen (85 %), die eine Anstellung oder ein Praktikum angetreten haben. Für 2011 ist die Zahl von 60 Prozent mit Anstellung oder Praktikum angegeben. Teilweise sind die Zahlen widersprüchlich, so beträgt die Summe der in den Jahresberichten angegebenen Teilnehmenden 91 Personen, eine Projektübersicht nennt hingegen von 80 Frauen, die seit Projektstart am Projekt femme teilgenommen haben.

nutzbar (vgl. Erel 2010, Erel 2003b). Der Verweis auf die Übereinstimmung der gefundenen Anstellungen der Teilnehmerinnen mit ihren Qualifikationen deutet darauf hin, dass das Projekt auf eine berufliche Position zielt, die an der sozialen Position im Herkunftsland ausgerichtet ist. Es versucht somit, die meist mit der Migration verbundenen Statusinkongruenzen zu mildern, also Migrantinnen dabei zu unterstützen, die Diskrepanz zwischen der beruflichen Stellung vor und nach der Migration möglichst gering zu halten.

5.4.4 „Das Etikett ‚Migrantin'" – Strategische Repräsentationen

Das Projekt versucht ausserdem, die ausgrenzenden „*Strukturen*" über politisches Engagement und Öffentlichkeitsarbeit anzugehen. Das beinhaltet insbesondere den Versuch der Demontage des als hegemonial kritisierten Diskurses und die Etablierung eines Gegendiskurses: Bestandteil aller ihrer Projekte sei eine „*kritische Öffentlichkeitsarbeit*", heisst es in einem Buchbeitrag der beiden Projektleiterinnen. Das bedeute, *„eine Öffentlichkeitsarbeit, die diese Klischees [von Migrantinnen als schwachen, mangelhaften Personen] analysiert und über die Lebenssituationen der Migrantinnen, insbesondere über strukturelle Hindernisse, die sie zu bewältigen haben, informiert*". Diese sogenannte „*kritische Öffentlichkeitsarbeit*" hat zwei Dimensionen: Einerseits würden demnach „*Frauen dazu ermutigt, ihnen [den Klischees über Migrantinnen] eigene Bilder entgegenzusetzen und sich selbstbewusst in den öffentlichen Diskurs einzumischen*". Dies geschieht mit von der Organisation organisierten politischen Aktionen, aber auch, indem die Projektteilnehmerinnen als Expertinnen gefordert und dargestellt werden, z.B. in der selbstorganisierten Veranstaltung und auf von der Trägerschaft organisieren Konferenzen, auf denen Teilnehmerinnen Panels anbieten können. Sie werden auf der Tagung und im Tagungsprogramm als professionelle Fachfrauen präsentiert.

Die femme-Mitarbeiterinnen engagieren sich in politischen Gremien und initiieren parlamentarische Vorstösse auf städtischer und kantonaler Ebene zur Thematik der Situation von Migrantinnen. Sie melden sich mit Zeitschriften- und Buchbeiträgen zu Wort, organisieren Tagungen, nehmen selbst aktiv an Tagungen teil und geben eigene Projektpublikationen heraus. So veröffentlichten sie im Rahmen des Projekts femme eine Broschüre, die Fakten und Zahlen „*für eine differenzierte Sicht*" auf Migration und Migrantinnen in der Schweiz zusammenträgt. Die Broschüre soll aufzeigen, dass das Bild von vorrangig gering qualifizierten Migrantinnen nicht der Realität entspricht, sondern dass zahlreiche qualifizierte Migrantinnen in der Schweiz leben, die aber Schwierigkeiten beim Zugang zu einer ihren Qualifikationen entsprechenden Erwerbsarbeit haben. In der Einleitung der Broschüre heisst es:

„Putzfrau, Tänzerin, Hausfrau – dies sind die gängigen Bilder von Migrantinnen in der Schweiz. Sie widerspiegeln die prekäre und untergeordnete Position vieler Migrantinnen, sie

beleuchten die ausbeuterischen Verhältnisse, denen die Frauen unterworfen sind und das enge Spektrum an Verdienstmöglichkeiten, auf das sie reduziert werden. Diese Optik ist jedoch verkürzt. Wer denkt an die Spezialistin in der IT-Branche, an die Gastprofessorin, an die Chirurgin? Wer fragt nach den Hintergründen und Ursachen für dieses Bild der Migrantinnen?"

Diese – wie es in einem Buchbeitrag der beiden Mitarbeiterinnen heisst – „*gängigen Bilder*" von Migrantinnen sind mit spezifischen Geschlechterbildern verbunden:

„Mit dem Etikett ‚Migrantin' wird vielen Ausländerinnen die klassische, traditionelle Rolle der Mutter und Hausfrau zugesprochen."

„Ja, also Migrantinnen, ich habe manchmal das Gefühl, wir sind der Ersatz, der Frauenersatz für die Schweizerinnen. Wir ersetzen dieses Bild von Frauen, die es in der Schweiz gab, oder gibt. Die Frauen sind gute Hausfrauen, gute Mütter, herzlich, herzlich und nett und, und freundlich. Oft Frauen aus Lateinamerika oder auch aus Asien werden als liebevolle Mütter, gute Frauen, gute Haushälterinnen, herzig und liebevoll wahrgenommen. Das finde ich - Aber NIE, niemand redet über Professionalität und gute Mitarbeiterinnen. Das wird nicht wahrgenommen. Wenn man von einer Mexikanerin redet oder von einer Lateinamerikanerin oder von einer Asiatin. Es kommen andere Bilder in den Kopf."

Das vorherrschende Bild von Migrantinnen enthält demnach Vorstellungen zur Bildung und Berufstätigkeit, aber auch zu den Geschlechterrollen von Migrantinnen: Den Projektmitarbeiterinnen zufolge werden Migrantinnen von der Mehrheitsgesellschaft wahrgenommen als vom Mann unterdrückt, abhängig, unemanzipiert, traditionell. Sie sind nicht beruflich qualifiziert, sondern ihre Kompetenzen liegen in der Haus- und Betreuungsarbeit. Dies verweist darauf, dass mit der zunehmenden Erwerbstätigkeit von autochthonen Frauen – welche aber nicht mit einer verstärkten Übernahme von Hausarbeiten durch Männer einherging, – zunehmend Migrantinnen Betreuungs- und Hausarbeiten in Privathaushalten übernehmen. Diese Entwicklung wird verstärkt durch den Rückbau öffentlicher Angebote im Bereich Versorgung und Pflege, die Auflösung traditioneller Familienstrukturen und die demographische Entwicklung. Gleichzeitig spiegelt die zitierte Passage die vorrangige Wahrnehmung von Migrantinnen als Ehefrauen und Mütter in der Integrationspolitik (vgl. Riaño/Wastl-Walter 2006a, Riaño 2012a, Wichmann 2014). EinwanderInnen besetzten lange Zeit vor allem Stellen im Niedriglohnbereich (Sassen 1996: 119). Dieser Umstand bestimmt die fortwährende Wahrnehmung von MigrantInnen als schlecht ausgebildet und ohne höhere berufliche Qualifikationen. Zudem wurde Migration in öffentlichen Diskursen, der Politik, aber auch in der wissenschaftlichen Forschung lange als männlich wahrgenommen, Frauen wurden somit vor allem als mitreisende Familienangehörige gesehen (Kofler/Fankhauser 2009: 6). Die Projektleiterinnen führen die femme-Teilnehmerinnen als Beleg dafür an, dass diese verbreiteten Vorstellungen nicht der Realität entsprechen. So zeigt mir eine Mitarbeiterin ein Video von einer Workshop-Situation des Projekts:

> *„Sie [zeigt auf eine Frau im Video] ist aus Somalia. Alle diese Bilder, die man hat: unterdrückt, überfordert – Nein! [bei ihr ist es nicht so] Der Mann schaut zum Kind, sie ist gut organisiert, sie arbeitet hier in der [Institution an der Universität]. "*

Die Mitarbeiterinnen nutzen auch gegenüber der Öffentlichkeit die Beispiele ihrer Teilnehmerinnen, um die verbreiteten Bilder von MigrantInnen zu korrigieren. Zur Unterstützung ihrer Perspektive verweisen sie auf wissenschaftliche Untersuchungen, die gezeigt haben, dass zunehmend qualifizierte Migrantinnen in die Schweiz einwandern. Sie arbeiten mit Wissenschaftlerinnen zusammen, indem sie gemeinsam Projekte entwickeln und durchführen. Auffällig ist die Verwendung von sozialwissenschaftlichem Vokabular wie *„Sozialkapital", „Diskurs", „Mechanismen der strukturellen Diskriminierung", „Gender"* usw., das auf eine starke Theoretisierung der Projektkonzepte deutet und als eine Form der Validierung und Autorisierung der eigenen Perspektive verstanden werden kann. Als eine weitere Legitimierungsstrategie kann das Selbstverständnis der beiden Projektleiterinnen als „Migrantinnen" interpretiert werden, wie es im *„wir"* des Zitates weiter oben zum Ausdruck kommt. Es ist zentral für die Identifikation der Mitarbeiterinnen mit der Organisation, aber umgekehrt auch für die Identifikation der Teilnehmerinnen mit den Projektleiterinnen und dem Projekt. Der Verweis auf geteilte Erfahrungen verleiht dem Projekt Glaubwürdigkeit und stützt die Übernahme der Sichtweisen, Problemdefinitionen und Lösungskonzepte des Projekts durch die Teilnehmerinnen.

Eine Mitarbeiterin beschreibt, dass das verbreitete Bild von Migrantinnen als gering qualifiziert und ethnisiert von Migrantinnen selbst übernommen werde, etwa indem Teilnehmerinnen sich mit Angabe ihrer Nationalität vorstellen und ihren beruflichen Hintergrund ausblendeten. Die Mitarbeiterinnen erklären, dass sie im Projekt gezielt nicht kulturelle, ethnische, nationale oder religiöse Zugehörigkeiten der Teilnehmerinnen thematisieren würden, sondern stattdessen ihren professionellen Hintergrund und ihre individuellen Erfahrungen und Ressourcen betonten. Dies bezeichnen sie in einem Buchbeitrag als *„Ent-Kulturalisierung"*. Ziel sei es demnach, Stereotype und Pauschalisierungen von Migrantinnen zu hinterfragen und dem die Vielfalt der Biographien, individuellen Erfahrungen und Handlungsstrategien gegenüberzustellen. Auch die Wortwahl ist ein Teil dieser Strategie der *„Ent-Kulturalisierung"* zur Etablierung eines differenzierten Bildes über Migrantinnen, wie die Interviews mit den Projektleiterinnen verdeutlichen:

> *„Viele dieser Frauen, Fachfrauen sagen wir dem ... "*

> *„Eigentlich versuchen wir es so zu sagen: Frauen mit Migrationshintergrund. (...) Damit sie weg von diesem ‚Ich bin Migrantin'-Bild kommen. "*

Eine Mitarbeiterin beschreibt ein Beispiel dieser strategischen Beschreibungen:

> „*Wir versuchen auch, also bei den Projekten, nie über die Nationalität zu sprechen, weil oft, also wir haben ab und zu Mentorinnen, die sagen: ‚Ich war in Kamerun zwei Jahre und ich würde gerne ein Frau aus Kamerun begleiten'. Und wir sagen: ‚Nein! Sie sind Ethnologin, hier geht es darum, eine Ethnologin zu begleiten'. Egal, woher sie kommt, es geht nicht darum, kulturelle Beziehungen zu pflegen, sondern um professionelles Mentoring.*"

Der Begriff MigrantInnen wird mit spezifischen Bildern von kultureller Distanz und individuellen Defiziten gekoppelt. Dies zeigt sich auch darin, dass Migrantinnen aus europäischen Staaten sich oftmals nicht vom Projekt angesprochen fühlen, wie eine Mitarbeiterin darlegt: Sie denken, so die Begründung der Mitarbeiterin, sie könnten nicht am Projekt teilnehmen, obwohl sie ebenfalls mit Dequalifikation und Schwierigkeiten beim Zugang zu Arbeitsmarkt konfrontiert seien, denn sie sähen sich nicht als Migrantinnen. Dies hänge aber auch damit zusammen, dass sich die rechtliche Situation von MigrantInnen aus europäischen und aus aussereuropäischen Staaten unterscheide. Die andere Projektmitarbeiterin bedauert, dass es regelrechte „*Kasten unter den Migrantinnen*" gebe, besonders deutlich sei dies, „*wenn jemand mit dem Kopftuch dabei ist oder dunkelhäutig*" sei. Abgesehen von diesem Hinweis auf Differenzen und Distinktionen zwischen den Teilnehmerinnen beziehen sich die femme-Mitarbeiterinnen auf eine einheitliche Darstellung „der" Migrantin. Auch wenn viele Migrantinnen die Erfahrung des beruflichen Ausschlusses teilen, sind sie je nach der konkreten Verschränkung von Hautfarbe, Religion, Nationalität usw. unterschiedlich davon betroffen. Die Konstruktion einer einheitlichen Gruppe der Migrantinnen durch das Projekt femme birgt die Gefahr, die verschiedenen Intersektionen von Herkunft, Nationalität, Aufenthaltsstatus usw. zu vernachlässigen und die Vielfalt ihrer Lebenssituationen zu homogenisieren – auch wenn sich die Vereinheitlichung auf ein positives, auf Qualifikationen fokussiertes Bild bezieht.

5.4.5 „Aber wir sagen: Nein!" – Kritik des Integrationsdiskurses

Zwei Themen dominieren die Interviews mit den beiden femme-Projektleiterinnen: Sie kritisieren erstens das vorherrschende defizitäre Bild von Migrantinnen und schildern zweitens die andauernden Schwierigkeiten, die Finanzierung des Projekts zu sichern, was sie wiederum mit dem dominanten Bild über Migrantinnen in Verbindung bringen. So erklärt eine Projektleiterin:

> „*Wir haben ein Leitbild, in dem wir nicht Frauen, Migrantinnen als schwache defizitorientierte Wesen ansehen sollen.(...) Also wir können nicht sagen: Allen Migrantinnen, die sich*

nicht integrieren können, wollen wir helfen. Vielleicht [lacht], wenn wir es so sagen würden, dann könnten wir unser Projekt besser finanzieren. Aber wir sagen: Nein!"

Aus Sicht der Projektmitarbeiterinnen ist die Existenz des Projekts permanent gefährdet aufgrund der *„gängigen Bilder von Migrantinnen und Migranten"*, so eine Mitarbeiterin in einem Buchbeitrag, also aufgrund eines defizitorientierten Blicks auf MigrantInnen, denn das Konzept des Projekts entspreche nicht der Finanzierungslogik von Behörden, Stiftungen und anderen potentiellen Geldgebern. Entsprechend haben die Projektmitarbeiterinnen Mühe, Mittel für das Projekt zu akquirieren. Potentielle GeldgeberInnen *„wollen wirklich HELFEN [betont], Bedürftigen"*, so eine Mitarbeiterin. Eine nicht-paternalistische, an Potenzialen ausgerichtete Perspektive auf Migrantinnen stellt demnach jedoch deren Hilfsbedürftigkeit in Frage. So berichtet eine Projektleiterin, sie erhielten vielfach die Rückmeldung, die Teilnehmenden seien *„de-luxe-Frauen"*, die gar keiner Hilfe bedürfen. Die ressourcenorientierte Perspektive des Projekts, die vorhandenen Qualifikationen von Migrantinnen betont, stellen die Projektmitarbeiterinnen also in Widerspruch zur dominanten Logik der Integrationspolitik.

Ein weiteres Problem mit der Finanzierung des Projektes femme gründet laut den Projektleiterinnen in seiner feministischen Ausrichtung. Gegenwärtig hätten Projekte, die sich nur an Frauen richten, Mühe bei der Finanzierung. Sie kritisieren anhand verschiedener Beispiele, dass die ursprünglich geschlechtsspezifische Ausrichtung verschiedener Integrationsprojekte aufgegeben wurde (was meist mit der Institutionalisierung von Pilotprojekten und einem Wechsel der Trägerschaft verbunden ist). Für sie ist das ein Beleg für eine zunehmend einseitig an männlichen Bedürfnissen ausgerichtete Politik, was sie als einen der Gründe für die Schwierigkeiten anführen, für das Projekt Gelder zu akquirieren. Ausserdem schildern die Mitarbeiterinnen, dass die von ihnen entwickelten Projekte oftmals nicht in die Finanzierungsvorgaben von Fachstellen und Institutionen passen, die sich mit Gleichstellung von Männern und Frauen, Integration von MigrantInnen, Entwicklungszusammenarbeit oder Erwerbslosigkeit befassen. *„Niemand fühlt sich dafür zuständig"*, so eine Mitarbeiterin, denn in ihren Projekten würden sich verschiedene Kategorien von Unterstützungsbedürftigen überschneiden; die Themen Migration, Integration, Erwerbslosigkeit, Transnationalität und Gleichstellung der Geschlechter seien gleichzeitig angesprochen. Auf die Bedürfnisse qualifizierter MigrantInnen seien die bestehenden Angebote zur Förderung der beruflichen Integration zudem nicht eingerichtet, wie eine Projektleiterin anhand der fiktiven Projektteilnehmerin Maria kritisiert:

„Zum Beispiel, Maria kommt, sagen wir klassisch, Maria kommt aus Kuba und ist Bauingenieurin. Alle ihre Netzwerke sind in Kuba geblieben. Sie weiss nicht, wie es hier funktioniert. Die erste Info, die sie bekommt von Leuten, die sie WIRKLICH unterstützen möchten, sagen ihr, bitte geh ins BIZ. Dann geht Maria ins BIZ. Das BIZ ist so geschult für

Leute, die einen Beruf wählen, – weisst du, sie möchten, aber sie wissen noch nicht, wie das funktioniert, sie möchten sich weiterbilden, es gibt so viele verschiedene Berufe, und dort begleitet das BIZ, und sind mehr für Jugendliche ausgerichtet, glaub ich, oder für jemanden, der schon eine Ausbildung gemacht hat und etwas anderes wagen möchte. Für das sind sie gut, da machen sie die Arbeit wirklich gut. Aber das BIZ ist nicht geschult für eine Frau, die schon mit der Information kommt, die sehr qualifiziert ist und die ihre Arbeit nicht wechseln möchte. Sie möchte in diesem Bereich bleiben."

Die Projektmitarbeiterin stellt die Migrantin Maria als typischen Fall dar. Indem sie ihr einen Namen gibt, erhält Maria eine Persönlichkeit und wird zu einer konkreten Person. Damit stellt die Mitarbeiterin in der Verallgemeinerung Individualität und Diversität her. Maria ist gut qualifiziert, aber Netzwerke und Schweiz-bezogenes berufliches Wissen fehlen ihr durch die Migration. Das BIZ (Berufsinformationszentrum), das hier das vorhandene Angebot an Unterstützungsstrukturen repräsentiert, ist nicht kompetent für die Bedürfnisse qualifizierter MigrantInnen. Das bestehende Angebot, das Migrantinnen offensteht, hat nach dieser Darstellung Lücken, welche die Organisation mit ihrem Projekt ausfüllt.

Die Projektmitarbeiterinnen betonen in einem gemeinsamen Zeitschriftenartikel „*keine Integrationsarbeit im gängigen Sinn*" zu betreiben. Insbesondere stelle die Organisation Migrantinnen als Mitarbeitende an, die selbst Projekte entwickelten. Während die staatliche Integrationspolitik AusländerInnen keine Handlungsspielräume öffnet, wie eine Mitarbeiterin in einem Buchbeitrag kritisiert, versuche ihre Organisation, „*Frauen mit Migrationshintergrund zu ermächtigen, sich ihre eigenen Ziele und Strategien zu setzen*". Dies rückt das Projekt in die Nähe von Migrantinnen-Selbstorganisationen und grenzt sie von rein karitativen Organisationen ab. Deutlich wird hier erneut das Selbstverständnis des Projekts als kritischer Gegenpol zur offiziellen Politik und die Positionierung der Projektmitarbeiterinnen als Einzelkämpferinnen. Die Projektleiterinnen erklären wiederholt, dass keine anderen Projekte oder Organisationen existieren, die ebenfalls darauf zielen, den verbreiteten defizitorientierten Diskurs über MigrantInnen zu demontieren und einen ressourcenorientierten Gegendiskurs zu etablieren. Durch die Positionierung in Opposition zur vorherrschenden Praxis der Integrationsförderung erhält das Projekt eine starke Legitimation und kann sich als moralisch überlegen etablieren.

Die Projektleiterinnen identifizieren Projekte wie femme nicht als Integrationsprojekte, sondern bevorzugen die Bezeichnung „*Gleichstellungsprojekte*". Dies kann mit der Ablehnung des dominanten Integrationsdiskurses begründet werden. Eine Mitarbeiterin fordert das „*Recht, sich nicht zu integrieren (...), wie Schweizer und Schweizerinnen es haben*" und betont demgegenüber das Ziel der Chancengleichheit:

„Ich würde es eher Gleichstellungsprojekte nennen. Also ich möchte nicht integriert werden, (...) aber GLEICHGESTELLT [betont] *müssten wir sein und nicht nur per Gesetz, sondern wirklich gleiche Chancen. Unsere Kinder sollen die gleichen Chancen wie, leider ist*

das schwierig zu sagen ‚wie Schweizer Kinder', weil die Schweiz hat ein Bildungssystem, das sogar Schweizer Kinder benachteiligt. Weil Kinder von Akademikern haben kein Problem, sich in der Schule durchzuschlagen, egal welchen Pass sie haben, und Kinder von Arbeitern mit wenig Bildung haben Schwierigkeiten, egal welchen Pass sie haben. Also, egal ob sie Schweizer sind oder Migranten. Und das ist schwierig, dann. Das muss einfach wirklich eine Gleichstellung, aber auf eine ANDERE Art, stattfinden. Alle Kinder, egal aus welcher Familie sie kommen, Arbeiterfamilie oder Akademikerfamilie, die Möglichkeit haben, sich zu entwickeln, zu entfalten, wie sie wollen."

Die femme-Mitarbeiterinnen lehnen das vorherrschende Konzept von Integration ab, das sie in einem Zeitschriftenartikel als Instrument einer *„nationalistischen Abschottungspolitik"* kritisieren. Integrationspolitik müsse stattdessen auf die Beseitigung diskriminierender Verhältnisse und sozialer Ungleichheiten zielen. Sie hingegen verstünden Integration im Sinne des feministischen Konzeptes von Empowerment als Prozess, der Mädchen und Frauen befähigt, sich nach ihren Möglichkeiten zu entfalten. Geschlecht ist somit eine zentrale Kategorie in der institutionellen Logik von femme. Die Identifikation als *„Gleichstellungsprojekt"* geht jedoch über das Anliegen der Gleichstellung der Geschlechter hinaus und markiert vor allem eine konträre Positionierung zur gegenwärtigen Integrationspolitik.

5.4.6 *„Wenn sie es nicht checkt"* – *Erwerbsorientierte Weiblichkeitsideale*

Aus Sicht der femme-Mitarbeiterinnen ist für die Schwierigkeiten von Migrantinnen beim Zugang zu Erwerbsarbeit nicht nur der Migrationshintergrund relevant, sondern sie sind auch aufgrund ihres Geschlechts benachteiligt. Chancengleichheit sei auch für Schweizerinnen nicht realisiert, daher brauche es Frauenförderung, wie die Mitarbeiterinnen betonen. Eine Mitarbeiterin kritisiert die Schweizer Integrationsförderung als einseitig auf Männer ausgerichtet:

„Mir ist das sehr wichtig, dieser Genderaspekt, ... Geschlechteraspekt. Weil alles, was du hier siehst, ist männergerichtet. Weisst du, es gibt keine Gedanken dahinter, wie es eine Frau sieht. Bei allen diesen Integrationsprojekten, wenn du das wirklich mit einer Lupe untersuchst. Also, das sind so MÄNNLICHE [betont] – gerichtete Projekte gemacht. Oder, wenn für Frauen, dann ist es nur mit Kind! Also, soll dort mit dem Kind, MuKi-Turnen – also, ich bewerte das nicht, das ist schon wichtig. Aber nichts ist etwas –, ZENTRIERT für Frauen, mit ihren Bedürfnissen. Weil, diese Frau, wenn du diese Frau NICHT unterstützt, sie erzeugt Kinder, von morgen, weisst du? Wenn du sie nicht – ." // F: „Du meinst, sie geht in die Familie, wenn sie keine Unterstützung bekommt?" // A: „Ich denke alles, was sie bekommt, geht auch weiter. Es gibt so eine Ausstrahlung, an die Familien,

auch. Und wenn wir diese Frau nicht unterstützen passiert eine DESINTEGRATION und DISQUALIFIKATION. Weisst du, weil sie sind nachher zuhause."

Integrationsprojekte seien demnach implizit an männlichen Bedürfnissen orientiert, während die spezifischen Bedürfnisse von Frauen nicht berücksichtigt würden – ohne dass die Mitarbeiterin spezifiziert, worin diese besonderen Bedürfnisse von Frauen bestehen. Wenn Frauen in den Blick genommen würden, dann würden sie ausschliesslich als nichterwerbstätige Mütter adressiert. Andere Angebote würden fehlen. Die Mitarbeiterin kritisiert also die alleinige Fokussierung von Migrantinnen als Mütter, gleichzeitig reproduziert sie die Gleichsetzung von Frauen als Mütter, die die Desintegration an ihre Kinder weitergeben. Damit greift die Projektleiterin zugleich ein zentrales Paradigma der Schweizer Integrationspolitik auf (vgl. Prodolliet 2006c). Der Unterschied besteht darin, dass im Projekt femme eine Normierung der Erwerbstätigkeit von Müttern erfolgt, während die Schweizer Integrationspolitik Frauen vorrangig als nicht-erwerbstätige, unqualifizierte Mütter wahrnimmt.

Unbezahlte Betreuungsarbeit wirkt in den Schilderungen der Mitarbeiterinnen als Gefahr, die eine Erwerbsarbeit verunmöglichen kann, wenn die Betreffenden keine Kinderbetreuungsarrangements aushandeln, – die *„Frauenfalle"* nennt es eine Mitarbeiterin. Davor soll das Projekt die Frauen bewahren: Die Mitarbeiterinnen haben eine sogenannte Kompetenzenbilanz als Projektinstrument implementiert. Damit wird überprüft, inwiefern die Teilnehmerinnen allfällige Betreuungsarbeiten mit der angestrebten Erwerbsarbeit vereinbaren können, und ihre Aufmerksamkeit auf diese Problematik gelenkt. Indem die Teilnehmerinnen das Hindernis der Betreuungsarbeit aus dem Weg zu räumen versuchen, soll das Risiko des beruflichen Scheiterns aufgrund zu grosser Belastung durch unbezahlte Arbeit minimiert werden. Frauen, die keine Berufskarriere anstreben oder denen die Vereinbarkeit von Familie und Erwerbsarbeit nicht gelingt, werten die Projektleiterinnen in ihren Beschreibungen stark ab. So schildert etwa eine Mitarbeiterin die Situation derjenigen, die in die *„Frauenfalle"* geraten:

„Also, wenn sie ihre Situation nicht checkt und nicht -, wir haben gesagt: Schau, jetzt hast DU die Möglichkeit, eine gute Stelle zu haben und – Selber schuld [lacht], es ist hart, aber - wenn sie die Augen nicht aufmachen kann. Wir probieren auch ihnen zu erklären, was es bedeutet, wenn sie vom Mann abhängig sind. Jetzt, wenn die Kinder klein sind, kann es sein, dass es schön und gut ist, aber es ist auf die Länge ist es keine Sicherheit. Und nach einer Scheidung, und fünf Jahre, zehn Jahre vielleicht, keine Erfahrung, keine Weiterbildung, (...) und ihr Diplom ist für nix."

In dieser Darstellung erscheinen familienorientierte Frauen dumm und uneinsichtig, da sie nicht erkennen, welche Gefahr in der wirtschaftlichen Abhängigkeit vom Ehemann liegt. Dabei wird ihnen die Verantwortung für die berufliche Exklusion und die Entwertung ihrer Qualifikationen zugeschrieben. Die strategische Präsentation von kompetenten, qualifizierten und erwerbsorientierten Migrantinnen dient somit nicht nur der Etablierung eines Gegendiskurses zum verbreiteten defizitorientierten Stereotyp, sondern auch der Aktivierung der Teilnehmerinnen. Sie sollen sich den Anforderungen des Arbeitsmarktes anpassen und die nötige Flexibilität für die Erwerbsintegration sicherstellen. Das Projekt trainiert die Verhaltensweisen, die nötig sind, um auf dem Markt bestehen zu können (vgl. Schild 2003). Familiäre Betreuungsaufgaben sind dabei ein von den Frauen selbst zu lösendes Problem. Die Betonung der Eigenverantwortung und die Konditionierung zur Markttauglichkeit sind anschlussfähig an neoliberale Dogmen, die sich auch in der aktivierenden Integrationspolitik finden (vgl. Piñeiro/Bopp/Kreis 2009a, Bachmann/Riaño 2012, Piñeiro 2013). Mit dem Projekt femme ist also die Normierung einer bestimmten Weiblichkeit verbunden: erwerbstätig, ökonomisch unabhängig, flexibel verfügbar.

5.4.7 Zusammenfassung: Konstruktion eines anderen migrantischen Selbst

Es sind aus Sicht der Leiterinnen des Projekts femme nicht vorrangig fehlende Qualifikationen und mangelndes Wissen, die Migrantinnen oftmals an der beruflichen Teilhabe hinderten, sondern durch strukturelle Ausschlussmechanismen – wie der Nichtanerkennung von Abschlüssen oder der Konstruktion von fehlenden Sprachkenntnissen – komme es zu einem Verlust und einer Entwertung von Qualifikationen und Wissen. Überdies gingen durch die Migration berufliche Netzwerke verloren. Das Projekt versucht demzufolge, die Erwerbsintegration der Teilnehmerinnen durch die Vermittlung von ehrenamtlichen MentorInnen zu verbessern, die mittels ihrer beruflichen Netzwerke und Fachkenntnisse den Frauen Zugänge zum Arbeitsmarkt eröffnen sollen. Den Teilnehmerinnen werden Informationen zum Schweizer Arbeitsmarkt vermittelt, mit dem Instrument der Standortbestimmung sollen Ressourcen und Kompetenzen sichtbar gemacht werden. Ausserdem zielt das Projekt auf ein „*Empowerment*" der Teilnehmerinnen: Durch die Kontakte mit anderen Migrantinnen in einer ähnlichen Lage und den positiven Blick auf eigene Fähigkeiten und Potenziale soll ihr Selbstvertrauen als Basis für den beruflichen Einstieg gestärkt werden. Daneben verfolgt das Projekt auch einen gesellschaftspolitischen Anspruch: Es zielt darauf, defizitorientierte Diskurse über Migrantinnen zu dekonstruieren und diskriminierende Strukturen zu verändern.

Die Orientierung des Projekts an langfristiger und den Qualifikationen entsprechender Erwerbsintegration zielt letztlich darauf, die beruflichen Handlungsspielräume der Teilnehmenden zu erweitern und ihre ökonomische und gesellschaftliche Teilhabe nachhaltig zu verbessern. Trotzdem birgt die Projektlogik auch Gefahren und widersprüchliche Dynamiken. So ist mit der Etablierung eines positiven Bildes qualifizierter Migrantinnen eine Homogenisierung der Situation von Migrantinnen verbunden: Zwar thematisiert das Projekt die Strukturierung sozialer

Ungleichheit über die Kategorien nationale Herkunft und Geschlecht. Unterschiede zwischen MigrantInnen aufgrund von Bildung, sozialem Status, Verfügbarkeit über Zeit usw. werden jedoch nicht angesprochen. Diese Differenzen werden vielmehr mit unterschiedlicher Cleverness, Kompetenz und Fitness begründet und so der individuellen Verantwortung zugewiesen. Das Projekt greift damit nicht wie propagiert individualisierende Effekte der gegenwärtigen neoliberalen Arbeitsmarkt- und Migrationspolitik an, sondern sortiert jene Menschen als Teilnehmende aus, die am Arbeitsmarkt nicht oder nur schwer bestehen können.

Mit der Absage an die vorherrschende Defizitperspektive und an paternalistische Konzepte kann sich femme als singulär und widerständig präsentieren. Zudem dient die an der Mobilisierung von Potenzialen ausgerichtete Projektlogik der Aktivierung der Teilnehmenden: Nur ein autonomes, selbstbewusstes und handlungsfähiges Subjekt ist aktivierbar. Mit der Zielsetzung, Frauen auf den (Wieder-)Einstieg in den Arbeitsmarkt vorzubereiten, ist die Anforderung an die Teilnehmenden verbunden, sich den Bedingungen des Arbeitsmarktes anzupassen. Die Teilnehmerinnen sollen daher Einstellungen und Verhaltensweisen zeigen, die notwendig sind, um auf dem Markt zu bestehen. Sie sollen sich als fachlich kompetente und selbstsichere Subjekte entwerfen und präsentieren, die gleichberechtigt am Markt teilnehmen. Das Projekt konstruiert so ein – zur Defizitperspektive konträres – migrantisches weibliches Selbst. Die Teilnehmerinnen werden darauf vorbereitet, als flexibel verfügbare, leistungsfähige und autonome ökonomische Akteurinnen zu handeln. Damit verbunden ist die Aufforderung, unbezahlte Arbeit mit der Erwerbsarbeit zu vereinbaren. Wem dies nicht gelingt, wird das als Versagen und Unfähigkeit angekreidet. Die Verantwortung für die Organisation der Vereinbarkeit bleibt den Frauen zugewiesen. Die propagierte Durchsetzung der Chancengleichheit lässt sich somit übersetzen in eine Neutralisierung von Geschlecht hin zu einer klassisch männlichen Erwerbsbiographie. Diese Programmatik ist anschlussfähig an neoliberale Subjektivierungen des geschlechtsneutralen, marktangepassten und flexiblen Arbeitnehmers. Auch wenn femme als Gegenprojekt zur herrschenden Politik präsentiert wird, deckt es doch eine zentrale Logik der gegenwärtigen Sozialpolitik ab.

5.5 Fazit: Reproduktion und Kritik defizitorientierter Diskurse

An den Projekten Schneiderwerkstatt und femme können nur wenige Personen teilnehmen, während futura und ina eine grosse Zahl von Teilnehmenden aufweisen. Sowohl femme als auch die Schneiderwerkstatt grenzen die Zielgruppe über das Geschlecht ein: Nur Frauen können teilnehmen. Bei ina und futura hingegen wird die Zielgruppe über den Aufenthaltsstatus eingegrenzt: Faktisch nehmen nur Personen mit dem Status anerkannte Flüchtlinge oder vorläufig Aufgenommene (VA) an den beiden Angeboten teil. Zudem stehen diese beiden Projekte nur SozialhilfebezügerInnen offen. De facto besteht die Zielgruppe der Projekte vorwiegend aus MigrantInnen aus aussereuropäischen Staaten. Trotz der Unterschiede zwischen den vier Integrationsprojekten teilen sie Gemeinsamkeiten: In allen Projekten zeigt sich eine diskursive Aushandlung von Qualifikation. Die Bewertung der beruflichen Qualifikationen der Zielgruppe durch die Mitarbeitenden beeinflusst die Einschätzung ihrer beruflichen Chancen und entsprechend die Projektinhalte und -ziele. Das Projekt femme richtet sich explizit an Personen mit Berufslehre oder Hochschulabschluss. Die drei anderen Projekte formulieren keine Anforderungen an die berufliche Ausbildung oder Kompetenz der Zielgruppe; lediglich beim Modul Mentoring des Projekts futura sind Berufserfahrungen eine Voraussetzung zur Teilnahme. Gleichwohl sind diese drei Projekte von Annahmen über die Qualifikationen der Teilnehmenden getragen: Sie sind auf Personen ausgerichtet, die keine berufliche Ausbildung aufweisen oder deren Bildungstitel in der Schweiz nicht anerkannt sind. Auch an diesen Projekten nehmen aber Personen mit sekundärer oder tertiärer Bildung teil. Die Projekte problematisieren die schwierige Anerkennung von im Ausland erworbenen Abschlüssen. Doch nur das Projekt femme stuft auch Personen mit nicht-akkreditierten Bildungstiteln als „qualifiziert" ein. Aufgrund dieses unterschiedlichen Verständnisses von Qualifikation überschneiden sich teilweise die Zielgruppen der Projekte bezüglich ihrer beruflichen Qualifikationen. Bei ina und der Schneiderwerkstatt sind berufliche Erfahrungen und Qualifikationen der Teilnehmenden kaum relevant für die Projektpraktiken, während bei futura und femme Vorkenntnisse und Kompetenzen in die Bestimmung der individuellen Berufsperspektive der Teilnehmenden einfliessen.

	Fallstudie 1 ina-Basiskurse	Fallstudie 2 Futura	Fallstudie 3 Schneiderwerkstatt	Fallstudie 4 femme
Anzahl Teilnehmende (TN)	12–15 TN pro Kurs (insgesamt ca. 115 TN im Jahr)	drei Module mit insgesamt ca. 140 TN im Jahr	7–12 TN	20–25 TN
Dauer	9–12 Monate	max. 12. Monate	unbefristet	10 Monate
Eingrenzung Zielgruppe	Sozialhilfebeziehende, anerkannte Flüchtlinge/VA	Sozialhilfebeziehende, anerkannte Flüchtlinge/VA	Frauen	Frauen
Anforderung an berufliche Qualifikationen der TN	keine Anforderungen formuliert	keine Anforderungen formuliert (ausser Mentoring: Berufserfahrung)	keine Anforderungen formuliert	sekundäre oder tertiäre Ausbildung

Tabelle 2: Anzahl Teilnehmende, Dauer und Zielgruppen-Eingrenzung

Die Projekte nutzen teilweise ähnliche Instrumente zur Erreichung ihrer Ziele: Sie bieten Bewerbungstraining und Unterstützung bei der Stellensuche an, beraten die Teilnehmenden und vermitteln Informationen zum Arbeiten und Leben in der Schweiz. Bei futura, ina und der Schneiderwerkstatt stehen praktische Arbeitseinsätze im Zentrum, bei femme dagegen die berufliche Vernetzung. Bei ina und der Schneiderwerkstatt ist die Vermittlung fachlicher Kenntnisse zentral, femme und futura setzen das Instrument des Mentorings ein und erfassen in individuellen Standortbestimmungen die Kompetenzen und beruflichen Ziel der Teilnehmenden.

Die gewählten Projektinhalte verweisen darauf, wo aus Sicht der Projekte Handlungsbedarf besteht – also inwiefern besonders auf die Zielgruppe eingewirkt werden soll – und welche Instrumente als adäquat für die Erreichung der Projektziele eingestuft werden. Die Projektinstrumente und -inhalte sind jedoch auch stark durch die finanziellen Möglichkeiten der Projekte strukturiert. Bei den vier analysierten Projekten sind der ökonomische Druck und die starke Abhängigkeit von der Finanzierung der Massnahmen zentrale Themen. Dies beeinflusst nicht nur die Gestaltung der Massnahmen, sondern führt teilweise zu Dynamiken, die dem formulierten Ziel einer Erwerbseingliederung der Teilnehmenden zuwiderlaufen. Besonders deutlich wird dies bei ina und futura. Sie sind vollumfänglich durch die *„Integrationspauschale"* des Bundes für anerkannte Flüchtlinge und vorläufig Aufgenommene finanziert (vgl. Kap. 2.4). Die zuständigen kantonalen Stellen geben diese Beiträge ergänzt durch eigene Mittel an die Trägerorganisationen von Integrationsprojekten weiter und kontrollieren die Zielerreichung über Leistungsverträge. Entsprechend sind die Projekte ina und futura an der Logik der Finanzierungsvorgaben ausgerichtet, nach denen die Trägerorganisation die Projekte konzipiert. Somit entspricht die Gestaltung der beiden Projekte den Vorgaben der staatlichen Integrationsförderung. So ist etwa die Zielgruppe des Projektes durch die Leistungsverträge bestimmt, nämlich anerkannte Flüchtlinge und vorläufig Aufgenommene.

Aus diesen Vorgaben der staatlichen Integrationsförderung, an welche ina und futura gebunden sind, ergeben sich widersprüchliche Effekte: Die Finanzierung beider Projekte ist an sogenannte *„Teilnehmerstunden"* gekoppelt, also an die Zahl der Stunden, welche die Teilnehmenden im Projekt verbringen. Absenzen oder Projektabbrüche sind daher nachteilig für die beiden Projekte. Die Mitarbeitenden müssen deshalb sicherstellen, dass die Teilnehmenden das Projekt kontinuierlich und bis zum Projektabschluss besuchen. Teilnehmende, bei denen die Mitarbeitenden nicht sicher sind, ob sie bis zum Projektende bleiben, stellen daher ein Risiko für die Projektfinanzierung dar. Finden Teilnehmende vor Ablauf des Projektes eine Stelle, kann sich das ebenfalls negativ auf die Finanzierung auswirken.

Die Projekte ina und futura müssen Sollzahlen des Auftraggebers, also Kantons erfüllen. Nur wenn die vorgegebene Quote an sogenannten *„Anschlusslösungen"* bzw. *„geeigneten Folgeaktivitäten"* der Teilnehmenden erfüllt ist, gilt das Ziel des Projekts als erreicht. Als akzeptierte Anschlusslösungen gelten dabei neben befristeter und unbefristeter Erwerbsarbeit auch eine Anmeldung bei der Regionalen Arbeitsvermittlung (RAV) und der Besuch von Sprachkursen, Beschäftigungs- oder Qualifizierungsprogrammen oder eines anderen futura-Angebotes, etwa des futura-Moduls Mentoring. Über die Zielvorgaben in den Leistungsverträgen kontrolliert der staatliche Auftraggeber somit nicht nur Projektinhalte und Zielgruppen, sondern auch die Definition des Projekterfolgs. Dieser wird nicht an den beruflichen Plänen und Erfahrungen der Projektteilnehmenden, ihrer Zufriedenheit oder am Ziel der selbständigen Existenzsicherung gemessen.[131] Das heisst, die Eingliederungsarbeit richtet sich weniger auf eine langfristige berufliche Perspektive im Sinne von „economic citizenship" (Riaño 2011), sondern orientiert sich an einer möglichst umgehenden Erwerbsintegration der Teilnehmenden im gering qualifizierten Arbeitsmarktsegment. Die Projekte ina und futura folgen damit weitgehend dem in der Schweiz dominanten sozialstaatlichen Paradigma des „workfare", also Arbeit statt Sozialleistungen (vgl. Wyss 2007):[132] Die Teilnehmenden der Projekte werden im Hinblick auf rasche und niedrigqualifizierte Arbeit aktiviert, auch wenn dies keine langfristige Unabhängigkeit von sozialstaatlichen Unterstützungsleistungen beinhaltet. Die Integrationsprojekte entsprechen damit der in der Schweizer Sozialpolitik vorherrschenden Logik der kurzfristigen Eingliederung (vgl. OECD 2010).

Gemeinsam ist den vier untersuchten Projekten, dass die Regulierung der Teilnehmenden weit über die direkte Unterstützung des Berufseinstieges – etwa durch Bewerbungstechniken oder Hilfe bei der Stellensuche – hinausgeht. Die Projektpraktiken sind vielmehr durch einen breiten Zugriff auf die Persönlichkeit und den Alltag der Teilnehmenden charakterisiert: Die Projekte nehmen Einfluss sowohl auf Themen wie das Haushaltsbudget, die Mobilität oder familiäre Arrangements zur Kinderbetreuung als auch auf Verhaltensweisen wie Pünktlichkeit, Zuverlässigkeit, Respekt oder selbstbewusstes Auftreten. Ein wesentliches Merkmal der untersuchten Fallstudien sind somit Formen der Führung, die auf eine Selbstführung zielen. Diese gouvernementalen Techniken der Selbstoptimierung dienen einerseits der (Wieder-)Herstellung der Beschäftigungsfähigkeit der Teilnehmenden, bilden andererseits aber auch zentrale Momente der institutionellen Platzzuweisung, also der sozialen Positionierung der Teilnehmenden durch die Projekte.

Die Projektpraktiken sind teilweise durch eine infantilisierende, pädagogisierende Perspektive auf die Teilnehmenden gekennzeichnet. So beurteilen weitestge-

---

[131] Dies illustriert etwa die Evaluation der Schweizer Integrationsprojekte für vorläufig Aufgenommene und anerkannte Flüchtlinge im Auftrag des Bundes (Gutmann et al. 2008). Der Bericht bezeichnet die Projekte als erfolgreich aufgrund der Zahl der erfolgten Erwerbsaufnahmen und der Höhe der eingesparten Sozialhilfegelder. Aspekte wie Existenzsicherung oder Zufriedenheit der Teilnehmenden erwähnt der Bericht nicht.

[132] Dieses Paradigma, das zunehmend alle Systeme der sozialen Sicherung erfasst (vgl. Streckeisen 2012), knüpft den Erhalt staatlicher Sozialleistungen an die Pflicht zur Erwerbsarbeit. Es zielt auf die Aktivierung der Bedürftigen, die nicht mehr passiv Leistungen beziehen sollen, sondern in den Arbeitsmarkt integriert werden sollen.

hend die Mitarbeitenden, welche beruflichen Ziele der Teilnehmenden angemessen und umsetzbar sind, nicht die Teilnehmenden selbst. Die Mitarbeitenden halten die Teilnehmenden für eingeschränkt fähig, ihre beruflichen Chancen und Kompetenzen einschätzen zu können. Die Projektpraktiken zielen darauf, die Teilnehmenden zu den vom Projekt als geeignet eingestuften Berufsperspektiven zu lenken. Diese aufklärerische und erzieherische Perspektive der Projekte ist inhärent defizitorientiert, denn sie braucht ein bedürftiges Subjekt, das aufgeklärt und zur Verbesserung seiner Lage geführt werden muss. Die Konstruktion eines hilfsbedürftigen Subjektes kann als Legitimationsstrategie der Projekte gedeutet werden; sie birgt aber auch die Gefahr der Reproduktion eines postkolonialen Topos.

Worauf zielen die analysierten Projekte? Sowohl femme als auch die Schneiderwerkstatt versuchen, ein *„Empowerment"* ihrer Teilnehmerinnen zu erreichen. Während die beiden Projekte femme und futura individuell angepasste Lösungen für die Teilnehmenden erarbeiten, sind die Berufsbereiche bei ina und der Schneiderwerkstatt eingegrenzt. Sie umfassen bei ina Hilfsarbeiten in vier Bereichen, also niedrig qualifizierte Dienstleistungsarbeiten, ähnlich wie bei der Schneiderwerkstatt, die ebenfalls auf niedrig qualifizierte und tendenziell prekarisierte Stellen ausgerichtet ist. Demgegenüber umfasst das Projekt futura grundsätzlich eine Bandbreite von gering qualifizierten bis qualifizierten Arbeiten, je nach den Voraussetzungen der Teilnehmenden. Es zeigt sich jedoch auch bei futura eine Tendenz der Fokussierung von gering qualifizierten Arbeiten, während femme explizit qualifizierte Berufsperspektiven für die Teilnehmenden anstrebt.

Deutliche Unterschiede zeigen sich hinsichtlich der Möglichkeit, mit den angestrebten beruflichen Perspektiven die Existenz langfristig zu sichern: Bei der Schneiderwerkstatt ist die berufliche Integration und damit die Erwirtschaftung eines existenzsichernden Einkommens durch Erwerbsarbeit sekundär gegenüber dem Ziel der sozialen Integration; bei ina ergibt sich durch den Druck über die Finanzierungsvorgaben das Ziel einer möglichst raschen Eingliederung in vorgegebene sogenannte *„Anschlusslösungen"*, die grösstenteils keine von öffentlichen Leistungen unabhängige Existenzsicherung ermöglichen; bei futura besteht ebenfalls eine Tendenz zu kurzfristigen und prekarisierten Anstellungen, wobei die Mitarbeitenden nach Möglichkeit längerfristig existenzsichernde Perspektiven zu initiieren versuchen; bei femme wiederum ist das Ziel einer nachhaltigen Existenzsicherung und Statuskongruenz zentral.

Diskurse über die Zielgruppe leiten die Praktiken der untersuchten Integrationsprojekte. So konstruieren die Projekte einen spezifischen Unterstützungsbedarf für ihre jeweilige Zielgruppe, der durch die Vorannahmen über Bildung, Kultur und Geschlechterverhältnisse der AdressatInnen strukturiert ist. In der Engfassung der Projektziele und -praktiken auf einen bestimmten Typus – etwa die qualifizierte und erwerbsorientierte, aber berufliche ausgeschlossene Migrantin oder den faktisch unqualifizierten und beruflich chancenlosen Migranten, – besteht die Gefahr, dass andere Lebenssituationen und -entwürfe von MigrantInnen aus dem Blick geraten. Sabine Strasser fasst diesen limitierten Fokus auf eine bestimmte Gruppe, auf die institutionell eingewirkt werden soll, als „Überbelichtung" (vgl. Strasser 2013): Der oftmals skandalisierende Blick auf bestimmte Zielgruppen von staatlichen Massnahmen ist demnach mit einer Vereinheitlichung verbunden und führt vielfach zu mehr Unfreiheit, wie sie ausführt. Darauf deutet auch die vorliegende Analyse von Integrationsprojekten: Deren Praktiken sind nur begrenzt darauf angelegt, vielfältigen Lebenssituationen und Ressourcen der Teilnehmenden gerecht zu werden.

Wie die Projektporträts zeigen, sind die mit der Kategorie „*Kultur*" verbundenen Differenzkategorien Bildung bzw. Qualifikation und Geschlecht zentrale Identifikationsmomente bei der institutionellen Konstruktion der Zielgruppen der untersuchten Projekte. Die folgenden Kapitel 6 bis 8 untersuchen fallbeispiel-übergreifend die institutionellen Platzzuweisungen der Schweizer Integrationspolitik. Zuerst geht Kapitel 6 der Frage nach, welche Diskurse und welche soziale Positionierung mit dem Konzept „*Empowerment*" verbunden ist, auf das sich sowohl das Projekt femme als auch die Schneiderwerkstatt beziehen. Kapitel 7 beleuchtet vertieft Geschlechterdiskurse in den untersuchten Projekten, Kapitel 8 die Aushandlung von Qualifikation.

6 Ermächtigung und Zurichtung: Das Konzept „Empowerment"

Die Projekte Schneiderwerkstatt und femme wirken auf den ersten Blick hinsichtlich der Adressierungen ihrer Teilnehmerinnen gegensätzlich. In den Projektdokumenten und in den Interviews mit den Mitarbeiterinnen beider Projekte taucht jedoch dasselbe Konzept auf: *Empowerment* von Migrantinnen. In der Sozialen Arbeit wird unter Empowerment eine professionelle Haltung und ein methodischer Ansatz verstanden; der Begriff beschreibt Prozesse der Stärkung von persönlichen Ressourcen der AdressatInnen der Sozialen Arbeit und wird einer paternalistischen, bevormundenden Haltung gegenübergestellt (Sanchez 2008: 6). In der Fachliteratur wird Empowerment umschrieben als ein „Anstiften zur (Wieder-)Aneignung von Selbstbestimmung über die Umstände des eigenen Lebens" (Herriger 2002: 8). Zentral am Konzept ist der Gedanke einer Stärkung von Autonomie und Selbsthilfe durch die Aktivierung von individuellen Potenzialen. Der Fokus der sozialarbeiterischen Intervention verschiebt sich damit von individuellen Defiziten auf die „bereits vorhandenen und die (re)aktivierbaren Ressourcen" (Sanchez 2008: 7, vgl. Stark 1996). Barbara Cruikshank (1999) bezeichnet Empowerment kritisch als „technology of citizenship", da es eine Strategie darstelle, Individuen von Machtlosigkeit hin zu aktiver Teilhabe (citizenship) zu bewegen.

Das Konzept wurde im Zuge staatlicher Armutsbekämpfungsprogramme in den 1960er Jahren in den Vereinigten Staaten entwickelt und von den sozialen Bewegungen der 1970er aufgegriffen, darunter auch von der zweiten Frauenbewegung (ebd.). Der Empowerment-Ansatz ist inhaltlich offen und kann daher mit unterschiedlichen Inhalten und Normen gefüllt werden. Die Vieldeutigkeit und Unschärfe des Empowerment-Konzeptes und die Abkehr von einer Opfer- und Defizitperspektive machen den Ansatz attraktiv für eine Vielzahl von Einsatzgebieten – so dass das Konzept inzwischen, wie Ulrich Bröckling kritisch zuspitzt, „als Patentrezept gegen gesellschaftliche Übel aller Art firmiert" (Bröckling 2004: 55f.).

Kapitel 6 geht der Frage nach, welche Diskurse das Konzept Empowerment im Kontext der beiden Projekte femme und Schneiderwerkstatt beinhaltet. Das Kapitel beleuchtet, welche institutionellen Platzzuweisungen mit dem Konzept verbunden sind und welche Implikationen für die Handlungsspielräume der Projektteilnehmerinnen sich daraus ergeben.

6.1 „Das Gefühl, niemand zu sein" – Konstruktion von Hilflosigkeit

Im Projekt Schneiderwerkstatt reparieren und produzieren Migrantinnen in einem Atelier Textilien. Sie erhalten dafür die Gelder aus den Aufträgen, werden bei Alltagsproblemen beraten und bei Bewerbungen unterstützt (vgl. Kap. 5.3). „*Übergeordnetes Ziel [des Projekts] ist ein Empowerment von Migrantinnen*", heisst es im Strategieplan der Schneiderwerkstatt. Die Geschäftsleiterin Patrizia Meier nutzt bei der Beschreibung der Projektziele im Interview ebenfalls den Begriffs des Empowerments:

> „*Ja, ein Empowerment, wie soll ich sagen, dass sie –, da haben wir es schön aufgeschrieben, also einerseits ist es eben [liest aus einer Projektbeschreibung vor] ‚ein Forum für Austausch und Kommunikation', wo sie [die Teilnehmerinnen] eben auch professionelle Integrationshilfe bekommen und es werden Barrieren abgebaut beim Wissensaustausch. Und dass eben auch ihre Stärken, ihre Ressourcen, dass sie diese mehr brauchen und nicht das Gefühl haben, niemand zu sein. Dadurch, dass du eben dort in diesem [Projekt] bist und verschiedene Sachen machen kannst, auch Neuanfertigungen, Kontakt mit Kundinnen und so, dann hast du auch die Möglichkeit für Integrationsschritte.*"

Das Konzept Empowerment wird von den Projektmitarbeitenden und in den Projektdokumenten nicht detailliert definiert. Beschreibungen wie dieses Interviewzitat geben Hinweise darauf, was im Kontext der Schneiderwerkstatt unter Empowerment verstanden wird. Demnach zielt das Projekt darauf, das Selbstwertgefühl der Teilnehmerinnen zu stärken – zum einen über das Bewusstmachen der (bereits vorhandenen) Stärken und Fähigkeiten durch die praktischen Tätigkeiten. Zum anderen soll das Selbstbewusstsein gestützt werden durch Kontakte zu den (meist Schweizer) Kunden und Kundinnen der Schneiderwerkstatt sowie durch den Austausch mit anderen Teilnehmerinnen. So heisst es im Strategieplan des Projekts Schneiderwerkstatt:

> „*(...) die Bekanntschaften und Erfahrungen der Mitarbeitenden während dem Arbeitsalltag [stärken] ihr Selbstbewusstsein und führen so zum gewünschten Empowerment.*"

Die Frauen, auf die das Projekt zielt, erscheinen als vorrangig auf die Familie und die eigene Kulturgruppe bezogen, was das Projekt als „*Isolation*" problematisiert. Den Darstellungen der Projektmitarbeiterinnen zufolge haben die Teilnehmerinnen in der Regel keine Berufsausbildung absolviert und weisen keine Berufserfahrung auf. Dazu komme die geschlechtsspezifische Zuständigkeit für unbezahlte Reproduktionsarbeit, was eine Erwerbstätigkeit der Frauen zusätzlich erschwere. Dagegen setzt das Projekt die Möglichkeit, „*ausserhäusliche Kontakte zu anderen Frauen in der gleichen Situation zu knüpfen, Erfahrungen auszutauschen und sich gegenseitig zu stützen*", wie es in einer Projektbeschreibung heisst, sowie Kontakte zu den KundInnen der Schneiderwerkstatt zu ermöglichen. Ein Empowerment der Frauen besteht demnach bereits im Heraustreten aus der häuslichen Sphäre und aus dem Kreis der kulturellen Herkunftsgruppe. Das Ziel der Erwerbsintegration tritt hinter diesem Ziel zurück. Die von der Projektmitarbeiterin aus einem Projektdokument zitierte Definition der Ziele der Schneiderwerkstatt umfasst noch weitere Punkte:

> „*Das [Projekt] arbeitet im Sinne des Empowerments von Migrantinnen, insbesondere durch folgende Massnahmen: – ein Forum für Austausch und Kommunikation, das professionelle Integrationshilfe anbietet und Barrieren beim Wissensaustausch abbaut. – Förderung der Stärken und Ressourcen der Migrantinnen durch die praktischen Tätigkeiten soll dazu motivieren, erste oder nächste Integrationsschritte zu tun. – Knüpfen von Netzen gegen die Isolation – für viele Migrantinnen eine erste, niederschwellige Gelegenheit, ausserhäusliche Kontakte zu anderen Frauen in der gleichen Situation zu knüpfen, Erfahrungen auszutauschen und sich gegenseitig zu stützen. – Entwicklung des selbständigen Handelns gleichzeitig mit der Förderung der Sprachkompetenz (Hilfe zur Selbsthilfe). – Sich bewusster werden über die eigene Situation; Eigeninitiative entwickeln, um den Integrationsprozess voranzutreiben.*"

Diese Beschreibung spricht Eigenständigkeit und Selbstbestimmung der Teilnehmerinnen als Ziel des Empowerment-Prozesses an, wobei deutlich wird, dass das Projekt einen ersten Impuls liefern soll, „*damit Migrantinnen ihren Integrationsprozess weitgehend selbständig und – wo nötig – mit Begleitung gestalten können*", wie es im selben Dokument später heisst. Damit wird den Projektteilnehmerinnen grundsätzlich Handlungsfähigkeit zugebilligt – sofern sie die nötige Unterstützung und Begleitung erhalten, die eine „*Entwicklung des selbständigen Handelns*" initiiert, so der Strategieplan. Die Formulierungen vermeiden eine defizitorientierte Sicht auf Migrantinnen und betonen, dass die Teilnehmerinnen aus Sicht des Projektes bereits Stärken und Kompetenzen aufweisen würden, aber (noch) nicht in der Lage seien, diese zu erkennen und zu nutzen. Diese Ressourcen sollen durch die „*professionelle Integrationshilfe*" des Projektes gefördert und erweitert werden. Die Frauen sollen durch die praktischen Erfahrungen im Projekt weiter qualifiziert werden, um ihnen eine „*(Re-)Integration in den Arbeitsmarkt*" zu ermöglichen, wie es in der Projektbeschreibung heisst. Auch mit dem Begriff der „*Hilfe zur Selbsthilfe*" ist die grundsätzliche Fähigkeit der Migrantinnen zum Handeln angesprochen. Das Projekt bietet der Zielgruppe demnach quasi eine Gehhilfe, damit die Frauen „*Integrationsschritte tun*" können, unbegleitet sind sie dazu noch nicht in der Lage. Die folgende Darstellung aus einem Projektselbstporträt greift diese Aspekte ebenfalls auf:

> „*Folgende Stichpunkte zeigen auf, wie das Empowerment der Migrantinnen konkret erfolgt: Die Kenntnisse in praktischen Fertigkeiten (Schneiderei, Näherei) können weiter entwickelt und verbessert werden, dadurch werden Schritte in Richtung Integration in die Arbeitswelt vorangetrieben. Die Stärken und Ressourcen der Migrantinnen werden durch diese praktischen Tätigkeiten gefördert und sie werden dazu motiviert, erste oder nächste Integrationsschritte zu tun. Das [Projekt] bietet Gelegenheit ausserhäusliche Kontakte zu anderen*

Frauen in der gleichen Situation zu knüpfen, Erfahrungen auszutauschen und sich gegenseitig zu stützen, so werden Netze gegen die soziale Isolation geknüpft. Die eigene Situation wird reflektiert und bewusster wahrgenommen."

Empowerment bedeutet folglich im Kontext der Schneiderwerkstatt, die teilnehmenden Migrantinnen zu befähigen, ihre Handlungsspielräume selbstbestimmt und eigenverantwortlich zu nutzen und ihre Interessen wahrzunehmen. In diesen Zielsetzungen des Projekts scheint ein grundlegendes Dilemma des Empowerment-Ansatzes auf: Die Darstellungen betonen das Vorhandensein von Kompetenzen und Fertigkeiten der Migrantinnen, etwa indem in einem Projektdokument hervorgehoben wird, dass das Projekt *„gezielt die Fähigkeiten, Kenntnisse und das Wissen (Ressourcen) fördert"*. Trotz dieser ressourcenorientierten Beschreibungen ist der Ansatz selbst implizit defizitorientiert, denn er geht davon aus, dass Unterstützung von aussen nötig ist, damit die Ressourcen überhaupt nutzbar werden. Der Verweis auf bereits vorhandene Potenziale und Fähigkeiten droht so, eine leere Formel zu bleiben. Susanne Schultz argumentiert in einer Analyse internationaler Programme der Bevölkerungspolitik, dass der Diskurs des Empowerment „einen Abstand der ‚Dritte-Welt-Frau' von der in einem eurozentristischen Diskurs unmarkierten, als selbstbestimmt und emanzipiert gedachten Frau" beschreibt (Schultz 2003: 85).

Die Programmatik der Ermächtigung bringt also eine entmächtigende Konstruktion von Hilfsbedürftigen mit sich. So beruht die Argumentation eines stärkenden und befreienden Potenzials von *„ausserhäuslichen Kontakten"* auf der vorgängigen Konstruktion von sozial isolierten, auf das Haus bezogenen Frauen. Empowerment stabilisiert somit immer wieder neu, was eigentlich Ausgangspunkt und Gegenstand der Intervention ist. Ulrich Bröckling bringt es in seiner Kritik des Konzeptes auf die Formel: „Auch Aufrichten ist Zurichten" (2004: 62). Dies manifestiert sich auch in Aussagen wie *„Die machen das super"*. Die Geschäftsleiterin der Schneiderwerkstatt würdigt so die Fertigkeiten der Projektteilnehmerinnen im Schneidern und Nähen. Die Betonung ihrer Fähigkeiten zeigt, dass diese nicht selbstverständlich sind und verweist damit auf den defizitorientierten Diskurs, der die Fähigkeiten von Migrantinnen in Zweifel zieht, so dass die Teilnehmerinnen als positives Gegenbeispiel hervorgehoben werden müssen. Zudem sind die lobenden Aussagen der Leiterinnen der Schneiderwerkstatt generalisierend und werden nicht konkretisiert. Sie zeigen das Bestreben, ein positives Bild von Migrantinnen zu etablieren, greifen aber zugleich den Defizitdiskurs als Hintergrundfolie auf.

Auch das Projekt femme bezieht sich auf das Konzept des Empowerments. Wie stellt sich das angesprochene Dilemma der impliziten Entmächtigung für dieses Projekt dar, in dessen Projektbeschreibungen eine hohe Sensibilität für defizitorientierte Zuschreibungen deutlich wird? Was verstehen die femme-Mitarbeiterinnen unter Empowerment?

6.2 „Genau das Gleiche erlebt" – Identifikation und Distinktion

Anders als bei der Schneiderwerkstatt beschreiben die Leiterinnen von femme die Teilnehmerinnen des Projektes als gut qualifizierte Frauen, deren berufliche Integration durch gesellschaftliche Hürden behindert werde. Ihnen fehlten vor allem berufliche Kontakte und Schweiz-spezifische Fachkenntnisse. Die Projektmitarbeiterinnen beschreiben, dass Migrantinnen durch abwertende Diskurse und die Erfahrung des beruflichen Ausschlusses ihr Selbstwertgefühl verlören. Das Projekt zielt auf eine berufliche Integration, die den Qualifikationen der Teilnehmerinnen entspricht. Dies versucht es mit dem Instrument des Mentorings zu erreichen. Das bedeutet, jeder Teilnehmerin wird eine erfahrene Fachperson aus dem gleichen oder einem verwandten Berufsfeld zur Seite gestellt. Sie eröffnet der Migrantin berufliche Möglichkeiten über den Zugang zu ihrem Netzwerk, begleitet und berät sie. Darüber hinaus beinhaltet das Projekt Workshops zu berufsrelevanten Fragen wie Bewerbungen und Arbeitsrecht sowie eine Analyse persönlicher Potenziale (vgl. Kap. 5.4).

Durch das Erkennen eigener Ressourcen und Potenziale gewännen die teilnehmenden Migrantinnen an Selbstvertrauen und ein *„Empowermentprozess"* werde initiiert, schreibt eine femme-Projektleiterin in einem Buchbeitrag. Sie definiert dabei Empowerment als individuellen und kollektiven Prozess der Machtgewinnung, mit dem Ziel, Mädchen und Frauen einen besseren Zugang zu Ressourcen zu ermöglichen. Die femme-Projektleiterinnen schildern, dass Teilnehmerinnen durch das Projekt regelrecht aufblühten, sie kämen anfangs niedergeschlagen und eingeschüchtert ins Projekt und veränderten sich bis zum Ende des Mentorings stark. So beschreibt etwa eine Projektleiterin im Interview:

„Ja, das war immer TOLL, es war so schön, zu sehen, wie die Frauen sich völlig verändert haben im Projektverlauf. Und so wirklich empowered, also oft sind Frauen gekommen, die völlig am Boden waren, weil sie so viele Schwierigkeiten erlebt haben, sie sahen keinen..., keinen Weg, keine, keine Möglichkeit mehr, manchmal fast depressiv, MANCHMAL! Also es gab da wirklich Fälle... Und dann das erste Treffen: ‚Ah, ah, du hast genau das Gleiche erlebt, und du bist in der genau gleichen Situation wie ich.' Und [die andere Projektleiterin] und ich als Vorbilder, das ‚Ah, das würde ich auch gerne.' Und dann irgendeinmal gegen Projektende kommt die Frau und sagt: ‚Schau, schau mein Auto', und verdient besser als ich und so [lacht]."

Hier wird deutlich, dass auch die Projektkonzeption von femme eine implizite Konstruktion von Hilfsbedürftigkeit der Teilnehmerinnen enthält. Die Notwendigkeit von Unterstützung wird jedoch anders begründet: Statt individuelle Defizite wie fehlende Bildung machen die Projektleiterinnen gesellschaftliche Strukturen für die Ohnmachtsgefühle der Teilnehmerinnen verantwortlich. Eine Veränderung der Selbstsicht und des Auftretens durch ein gestärktes Selbstwertgefühl als Basis der

Integration in den Arbeitsmarkt wird als ein zentrales Ziel des Projektes genannt. Die Stärkung des Selbstbewusstseins vollzieht sich demnach durch die Erfahrung der Teilnehmerinnen, andere Migrantinnen zu treffen, die „*genau das Gleiche erlebt*" haben, das heisst, die ebenfalls von Dequalifizierung und beruflichem Ausschluss betroffen sind. Die ist ähnlich beim Konzept der Schneiderwerkstatt, das ebenfalls den Selbstwert stärkenden Effekt von Kontakten „*zu anderen Frauen in der gleichen Situation*" hervorhebt. Der Austausch und Kontakt mit Frauen in ähnlicher Lebenssituation soll jedoch bei femme explizit dazu dienen, dass die Teilnehmerinnen berufliche Exklusion nicht als persönlich verschuldet, sondern als strukturell verursacht reflektieren. Diese Identifikation der Frauen miteinander als gleichermassen betroffen von der Erfahrung des Wissensverlustes und der Dequalifizierung in der Migration ist somit zentral für den Projekterfolg, ebenso wie die Identifikation der Projektteilnehmerinnen und der Projektleiterinnen als „Migrantinnen".

Barbara Cruikshank (1999) beschreibt in ihrer kritischen Analyse des Empowerment-Konzepts, dass dieses mit einer spezifischen Wissensproduktion einhergehe: Diejenigen, die empowert werden sollen, müssen zunächst als einheitliche Gruppe konstruiert werden. ExpertInnen definieren, wer Empowerment benötigt und wie es erfolgen soll. In den beiden Projekten femme und Schneiderwerkstatt zeigt sich deutlich, wie Migrantinnen durch die Beschreibung ihrer Kennzeichen, Probleme und Bedürfnisse als homogene Gruppe formiert werden. Techniken der Beratung und Informationsvermittlung zielen darauf, dass die Projektteilnehmenden dieses Wissen über sich als Selbstbeschreibungen übernehmen. Auch die Emphase der „*gleichen*" Erfahrungen aller Teilnehmerinnen stützt die Identifikation der Teilnehmerinnen mit den Sichtweisen der Projektleitenden, also mit deren Definition der Situation, der diagnostizierten Problematik und den vorgeschlagenen Lösungen.

Dazu kommt das Selbstverständnis der Projektleiterinnen als „*Migrantinnen*" und als somit in der „*gleichen*" Lage befindlich wie die Teilnehmerinnen, das bei femme in verschiedener Hinsicht deutlich wird. Mit der Bezeichnung „Migrantin" verbunden ist die Erfahrung spezifischer Zuschreibungen von fehlenden Qualifikationen und kultureller Distanz zur Mehrheitsgesellschaft. Die Präsenz der ebenfalls in die Schweiz eingewanderten Projektleiterinnen verweist auf die Möglichkeit, *trotz* der damit verbundenen Erfahrungen beruflich erfolgreich zu sein. Die Projektleiterin spricht dies explizit an, indem sie auf die eigene Rolle als Vorbild verweist. Wenn die Projektleiterinnen die Situation der Teilnehmerinnen beschreiben, verweisen sie wiederholt zugleich auf eigene Erfahrungen von stereotypen Zuschreibungen und Dequalifizierung: „*das ist unser Alltag, was wir erleben*". So kritisiert eine femme-Leiterin das verbreitete Bild der Migrantinnen als gering qualifiziert und bezieht es auf sich selbst: „*Für mich ist es eine Horrorbeschreibung. Dieses: ‚Ah, du bist so herzig' [= niedlich]. Ich will nicht herzig sein. [lacht]*". Die Mitarbeiterin beschreibt, dass die Entwicklung neuer Projekte auf der eigenen Betroffenheit basiert, „*weil [die andere Projektleiterin] und ich die Problematik selber kennen.*"

Es wird deutlich, dass das Selbstverständnis der beiden Projektleiterinnen als Migrantinnen auch wesentlich für ihre Identifikation mit ihrer Arbeit und der Organisation ist. Zum Beispiel erklärt die femme-Projektleiterin, in einer „*der ersten Organisationen in der Schweiz*" zu arbeiten, „*die Migrantinnen beauftragt hat, Migrantinnenprojekte zu entwickeln*" und bezeichnet das als „*inneres Empowerment*" einer Organisation. Die Beschreibung rückt die NGO damit in die Nähe zu Selbstorganisationen von MigrantInnen, die nicht andere für sich sprechen und handeln lassen, sondern sich selbst zusammenschliessen, um ihre Interessen zu vertreten. Diese Identifikation der Teilnehmerinnen und der Projektleiterinnen als „*Migrantinnen*" und damit in „*gleicher*" Weise betroffen, schildern die Mitarbeiterinnen als stärkend und ermutigend für die Teilnehmerinnen. Damit ist aber auch die Gefahr einer Vereinheitlichung der vielfältigen Erfahrungen und Lebenssituationen verbunden, wenn die unterschiedlichen Intersektionen von Herkunft, Rechtslage, Beruf, Nationalität usw. unberücksichtigt bleiben. Auch die beiden Mitarbeiterinnen der Schneiderwerkstatt sind Migrantinnen der ersten Generation. Die Projektleiterin wird in einem Jahresbericht der Trägerorganisation wie folgt zitiert:

„*Wir sind eine Gruppe von Frauen aus ganz verschiedenen Ländern. (...) Unsere KundInnen kommen aus allen Ländern – so wie wir auch. (...) Das Nähatelier ist ein Ort, wo wir in der Migrantinnengruppe Erfahrungen austauschen, wo wir uns wohlfühlen.*"

Die Projektleiterin schliesst sich durch das „*wir*" mit ein in die „*Migrantinnengruppe*". Der Text ist ein redaktionell bearbeitetes Interview für eine an die Öffentlichkeit gerichtete Publikation und muss nicht der persönlichen Selbstbeschreibung der Geschäftsleiterin entsprechen. Die Beschreibung zeigt jedoch, dass die Identifikation der Mitarbeitenden mit den Teilnehmerinnen als gleichfalls „Migrantinnen" für die Selbstdarstellung des Projektes Schneiderwerkstatt relevant ist. Diese Konstruktion einer gemeinsamen „gleichen" Betroffenheit nivelliert diskursiv die Ungleichverteilung von Macht zwischen Projektleiterinnen und Teilnehmerinnen und suggeriert eine egalitäre, reziproke Beziehung. Auch der Bezug auf den Empowerment-Ansatz, der die Unabhängigkeit, Selbstbestimmung und Kompetenz des Gegenübers betont, stützt diese Fiktion eines partnerschaftlichen und machtausgewogenen Verhältnisses zwischen Mitarbeitenden und Teilnehmenden.

Die dem Empowerment-Ansatz zugrundeliegende Idee der Partnerschaftlichkeit und der Übereignung von Macht ist brüchig. Neben den Beschreibungen von Identifikation und einer kollaborativen Beziehungsgestaltung stehen Momente der Distinktion und der Disziplinierung der Teilnehmenden. So erwähnt die Geschäftsleiterin der Schneiderwerkstatt ihre Herkunft aus einem westeuropäischen Staat nur informell am Rande des Interviews. Das ist folglich für sie kein beachtenswertes Thema und bildet keine Basis für ein Selbstverständnis als „Migrantin". Ihre Selbstbeschreibung als professionelle Leiterin des Projektes und damit ihre Abgrenzung von den Projektteilnehmerinnen ist hier bedeutsamer.

Die Projektleiterin stellt sich in den Gesprächen mit der Forscherin als unentbehrliche Begleitung der Teilnehmerinnen dar. Mehrfach betont sie, dass die Frauen sie bräuchten. Sie könnten die Arbeit in der Schneiderwerkstatt nicht allein bewältigen, da ihnen die Fachkenntnisse fehlten. Die Kundenaufträge seien teilweise sehr anspruchsvoll. Sie, die ausgebildete Schneiderin, habe sich die nötigen Kenntnisse in Weiterbildungen angeeignet. Zudem benötigten die Teilnehmerinnen Begleitung bei Alltagsproblemen und bei der Stellensuche. Sie erwähnt Themen wie *„Kinder"*, *„Ehe"*, *„Krankenkasse"*, *„Alltag"*. Im Narrativ zeigt sich damit eine umfassende Abwertung der Kompetenzen und Fähigkeiten der Teilnehmerinnen – sowohl fachlich als auch bei der Bewältigung ihres alltäglichen Lebens. Die institutionelle Logik des Projektes – die sich in der sozialen Praxis der Mitarbeitenden manifestiert – basiert auf der Wahrnehmung von Migrantinnen als unqualifiziert und abhängig. Dies wird auch darin deutlich, dass die Projektleiterin versucht, bei einem Besuch in der Schneiderwerkstatt Fragen der Teilnehmerinnen an mich zu unterbinden und mir kaum eine Möglichkeit lässt, mit den Frauen zu sprechen. So weist sie eine Teilnehmerin zurecht, die eine Frage an mich richtet: *„Ihr könnt MICH [betont] fragen, wenn ihr etwas wissen wollt!"* Die Frau wirkt danach eingeschüchtert und reagiert auf meine Fragen nur noch ausweichend. Die Projektleiterin bezieht sich damit auf ihre Rolle als Vorgesetzte der Teilnehmerinnen und grenzt sich so von den Frauen ab. Indem die Projektleiterin ihre eigene Ausbildung zur Sprache bringt und auf die mangelnden professionellen Kompetenzen der Teilnehmerinnen verweist, ermöglicht sie eine Abgrenzung vom Stereotyp der ungebildeten, abhängigen Migrantin, das sie so zugleich reproduziert. Ähnlich wirkt die Erklärung der Geschäftsleiterin, die Projektleiterin der Schneiderwerkstatt sei eine *„Fachfrau"* als eine Abgrenzung vom Bild der unqualifizierten Migrantin, die zugleich auf den Negativdiskurs verwiesen bleibt. Einen weiteren Moment der Distinktion in der Schneiderwerkstatt durch die Geschäftsleiterin stellt die Schilderung eines geplanten Festes dar, mit dem Spendengelder für das Projekt generiert werden sollen:

> *„Jetzt machen wir ja das Benefizfest, und da müssen sie [die Projektteilnehmerinnen] Modenschau machen, (...) und dort bin ich natürlich streng, da müssen sie mitmachen, aber das ist für sie kein Problem, (...) da müssen sie mitmachen, weil sie sind in dem Sinne nicht unabhängig von mir [als Fundraiserin], sie sind ja angewiesen auf das Geld."*

Diese Darstellung impliziert, dass die Frauen nicht motiviert zur Teilnahme am Benefizanlass sind. Die Geschäftsleiterin versucht demnach nicht, die Frauen zu überzeugen und für die Teilnahme zu motivieren, sondern setzt auf Druck. Hierin wird eine pädagogisierende und kontrollierende Sicht auf die Teilnehmerinnen deutlich, die nicht von einer Kooperation auf gleicher Augenhöhe ausgeht, sondern Hierarchien zwischen Projektverantwortlichen und -teilnehmenden plastisch macht. Somit werden über disziplinierende Praktiken genau jene Differenzen neu betont, die das Projekt abbauen soll.

Norbert Herriger verspricht sich von der Methode des Empowerments in der Sozialen Arbeit einen „Beziehungsmodus des partnerschaftlichen und machtgleichen Aushandelns" (2002: 218) zwischen professionellen Helfenden und Klienten und warnt dabei vor Hindernissen und Stolpersteinen, die einer Implementierung des Empowerment-Konzepts in der Praxis der Sozialen Arbeit im Wegen stehen können. So beschreibt er die Widerstände seitens der ExpertInnen, ihre Macht zu teilen und eine partnerschaftliche Beziehung zu den KlientInnen zuzulassen. Das suggeriert, dass ein solches machtgleiches Verhältnis grundsätzlich möglich ist, sofern die professionellen Helfenden nicht „den stillen Verführungen zum Mächtigsein" (Ebd.: 220) erliegen. Danach wären die oben beschriebenen Elemente der Abgrenzung und der (Re-)Etablierung von Hierarchien zwischen den Projektleiterinnen und den Teilnehmerinnen als ein persönliches Scheitern der einzelnen Projektleiterinnen im Umgang mit Macht zu deuten. Dem lässt sich entgegenhalten, dass die Ungleichverteilung von Macht konstitutiv für die Beziehung zwischen institutionellen Helfenden und ihren KlientInnen ist. Die Integrationsförderung ist durchdrungen von einem defizitorientierten Diskurs über MigrantInnen, der sich nicht auf individueller Ebene auflösen lässt, ebenso wenig wie die grundsätzliche Machtasymmetrie zwischen Projektleitenden und Projektteilnehmenden.

6.3 „Die Strukturen ändern" – Individualisierendes Programm

Eine femme-Projektleiterin erklärt im Interview, was Empowerment aus ihrer Sicht beinhaltet:

> „Dass die Frauen wieder merken, – das ist oft bei der Migration: Man, frau ist nachher in einem neuen Kontext, in dem sie vieles nicht kennt. Und wenn es oft gehört wird, dass vieles nicht gut geht: Wir können das nicht, wir können nicht gut Deutsch, nicht gut Dialekt verstehen, dies und das und jenes nicht. Irgendwie geht so das Selbstwertgefühl verloren und die Frauen müssen wieder erkennen, was sie können und Kraft und Selbstvertrauen haben. Und Kraft von sich herausholen, und oft geschieht das einfach in der Gruppe, wenn sie sehen, das ist nicht einfach etwas Individuelles oder nur sie persönlich angeht. Sondern sie sich hier treffen mit 20 Personen, 20 Frauen, die genau die gleiche Erfahrung gemacht haben und genau die gleiche Problematik erleben. Dann merken sie irgendwie, das geht nicht an mich, sondern [es ist] die Gesellschaft, die mir diese Barriere stellt."

Auch hier wird die Vermeidung defizitorientierter Beschreibungen der Frauen deutlich, vielmehr macht die Darstellung äussere, gesellschaftliche Hindernisse für Erfahrungen des beruflichen Ausschlusses verantwortlich. So führe die wiederholte Zuschreibung von Defiziten und Inkompetenz zum Verlust von Selbstwertgefühl. Dieser defizitorientierte Diskurs wirke somit auf individueller Ebene entmächtigend. Für das angestrebte Empowerment sei demnach der kollektive Prozess zentral, denn erst in der Gruppe, im Austausch mit anderen Migrantinnen vollziehe sich eine Ermächtigung, da die eigene, individuelle Lage als eine kollektiv geteilte Erfahrung gedeutet werden könne: „Es sind so diese Aha-Effekte: ‚Aha, hast du auch-?!'", wie es eine Projektleiterin ausdrückt. Das Projekt beinhaltet aber nicht nur die Stärkung des individuellen Selbstwertgefühls, sondern zielt auf eine Politisierung der Frauen und letztlich auf eine Transformation der diskriminierenden Strukturen, erklärt eine Projektleiterin:

> *„Unsere Projekte haben auch immer als Ziel, das individuelle Empowerment, also, dass das geschieht, aber auch, dass die Frauen (...) als Kollektiv nachher etwas machen und wir als Institution die Strukturen ändern können. Das Ziel ist, dass die Strukturen, die geregelten Strukturen,[133] die Projekte übernehmen, oder mindestens, dass politische Motionen oder Postulate in diese Richtung gehen."*

Die Projektmitarbeiterinnen versuchen, neben der Projektarbeit über politische Arbeit Einfluss auf die Gleichstellungs- und Integrationspolitik zu nehmen. Sie initiieren parlamentarische Vorstösse und engagieren sich in Gremien auf Gemeinde- und Bundesebene, etwa in der städtischen Integrationskommission. Parallel dazu hat das Projekt auch zum Ziel, verbreitete defizitäre Bilder von Migrantinnen zu kritisieren und zu verändern, hin zu einem Bild von qualifizierten und emanzipierten Frauen. Die Projektmitarbeiterinnen bezeichnen Empowerment daher auch als „*Methode*", um Strategien und Instrumente zu entwickeln und einen Raum zu schaffen, in dem Diskurse hinterfragt werden, die Diskriminierungen aufgrund von Geschlecht, Herkunft und Religion produzieren. In einem Buchbeitrag erklärt eine Projektleiterin zum Verständnis von Empowerment:

> *„Im Gegensatz zum Prinzip ‚Fördern und Fordern' ist damit eine politische Strategie gemeint, durch die Frauen kollektiv und individuell Macht aufbauen. Es soll ihnen ermöglicht werden, Ressourcen kontrollieren zu können und Entscheidungs- und Gestaltungsmöglichkeiten im Haushalt, in der Politik, der Wirtschaft und Kultur zu erhalten. Die Strategie des Empowerment befähigt sie, über das eigene Leben zu entscheiden und Verantwortung für diese Entscheidungen zu übernehmen."*

Die femme-Mitarbeiterinnen beziehen sich gleichzeitig auf zwei Bedeutungsinhalte, die mit dem Begriff Empowerment verbunden sind: *Power* bezeichnet sowohl politi-

---

[133] Der Ausdruck „*die geregelten Strukturen*" bezieht sich vermutlich auf den Regelstrukturansatz der Integrationsförderung (vgl. Kap. 2.4). Danach hat Integration „in erster Linie über die Regelstrukturen zu erfolgen, namentlich über die Schule, die Berufsbildung, die Arbeitswelt sowie die Institutionen der sozialen Sicherheit und des Gesundheitswesens. (...) Spezifische Massnahmen für Ausländerinnen und Ausländer sind nur im Sinne einer ergänzenden Unterstützung anzubieten." (Art. 2 Abs. 3 VIntA).

sche Macht wie individuelle Stärke (Herriger 2002: 14). Empowerment kann sich somit ebenso auf einen Prozess der Umverteilung von politischer Macht beziehen (Ebd.: 14) wie auf das Vermögen von Menschen, ihren Alltag selbstbestimmt und aus eigener Kraft zu bewältigen (Ebd.: 15). Fraglich bleibt, ob der damit verbundene Anspruch des Projektes eingelöst werden kann, zugleich individuelle Lebenspotenziale zu stärken und gesellschaftliche Machtstrukturen zu verändern. Die Aporie dieser Strategie liegt im gewählten Empowerment-Ansatz selbst, bei dem – anders als propagiert – weniger Machtverhältnisse im Fokus stehen als Ohnmachtsgefühle der Individuen. Da das verwendete Empowerment-Konzept vorrangig darauf zielt, diese Ohnmachtsgefühle zu überwinden und den Glauben der Individuen an die eigene Macht zu stärken, verbleibt das Konzept auf der Ebene der Subjekte, und strukturelle Ursachen für Problemlagen rücken in den Hintergrund. Diese Verengung des Ansatzes auf die individuelle Verarbeitung von Machtasymmetrien (Bröckling 2004: 58) rückt eine Transformation herkunfts- und geschlechtsspezifischer sozialer Ungleichheit in den Bereich der Utopie. Dazu kommen die Widersprüche einer idealisierten Programmatik der Kritik, auf welche Christiane Thompson (2004) hinweist. Sie diskutiert das Postulat von Emanzipation und Kritik als Erziehungsziel in der Pädagogik und problematisiert, dass es von der Möglichkeit machtfreier Erkenntnis ausgeht und auf Dichotomien wie Mündigkeit/Unmündigkeit, Freiheit/Macht und Selbstbestimmung/Fremdbestimmung rekurriert. Damit werden die eigene Verankerung im Diskurs und die subjektivierende Praxis des Emanzipationsanspruchs ausgeblendet.

Empowerment stellt somit vorrangig ein individualisierendes Aktivierungsprogramm dar, es soll die einzelnen Subjekte von einer (unterstellten) Passivität und Handlungsunfähigkeit zum autonom handelnden und partizipierenden Subjekt hinführen. Das zeigt die folgende Schilderung einer femme-Leiterin anschaulich:

„Wir versuchen, das Sozialkapital dieser Frauen aufzubauen, hier aufzubauen. Und was ist das Sozialkapital? Das ist die Mentorin, die schon in diesem Bereich, als Bauingenieurin, arbeitet, sie kennt das Feld gut und nimmt die Mentee mit (...) sie begleitet, sie coacht. Die Aufgabe der Mentorin ist nicht, eine Stelle für diese Mentee zu finden, (...) das ist nicht ihre Funktion. Und was sehen wir? Nach drei oder vier Monaten Mentorat, die Frau fängt schon, ohne die Mentorin, zu laufen an, weil sie hat das kapiert, wie das funktioniert und sucht selber ihre – "

Diese Beschreibung des Projektes zeigt, dass das Projekt femme ähnlich wie die Schneiderwerkstatt auf eine Ermächtigung zum selbständigen Handeln zielt. Die Teilnehmerinnen brauchen demnach nur geringe Impulse durch das Projekt, denn die nötigen beruflichen Kompetenzen sind bereits vorhanden, aber sie können sich unter den Bedingungen der Migration nicht entfalten. Die Projektleiterin wählt dabei die Begriffe „*gehen*" und „*laufen*", die auf eine Mobilität im sozialen Raum verweisen. So erklärt sie an anderer Stelle, „*es gibt eine Struktur, die lässt dich nicht weiter-*

gehen", um zu beschreiben, dass nicht individuelle Defizite wie etwa mangelnde Ausbildungen der Grund dafür sind, dass Migrantinnen berufliche Einstiegs- oder Aufstiegsmöglichkeit fehlen und ihre Bewegung und Entwicklung im sozialen Raum behindert wird. Hier nun spricht sie mit der Formulierung „*die Frau fängt schon, ohne die Mentorin, zu laufen an*" das Ziel an, den sozialen Raum eigenständig nutzen zu können und selbständig berufliche Wege zu gehen. Auch bei der Schneiderwerkstatt findet sich mit „*Integrationsschritte*" eine vergleichbare Formulierung, die ebenfalls Mobilität und Handlungsfähigkeit im sozialen Raum anspricht. Beide Projekte sollen demnach neue Möglichkeiten zum Handeln und zur Bewegung im sozialen Raum eröffnen und aktivieren die Teilnehmenden dazu.

Problematisch ist hierbei, dass das für die Projekte gewählte Konzept des Empowerment mit einer impliziten Responsibilisierung verbunden ist, also mit einer Zuschreibung von Selbstverantwortung für die Mobilisierung positiver Gefühle und Einstellungen. Das „Motivierungsprogramm" Empowerment (Bröckling 2004: 60) strebt eine Aktivierung der individuellen Potenziale an: Vorhandene, aber brachliegende Ressourcen sollen mobilisiert werden (zum Aktivierungsbegriff vgl. Kocyba 2004: 18). Der Empowerment-Ansatz ist daher kompatibel mit dem Konzept „*Fordern und Fördern*" im Rahmen des Leitbildes eines aktivierenden Sozialstaates (Fretschner/Hilbert/Stöbe-Blossey 2003: 48f.). Deswegen nimmt in neuen Ansätzen der sozialen Arbeit wie auch in staatstheoretischen Konzepten die Methode des Empowerment eine Schlüsselfunktion ein: Der Staat soll als empowernde Instanz wirken, indem er förderliche Bedingungen schafft, um das gewünschte Verhalten der Subjekte zu stimulieren (ebd.: 49).

6.4 „Fit" für den Arbeitsmarkt – Unternehmerische Weiblichkeit

Worauf ist die Unterstützung der Teilnehmenden durch die beiden untersuchten Projekte konkret gerichtet? Die Schneiderwerkstatt zielt auf niedrig qualifizierte, gering bezahlte Dienstleistungsarbeiten, die teilweise irregulär und prekarisiert sind (vgl. Kap. 5.3). Das Ziel einer sozio-ökonomischen Teilhabe und der finanziellen Selbständigkeit ist weniger zentral. Relevanter aus Sicht der Mitarbeitenden ist die Herauslösung aus der mit Isolation und Abhängigkeit gleichgesetzten häuslichen Sphäre und der kulturellen Herkunftsgruppe. Demgegenüber zielt femme mittels konkreter beruflicher Unterstützung auf eine den Qualifikationen entsprechende Erwerbsintegration. Indem die Teilnehmerinnen öffentlich als Expertinnen präsentiert werden, zum Beispiel auf Konferenzen, erwerben sie beruflich nutzbare Kompetenzen (vgl. Kap. 5.4). Die zwischen den Projekten divergierende Definition der zu bearbeitenden Problematik, also die unterschiedliche Bestimmung dessen, worin die Hilfsbedürftigkeit der Zielgruppe besteht, und die darauf abgestimmte Konzeption von Massnahmen, strukturiert folglich die Handlungsspielräume der Projektteilnehmerinnen verschieden.

Die Aktivierung der Teilnehmenden ist zugleich mit einer Normierung einer spezifischen Weiblichkeit verbunden, dem Ideal einer ausserhäuslich aktiven, selbständigen und erwerbstätigen Frau. Beide Projektkonzepte beziehen sich auf ein negatives Bild der nicht-erwerbstätigen Hausfrau und Mutter, die abhängig, isoliert und unemanzipiert erscheint. Mit der Erwerbsintegration verbindet sich aus der Perspektive der Projekte eine Emanzipation von traditionellen Geschlechterrollen. Die angepeilte Erwerbsarbeit bietet nicht nur die Option finanzieller Selbständigkeit und sozio-ökonomischer Teilhabe, sondern ermöglicht darüber hinaus das Erobern neuer sozialer Räume und eine symbolische Aufwertung des sozialen Status, denn mit der Erwerbsarbeit verbindet sich die Chance der Zugehörigkeit zur (Mehrheits-)Gesellschaft. Bei femme zeigt sich eine starke Ablehnung von Weiblichkeitsbildern, die mit Unselbständigkeit und fehlender Autonomie konnotiert sind. Das wird anschaulich in der folgenden Interviewpassage, in der eine femme-Projektleiterin eine Behördenmitarbeiterin scharf kritisiert, die eine Teilnehmerin des Projekts ohne Absprache mit den Projektleiterinnen als Referentin für eine öffentliche Veranstaltung eingeladen habe:

"[Sie] nimmt dann irgendeine Mentee, wir KENNEN unsere Frauen, und wenn es um etwas Öffentliches geht (...) Und dann am Ende kommt ein Scheissdreck –, Entschuldigung [lacht], aber wir wissen, es ist GENAU diese Frau, die so mit ihrem Mann [spricht:] ‚Ich muss meinen Mann fragen, ich muss meinen Mann fragen (...)', [mit hoher, unsicherer Stimme] und so. Und man hat die für einen [öffentlichen] Anlass in der Stadt genommen und man hat die Frau gefragt, also wir wussten, dass es nicht gut kommt (...) Und klar, das BLÖDE Bild von Migrantinnen wurde dort nur bestätigt. (...) Und auch nicht die Frauen bevorzugt, die rhetorisch –, also wir wissen, welche Frauen gut reden können. Nicht jede kann vor Publikum reden, in einer Sprache, die sie nicht gut beherrscht. Also, das ist eine schwierige Aufgabe, und man muss –. Wir kennen, welche das können."

Im Zitat kommt zum Ausdruck, dass die Mitarbeitenden versuchen, das Bild von Migrantinnen zu beeinflussen, indem sie strategische Präsentationen bestimmter, nämlich selbstbewusster und autonomer Frauen einsetzen (vgl. Kap. 5.4.4). Das Auftreten jener Mentee diskreditiert die Projektmitarbeiterin als unterwürfig, unsicher und unselbständig. Deutlich wird in dieser Zurückweisung die Orientierung am Ideal einer emanzipierten Weiblichkeit. Empowerment zielt somit im Kontext von femme auf selbstbestimmte Lebensgestaltung, ökonomische Unabhängigkeit, Mobilität, Bildungs- und Karriereorientierung, also auf das Weiblichkeitsideal des westlichen liberalen Feminismus, das auf die obere und mittlere Schicht der städtischen Gesellschaft zugeschnitten ist (vgl. Rommelspacher 2007). Damit können jedoch auch neue Differenzen zwischen Frauen etabliert werden: Diejenigen, die unter den Bedingungen individueller Marktorientierung souverän und beruflich erfolgreich agieren, werden jenen Frauen gegenübergestellt, die keine berufliche Karriere als biographisches Ziel verfolgen oder denen das Aushandeln privater Arrangements zur Vereinbarung von Familie und Karriere nicht gelingt. Die beiden Mitarbeiterinnen von femme sprechen mehrfach die Probleme an, die sich durch die Schwierigkeit der Vereinbarkeit von Erwerbsarbeit und unbezahlter Arbeit in der Schweiz ergeben und die dazu führten, dass manche Projektteilnehmerin ihre Berufstätigkeit wieder aufgeben musste. Eine Projektleiterin schildert, dass deswegen eine umfassende persönliche Standortbestimmung ins Konzept des Projekts eingeführt wurde:

> *"Wir haben gemerkt, dass Frauen, die schon in einer Familie drin waren, eine Familiensituation, mit Mann und Kindern und so, auch in die Frauenfalle gekommen sind und die frauentypischen Rollen übernommen haben mit Essen und Kinderhüten und so. Und dann kamen sie hierher und sie haben gesagt: Ja, ich will eine Stelle, aber sie haben nicht genau gewusst, was sie eingehen. Und eine oder zwei Frauen mussten vor zwei Jahren kündigen. Sie haben am Ende die Stelle nicht mal annehmen können, weil eine 80-Prozent-Stelle mit zwei Kindern nicht möglich ist. (...) sie hatten keine Betreuung für die Kinder. Sie haben das mit dem Mann nicht abgesprochen. Und dann haben wir eine kleine Kompetenzenbilanz eingeführt. Aber auf eine andere Art. (...) „Seid ihr fit?' Also ich meine es wirklich, persönlich fit, gesundheitlich, geistig. Bin ich krank, bin ich depressiv? Und das zweite war auch mit der Familiensituation. Also, wieviel kann ich wirklich arbeiten, wie kann ich mit meinem Mann verhandeln, ist er bereit zu reduzieren?"*

Auffällig ist an dieser Beschreibung der Begriff der Fitness. Dabei steht weniger Gesundheit im Sinne von persönlichem Wohlbefinden im Vordergrund, sondern die (Wieder-)Erlangung der Beschäftigungsfähigkeit. Die Teilnehmerinnen sollen mit dem neu eingeführten persönlichen Check ihre Leistungsfähigkeit überprüfen, die nötig ist, um den Anforderungen des Berufslebens gewachsen zu sein und nicht in die „*Frauenfalle*" zu geraten. Explizit wird damit der Anspruch, ein auf Arbeitsmarktfähigkeit gerichtetes unternehmerisches Handeln unter Beweis zu stellen: Die Frauen sollen sich der permanenten Selbstoptimierung unterwerfen, um das Risiko eines beruflichen Scheiterns zu vermindern. „*Fit*" sein heisst somit, sich dynamisch den Anforderungen des Arbeitsmarktes anzupassen. Die Frage, wer die unbezahlte Haus- und Betreuungsarbeit übernimmt, bleibt offen. Die Teilnehmerinnen sollen bei Problemen, so schlägt eine femme-Projektleiterin im Interview vor, ihre Nachbarin oder ihren Mann um Unterstützung anfragen, also private Netzwerke aktivieren. Durch die Sicherstellung der für die Berufstätigkeit benötigten Flexibilität, zum Beispiel durch Aushandeln eines Kinderbetreuungsarrangements mit dem Ehepartner, wird Verfügbarkeit für Erwerbsarbeit zu einer individuellen Leistung der Frauen. Die Mitarbeiterin erklärt ihre Sicht auf Frauen, die in die „*Frauenfalle*" tappen:

> *„Ja, wir können sie wirklich nicht –, wir wollen auch niemandem helfen. Also, wenn sie ihre Situation nicht checkt und nicht –, wir haben gesagt: Schau, jetzt hast DU die Möglichkeit,*

eine gute Stelle zu haben und – Selber schuld [lacht]. Es ist hart, aber – wenn sie die Augen nicht aufmachen kann. Wir probieren auch ihnen zu erklären, was es bedeutet, wenn sie vom Mann abhängig sind. Jetzt, wenn die Kinder klein sind, kann es sein, dass es schön und gut ist, aber es ist auf die Länge ist es keine Sicherheit. Und nach einer Scheidung, und fünf Jahre, zehn Jahre vielleicht, keine Erfahrung, keine Weiterbildung, (...) und ihr Diplom ist für nix."

In dieser Absage an den Paternalismus („*wir wollen auch niemandem helfen*") wird die Erziehung zur Selbsthilfe und der aktivierende Charakter des Projekts deutlich. Unübersehbar ist die Zuschreibung von Eigenverantwortung für Dequalifizierung und beruflichen Ausschluss. Die Frau, die „*ihre Situation nicht checkt*", ist das Negativbild zur von der Projektleiterin angesprochenen Teilnehmerin, die selbstständig und „*ohne die Mentorin, zu laufen an[fängt], weil sie hat das kapiert, wie das funktioniert*". Nicht am Arbeitsmarkt zu partizipieren erscheint so als Folge selbst zu verantwortender Ignoranz und Passivität: „Auch wer nicht im geforderten Umfang aktiv sein kann oder will, wer den herrschenden Aktivierungs- und Selbstaktivierungsidealen nicht genügt, sich ihnen verweigert, tritt damit keineswegs aus deren Bannkreis heraus" (Kocyba 2004: 21): Über den Vorwurf, selbst zur eigenen Misere beigetragen zu haben, bleiben die Frauen an das Gebot der Selbstoptimierung gebunden.

Das Projekt vermittelt Selbsttechnologien zur persönlichen Optimierung und suggeriert damit die Möglichkeit, strukturelle Probleme wie etwa geschlechtsspezifische Asymmetrien bei der Verteilung von bezahlter und unbezahlter Arbeit durch individuelles Agieren handhabbar zu machen. Die Teilnehmerinnen werden darauf vorbereitet, als selbst-regulierte Unternehmerinnen ihrer selbst zu agieren und ihr Auftreten dahingehend zu perfektionieren. Im Projekt werden Verhaltensweisen und Einstellungen trainiert, die nötig sind, um am Markt bestehen zu können (vgl. Schild 2003). Die Teilnehmerinnen sollen sich selbst integrierbar machen.

Empowerment beinhaltet somit im Kontext des Projektes femme eine persönliche Entwicklung mit dem Ziel, ein neues weibliches Selbst als autonome, beruflich erfolgreiche und gleichberechtigt am Markt partizipierende Erwerbstätige zu konstruieren. Die Verantwortung, unbezahlte Arbeit mit der Erwerbsarbeit zu vereinbaren, bleibt dabei den Frauen überlassen – wem es nicht gelingt, beides unter einen Hut zu bringen, läuft Gefahr, als unemanzipiert diskreditiert zu werden. Zwar thematisiert das Projekt die herkunfts- und geschlechtersegregierenden Bedingungen der Erwerbsarbeit, aber die vermittelten Techniken des Selbstmanagements unterstellen, dass Erwerbsarbeit realisierbar ist, sofern frau sich genügend Mühe gibt. Somit droht der paradoxe Effekt, dass strukturelle Ungleichheiten wie der asymmetrische Zugang zu Ressourcen, Zeit und Status, die herkunfts- und geschlechtsspezifische Definition von Qualifikationen und die ungleiche Verteilung unbezahlter Arbeit vernebelt werden – obwohl das Projekt eigentlich darauf zielt, ausschliessende Strukturen aufzubrechen. Mit der individualisierenden Perspektive, die sich im

Projekt femme findet, ist ein Versprechen von Unabhängigkeit und Freiheit durch den Arbeitsmarkt verbunden, was die Soziologin Cécilia Ng (2005, zit. in Soiland 2009: 47) mit dem Begriff des neoliberalen „Marktfeminismus" fasst: Der Markt als ein Angebot zur Selbstverwirklichung – auch für Frauen. Das Projekt femme adressiert Frauen als autonome und letztlich geschlechtslose Arbeitnehmende, die dem Markt unabhängig von ihren familiären Betreuungsaufgaben zur Verfügung stehen sollen. Dadurch, dass die daraus resultierenden Widersprüche reprivatisiert werden, sind die Projektpraktiken anschlussfähig an neoliberale Geschlechterregimes (vgl. Soiland 2009) und an die Dogmen des aktivierenden Wohlfahrtsstaates.

6.5 Fazit: Inhärente Widersprüche des Konzepts Empowerment

Sowohl das Projekt Schneiderwerkstatt wie auch das Projekt femme beziehen sich auf das Konzept des Empowerment. Dieser Ansatz setzt bei den Ressourcen der teilnehmenden Frauen an und zielt auf eine Stärkung ihres Selbstwertgefühls. Die beiden Projekte sollen es den Teilnehmerinnen ermöglichen, autonom und selbstbestimmt zu agieren, wie es der Ausdruck *„Hilfe zur Selbsthilfe"* verdeutlicht, der im Kontext der Schneiderwerkstatt benutzt wird. Der Empowerment-Ansatz ist jedoch trotz seiner Fokussierung auf Ressourcen und Potentialen implizit defizitorientiert, denn er beruht auf der Konstruktion eines hilfsbedürftigen Subjektes, das allein nicht handlungsfähig ist und Unterstützung benötigt. Dies zeigt sich auch bei den beiden untersuchten Projekten Schneiderwerkstatt und femme: MigrantInnen fehlt aus der Perspektive der Projekte Selbstwertgefühl, da sie isoliert und unqualifiziert sind bzw. von abwertenden Diskursen und beruflichem Ausschluss betroffen sind. Teilweise seien die Teilnehmerinnen, so eine femme-Mitarbeiterin, *„völlig am Boden"*.

Erst durch die Projekte wird demnach Handlungsfähigkeit hergestellt: Die Teilnehmerinnen können dadurch *„erste Integrationsschritte tun"* und ohne Hilfe *„zu laufen anfangen"*, wie es die Projektleitenden formulieren. Darin wird ein grundsätzliche Paradox des Empowerment-Konzeptes deutlich: Das Ziel der Stärkung und Ermächtigung setzt eine Konstruktion von Hilfsbedürftigkeit voraus, denn Unterstützung und Anleitung für ein gestärktes Selbstbewusstsein braucht nur, wem es bisher daran fehlt. Empowerment ist also nur nötig, wenn ein entmutigtes, geschwächtes Objekt der Hilfe vorhanden ist, ein hilfloses Individuum, das aufgeklärt werden muss. Diese diskursive Entmächtigung ist strukturell bereits in Hilfsprogrammen an sich angelegt und dem Empowerment-Ansatz inhärent: Es muss den Teilnehmenden erst beigebracht werden, autonom und selbstbestimmt zu handeln.

Ein weiterer inhärenter Widerspruch des Konzeptes Empowerment besteht darin, dass der Ansatz auf eine partnerschaftliche Beziehung zwischen den institutionellen AkteurInnen und den zu empowernden KlientInnen zielt. Konstruktionen zur Identifikation der Projektleitenden mit den Teilnehmenden wie auch der Teilnehmenden untereinander markieren und stützen dieses Ideal eines machtfreien, reziproken Austausches in den beiden untersuchten Projekten. Doch die Beziehung zwischen professionellen UnterstützerInnen und KlientInnen ist von Machtungleichgewichten und einem Kontrollinteresse der Institution gekennzeichnet, die auch nicht mit dem ressourcenorientierten, Macht nivellierenden Ansatz des Empowerments aufzubrechen sind. Dies machen Momente der Distinktion und der Disziplinierung deutlich, die sich bei beiden Projekten finden.

Wie die Analyse dieser beiden Fallstudien zeigt, kann das Empowerment-Konzept mit unterschiedlichen Inhalten gefüllt und mit verschiedenen Zielformulierungen verbunden werden. Sowohl bei femme als auch bei der Schneiderwerkstatt ist das Konzept Empowerment an eine Vielzahl von Annahmen über die teilnehmenden Migrantinnen geknüpft, wobei sich diese allerdings zwischen den Projekten stark unterscheiden. Die divergierenden Bestimmungen der zu bekämpfenden Problematik, der einzusetzenden Mittel und der Ziele der Intervention strukturieren wiederum die erzielten Handlungsspielräume der Projektteilnehmenden verschieden. Da bei der Schneiderwerkstatt der Fokus auf der sozialen *„Isolation"* der Migrantinnen liegt, steht im Vordergrund des Projektkonzeptes, dies vorrangig mit der Bereitstellung von Austausch- und Kontaktmöglichkeiten anzugehen. Eine langfristig existenzsichernde Erwerbsintegration ist nicht prioritäres Ziel der Schneiderwerkstatt. Das Projekt bleibt damit dem Bild der unterdrückten, gering qualifizierten Migrantin verhaftet, die Teilnehmerinnen verbleiben in wirtschaftlich und gesellschaftlich untergeordneten Positionen. Zwar betonen die Mitarbeiterinnen der Schneiderwerkstatt, dass das Projekt die vorhandenen Stärken und Fähigkeiten der Teilnehmerinnen fördern will, um ihnen damit Mobilität im sozialen Raum zu ermöglichen. Indem es aber berufliche Qualifikationen ignoriert und auf niedrig bezahlte Arbeitsstellen im Dienstleistungssektor oder informellen Bereich zielt, wird die sozio-ökonomische Exklusion der teilnehmenden Frauen stabilisiert. Ihr Möglichkeitsraum begrenzt sich.

Demgegenüber zielt femme auf eine den Qualifikationen entsprechende berufliche Integration und dementsprechend auf eine verbesserte sozio-ökonomische Teilhabe der Teilnehmerinnen. Es ist insofern von einer anderen Perspektive als die Schneiderwerkstatt getragen, als es diskriminierende Strukturen und Diskurse kritisiert, die rechtlich abgesichert und institutionell verankert sind. Hier eröffnen sich Möglichkeitsräume für die Teilnehmerinnen, aber daraus resultieren auch neue Widersprüche und eine spezifische Zurichtung der Teilnehmerinnen.

Gemeinsam ist beiden Projekten die starke Aufwertung von ausserhäuslicher Erwerbsarbeit, – nicht nur weil dies finanzielle Sicherheit ermöglicht, sondern auch, weil damit Erwartungen von Emanzipation, Unabhängigkeit und Mobilität im sozialen Raum verbunden sind. Hier zeigen sich Parallelen zu den Leitlinien der Schweizer Integrationspolitik: Ausgehend von den als anders, nämlich traditionell und patriarchal konstruierten Geschlechterverhältnissen der AusländerInnen zielt die

Integrationsförderung auf die Gleichstellung der ausländischen Frauen (vgl. Achermann 2014, Tov et al. 2010). Integration wird so zum Vehikel einer behördlich angeordneten Emanzipation (Bachmann/Riaño 2012: 500). Der umfassende Zugriff der Integrationsförderung auf die Subjekte (vgl. Piñeiro 2010) wird beim Projekt femme besonders augenfällig: Das Gebot der Selbstoptimierung erstreckt sich nicht nur auf die angepeilte Erwerbstätigkeit – etwa mit Bewerbungstipps oder Rhetorikkursen –, sondern im Fokus steht die ganze Person mit ihrem Selbstbild, ihrem persönlichen Auftreten und der Gestaltung ihres Familienlebens. Die Propagierung eines unternehmerischen Selbst, die Konditionierung zur Markttauglichkeit und die Betonung von individueller Eigenverantwortung durch das Projekt sind dabei anschlussfähig an neoliberale Denkfiguren. Der Empowerment-Ansatz eignet sich in seiner Unbestimmtheit und Offenheit sehr gut für eine Verknüpfung mit dem ebenfalls diffusen Integrationsdiskurs, der auch auf eine Aktivierung von Potenzialen zielt.

Mit der Erwerbsorientierung der Projekte ist eine Normierung von autonomen, selbstbestimmten und erwerbstätigen Frauen verbunden, wie es vor allem bei femme zum Ausdruck kommt. Eine Projektteilnehmerin qualifiziert sich demnach als „gute" Migrantin, die „*ihre Situation checkt*", wenn sie emanzipiert, selbstbewusst und karriereorientiert auftritt. Damit besteht die Gefahr, neue Hierarchien zwischen Migrantinnen zu etablieren, die durch Bildungsprivilegien abgesichert sind. Das Konzept Empowerment droht dabei eine fatale Rolle zu spielen, denn es kann so zur Legitimation von Dominanzverhältnissen zwischen Frauen beitragen. Erklärtes Ziel des Projektes ist zwar die Transformation von Strukturen der sozialen Ungleichheit und das Aufbrechen defizitorientierter Diskurse über Migrantinnen, in denen sich Zuschreibungen anhand von Geschlecht und kultureller Herkunft verschränken. Die gewählte Methode des Empowerments durchkreuzt das postulierte Anliegen jedoch teilweise, da sie beim persönlichen Selbstwertgefühl ansetzt. Mit Techniken der Selbstoptimierung überträgt femme die Bewältigung struktureller Widersprüche in die Verantwortung der einzelnen Frauen. Das Projekt visiert somit zwar gesellschaftliche Strukturen an, stattdessen passt es jedoch die Individuen den Strukturen an: Indem sie fit gemacht werden für den Arbeitsmarkt, versucht das Projekt, die Teilnehmerinnen in die kritisierten Strukturen zu integrieren. Die Gefahr besteht, dass es letztlich nur darum geht, dass Migrantinnen ein Stück vom Kuchen erhalten, auch wenn das Projekt eigentlich die Verhältnisse in der Bäckerei angreifen wollte. Und wer nichts bekommt, ist selber schuld.

7 „Frauen aus dem Daheim herausholen": Geschlechterdiskurse

Im Zentrum des folgenden Kapitels stehen die Fragen, welche Geschlechterdiskurse in den untersuchten Projekten eingeschrieben sind und welche Rollen damit zugewanderten Frauen und Männern zugewiesen werden. Geschlechterdiskurse umfassen Repräsentationen, Normen, Wissensbestände und Leitbilder zu Männlichkeit und Weiblichkeit und zu den Beziehungen zwischen den Geschlechtern. Sie enthalten Beschreibungen und Deutungen in Bezug auf die Geschlechteridentitäten, das Handeln und die Geschlechterrollen von Männern und Frauen. Diese Diskurse sind eng mit Vorstellungen und Normen in Bezug auf Familie und Erwerbsarbeit verknüpft, etwa mit der geschlechtsspezifischen Zuständigkeit für Familien- und Erwerbsarbeit oder der Zuordnung der Geschlechter zu bestimmten beruflichen Bereichen. Einen Schwerpunkt der Analyse bildet die Frage, welche Modelle der sozialen Reproduktion den untersuchten Integrationsprojekten zugrunde liegen: Welche Lösungen zur Organisation unbezahlter Arbeit schlagen sie vor? Inwiefern wird Reproduktionsarbeit in den Projekten überhaupt thematisiert? Die Dokumentation der Geschlechterkonstruktionen in Integrationsprojekten zielt darauf, das Verständnis dafür zu verbessern, inwiefern Bilder migrantischer Männlichkeit und Weiblichkeit im Feld der Integrationspolitik soziale Ungleichheiten reproduzieren oder modifizieren.

7.1 Kritik und Reaktivierung von Geschlechterstereotypen

Die untersuchten Projekte adressieren hinsichtlich der Geschlechterleitbilder unterschiedliche Zielgruppen. Wie Kapitel 6 ausführlich darlegt, richtet sich das Projekt femme an Frauen, die fachlich kompetent und erwerbsorientiert sind, deren Erwerbsintegration aber aufgrund struktureller Hürden nicht gelingt. Erwerbsarbeit ist den Projektmitarbeitenden zufolge für die adressierten Frauen auch dann selbstverständlich, wenn sie Kinder haben. Die klassische Arbeitsteilung zwischen Männern und Frauen, bei der Letztere die Hauptverantwortung für unbezahlte Arbeit tragen, schildern die Mitarbeitenden als Gefahr für die Frauen, da sie zu Armut und ökonomischer Abhängigkeit vom Ehemann, führen kann. Frauen, die keine berufliche

Karriere verfolgen oder denen die Vereinbarung von unbezahlter und bezahlter Arbeit nicht gelingt, erfahren eine negative Bewertung (vgl. auch Kap. 5.4). Die Projekte futura, ina und Schneiderwerkstatt fokussieren hingegen als Zielgruppe Personen, die traditionellen Rollenmustern folgen: Die an den Integrationsprojekten teilnehmenden Frauen sind den Mitarbeitenden zufolge vorwiegend für unbezahlte Familienarbeit zuständig, Männer haben vorrangig die Rolle als Ernährer der Familie inne. Personen mit anderen Familienmodellen – etwa Alleinerziehende, Eltern mit geteilter Betreuungsverantwortung oder gleichgeschlechtliche Paare – erwähnen die Mitarbeitenden nicht, diese Personen sind nicht Teil der Zielgruppe. Die Mitarbeitenden attestieren Frauen aufgrund ihrer Zuständigkeit für Haus- und Betreuungsarbeit tendenziell grössere Schwierigkeiten bei der Integration als Männern. So erklärt die Projektverantwortliche der Trägerorganisation, welche die Projekte futura und ina anbietet:

„Häufig ist es ja so, dass Frauen, zumindest wenn es Familien sind, die hier sind, dass Frauen sehr viel schlechter integriert sind als Männer. Einfach dadurch, weil sie durch die Reproduktionsarbeit fest an den Haushalt gebunden sind, und dann ist es sehr abhängig von der Situation im Haus und im Quartier. Aber dort nachher sehr viel länger haben, bis sie die Sprache können, bis sie in Netzwerke reinkommen, wo sie sich sozial, aber auch beruflich, arbeitsmässig integrieren können. (...) einfach von der Rollenteilung, wenn der Mann versucht, einen Job zu finden und Geld heimzubringen. Also klar gibt es auch die anderen Fälle, es gibt auch die umgekehrten Fälle, aber die sind, soweit ich das sehe, klar in der Minderheit. Ja, es sind schon die Männer, die schneller in die Integration reingehen."

Diese Beschreibung stellt Migrantinnen als mehrheitlich auf den häuslichen Bereich beschränkt und sozial wenig integriert dar. Besonders deutlich wird diese Sicht auf Migrantinnen beim Projekt Schneiderwerkstatt, das bei Migrantinnen „*soziale Isolation*" und ein Fehlen „*ausserhäuslicher Kontakte*" diagnostiziert. Das Vermitteln sozialer Kontakte ist folglich das zentrale Anliegen des Projektes, hinter dem das Ziel einer beruflichen Integration der Teilnehmerinnen zurücktritt. Um Frauen zum Verlassen der häuslichen Sphäre und zur Teilnahme an den Integrationsprojekten zu aktivieren, werden als weiblich geltende Arbeitsbereiche für die Projekte gewählt. Mit dieser Auswahl kanalisieren die Projekte Frauen und Männer in „geschlechtstypische" Arbeitsfelder und verstärken mit dem Hinweis auf kulturell begründete Geschlechternormen bei MigrantInnen die in der Schweiz besonders stark ausgeprägte berufliche Geschlechtersegregation (vgl. Maihofer et al. 2013). So begründet der Strategieplan der Schneiderwerkstatt die Auswahl des Arbeitsfeldes:

„Nähen ist das Vehikel, um die vordringlichere Integrationsthematik anzugehen, weil es in vielen Kulturen ein angesehenes und den Frauen zugeschriebenes Arbeitsfeld ist."

Auch das Konzept der ina-Basiskurse bezieht sich auf vermeintlich traditionelle Geschlechterrollen bei MigrantInnen: Um zu erreichen, dass die Zahl der weiblichen Teilnehmenden steigt, wurde einer der ina-Kurse auf den Berufsbereich Pflege ausgerichtet. Die ina-Projektleiterin erläutert diese Schwerpunktsetzung:

„Man hat schon festgestellt, dass bei dieser Zielgruppe die Frauen eigentlich die sind, also aus der traditionellen Rollenverteilung heraus, halt in den Herkunftsländern, dass es eher Männer sind, die rausgehen, und Frauen, die halt daheim bleiben und sich schwerer integrieren. Und wir haben auch, (...) als wir noch Sprachkurse gehabt haben, haben wir einen speziellen Sprachkurs aufgezogen, Deutsch für Frauen. Mit dem Gedanken natürlich, Frauen mehr aus dem [Da-]Heim herauszuholen, quasi, eine Unterstützung zu geben, bei der Integration, so wie einen ersten Schritt zu machen. Und die Pflege ist früher, kommt ein bisschen aus dem Gedanken heraus, eigentlich, den Frauen zu ermöglichen, also ein Berufsfeld quasi, das ihnen auch gelegen ist, also das es ihnen erlaubt, auch zu arbeiten, sagen wir Gastgewerbe ist ja wieder schwieriger, oder, oft von den kulturellen Hintergründen her, dass jemand dort arbeiten darf. (...) ich denke, aus dem ganzen muslimischen Kulturraum heraus wird es schwierig sein, für eine Frau im Gastgewerbe arbeiten zu dürfen, rein von der, von der – ja."

Diese Darstellung impliziert die diskursive Konstruktion unterschiedlicher Geschlechterrollen entlang von kulturellen Räumen. Die Ausrichtung des Pflegehilfskurses bezieht sich auf traditionelle Geschlechternormen, die Frauen als besonders geeignet für Betreuungs- und Pflegearbeiten konzipiert. Diese Zuordnung begründet die Mitarbeiterin mit den Geschlechternormen der MigrantInnen, wobei zugewanderte Frauen als mehrheitlich eingeschränkt durch patriarchale Traditionen beschrieben werden, die ihnen nur bestimmte Arbeitsfelder öffne – in Übereinstimmung mit dem vorherrschenden Bild von Migrantinnen, das sie als Opfer unterdrückerischer Geschlechterbeziehungen in der Familie und ethnischen Gemeinschaft darstellt (vgl. Kofler/Fankhauser 2009). Die Migrantin repräsentiert hierbei Tradition und Rückständigkeit: „Sie wird zur Metapher für Unterdrückung" (Castro Varela/Dhawan 2004: 207).

Diese polaren und stereotypen Denkfiguren finden sich auch in den gesetzlichen Regelungen zur Integration und werden bei der Umsetzung des Rechts erneut wirksam: So nimmt der Gesetzgeber zugewanderte Frauen als besonders unterstützungsbedürftig wahr (vgl. BFM 2006: 50), betont ihre *„besonderen Anliegen"* bei der Integration (vgl. Art. 53 Abs. 4 AuG; Art. 2 Abs. 3 VIntA) und erklärt sie zu einer prioritären Zielgruppe der Integrationsförderung (vgl. Bundesrat 2002: 3801). Yvonne Riaño und Doris Wastl-Walter (2006b) zeigen, dass Geschlechterrepräsentationen im staatlichen Migrations- bzw. Integrationsdiskurs und die diesem zugrundeliegenden Vorstellungen über Geschlechterrollen wesentlich den Handlungsspielraum von MigrantInnen in Bezug auf ihre Integrationschancen beeinflussen. In einer weiteren Studie untersuchen die Autorinnen die legislativen Rahmenbedingungen zur Integration auf bundesstaatlicher, kantonaler und städtischer Ebene aus einer Geschlechterperspektive (2006a). Sie arbeiten heraus, dass die rechtlichen Regelungen weitgehend geschlechtsneutral formuliert sind – was sich jedoch auf Frauen und Männer unterschiedlich auswirkt, so dass das Recht Gefahr läuft, geschlechtsspezifische Ungleichheiten zu reproduzieren. Gleichzeitig greift die Umsetzungspraxis auf traditionelle Geschlechterrollen zurück und reproduziert diese damit: Frauen werden in der Integrationsförderung vorrangig als Ehefrauen und Mütter wahrgenommen (vgl. Riaño 2012a). Zu einem ähnlichen Schluss kommt Nicole Wichmann (2014) in Bezug auf geschlechtsspezifische Aspekte von Integrationsmassnahmen. Integrationsprojekte basieren demnach vorwiegend auf einem Defizitansatz und auf stereotypen Vorstellungen unqualifizierter, bildungsferner und traditioneller Migrantinnen. Alberto Achermann (2014) untersucht geschlechtsspezifische Dimensionen der Schweizer Integrationsgesetzgebung und weist darauf hin, dass Integrationsmassnahmen vielfach mit dem Willen begründet werden, zugewanderte Frauen zu emanzipieren (vgl. auch Tov et al. 2010).

Während migrantische Männer gemäss der ina-Projektleiterin aktiv die Integration ausserhalb des Privathaushalts suchen („*rausgehen*"), erscheinen migrantische Frauen passiv und an das private Zuhause gebunden. Das „*Daheim*" repräsentiert in dieser Logik patriarchale Tradition und Desintegration, ausserhäusliche Erwerbsarbeit steht für Integration und Emanzipation. Migrantinnen profitieren nach dieser Logik besonders von Erwerbsarbeit und somit von entsprechenden Integrationsprojekten. Integrationsförderung erhält so eine emanzipative Rolle zugeschrieben. Für Frauen eröffnet demnach der mit Erwerbsarbeit verbundene Rollenwandel neue Chancen, während es für Männer vielfach den Verlust ihrer alleinigen Verantwortung als Familienernährer bedeutet. So erklärt eine futura-Mitarbeiterin:

> „*Bei den Frauen aus gewissen Ländern ist es dann auch noch ein Wandel von der Rolle, die sie durchmachen, aus Ländern, wo sie eher weniger gegen aussen präsent waren oder nicht berufstätig oder nicht mehr, es gibt natürlich viele, die das auch waren, egal aus welchen Ländern, aber auch solche, die das nicht waren, die dann plötzlich auch mit neuen Möglichkeiten konfrontiert sind, die sehr oft von den Frauen auch genutzt werden, das finden wir eben auch immer eine interessante Beobachtung. Was dann eher schwierig ist, ist dann eher der Rollenwechsel vom Partner, vom Mann, der dann von der Rolle als Ernährer, als Manager vom gesamten ‚Aussenbetrieb', also ausserhalb von Haushalt und Familie, dass da auch ein Abstieg ist von der Rolle. (...) bei Männern ist es einfach schwierig, dieser Abstieg, der noch dazu kommt, in der Rolle als Ernährer.*"

Die Mitarbeiterin beschreibt, Frauen seien vor der Migration teilweise je nach ihrer nationalen Herkunft nicht erwerbstätig und damit auf die häusliche Sphäre beschränkt gewesen. Während für Männer die Migration oftmals mit einem Rollenverlust und sozialen Abstieg einhergehe, könnten Frauen vielfach neue Optionen nutzen und sich von ihrer bisherigen Geschlechterrolle emanzipieren. Hier klingt der erzieherische Impetus an, welcher der Schweizer Integrationspolitik innewohnt und zugespitzt als „behördlich verordnete Emanzipation" beschrieben werden kann (Bachmann/Riaño 2012: 500): MigrantInnen sollen neue Weiblichkeits- und Männlichkeitsvorstellungen erlernen und sich an moderne Geschlechternormen adaptieren. Integrationsförderung zielt somit auf eine Anpassung der Teilnehmenden an ein westliches Verständnis von Geschlechterrollen (vgl. Erdem 2009).

Hierbei müsste berücksichtigt werden, dass die Zuordnung von Frauen auf die häusliche Sphäre nicht als typisch für MigrantInnen bezeichnet werden kann, sondern ein Bestandteil der westlichen hegemonialen Geschlechterordnung ist (Lenz/Schwenken 2003: 149). In der liberal-konservativen Schweiz dominiert eine Geschlechterkultur, die Kinderbetreuung und Altenpflege dem Bereich der Familie zuordnet, wobei nach wie vor Frauen für diese Arbeiten zuständig sind (vgl. Pfau-Effinger 2005). Diese Norm schlägt sich auch statistisch nieder: Unbezahlte Haus- und Betreuungsarbeit ist in der Schweiz grösstenteils Frauenarbeit.[134] Frauen reduzieren anders als Männer ihren Erwerbsumfang sehr stark, sobald sie Kinder bekommen – ausländische Mütter leisten dabei jedoch im Schnitt deutlich mehr Stunden pro Woche Erwerbsarbeit als Schweizer Mütter (Bühler/Heye 2005: 28f.). In der Schweiz ist die bürgerliche „Versorgerehe" (Pfau-Effinger 2000) mit einem Vollzeit erwerbstätigen Vater und einer Teilzeit oder nicht erwerbstätigen Mutter das am stärksten verbreitete Familienmodell.[135] Fast drei Viertel aller Paarhaushalte mit Kindern unter sieben Jahren sind so organisiert (Bühler/Heye 2005: 47–54). Dieses Familienmodell beinhaltet eine weitgehende Betreuung der Kinder zuhause durch die Mutter. Das Alleinverdiener-Familienmodell, bei dem die Mutter nicht erwerbstätig ist, ist in Familien mit Schweizer Müttern markant häufiger als in Familien mit ausländischen Müttern (ebd.: 49f.). Die Zuordnung klassischer geschlechtsspezifischer Arbeitsteilungsmuster verläuft folglich nicht vorrangig entlang nationaler oder ethnischer Herkunft, sondern entlang anderer Faktoren, wie etwa Schicht, Generation oder Wohnort.

Nichtsdestotrotz greifen die Projekte ina, futura und Schneiderwerkstatt den verbreiteten Diskurs von abhängigen und auf das Haus beschränkten Migrantinnen auf, die in klassischen Frauenrollen gefangen sind. Die „Ikonographie der orientalisierten Frau", die von ihrer ethnischen Gemeinschaft, ihrer Religion und ihrer Familie unterdrückt wird, hat sich im „okzidentalen Bildgedächtnis" festgesetzt (Von Osten 2007: 170) und schlägt sich in Migrationspolitik und Gesetzgebung nieder. Die Dämonisierung von Migration geht hierbei mit der Dämonisierung des Islam einher (Dietze 2011). Auffällig ist etwa im obigen Zitat der ina-Mitarbeiterin die

---

134 In der Schweiz wendeten Frauen im Jahr 2004 im Durchschnitt 32 Stunden pro Woche für unbezahlte Arbeit auf, Männer nur 19 Stunden (BFS 2008b: 26).
135 In der französischen Schweiz ist das Doppelverdienermodell mit externer Kinderbetreuung verbreitet, bei dem beide Elternteile voll erwerbstätig sind, während in der Deutschschweiz das Hausfrauenmodell vorherrscht (Pfau-Effinger 2005: 5).

Lücke im Diskurs (*„rein von der, von der – ja"*): Für die befragte Mitarbeiterin ist nicht benennbar, was genau den kulturellen Unterschied bzw. den Grund für die unterstellten beruflichen Einschränkungen von Frauen ausmacht. Der Verweis auf das Kollektivsymbol (vgl. Link 1978) *„muslimischer Kulturraum"* genügt, um diese Lücke zu füllen. Das Bild eines weiblichen Opfers (und damit eines männlichen, patriarchalen Unterdrückers, das diesem gegenübergestellt ist) ist typisch für die Darstellung der Geschlechterverhältnisse muslimischer MigrantInnen (vgl. Lutz 1991b, Meral Kaya 2012). Muslime fungieren in Bezug auf die Darstellung von Genderbeziehungen als „the ultimate ‚others'" (Lutz 2010: 1655).

Der postkoloniale Kontext dieser Differenzkonstruktionen besteht laut Kien Nghi Ha einerseits darin, dass die Betroffenen dieser Zuschreibungen vorwiegend postkoloniale Subjekte sind, da sie zum grossen Teil aus ehemals kolonisierten geographischen Räumen stammen.[136] Andererseits identifiziert er die „tradierten kolonialrassistischen bzw. orientalistisch-islamophoben Zuschreibungen" (Ha 2013a: 16), wie die diskursive Konstruktion eines Antagonismus zwischen einer zivilisierten, emanzipierten Welt und einer vormodernen, archaischen Welt (vgl. Erdem u. a. 2013: 21). Diese Unterscheidung zwischen dem westlichen Wir und den postkolonialen Anderen wird vor allem am Geschlechterverhältnis festgemacht (vgl. Lutz/Huth-Hildebrandt 1998, Lutz 1993, Mohanty 1988). Die Funktion dieser Bilder für Mehrheitsangehörige besteht in der Aufwertung des Eigenen durch Abgrenzung von einem abhängigen, unterlegenen und bedürftigen Anderen. Der permanente Verweis auf die vermeintlich patriarchalen Verhältnisse der nicht-westlichen Anderen ermöglicht Überlegenheitsgefühle und lenkt von Gleichstellungsdefiziten in der eigenen Gesellschaft ab (vgl. Dietze 2011, Steyerl/Gutiérrez Rodríguez 2003, Ahmed 2000, Spivak 1990, Mohanty 1988).

Im Datenmaterial der untersuchten Projekte findet sich wiederholt eine Gegenüberstellung vom westlichen bzw. schweizerischen *„Hier"* mit dem migrantischen *„Dort"* oder *„Da"*, wobei diese Grenzziehung unter anderem an die Darstellung von gleichberechtigten versus patriarchalen Geschlechterverhältnissen geknüpft wird: So erscheint im Kontext der Projekte ina, futura und Schneiderwerkstatt der (implizit aussereuropäische) Herkunftskontext der an den Projekten teilnehmenden MigrantInnen einheitlich unprofessionell, vormodern und unterentwickelt. Demgegenüber wirkt die Schweiz pauschal als professionell, rational und aufgeklärt (vgl. Kap. 8.2). Beide Räume erscheinen klar voneinander abgrenzbar und in sich weitgehend homogen. Differenzen entlang von Kategorien wie Schicht, Alter, Region, Herkunft usw. werden nicht thematisiert. Weil der Raum, aus dem die MigrantInnen stammen, als rückständig verglichen mit der Schweiz wahrgenommen wird, besteht nach dieser Logik die zentrale Aufgabe der Projekte darin, eine erzieherische, steuernde Funktion zu übernehmen: Sie sollen die Anpassung

---

136 Vgl. Fussnote 121.

der teilnehmenden MigrantInnen an die als adäquat eingestufte berufliche und damit soziale Position durchsetzen, und diese umfasst vorrangig gering qualifizierte Dienstleistungsarbeiten.

Das Projekt femme hingegen kritisiert stereotype Zuschreibungen traditioneller Geschlechterrollen bei MigrantInnen und thematisiert, dass Frauen und Männern in der Schweiz nicht gleichgestellt sind. Die Projektleiterin schildert etwa, sie sei „*schockiert*" gewesen, als sie nach der Geburt ihres Kindes mit der in der Schweiz verbreiteten Vorstellung konfrontiert wurde, dass Kinder am besten von der Mutter betreut würden und diese daher ihre Erwerbsarbeit aufgeben solle (vgl. Pfau-Effinger 2010b). Die als Schock beschriebene Konfrontation mit dieser besonders in der deutschsprachigen Schweiz gängigen Geschlechternorm wurzelt möglicherweise in positiven Annahmen von der Gleichstellung in der Schweiz: Yvonne Riaño und Nadia Baghdadi (2007b) zeigen in einer Studie, dass Idealisierungen der Geschlechterverhältnisse in Europa eine wichtige Rolle bei der Migrationsentscheidung von Frauen spielen. Die Autorinnen greifen dabei auf den Begriff „geographischer Vorstellungen" (*geographic imaginations*) von Edward Saïd (1981 [1978]) zurück, um diese Zuschreibung egalitärer Beziehungen zwischen Männern und Frauen in Europa zu konzeptualisieren. Der Begriff beschreibt Erwartungen und Ideen von Orten, Landschaften und den BewohnerInnen dieser Räume, die das Produkt kollektiver Konstruktionsprozesse in Mythen, Erzählungen, Medienberichten, Utopien usw. sind. Diese Vorstellungen sind nicht rein fiktiv, sondern sie haben reale Konsequenzen für das Handeln der Individuen. Die Mitarbeiterinnen von femme nehmen auf solche geographischen Vorstellungen von der Schweiz und den Herkunftsländern der teilnehmenden Migrantinnen Bezug. So betont eine femme-Mitarbeiterin im Interview, dass Vollzeiterwerbsarbeit für Migrantinnen selbstverständlich sei, auch wenn sie Kinder haben:

„*Die meisten [Migrantinnen haben Kinder]. Sie sind es auch gewohnt, weil z. B. in Lateinamerika, ich habe eine Schwester, die Drillinge hat und sie hat nur ein Jahr, also ich sage, nur EIN JAHR [betont] nicht gearbeitet, das erste Jahr. Aber nachher sofort wieder. Dort gibt es keine Teilpensen. Wer arbeitet, der arbeitet voll oder [gar] nicht. Und die Arbeitswochen dauern etwa 50 Stunden, oder so. Nicht wie hier mit 42 oder sowas [lacht]. Die meisten der Frauen sind es gewohnt.* "

Diese Beschreibung unterstellt, dass eine Vereinbarkeit von unbezahlter Haus- und Betreuungsarbeit und bezahlter (Vollzeit-)Arbeit unproblematisch realisierbar ist. Der vereinheitlichte Herkunftsraum der Migrantinnen erscheint hinsichtlich Erwerbsarbeit als anspruchsvoll und anforderungsreich, wodurch Migrantinnen quasi zwangsläufig aktiviert werden. Implizit klingt hier eine Abgrenzung zu Darstellungen an, nach denen Migrantinnen traditionell, familienorientiert und häuslich seien. Die Schilderungen der femme-Mitarbeiterinnen präsentieren Migrantinnen gemessen an Schweizerinnen als eigentlich emanzipiert, nämlich selbstverständlich ausser

Haus vollzeit erwerbstätig. Den Projektdarstellungen zufolge seien Migrantinnen jedoch entmutigt und müssten erst wieder aktiviert bzw. „empowert" werden (vgl. Kap. 6). Die Mitarbeiterinnen praktizieren somit ein invertiertes *Othering*: Migrantinnen seien vertrauter mit den Erfordernissen des Erwerbslebens und vermögen unbezahlte Arbeit damit besser zu vereinbaren als Schweizerinnen. Damit dekonstruiert die Mitarbeiterin zugleich geographische Vorstellungen von der Schweiz – „*hier*" – als gleichgestellt und fortschrittlich und setzt dem die Konstruktion eines anderen, leistungsstarken Ortes – „*dort*" – gegenüber, den Migrantinnen verkörpern.

Bei femme stützt der Verweis auf die Bedingungen des Herkunftskontextes bezüglich des Geschlechterverhältnisse und des Arbeitsmarktes also das Argument einer Eignung von Migrantinnen für qualifizierte Berufspositionen, die eine Vollzeitverfügbarkeit erfordern – in Abgrenzung vom hegemonialem Diskurs, wonach Migrantinnen vorwiegend gering qualifiziert, traditionell und häuslich seien. Die Projekte ina, futura und der Schneiderwerkstatt hingegen reproduzieren postkoloniale Diskurse. Der Hinweis auf den als rückständig und gering qualifiziert dargestellten Herkunftskontext von MigrantInnen legitimiert hier deren Positionierung in vorwiegend gering qualifizierten Arbeitsmarktsektoren. Die Konstruktion von Differenzen zwischen „*hier*" und „*dort*" fungiert somit sowohl bei femme wie auch bei den anderen Projekten als Basis für die institutionellen Platzzuweisungen.

7.2 Positive migrantische Männlichkeit und diskursive Viktimisierung

Den öffentlichen Diskurs dominieren negative Darstellungen von Migranten und Migrantinnen, die thematisch vielfach in einen Zusammenhang mit Kriminalität und Gewalt gestellt werden und einen diffusen Eindruck von Gefahr vermitteln (vgl. Bonfadelli 2007). Besonders zugewanderte Männer werden oftmals als aggressiv und deviant repräsentiert. Im ina-Projekt finden sich hingegen auch Konstruktionen migrantischer Männlichkeit, die konträr zu diesen verbreiteten Bildern bedrohlicher Männlichkeit stehen: Am ursprünglich gezielt für Frauen konzipierten ina-Basiskurs „Pflegehilfe" nehmen zahlreiche Männer teil. Obwohl der Pflegeberuf in der Schweiz vorwiegend von Frauen besetzt ist,[137] würden die männlichen Kursteilnehmenden der Leiterin des Pflegekurses zufolge besonders von den Pflegebedürftigen geschätzt. Zudem würden die Teilnehmenden Pflegearbeiten teilweise sehr positiv werten, führt die Kursleiterin aus:

> „*Von der Kultur her, wenn ich das richtig verstanden habe, ist das eine Pflicht und ein moralisches –, etwas Gutes, was man macht, wenn man anderen hilft, das hat dann auch den*

---

[137] Rund 80 Prozent des Gesundheitspersonals im Pflege- oder Therapiebereich sind Frauen, in Alters- und Pflegeheimen (in denen PflegehelferInnen vor allem angestellt sind) beträgt der Frauenanteil 92 Prozent (Obsan 2009).

spirituellen Hintergrund, und das ehrt dich selber, wenn du etwas gibst und machst. Von dem her ist das für sie ganz selbstverständlich, gar keine Frage."

Der Pflegehilfekurs wurde bezogen auf traditionelle Geschlechternormen konzipiert. Die Praxis der Teilnehmenden widerspricht dieser Konzeption, aus ihrer Perspektive tritt die Konnotation der Pflegearbeit als weiblich offenbar in den Hintergrund, was die Kursleiterin mit der „*Kultur*" der Migranten begründet. Sorgearbeit sei für Migranten demnach eine selbstverständliche Aufgabe, die nicht an Weiblichkeit geknüpft ist. An Stelle der Geschlechterzuschreibung rückt somit eine Kulturalisierung. Die Kursleiterin beschreibt Rückmeldungen von Praktikumsbetrieben:

„(...) was immer zurückgemeldet wird, ist die Herzlichkeit, der Respekt, der liebevolle Umgang, und –, liebe- und respektvolle Umgang mit den Leuten, oder, das ist etwas, was sehr geschätzt wird. Und auch irgendwie eine gewisse Natürlichkeit, denke ich, (...) –, was ich denke, was bei uns fast mehr ist, weil man das weniger kennt, so mit Körperausscheidungen, mit Ekelgefühlen, das gibt's schon als Thema, aber, ja, oft (...) geht das so natürlich."

Diese „*anderen*" Kompetenzen der Teilnehmenden stellt diese Darstellung in einen Zusammenhang mit der Herkunftskultur der MigrantInnen, bei denen es anders sei als „*bei uns*". So kennzeichne die männlichen Teilnehmenden des Kurses ein „*Respekt vor dem Alter und ein gewisser natürlicher Umgang mit Körper, mit Krankheiten*". Die Passage beschreibt Migranten somit aufgrund ihrer kulturellen Herkunft als besonders geeignet für Pflegearbeiten. So sei es für viele Teilnehmer „*je nach Kultur*" eine „*Herzensangelegenheit, in dieser Pflege zu arbeiten*". Diese Erklärung legitimiert die Zuordnung von Migranten zu gering qualifizierter und niedrig bezahlter Pflegehilfsarbeit. Zugleich werden die Kursteilnehmenden damit als kulturell Andere kodiert.[138] Die Betonung der kulturellen Differenz zwischen Einheimischen und Zugewanderten fixiert die Unterschiede als gegebene Tatsachen und naturalisiert sie. Der Integrationsdiskurs basiert auf dem Diskurs unüberwindlicher kultureller Unterschiede, Massnahmen wie die untersuchten Integrationsprojekte tragen diese „weitere Bedeutungsfixierung von ‚Wir' und den ‚Anderen'" mit (Castro Varela 2006: 153).

Die Beschreibung der männlichen ina-Kursteilnehmenden als besonders liebevoll, authentisch und respektvoll kann noch in einer weiteren Hinsicht als Konstruktion einer „anderen" Männlichkeit interpretiert werden: Das Bild einer „sanften" Maskulinität stellt nicht nur ein positives Gegenbild zu den Images „gefährlicher fremder Männer" (Scheibelhofer 2010: 8) dar, das den öffentlichen Diskurs

---

[138] Die Projektmitarbeitenden sind praktisch ausschliesslich Mehrheitsschweizerinnen. Ich formuliere hier eine Analogie zum Terminus ‚mehrheitsdeutsch', den die Feministischen Migrantinnen Frankfurt in Rückgriff auf Gotlinde Magiriba Lwanga als „Hilfsbegriff" benutzen, „um Aufzählungen wie ‚weiss, deutsch, christlich säkularisiert usw.' zu vermeiden, die wieder nur ein Nebeneinander suggerieren, und die Betonung mehr auf die soziale Position (der Mehrheit oder der Minderheit angehörig) zu legen." (FeMigra 1994: 63).

dominiert, sondern steht auch im Kontrast zur Idealen hegemonialer weisser Männlichkeit (vgl. Connell 1987). Die diskursive Konstruktion eines fürsorglichen und emotionalen „Anderen" knüpft an das koloniale Stereotyp des „edlen Wilden" an (vgl. Fanon 1966), der einer rationalen und professionalisierten Moderne gegenübergestellt wird. Es handelt sich zwar um positiv konnotierte Zuschreibungen, sie etablieren und bewahren jedoch Unterordnungsverhältnisse zwischen Mehrheitsangehörigen und MigrantInnen. So ist die pauschale Konzeptualisierung des migrantischen Anderen als unterentwickelt und bedürftig für die untersuchten Projekte nutzbar, um die eigene Arbeit moralisch aufzuwerten und zu legitimieren. Das Projekt Schneiderwerkstatt nutzt den Status von Migrantinnen als Hilfsbedürftige und Benachteiligte explizit als ökonomisch verwertbares Marketinginstrument. Im Strategieplan des Projektes heisst es:

„Der Kunde erhält nicht nur eine Dienstleistung zu einem attraktiven Preis, sondern er unterstützt damit auch eine sinnvolle Initiative zur Integration und Qualifikation von Menschen mit Migrationshintergrund."

Die Unterstützung von Migrantinnen erscheint hier als Konsumargument, das *„beim auftraggebenden Kunden ein ‚gutes Gefühl'"* hinterlassen soll – ähnlich wie Umweltschutzrichtlinien oder soziale Arbeitsbedingungen bei der Produktion einen „Mehrwert" des Produktes für die KonsumentInnen darstellen können. Auch andere Projekte greifen auf die diskursive Viktimisierung von MigrantInnen zurück, um ihre Projektziele zu erreichen. So erläutert die Projektverantwortliche der Trägerorganisation, die die Projekte futura und ina anbietet, dass Unternehmen, die MigrantInnen einstellen, sich als „sozial verantwortlich" darstellen und dies als verkaufsförderndes Werbeargument nutzen könnten:

„Das ist dann auch die ganze Diskussion von der sogenannten ‚Social Responsability' der Betriebe. Es gibt dann Betriebe, die wirklich sagen: ‚Doch, wir machen IV-Integration, oder eben, wir machen Integration von Flüchtlingen.' Und das so ein bisschen zum Leitbild vom Betrieb gehört."

Je bedürftiger und hilfloser die teilnehmenden MigrantInnen dargestellt werden, desto mehr verstärkt sich dieser Effekt und umso höher wird die moralische Dividende durch die Unterstützung des Integrationsprojektes. Der Topos eines wohltätigen westlichen Subjektes, das Benachteiligten aus dem globalen Süden Hilfe leistet, ist ein koloniales Diskursmuster (vgl. Purtschert 2008).

7.3 „Sobald Kinder da sind" – Die Organisation unbezahlter Arbeit

Das Projekt femme folgt nicht der Logik von unterdrückten, abhängigen und passiven Migrantinnen, sondern postuliert ein anderes Frauenbild: Es adressiert die teilnehmenden Frauen als qualifizierte und flexibel verfügbare Erwerbstätige, die ökonomisch erfolgreich am Markt partizipieren. Wie Kapitel 6.4 detailliert darlegt, geht dies mit der Normierung einer spezifischen Weiblichkeit einher: Eine biographische Familienorientierung von Frauen wird diskursiv abgewertet, und mit der Anrufung erwerbsorientierter Migrantinnen ist der Appell an die Projektteilnehmerinnen verbunden, als unternehmerisches Selbst zu agieren und das eigene Auftreten, die persönlichen Kompetenzen und die Gestaltung von Betreuungsarrangements hinsichtlich der Arbeitsmarktanforderungen zu optimieren. Im Zuge dessen finden sich ähnliche diskursive Muster wie bei den Projekten futura, Schneiderwerkstatt und ina: Die Gleichsetzung von ausserhäuslicher Erwerbsarbeit mit Emanzipation bzw. von unbezahlter Arbeit in der häuslichen Sphäre mit Desintegration sowie die Gleichsetzung von Frauen mit Müttern, die für unbezahlte Reproduktionsarbeiten zuständig sind.

Die Adressierung der Zielgruppe bei femme unterscheidet sich somit von derjenigen in den anderen untersuchten Projekten: Auf der einen Seite steht die Anrufung eines fachlich kompetenten und geschlechtsneutralen Subjektes mit starker Erwerbsorientierung, auf der anderen Seite die Anrufung eines vormodernen Subjektes mit klassischen Geschlechterrollen. Die Regulierung der Teilnehmenden ist bei den Projekten jedoch ähnlich ausgerichtet: Sie zielen darauf, MigrantInnen ungeachtet ihres Geschlechts in den – mit Emanzipation gleichgesetzten – Arbeitsmarkt einzugliedern. Frauen sollen somit die häusliche Sphäre verlassen und an ausserhäuslicher Erwerbsarbeit partizipieren. Das Bild der auf den privaten Haushalt bezogenen, nicht-erwerbstätigen Migrantinnen bildet gewissermassen das Gegenstück zum Ideal des aktiven, modernen Bürgers (vgl. Kessl/Reutlinger/Holger Ziegler 2007: 11). Die Projekte zielen darauf, diese Frauen zu aktivieren, um sie in Erwerbsarbeit zu integrieren und somit aus dem Haus und der damit gleichgesetzten Passivität und Abhängigkeit heraus zu holen. Um dies zu erreichen, wirken die Projekte auf die Alltagsgestaltung, die Selbstbilder und die Geschlechterrollen ihrer Teilnehmenden ein. Auch wenn die Projekte unterschiedliche Zielgruppen adressieren und auf verschiedene berufliche Positionen gerichtet sind, gemeinsam ist ihnen diese Einflussnahme auf Lebensgestaltung, Verhalten und Selbstverständnis ihrer Teilnehmenden.

In der Zielsetzung, Frauen in Erwerbsarbeit einzugliedern, verkreuzen sich zwei Diskursstränge: Auf der einen Seite gelten zugewanderte Frauen gelten als besonders unterstützungsbedürftig und sind daher eine zentrale Zielgruppe der Schweizer Integrationsförderung (vgl. Bachmann/Riaño 2012). In den untersuchten Integrationsprojekten wird die spezifische Förderung von Frauen mit den traditionellen Geschlechterverhältnissen bei MigrantInnen begründet. Erwerbsarbeit erhält in dieser Logik die emanzipative Funktion zugeschrieben, Migrantinnen aus der häuslichen Sphäre zu lösen. Auf der anderen Seite gründet das Ziel der Erwerbsarbeit von Frauen im veränderten Geschlechterleitbild der gegenwärtigen, sogenannten aktivierenden Sozialpolitik (vgl. Nadai 2006, Mäder 2009a): Im klassischen Wohlfahrtsstaat war die soziale Sicherung an das Modell des männlichen Ernährers gebunden, der mit seiner Erwerbstätigkeit die Familie unterhält, während die Ehefrau für unbezahlte Haus- und Familienarbeit zuständig ist. Inzwischen orientiert sich die Arbeitsmarkt- und Sozialpolitik am Modell der individuellen Existenzsicherung, dem Leitbild des sogenannten Adult Worker, also an einer möglichst breiten Erwerbsbeteiligung sowohl von Männern wie von Frauen, ungeachtet ihrer familiären Situation (Nadai 2010: 310). Auch Integrationsprojekte sind vom sozialpolitischen Leitbild der individuellen Existenzsicherung getragen: Frauen sollen – ebenso wie Männer – in den Arbeitsmarkt integriert werden.

In der eigenständigen Existenzsicherung liegt aus Sicht der ina- und futura-Mitarbeitenden die Hauptmotivation der Zielgruppe, an den Integrationsprojekten teilzunehmen: Sie beschreiben, dass die Teilnehmenden möglichst rasch eine Erwerbsarbeit aufnehmen wollen würden, da der Wunsch nach „*finanzieller Selbstständigkeit*" oder „*finanzieller Unabhängigkeit*" die zentrale Motivation für die Projektteilnahme bilde. Eine Projektverantwortliche begründet den Wunsch der Teilnehmenden nach finanzieller Unabhängigkeit mit der Verantwortung, Geld an familiäre Netzwerke im Herkunftsland zu schicken, sogenannte Remissen,[139] ausserdem wollten die Teilnehmenden finanzielle Unabhängigkeit erlangen, um sich aus der Abhängigkeit von sozialen Wohlfahrtsleistungen zu lösen. Sie erklärt dies mit der „*Kränkung, in so einer Abhängigkeit zu sein*", und der Unkenntnis des Schweizer Wohlfahrtsstaatsmodells, sodass die Teilnehmenden „*damit nicht umgehen können*" oder „*das furchtbar finden*". Auch Vorstellungen von traditionellen Geschlechterverhältnissen ziehen die Mitarbeitenden als Begründung des Zieles der finanziellen Unabhängigkeit heran. So erklärt etwa eine Mitarbeiterin des Basiskurs-Projekts:

> „*Aber es geht einerseits um finanzielle Unabhängigkeit, anderseits geht es aber glaube ich auch um ein Stück Ehre und Stolz, für sich selber [finanzieren] zu können und wenn es halt nur ein Teil ist. Gerade Männer, oder, also ich meine, das sind die Ernährer der Familie in diesen Kulturen, das ist ihre klassische Rolle und wenn sie einfach zuhause sind, das geht ans Selbstwertgefühl, an die Gesundheit, an alles.*"

---

139 Remissen sind Geldüberweisungen von MigrantInnen in ihre Herkunftsländer zur Unterstützung ihrer Angehörigen. Sie sind für viele Herkunftsländer eine zentrale Einnahmequelle und wesentlicher Teil des Bruttosozialproduktes (vgl. Weltbank 2010: 19). 2007 war die Summe der weltweit registrierten Überweisungen doppelt so hoch wie die gesamte offizielle Entwicklungshilfe der verschiedenen Staaten (Ambrosius/Fritz/Stiegler 2008: 2).

Dieser Darstellung zufolge wirkt sich Erwerbslosigkeit für migrierte Männer besonders gravierend aus, da ihre kulturell begründete Rolle vor der Migration vorwiegend darin bestanden hätte, die Existenz der Familie durch Erwerbsarbeit zu sichern. Durch die Zuschreibung der individuellen Existenzsicherung als primäre Motivation zur Projektteilnahme werden einerseits die Konsensualität der Teilnehmenden mit den Projektzielen und die Übereinstimmung mit dem übergeordneten Leitbild des Adult Worker betont. Überdies kann so legitimiert werden, dass berufliche Inhalte bei der Erwerbseingliederung in den Hintergrund geraten. Dies zeigt anschaulich folgende Beschreibung der ina-Projektleiterin:

„Die meisten, wenn ich sie darauf anspreche, die meisten spüren als erste Motivation die finanzielle Unabhängigkeit und da geht manchmal der Berufswunsch ein bisschen in den Hintergrund, da steht die finanzielle Unabhängigkeit im Vordergrund."

Die Projekte Schneiderwerkstatt, futura und ina bieten den Teilnehmenden kaum Möglichkeiten, eventuell vorhandene berufliche Kompetenzen und Erfahrungen einzubringen. Sie zielen vorrangig auf gering qualifizierte Arbeiten im Dienstleistungsbereich (vgl. Kap. 5.5). Folgt man der Darstellung im Interviewausschnitt, ist für die an den Projekten teilnehmenden MigrantInnen in der Regel der berufliche Bereich, in dem sie eine Anstellung finden, nicht relevant. Somit tritt gemäss dieser Logik für die Teilnehmenden auch die Möglichkeit, bisherige berufliche Erfahrungen und Qualifikationen bei der Erwerbsintegration in der Schweiz einbringen zu können, hinter dem Ziel eines möglichst umgehenden Verdienstes zurück.

Dem Ziel der Unabhängigkeit von staatlichen Wohlfahrtsleistungen stehen die eingeschränkten Möglichkeiten der Projektteilnehmenden gegenüber, die Existenz selbständig zu sichern, sofern das Einkommen für weitere Familienangehörige reichen muss.[140] So sei das Einkommen aus den Hilfsarbeiten, auf die die ina-Basiskurse ausgerichtet sind, zu niedrig für den Unterhalt einer Familie, meinen die Projektleiterin und die Kursleiterin des ina-Projekts (vgl. Kap. 5.1.6):[141]

„Kommt darauf an, ob jemand Familie hat, jemand alleine: ja, jemand mit Familie: schwerlich, ausser die Frau arbeitet dann längerfristig auch. (…) das ist eine Illusion, in diesem Bereich eine Familie ernähren zu wollen..."

---

140 Die Armutsgrenze betrug 2011 für eine Einzelperson rund 2200 Franken pro Monat und für zwei Erwachsene mit zwei Kindern rund 4050 Franken (BFS 2013a). Die Armutsgrenze bezeichnet das soziale Existenzminimum. Als arm gelten danach Personen, die nicht über die Mittel für ein gesellschaftlich integriertes Leben verfügen. Die Definition orientiert sich an den Richtlinien der Schweizerischen Konferenz für Sozialhilfe (SKOS) und dient als Referenz für die Beurteilung des Sozialhilfeanspruchs.

141 Beide Zitate gehen implizit davon aus, dass die Kursteilnehmenden heterosexuelle Männer sind, das zeigt der Verweis auf *„die Frau"* des Teilnehmers (die als normalerweise nicht erwerbstätig dargestellt wird) und die Formulierung *„Familienvater"*. Dies verweist erneut auf die Zuschreibung, dass migrantische Frauen nicht erwerbstätig, sondern mit unbezahlter Arbeit zuhause beschäftigt sind.

„Als Pflegehelfer, wenn du halt Familienvater bist, und zwei Kinder, dann wirst du nachher finanziell nicht unabhängig sein können, die verdienen vielleicht drei acht [= 3'800 Franken im Monat] oder so. Und das ist für eine Familie zu wenig."

Auch bei den Stellen, auf die das Projekt Schneiderwerkstatt zielt, dürfte das Einkommen sehr niedrig sein (vgl. Kap. 5.3). Die futura-Projektleiterin sagt bezüglich der Teilnehmenden des Projekts:

„Sobald Kinder da sind (...) ist es eigentlich eine illusorische Vorstellung, das kurz- oder mittelfristig zu erreichen, also sich ablösen zu können von der Sozialhilfe."

Sofern sie Kinder haben, sind folglich die Teilnehmenden der drei Projekte auf einen weiteren Verdienst angewiesen. In einer Familie müssen demnach beide Eltern ein Einkommen erzielen, um die Existenz eigenständig sichern zu können.[142] Die Frage bleibt offen, wer die unbezahlten Reproduktionsarbeiten übernehmen soll, insbesondere die Betreuung von Kindern. Das Projekt femme zielt explizit nicht auf Stellen im Niedriglohnbereich. Aber auch hier stellt sich die Frage, wie die Projektteilnehmenden unbezahlte und bezahlte Arbeit vereinbaren sollen, denn das Projekt stellt die (Vollzeit-)Erwerbstätigkeit von Müttern als selbstverständlich und unproblematisch realisierbar dar (vgl. Kap. 5.4.6). Welche Modelle der Vereinbarkeit von bezahlter und unbezahlter Arbeit schlagen die Integrationsprojekte vor?

Bei den vier untersuchten Projekten lässt sich eine starke Normierung von Erwerbsarbeit finden: Sowohl Männer als auch Frauen sollen erwerbstätig sein – wie es der aktuellen sozialpolitischen Logik in der Schweiz entspricht. Unbezahlte Arbeit, vor allem Kinderbetreuung beschreiben die Projektmitarbeitenden in den vier Projekten als Hürde für die Integration der Teilnehmenden. So nennt die Geschäftsleiterin der Schneiderwerkstatt die Zuständigkeit von Frauen für unbezahlte Familienarbeiten als *„einen anderen, zusätzlichen Auftrag"*, der die Integration von Frauen erschwere und ihre soziale Isolation verursache. Die Mitarbeiterinnen des Projekts femme thematisieren unbezahlte Haus- und Betreuungsarbeit als *„Frauenfalle"* und warnen vor der Gefahr, bei der Fokussierung auf unbezahlte familiäre Aufgaben vom Ehemann abhängig zu sein. Im Projektverlauf werden Themen wie Verfügbarkeit und Kinderbetreuung thematisiert und die Teilnehmerinnen aufgefordert, Betreuungsarrangements mit dem Partner auszuhandeln, um für den Arbeitsmarkt flexibel verfügbar zu sein. Bei futura und ina ist ein informelles Kriterium bei der Aufnahme in die Projekte, dass die Kinderbetreuung vor dem Antritt organisiert sein muss, sodass die Teilnehmenden im geforderten Umfang verfügbar sein können. Ein futura-Mitarbeiter bezeichnet die Organisation der Kinderbetreuung mehrfach als ein *„Problem"*, das zu *„lösen"* sei. Er macht deutlich, dass die Ver-

---

142 Diesen Widerspruch – dass die Teilnehmenden nach Existenzsicherung streben, dies aber mit den Projekten kaum erreichen können – thematisieren die befragten Mitarbeitenden jedoch nicht.

antwortung für die Organisation der Kinderbetreuung grundsätzlich ausserhalb der Projektaufgaben liegt, sie ist von den Betreffenden selbst oder durch andere Institutionen zu regeln:

> „Das [die Vereinbarkeit von Familie und Beruf] gehört aber mehr zu den Vorabklärungen, also man muss schauen, wenn Kinder da sind, wie ist die Kinderbetreuung organisiert, – das ist eigentlich schon die Aufgabe der zuweisenden Stelle. Also, das muss klar sein, wir sagen für welches Angebot, für wieviel Stellenprozent die Leute verfügbar sein müssen." (...) // F: „Und [wenn die Kinderbetreuung nicht organisiert ist], was heisst das dann?" // A: „Das heisst, das man das dann mit ihnen [den Teilnehmenden] anschauen muss, wie man das lösen kann. Allenfalls müssen sie beraten werden, an welche Stellen sie gelangen müssen, dass sie das organisieren können, familienexterne Kinderbetreuung. Oder manchmal ist es ja auch, dass diese Leute Schwierigkeiten haben zu akzeptieren, jetzt ihre Kinder abzugeben. Das kann auch eine Schwierigkeit sein. Das ist dann halt eine normale, beratungssituativ, versuchen herauszufinden, was das Problem ist und schauen, was es für Lösungsansätze gibt. So. (...) Unser Auftrag ist natürlich irgendwo schon, dass wir alle berufsrelevanten Themen angehen, und wenn es dann halt mit der Kinderbetreuung nicht funktioniert und deswegen die Person immer zu spät zur Arbeit kommt, dann ist das ein Thema bei uns. Ursachen, Lösung, – das ist klar. Aber vom konzeptionellen her, müsste es eigentlich vorher geregelt sein."

Deutlich wird hier eine starke Normierung familienexterner Kinderbetreuung: Die Teilnehmenden sollen „akzeptieren", dass ihre Kinder fremdbetreut werden. Die untersuchten Projekte unterstützen sie zwar, wenn dabei Probleme auftreten, indem sie dies in der Gruppe besprechen können bzw. ihnen die Mitarbeitenden beratend zur Seite stehen, wenn die Kinderbetreuung in Konflikt mit der Erwerbstätigkeit gerät. Grundsätzlich überlassen die Projekte die Organisation der Kinderbetreuung jedoch den Teilnehmenden bzw. delegieren sie im Fall von futura und ina an vorgeschaltete Institutionen wie das Sozialamt. Problematisch ist hierbei, dass in der Schweiz ein Mangel an Betreuungsmöglichkeiten herrscht. Zwar hat sich das Angebot an familienexterner Kinderbetreuung in den vergangenen Jahren vor allem in den urbanen Zentren vergrössert, trotzdem übersteigt die Nachfrage das Angebot noch immer bei weitem. Im Vergleich mit anderen OECD-Staaten ist das Angebot an Einrichtungen zur familienergänzenden Kinderbetreuung in der Schweiz unterdurchschnittlich (vgl. OECD 2012). Ausserdem sind die Kosten dafür im internationalen Vergleich sehr hoch (ebd.).

Ein gut ausgebautes Angebot an Kinderbetreuungsmöglichkeiten wirkt sich positiv auf die Erwerbsbeteiligung von Frauen aus (vgl. Stern et al. 2013). Zudem bewirkt demnach ein gut ausgebautes Angebot an familienexterner Kinderbetreuung, dass Männer eher ihre Arbeitspensen reduzieren. Dies begünstigt eine gerechtere Aufteilung von Erwerbs- und Familienarbeit zwischen Vätern und Müttern. Die Verfügbarkeit von Kinderbetreuungsangeboten hat folglich positive Auswirkungen auf die Gleichstellung der Geschlechter (ebd.). Allerdings ist in der deutschsprachigen Schweiz die Fremdbetreuung von Kindern weniger selbstverständlich als etwa in der Romandie: Die gesellschaftliche Anerkennung berufstätiger Mütter ist geringer; Kinder werden häufiger von Grosseltern und anderen Verwandten als in familienexternen Institutionen betreut (Stern 2012, vgl. Pfau-Effinger 2005: 5).

MigrantInnen sind besonders auf familienexterne Betreuungsmöglichkeiten angewiesen, da sie weniger als die autochthone Bevölkerung auf Grosseltern und andere familiäre Unterstützung zurückgreifen können. Ausländische Eltern nutzen jedoch das ausserhäusliche Angebot an Kinderbetreuungsmöglichkeiten deutlich weniger als Schweizer Eltern (vgl. Statistik Stadt Zürich 2003: 8). Zudem bevorzugen sie weniger institutionalisierte Angebote wie z.b. Tageseltern. Ein Grund für die geringere Nutzung von Krippen oder Tagesstätten kann darin gesehen werden, dass die Arbeitszeiten ausländischer Eltern oft schlecht mit den Öffnungszeiten der Betreuungseinrichtungen übereinstimmen (ebd.). Die ina-Kursleiterin erwähnt, dass zahlreiche alleinerziehende Mütter am ina-Kursprojekt teilnehmen und beschreibt, wie diese die Betreuung ihrer Kinder in einer Kombination von Betreuungsinstitutionen und mit Hilfe anderer MigrantInnen organisieren:

"Die haben eben wirklich Kita und zum Teil haben sie dann wirklich noch abgedeckt mit Nachbarin, Freundin, am Morgen halt und am Abend, wenn es länger wird. (...) je nach dem sind sie auch gut eingebettet, das ist – eben Eritreer zum Beispiel – extrem, habe ich den Eindruck so von aussen. Das ist wirklich eine Gemeinschaft und die helfen einander. Und wohnen oft auch in der Nähe."

Da das Angebot an Kinderbetreuungsmöglichkeiten für ausländische Eltern unzureichend und zu wenig auf ihre Bedürfnisse abgestimmt ist, sind sie für die Kinderbetreuung auf die Unterstützung ethnischer Gemeinschaften angewiesen. Damit sichern vielfach diejenigen migrantischen Netzwerke die Existenz ausländischer Eltern, die im öffentlichen Diskurs als Parallelgesellschaften stigmatisiert werden (vgl. Terkessidis 2010: 31).

Mit der Zielsetzung der Projekte, sowohl Frauen wie Männer in den Arbeitsmarkt zu integrieren, ist die Anforderung an die Teilnehmenden verbunden, für Erwerbsarbeit flexibel verfügbar zu sein und für die Kinderbetreuung eigenständig oder mit Hilfe anderer Institutionen Lösungen zu organisieren. Die Vereinbarkeit der bezahlten mit unbezahlter Arbeit liegt somit in der Verantwortung der einzelnen Teilnehmenden. Sie sollen unabhängig von Reproduktionsarbeiten dem Markt zur Verfügung stehen. Trotz der Schwierigkeiten für MigrantInnen, familienergänzende Betreuungsmöglichkeiten zu organisieren, bieten die untersuchten Integrationsprojekte kaum Lösungen für diese Problematik an. Die Schweizer Integrationsförderung ignoriert den Zusammenhang zwischen existenzsichernder Erwerbsarbeit und der Möglichkeit, Angebote der familienexternen Kinderbetreuung zu nutzen. Integrationsmassnahmen umfassen keine Mittel, um etwa Betreuungsangebote bezahlbar zu gestalten oder Alleinerziehenden Unterstützung zu bieten. Dies verschärft geschlechtsspezifische Asymmetrien beim Zugang zum Arbeitsmarkt. Es gibt somit eine Diskrepanz zwischen dem Anspruch an die Teilnehmenden der untersuchten Projekte, für Erwerbsarbeit flexibel zur Verfügung zu stehen, und dem Auftrag der Projekte, der keine Unterstützung bei der Vereinbarkeit unbezahlter mit bezahlter Arbeit umfasst.

In den Schilderungen der Projektmitarbeitenden zum Thema Vereinbarkeit fällt der Wechsel zwischen geschlechtsneutralen Formulierungen (*„die Leute", „die Eltern", „die Teilnehmenden" „wenn jemand Kinder hat"*) und geschlechtsspezifischen Zuschreibungen auf (Männer als Brotverdiener, Frauen als Mütter). Diese Antinomie kann einerseits als Ausdruck der Spannung interpretiert werden zwischen dem geschlechtsneutralen Leitbild eines Adult Worker ohne Betreuungsaufgaben und den ethnisierten Zuschreibungen traditioneller Geschlechterverhältnisse bei MigrantInnen. Andererseits verweist dies auf ein grundlegendes Dilemma bei der Konzeption der Integrationsprojekte: Durch die Orientierung am geschlechtsneutralen Leitbild der eigenständigen Existenzsicherung aller erwerbsfähigen Personen – und damit am Ziel der steigenden Erwerbstätigkeit von Frauen – bleibt offen, wer Haus- und Betreuungsarbeiten verrichten soll. Gleichzeitig ist die geschlechtsspezifische Arbeitsteilung persistent, die unbezahlte Arbeit hauptsächlich Frauen zuordnet. Das Adult Worker-Leitbild ignoriert die weiterhin ungleiche Belastung von Männern und Frauen durch unbezahlte Arbeiten ebenso wie die Benachteiligung von Frauen auf dem Arbeitsmarkt (Nadai 2010: 310). Dieses Dilemma kann zu einer geschlechtsspezifischen Auswahl der Teilnehmenden führen. Dies zeigt das Beispiel des ina-Kurses „Pflegehilfe", wie im Folgenden dargestellt wird.

7.4 „Für Männer ist es einfacher" – Geschlechtsspezifische Rekrutierung

Einer der ina-Basiskurse wurde wie erwähnt auf den Berufsbereich Pflege ausgerichtet, um zu erreichen, dass mehr Frauen als bisher die Kurse besuchen (vgl. Kapitel 5.1.5). Die Leiterin des Pflegekurses, die auch für die Auswahl der Teilnehmenden zuständig ist, berichtet im Interview, dass in den vergangenen Jahren teilweise mehr Männer als Frauen am Pflegekurs teilgenommen haben:

> *„Wir haben jetzt im Moment wirklich - nein, jetzt ist ausgeglichen, aber wir hatten jetzt ein paar Jahre mehr Männer [im Pflegekurs], obwohl wir eigentlich –, ich weiss gar nicht, ob das immer noch steht, obwohl im ursprünglichen Kurskonzept steht, Frauen haben Vorrang. Steht immer noch, ja. Und schauen wir auch, oder, wenn wir gleiche – ja, wenn wir das Gefühl haben, die Chance, dass sie das schaffen, ist gleich, dann nehmen wir schon die Frauen. Aber letztlich – ist schon so, dass eigentlich es für Männer einfacher ist und – ."*

Im Konzept des Pflegekurses ist festgehalten, *„Frauen werden bevorzugt aufgenommen"*. Für die Aufnahmepraxis des Kurses ist dies nicht prioritär, wie die Unsicherheit der Kursmitarbeiterin zeigt, ob der Passus noch gültig ist. Die Einschätzung, ob Erwerbsarbeit den Teilnehmenden möglich ist, nehmen die Projektmitarbeitenden vor, wie das Zitat zeigt. Aus Sicht der Kursleiterin ist der Kurs *„für Männer einfacher"* zu bewältigen.

In den Projektdokumenten und Interviews wird das ina-Projekt als sehr anspruchsvoll beschrieben: Der Kurs mit dem Praktikum sei *„sehr streng"*, die Teilnehmenden müssten sehr früh aufstehen, sie müssten pendeln, das sei in der Schweiz *„absolut normal"*, sie hätten unregelmässige Arbeitszeiten, in den Praktika müssten die Teilnehmenden *„wirklich harte Arbeit"* verrichten, teilweise gehe der Arbeitstag bis in den frühen Abend, es gebe Schichten am Wochenende, manchmal müsse man für den Kurs am Abend noch lernen, es sei teilweise *„wirklich extrem anstrengend"*.[143] Die Darstellung verdeutlicht, dass die ina-Basiskurse den Teilnehmenden nicht nur ermöglichen, sich Fachkenntnisse anzueignen und Arbeitserfahrungen zu sammeln, sondern dass sie überdies darauf zielen, die Teilnehmenden an bestimmte Arbeitsbedingungen zu gewöhnen. Diese sind nur schwer mit unbezahlten Reproduktionsarbeiten zu vereinbaren. Somit ist die Vermittlung der spezifischen Arbeitsanforderungen – wie unregelmässige Arbeitszeiten oder lange Fahrtwege zur Arbeitsstelle – mit der Normierung einer flexiblen, uneingeschränkt verfügbaren Arbeitskraft verbunden. So ist eine Aufnahmebedingung des ina-Projekts, dass die Teilnehmenden zu *„100 Prozent vermittelbar"* sind. Eine Betreuung von Kindern muss vor Kursbeginn organisiert sein. Das wird im Aufnahmegespräch überprüft. Die Leiterin des ina-Pflegehilfekurses schildert, dass die Arbeit im Pflegebereich – etwa wegen der langen und unregelmässigen Arbeitszeiten oder der langen Fahrtwege zur Arbeitsstelle – oftmals nicht mit den Möglichkeiten einer familienexternen Betreuungseinrichtung wie einer Kindertagesstätte vereinbar ist. Ihre Schilderung legt nahe, dass Mütter mit betreuungsbedürftigen Kindern sich selbst zuhause um ihren Nachwuchs kümmern müssen und daher ihre Teilnahme am ina-Projekt (ebenso wie Erwerbsarbeit) nicht möglich ist. Die Kursleiterin sagt weiter:

> *„Dann schauen wir mit ihnen [den zuweisenden Sozialhilfestellen], wie sie das einschätzen, ob das [eine Projektteilnahme] möglich ist. Wir haben auch alleinerziehende Mütter, recht viele eigentlich. Und dann schauen wir. Oder wenn es eben sonst Frauen sind, ist dann meistens die Frage: Sind die Männer so emanzipiert, dass sie da wirklich – ? Weil sie sagen: Ja, mein Mann hilft und [mein] Mann schaut. Und dann ist es dann vielleicht DOCH so, dass sie dann einfach noch waschen und kochen und putzen müssen am Abend. Und das schaffen*

---

143 Obwohl hohe Anforderungen an die künftigen Hilfskräfte gestellt werden, wie Belastbarkeit, Flexibilität, kommunikative Fähigkeiten usw. (vgl. Kap. 5.1.3), gilt die Arbeit als unqualifiziert (vgl. Shinozaki 2009: 77). Die Darstellung von pflegerischen Kompetenzen als kulturelle Eigenschaft stützt diese Einstufung als unqualifiziert (vgl. Kap. 5.1.5).

sie dann fast nicht. (...) Von dem her ist natürlich einfacher – für die Familienväter, wo es allgemein schon noch so ist, dass die Frauen einfach zuhause sind. (...) wir sind wirklich auch schon zum Schluss gekommen: Nein, wir nehmen sie noch nicht auf, sie soll sich nächstes Jahr wieder melden. (...) Und wir hatten auch schon Leute, die wegen dem aufgehört haben. Nicht sehr viele, aber das gab es auch schon. (...) Weil das nicht ging. Weil das einfach zu viel Stress war. Oder die Kinder dann viel krank und so."

Aus dieser Perspektive ist fraglich, ob Mütter das Projekt – und damit eine Erwerbstätigkeit – bewältigen können. Für Frauen sei demnach die Vereinbarkeit von bezahlter und unbezahlter Arbeit besonders schwierig, weil sie oftmals für die Betreuungs- und Hausarbeit zuständig seien und hierbei wenig Unterstützung vom Partner erhielten, da diese teilweise nicht *"so emanzipiert"* seien. Für Väter, welche die unbezahlten Arbeiten an die nicht-erwerbstätige Ehefrau delegieren, sei die Erwerbsintegration hingegen unproblematischer. Somit dürften eher männliche Projektteilnehmende von den Projektverantwortlichen so eingeschätzt werden, *"dass sie das schaffen"*. Die Kursleiterin begründet die Mehrfachbelastung der Frauen mit individuellen Rollenmustern wie der geschlechtsspezifischen familiären Arbeitsteilung, nicht mit strukturellen Hindernissen wie dem unzureichenden Angebot an familienexterner Kinderbetreuung. Demnach liegt die Verantwortung dafür aus Sicht der Kursleiterin bei den Individuen selbst.

Die Darstellung zieht in Zweifel, dass die Teilnehmenden selbst umfassend einschätzen können, ob sie die Anforderungen der Erwerbstätigkeit bewältigen können. Wie die Passage deutlich macht, beurteilen vorrangig Angehörige der Institutionen – Projektmitarbeitende und Sozialarbeitende –, ob eine Erwerbsarbeit möglich ist, nicht die Teilnehmenden selbst (vgl. Kapitel 5.1.3). Die Kursleiterin erklärt zum Grundsatz des Projektes, Frauen bevorzugt aufzunehmen:

"N[j]aa, es ist einfach noch relativ schwierig. Wie handhabt man dann das, oder? Weil eben, ja, wenn die Frauen halt – wenn man sieht, das geht gar nicht Ja, oder die Frauen haben dann wirklich auch weniger Deutsch, weil sie weniger raus kommen. Weniger Schule. Ja und dann – Es besteht letztlich wirklich nur darin, dass wenn wir zwei haben, was wirklich selten vorkommt, oder wo man sich entscheiden muss. Und denkt, für beide wäre es möglich, dann nimmt man die Frau."

Dieser Darstellung zufolge weisen Frauen oftmals nicht die nötigen Voraussetzungen für die Teilnahme am ina-Projekt auf, da sie einerseits durch Betreuungsarbeit belastet seien. Andererseits schlägt sich hier der verbreitete Diskurs nieder, wonach Migrantinnen weniger Bildung und geringere Sprachkenntnisse aufweisen, was die Mitarbeiterin mit der traditionellen Rollenverteilung zwischen Männer und Frauen begründet, bei der Frauen der häuslichen Sphäre zugeordnet sind. Die Kursleiterin räumt ein, dass der Passus *"Frauen werden bevorzugt aufgenommen"*, wie sie sagt, *"letztlich wirklich nur darin [besteht]"*, dass bei gleicher Ausgangslage die Frau gewählt wird,

„was wirklich selten vorkommt" – da letztlich die der Teilnehmerauswahl zugrundeliegenden Vorannahmen Männer bevorzugen.[144] Dazu kommt, dass die Projektleiterin eine spezifische, kulturell begründete Kompetenz von Männern für Pflegearbeit konstruiert, wie in Kapitel 7.1 dargelegt wurde. Dies kann erklären, warum die Zahl der männlichen Teilnehmenden in den vergangenen Jahren höher oder gleich hoch war wie die der weiblichen – trotz der im Projektkonzept formulierten Priorisierung von Frauen. Die Nichtaufnahme der Frauen erscheint als logische Folge von mangelnden Kompetenzen und der Überforderung durch unbezahlte Arbeit. Der Ausschluss wirkt nahezu wie ein fürsorglicher Akt, der die Frauen vor den als nicht bewältigbar eingestuften Belastungen der Erwerbsarbeit schützt. Damit verharmlost diese Darstellung das Zwangsmoment, das dem Ausschluss innewohnt.

Mutterschaft kann gegenüber dem Auftraggeber, dem Kanton, als Erklärung herangezogen werden, um den Projektabbruch von einzelnen Teilnehmenden zu legitimieren. So heisst es in der Evaluation des ina-Pflegekurses für das Jahr 2009:

„Nur eine TN (...) hatte bei Kursende keine Anschlusslösung, da sie zu diesem Zeitpunkt schwanger war."

Die Evaluation zieht die Schwangerschaft der Teilnehmerin (TN) als Begründung dafür heran, dass die Teilnehmerin weder für ein RAV-Angebot, eine Lehr- oder Arbeitsstelle oder eine andere vorgegebene *„Anschlusslösung"* in Frage kommt. Diese Formulierung deutet darauf hin, dass Frauen, die schwanger sind, oftmals als nichterwerbsfähig gelten. Es finden sich jedoch keine entsprechenden Hinweise im Material, dass Elternschaft für Männer als Gegensatz zu einer Projektteilnahme bzw. Erwerbsarbeit gesehen wird. Ähnliche Beobachtungen machten Silvia Büchi und Martina Koch (2014: 81f.) im Rahmen ihrer Analyse des institutionellen Umgangs mit Arbeits(un)fähigkeit im Feld sozialstaatlicher Arbeitsintegration von Erwerbslosen mit Mehrfachbelastungen: Auch hier gilt eine schwangere Klientin als „nicht vermittelbar".[145] Institutionelle Faktoren – wie das Ziel einer möglichst raschen statt einer möglichst nachhaltigen Erwerbsintegration – spielen hierbei mit geschlechtsspezifischen Zuschreibungen zusammen und führen dazu, dass der Coach des untersuchten sozialpolitischen Programms der Klientin eine Rolle als Mutter und Hausfrau zuweist. Hier spiegelt sich die dominierende Geschlechterkultur der Schweiz, die Erziehungs- und Betreuungsaufgaben von Frauen eine Priorität gegenüber der Erwerbstätigkeit zuweist (Pfau-Effinger 2005: vgl.).

Um Teilnehmenden mit Betreuungspflichten die Vereinbarkeit mit dem Projekt bzw. mit Erwerbstätigkeit zu erleichtern, erwägen die Projektverantwortlichen,

---

144 Dies verdeutlichen auch Formulierungen, die zeigen, dass die Projektmitarbeitenden implizit davon ausgehen, dass die Kursteilnehmenden männlich sind (vgl. Fussnote , S. 149).

145 Diese Zuschreibung entspricht einer Regelung der Sozialhilfe: Mütter mit Kindern unter drei Jahren sind nicht verpflichtet, eine Erwerbsarbeit zu suchen (vgl. Koch 2014).

ein spezielles Praktikum mit reduzierten oder regelmässigen Arbeitszeiten anzubieten. Dagegen spricht aus Sicht der ina-Kursleiterin, dass ein Integrationsprojekt den Arbeitsmarkt „*realistisch*" simulieren soll:

> „*Wir sind jetzt im Moment ein bisschen am Überlegen, ob wir ein, zwei Plätze machen mit reduziertem Pensum. Ja, quasi weniger Praktikum, oder mit den Praktikumsplätzen absprechen können, die einfach regelmässige Zeiten haben. Ist halt immer so ein bisschen ein Hin und Her zum Überlegen. Oder, andererseits sollen sie [die Teilnehmenden] ja auch merken: ‚Wie ist der Berufsalltag?' und ‚Kann ich dann das nachher schaffen?' Wenn man da so Sonderregelungen macht, ist dann auch nicht wirklich ein realistisches Bild da. Das ist dann auch schade.*"

Bedingungen, die eine bessere Vereinbarkeit von unbezahlter und bezahlter Arbeit ermöglichen, wie Teilzeitpensen oder regelmässige Arbeitszeiten entsprechen demnach nicht der Realität des Arbeitsmarktes. Gerade im Pflegebereich sind Teilzeitpensen jedoch verbreitet: Rund die Hälfte des Gesundheitspersonals in der Schweiz mit nicht-universitärer Ausbildung arbeiten Teilzeit (Jaccard Ruedin et al. 2009: 83). Die ina-Mitarbeiterin konstruiert somit einen vereinheitlichten Arbeitsmarkt, dessen (vermeintliche) Anforderungen an flexible und vollumfänglich verfügbare Arbeitskräfte als Fakt dargestellt werden (vgl. Kap. 0).[146] Das Ziel der Simulation von „*realistischen*" Arbeitsbedingungen durch das Integrationsprojekt bezieht sich also auf bestimmte Arbeitsbedingungen, wie unregelmässige Arbeitszeiten oder eine Vollzeitstelle. Implizit ist das ina-Projekt somit an flexible, autonome Arbeitnehmende ohne Betreuungsverantwortung gerichtet.

7.5 Fazit: Dethematisierung und Restabilisierung von Ungleichheiten

Die untersuchten Projekte futura, ina und Schneiderwerkstatt fokussieren Teilnehmende mit einer klassischen Aufteilung der familiären Arbeitsteilung: Die Projektmitarbeitenden beschreiben die teilnehmenden Männer vorrangig als Familienernährer, Frauen hingegen als abhängige Hausfrauen, die für unbezahlte Arbeiten im privaten Raum zuständig sind. Die Projekte zielen darauf, diese geschlechtsspezifischen Ungleichheiten aufzuheben und gezielt Frauen in den Arbeitsmarkt einzugliedern, da damit die Vorstellung von Emanzipation und gesellschaftlicher Teilhabe verbunden wird. Dies entspricht den Vorgaben der Schweizer Integrationspolitik, in der Frauen eine zentrale Zielgruppe sind. Über als weiblich geltende Arbeitsinhalte versuchen die Projekte teilweise, gezielt Frauen zu erreichen, was wiederum mit patriarchalen Strukturen in den Herkunftsgemeinschaften und Familien der

---

146 Diese Analyse verdanke ich einem Hinweis von Martina Koch.

Frauen begründet wird. Diese Geschlechterdiskurse knüpfen an postkoloniale Leitbilder an, die eine Differenzsetzung vornehmen zwischen den traditionellen, vormodernen Anderen und der modernen, aufgeklärten westlichen Mehrheitsgesellschaft, in der die Gleichstellung zwischen Männern und Frauen realisiert ist. Diese Fokussierung traditioneller Geschlechterverhältnisse kann zu einer geschlechtsspezifischen Rekrutierungspraxis führen, wie das Fallbeispiel des ina-Pflegehilfe-Kurses zeigt: Väter, die unbezahlte Haus- und Betreuungsarbeiten an die Ehefrau delegieren, werden von den Projektmitarbeitenden als geeigneter für Erwerbsarbeit und damit für die Projektteilnahme beurteilt, weil sie weniger als Frauen von Mehrfachbelastungen durch Familienarbeit betroffen sind. Denn die Integrationsprojekte beinhalten eine Normalisierung von tendenziell prekären Arbeitsverhältnissen mit Vollzeitpensum, unregelmässigen Arbeitszeiten und nicht-existenzsichernden Löhnen, wobei Betreuungspflichten als Hindernis für die Erwerbsarbeit erscheinen. Die Projektmitarbeitenden gehen folglich von einer tendenziellen Unvereinbarkeit von unbezahlter und bezahlter Arbeit aus. Damit fördern die Projektpraktiken familiäre Arbeitsteilungen nach dem Ernährer-Hausfrau-Modell. Die Projektmitarbeitenden schätzen Frauen mit Kindern aufgrund ihrer Zuständigkeit für Hausarbeit und Kinderbetreuung als belasteter ein und beurteilen folglich ihre Teilnahme am Projekt als weniger angebracht. Das Projekt reproduziert somit die Zuständigkeit von Frauen für unbezahlte Versorgungsarbeit. Defizitorientierte Vorstellungen von Migrantinnen stützen diese geschlechtsspezifische Teilnehmendenauswahl zusätzlich. Die Projektmitarbeitenden setzen die traditionelle Zuordnung der Frauen auf die häusliche Sphäre in Verbindung mit fehlender Bildung und mangelnden Sprachkenntnissen, was ihren Ausschluss legitimiert. Diskurse, die Migrantinnen als weniger geeignet für die Projektteilnahme und für Erwerbsarbeit einstufen, sind wirksam, obwohl explizit Frauen für die Projektteilnahme gewonnen werden sollen. Dieses Ziel wird durch implizite Aufnahmekriterien unterlaufen, die eher Männer auswählen.

Das Beispiel des Pflegebasiskurses zeigt, dass die Projektpraktiken im Hinblick auf Geschlechterzuschreibungen von Ambivalenzen durchzogen sind: Einerseits greifen die Integrationsprojekte stereotype Bilder über zugewanderte Frauen und Männer auf, um die Programmteilnehmenden in den Arbeitsmarkt zu vermitteln, und reproduzieren und verfestigen diese Stereotypen damit. Damit bestätigt die vorliegende Analyse frühere Studien, wonach die Schweizer Integrationspolitik auf Vorstellungen traditioneller Geschlechterverhältnisse bei MigrantInnen beruht und diese reproduziert (vgl. Riaño/Wastl-Walter 2006b, Riaño/Wastl-Walter 2006a, Wichmann 2014). Andererseits eröffnen die ethnisierenden, mit Geschlecht verknüpften Zuschreibungen auch neue Handlungsspielräume für Zugewanderte. Das Fallbeispiel macht deutlich, dass männlichen Zugewanderten mit Hilfe von Ethnizitätskonstruktionen der Zugang zu Arbeitsbereichen möglich wird, die als weiblich gelten: Bestimmte Fähigkeiten, die üblicherweise Frauen zugeschrieben werden, (wie die besondere Eignung für die Betreuung von Pflegebedürftigen), werden den zugewanderten Männern wegen ihrer kulturellen Herkunft zugewiesen. Dies ist bedeutsam vor dem Hintergrund, dass die Diskussion um die gesellschaftliche Verteilung von Care-Arbeit oftmals vorrangig unter dem Aspekt betrachtet wird, dass zunehmend zugewanderte Frauen bezahlte Betreuungs- und Pflegearbeiten verrichten. Geschlecht und Ethnizität spielen aber offenbar im Feld der Integrationspolitik in weiteren, bislang wenig berücksichtigten Verschränkungen zusammen, die es wert wären, näher beleuchtet zu werden.

Die paradoxen Dynamiken im Fallbeispiel machen die Widersprüche deutlich, denen die Mitarbeitenden der Integrationsprojekte ausgesetzt sind: Die geschlechtsspezifische Teilnehmendenauswahl kann als Ausdruck der Spannung interpretiert zwischen dem sozialpolitischen Leitbild eines geschlechtsneutralen Adult Worker ohne Betreuungsaufgaben, und der offenen Frage, wer die notwendigen Arbeiten zur Reproduktion der erwerbstätigen Familienmitglieder, zur Betreuung der Kinder und der Versorgung pflegebedürftiger Angehöriger übernimmt. Da dieser Arbeit wenig Wert beigemessen und kaum Beachtung geschenkt wird, bleibt die Verantwortung dafür weiterhin vorwiegend den Frauen überlassen. Damit fungieren Frauen als „soziale Airbags" (Wichterich 2009), die mit unbezahlter Sorgearbeit die Voraussetzung für die Erwerbsintegration der Männer bilden. So gehört die Organisation der Kinderbetreuung nicht zum Aufgabenbereich der untersuchten Projekte, sondern ist ein von den betroffenen Individuen zu lösendes Problem. Dies dürfte besonders Frauen mit Kindern – vor allem, wenn sie alleinerziehend sind – vor hohe Anforderungen stellen. Genau diese Mehrfachbelastung wird wiederum als Argument für die Nichtaufnahme von Frauen in das ina-Projekt herangezogen. Die Darstellung als eine Entscheidung zu ihrem Besten verharmlost den ausschliessenden Charakter der Kategorisierung von Migrantinnen als defizitär und belastet.

Dass Integrationsprojekte kaum Unterstützung bei der Bewältigung von Haus- und Sorgearbeit bieten, kann somit zu gegenläufigen Tendenzen bei Frauen mit Kindern führen: Einerseits verfolgen die Projekte das Ziel, insbesondere Frauen in Erwerbsarbeit einzugliedern. Andererseits kann der Druck durch die Finanzierungsvorgaben zur Folge haben, dass erwerbssuchende Migrantinnen mit Kindern in die Kernfamilie nach dem Ernährer-Hausfrau-Modell eingegliedert werden, da die Mitarbeitenden eine Erwerbsarbeit aufgrund der Zuständigkeit für unbezahlte Arbeiten teilweise als nicht *„realistisch"* beurteilen. Dies birgt die Gefahr, Frauen damit wieder auf den privaten Raum der Familie und des Haushalts zu verweisen.

Im Kontext der untersuchten Projekte lässt sich folglich auf der einen Seite eine *Dethematisierung von Geschlecht* feststellen: Die Projekte adressieren geschlechtsneutrale Arbeitskräfte ohne Betreuungspflichten. Die Verantwortung für Reproduktionsarbeiten wird aus der Projektpraxis weitgehend ausgeklammert und verbleibt in der Zuständigkeit der Individuen (oder anderer sozialstaatlicher Institutionen). Das wird besonders deutlich beim Projekt femme, welches das Adult Worker-Leitbild geradezu idealtypisch verkörpert, wie das Kapitel 6 detailliert zeigt: Migrantinnen sollen der Projektkonzeption von femme zufolge nach Erwerbstätigkeit und finanzieller Selbstständigkeit streben. Das Organisieren von Betreuungsarrangements und das Überbrücken allfälliger Betreuungslücken bleibt weitgehend Aufgabe der Frauen, die folglich gezwungen sind, als „Arbeitskraftmanagerinnen" (Winker 2010: 172) unterschiedliche Tätigkeiten im Bereich der Erwerbs- und Reproduktionsarbeit zu koordinieren und den Balanceakt zwischen den verschiedenen Anforderungen und Belastungen eigenständig zu meistern.

Gleichzeitig erfolgt auf der anderen Seite eine *Reformulierung und Stabilisierung von Geschlechterungleichheiten*. Migrantische Frauen werden mittels kultureller Begründungen als zuständig für unbezahlte Arbeiten konzipiert, was die Projekte zwar aufheben wollen, teilweise aber dennoch reproduzieren. Donna Haraway (1995) betrachtet diese ambivalente Dynamik als ein Kennzeichen der gegenwärtigen neoliberalen Programmatik und fasst sie als parallele Erosion und Intensivierung von Geschlecht: Auf der einen Seite steht die Adressierung von an sich geschlechtlichen Subjekten als „geschlechtslose und autonome Marktteilnehmer" (Brodie 2004: 25), was von einer gleichzeitigen Dethematisierung unbezahlter Arbeit begleitet ist. Auf der anderen Seite bleibt die geschlechtsspezifische Arbeitsteilung weiter bestehen – sowohl in Bezug auf die überwiegende Zuständigkeit von Frauen für unbezahlte Arbeit, als auch in Bezug auf die Segregation auf dem Arbeitsmarkt. Frauen bleiben so vorrangig auf stereotype Frauenberufe mit niedrigeren Löhne, niedrigerem Status und unsicheren Arbeitsbedingungen festgelegt. Diese Entwicklung wird verschärft dadurch, dass der Staat zunehmend Fürsorgepflichten für Alte, Kranke und Pflegebedürftige aus der öffentlichen in die private Zuständigkeit verschiebt (ebd.: 27).

Am Ende beisst sich die Katze selbst in den Schwanz: Die Erwerbstätigkeit von Migrantinnen soll durch Integrationsmassnahmen gefördert werden, weil sie angeblich traditionellen Rollen mit geschlechtsspezifischer Arbeitsteilung folgen, und genau diese geschlechtsspezifische Arbeitsteilung wird teilweise zur Begründung für den Ausschluss von Frauen herangezogen. Oder anders gesagt: Migrantinnen sollen zwar aus dem „*Daheim*" herausgeholt werden, aber laufen gleichzeitig Gefahr, dann doch wieder auf einen Platz im „*Daheim*" verwiesen zu werden.

8 „Weil sie nichts mitbringen": Diskurse zu Qualifikation

Welche Annahmen und Vorstellungen über Bildung und Kompetenzen von MigrantInnen sind in den untersuchten Integrationsprojekten eingeschrieben? Inwiefern thematisieren die Projekte Qualifikationen der Teilnehmenden? Im Zentrum des folgenden Kapitels steht die Frage nach den leitenden Beschreibungsmustern hinsichtlich der beruflichen Qualifikationen der Projektteilnehmenden, aber auch bezüglich der darüber hinausgehenden Fähigkeiten und Kenntnisse. Das Kapitel beleuchtet, inwiefern diese Diskurse die beruflichen Optionen der an den Projekten teilnehmenden MigrantInnen strukturieren. Ziel der Untersuchung ist es herauszuarbeiten, wie die institutionelle Platzzuweisung durch die Integrationsprojekte anhand von Annahmen und Zuschreibungen bezüglich Bildung und Qualifikation der teilnehmenden MigrantInnen verläuft.[147]

8.1 „Sie haben praktisch keine Chance" – Bewertungen von Qualifikation

Berufliche Ausbildung und Erfahrung sind zentrale Ressourcen für die Erwerbsintegration. Daher ist es auf den ersten Blick verblüffend, dass vorhandene Qualifikationen für die Auswahl der Teilnehmenden nur bei einem der untersuchten Integrationsprojekte ein explizit formuliertes Kriterium darstellt: Das Projekt femme adressiert qualifizierte Frauen. Damit sind Personen mit Berufsausbildung oder Hochschulabschluss gemeint. Die Projekte ina, futura und Schneiderwerkstatt formulieren hingegen keine Anforderungen an die formale Ausbildung der Teilnehmenden. Lediglich das Modul Mentoring des Projektes futura setzt Berufserfahrung voraus, diese Anforderung ist jedoch nicht genau definiert. Welche Beschreibungen der Bildung und Kompetenzen der Teilnehmenden finden sich in den Fallstudien?

Während femme die Qualifikation der Teilnehmenden explizit hervorhebt, sind die Angaben dazu in den anderen Integrationsprojekten eher implizit. Projektdokumente und Interviews mit den Mitarbeitenden machen deutlich, dass in den Projekten ina, futura und Schneiderwerkstatt bestimmte Vorstellungen über die

---

[147] In dieses Kapitel sind Anregungen und Kritiken zweier anonymer GutachterInnen und der HerausgeberInnen der Zeitschrift für Soziologie eingeflossen.

Bildung der Teilnehmenden vorhanden sind. Die Angaben zur Qualifikation der Teilnehmenden sind jedoch teilweise widersprüchlich und unklar abgegrenzt. Die Aussagen über vorhandene Ausbildungen, Erfahrungen und Fähigkeiten sind teilweise von Vorannahmen und Vermutungen geleitet. Dies wird besonders deutlich beim Projekt Schneiderwerkstatt. Eine Mitarbeiterin der Schneiderwerkstatt beschreibt die Teilnehmerinnen als gering qualifiziert:

> *„Die [Teilnehmerinnen], die wir bis jetzt haben, das sind, denke ich, Frauen ohne Ausbildung, aber die gerne häkeln."*

Die Mitarbeiterin ist nicht ganz sicher, welche Ausbildung die Teilnehmerinnen mitbringen, was damit zusammenhängen dürfte, dass die beruflichen Hintergründe der Teilnehmerinnen in der Schneiderwerkstatt nicht erfasst werden. Die Dokumente des Projekts enthalten Hinweise darauf, dass zumindest einzelne Teilnehmerinnen über eine Berufsausbildung verfügen, ohne dass die Beschreibungen darauf näher eingehen. Die Mitarbeitenden umreißen die Anforderungen an die Teilnehmerinnen nur grob, sie sind sehr niedrig: Interesse am Häkeln und Nähen und grundlegende schneiderische Fähigkeiten sowie minimale Deutschkenntnisse müssen die Teilnehmerinnen demnach aufweisen. Berufliche Ausbildungen und Erfahrungen sind hingegen für die Teilnahme sekundär.

Die Teilnehmerinnen haben aus der Sicht der Projektmitarbeiterinnen wenig Kompetenzen, fachlich wie auch bei der Bewältigung des Alltags, sie wirken in den Beschreibungen unselbständig und nahezu lebensuntüchtig: So sagt eine Mitarbeiterin, *„die Näherinnen brauchen Begleitung"* – sowohl im Hinblick auf die Arbeit in der Schneiderwerkstatt als auch bei alltäglichen Schwierigkeiten. Im Narrativ zeigt sich eine weitgehende Abwertung der Kenntnisse und Fähigkeiten der Teilnehmerinnen. Diese Wahrnehmung als gering qualifiziert und inkompetent hängt eng mit der Wahrnehmung der Teilnehmerinnen als ethnisierte Frauen zusammen: Die Darstellungen der Mitarbeiterinnen greifen das Bild der abhängigen, traditionellen und auf das Haus beschränkten Migrantin auf (vgl. Kap. 7.1), das mit der Vorstellung mangelnder Bildung und fehlender beruflicher Qualifikationen verbunden ist. Eine Projektverantwortliche verwendet den Begriff *„Aufpäppeln"*, der das Ziel des Projekts Schneiderwerkstatt auf den Punkt bringt: neben den Fachkenntnissen basale Kompetenzen vermitteln und damit die Grundlage schaffen, den Zugang zu Erwerbsarbeit überhaupt zu ermöglichen. Hierbei zielt die Schneiderwerkstatt auf Stellen im Dienstleistungssektor, bei denen die Frauen ihre Erfahrungen mit Textilien aus dem Projekt nutzen können, etwa in einer Klinikwäscherei oder einem Betrieb zur chemischen Kleiderreinigung. Ein Projektdokument erwähnt zudem irreguläre Arbeiten: So könnten die Frauen nach Abschluss des Projektes *„eine selbständige Tätigkeit aufbauen, indem sie zu Hause für die Nachbarschaft, FreundInnen, Bekannte, Flick- und Näharbeiten ausführen können"* (vgl. Kap. 5.3.5).

Auch beim Projekt ina beschreiben die Mitarbeitenden, dass ein Grossteil der Teilnehmenden keine Berufsausbildung absolviert hat (vgl. Kap. 5.1.2). So sagt eine ina-Mitarbeiterin:

> „Wir haben jetzt auch wieder einen Mann im [Handwerkskurs], der ist aus dem Irak und hat Ingenieur studiert dort, er kommt mit einer qualifizierten Ausbildung, wir haben Leute aus Tibet, (...) die wirklich WENIG [betont] Schulen besucht haben, die also wirklich so mehr oder weniger von einem Hirtendasein [lacht] kommen, Somalia hat meistens auch schlechte Bildung, wenig Schuljahre. – Es ist sehr breit, ja, aber (...) die wenigsten –, also, die wirklich QUALIFIZIERTE [betont] Ausbildungen mitbringen, sie sind in der Minderzahl, (...) das grosse Mittelfeld hat vielleicht sieben, acht Jahre Schule besucht und nachher irgendwas gearbeitet."

Neben Teilnehmenden, die keine obligatorische Schulbildung besucht haben und nur gering alphabetisiert sind, nehmen demnach auch Personen am Projekt ina teil, die sekundäre und tertiäre Ausbildungen absolviert haben, also auf der Stufe von z.B. Berufsschulen und Gymnasien oder im Rahmen der höheren Berufsbildung und der Hochschulen. Gemäss einem Informationsblatt des Projektes besteht die Zielgruppe von ina aus Erwerbslosen „ohne anerkannte Ausbildung". Diese Kategorie kann folglich ein Spektrum von Qualifikationen umfassen, das von minimaler Alphabetisierung bis zum Hochschulstudium reicht. Ähnlich wie bei der Schneiderwerkstatt erfasst auch ina die Ausbildungen und beruflichen Erfahrungen der Teilnehmenden bei der Rekrutierung nur grob. Dies verdeutlicht die geringe Relevanz, welche die beiden Projekte den bisherigen beruflichen Qualifikationen der Teilnehmenden für deren Erwerbsintegration zuweisen. Zugleich verweist dies auf den dominanten Diskurs über MigrantInnen, die als vorwiegend gering qualifiziert konzipiert werden.

Wichtigstes Kriterium für die Aufnahme in das Projekt ina sind die Deutschkenntnisse, die Ausbildung der Teilnehmenden sei „zweitrangig", wie die Projektleiterin erklärt. Die im Herkunftsland erworbenen Qualifikationen der teilnehmenden MigrantInnen bleiben somit weitgehend unsichtbar. Das Projekt zielt nicht auf Stellen, welche die Ausbildung und berufliche Erfahrung der MigrantInnen berücksichtigen, sondern die Teilnehmenden werden dabei unterstützt, im Rahmen der vier vorgesehenen Arbeitsbereiche – Pflege, Gastronomie, Reinigung und Handwerk – eine Erwerbstätigkeit als Hilfskraft zu finden. Hierbei stellt das Projekt hohe Anforderungen an informelle, persönliche Fähigkeiten der Teilnehmenden, wie etwa „grosse Motivation, Einsatzbereitschaft, Selbständigkeit und Zuverlässigkeit" (vgl. Kap. 5.1.3). Trotzdem gelten die Arbeiten, auf die das Projekt gerichtet ist, als gering qualifiziert (vgl. Shinozaki 2009: 77). Das Ziel der materiellen Sicherheit und wirtschaftlichen Selbstständigkeit –den MitarbeiterInnen zufolge eines der zentralen Ziele der Teilnehmenden der Angebote – lässt sich mit dem Kursangebot nicht in jedem Fall erreichen. Bei den Hilfsarbeiten, für die die Basiskurse MigrantInnen ausbilden, ist das Einkommensniveau sehr gering, so dass die Teilnehmenden trotz Erwerbsarbeit teilweise weiterhin auf Sozialhilfeleistungen angewiesen sind, besonders, wenn sie Familie haben. Auch bei den Stellen, auf welche die Schneiderwerkstatt ausgerichtet ist, dürfte das Einkommen sehr niedrig sein.

Das Projekt futura ist stärker als die beiden anderen Projekte darauf ausgerichtet, individuelle berufliche Lösungen mit den Teilnehmenden zu entwickeln, vor allem das Projektmodul Mentoring (vgl. Kap. 5.2). Bei der Rekrutierung werden Fach- und Schlüsselkompetenzen detailliert erhoben und bewertet. In einem umfassenden Prozess der *„Abklärung"* stufen die Mitarbeitenden einerseits die beruflichen Ausbildungen und Erfahrungen der jeweiligen Teilnehmenden ein und prüfen Möglichkeiten einer formalen Anerkennung der Bildungsabschlüsse, andererseits erfassen sie *„Schlüsselkompetenzen allgemeiner Art wie Zuverlässigkeit, Pünktlichkeit, Teamfähigkeit"*, wie ein futura-Mitarbeiter erläutert. Dieser auf die Mobilisierung von Ressourcen und Stärken der Teilnehmenden fokussierte Ansatz lässt Spielraum für die subjektiven Einschätzungen der Mitarbeitenden. Zwar gehen die Mitarbeitenden des Projektes futura grundsätzlich davon aus, dass die Teilnehmenden berufliche Erfahrungen und Kompetenzen aufweisen. Zugleich betonen sie die Schwierigkeiten, diese Ressourcen auf dem hiesigen Arbeitsmarkt nutzbar zu machen, etwa weil die Fachkenntnisse in einem Beruf stark von den Anforderungen in der Schweiz abweichen. Ein Bericht des futura-Mentoringmoduls kommt zu folgender Einschätzung:

> *„Mentoring: Der Arbeitsmarkt für Hilfskräfte und unqualifizierte ArbeitnehmerInnen ist mittlerweile praktisch ausgetrocknet. Unsere Zielgruppe hat verschiedene Handicaps: sie verfügt über ‚mangelhafte' Deutschkenntnisse, hat tiefere Qualifikationen und muss für jede neue, bezahlte Stelle ein Gesuch für die Arbeitsbewilligung einreichen. Damit haben unsere TN bei der Stellensuche immer häufiger das Nachsehen."*

Zwar ist das Projekt futura nicht wie die Schneiderwerkstatt und die ina-Kurse auf einzelne konkrete Berufsbereiche beschränkt. Aber auch in diesem Projekt werden bestimmte Berufssegmente für die Teilnehmenden als angemessen eingestuft: nämlich gering qualifizierte Arbeiten. So erwähnt etwa das oben zitierte Dokument lediglich *„Hilfskräfte und unqualifizierte ArbeitnehmerInnen"* als berufliche Optionen.

Die untersuchten Projekte problematisieren formelle und informelle Mechanismen des beruflichen Ausschlusses, denen MigrantInnen in der Schweiz gegenüberstehen – insbesondere den Umstand, dass MigrantInnen oftmals Schwierigkeiten haben, im Ausland erworbene Bildungstitel geltend zu machen (vgl. Kap. 2.1).[148]

---

148 Zudem werden informell erworbene oder nicht dokumentierte Qualifikationen i.d.R. auf dem Schweizer Arbeitsmarkt nicht anerkannt. Daher arbeiten auch gut ausgebildete MigrantInnen vielfach in niedrig bezahlten Berufen mit schlechten Arbeitsbedingungen, wie mehrere Studien zeigen (vgl. Berthoud 2012, Jey Aratnam 2012, Pecoraro 2010, Pecoraro/Fibbi 2010). Bei zugewanderten Frauen kommen abwertende Diskurse hinzu, in denen stereotype Konstruktionen von Geschlecht und Ethnizität

Migration resultiert daher für gut ausgebildete MigrantInnen oftmals in einem Statusverlust. Sie haben oftmals Mühe, eine ihrer ursprünglichen Ausbildung und Berufserfahrung entsprechende Stelle zu finden. Dadurch wird das Bildungskapital qualifizierter MigrantInnen unsichtbar. Die Mitarbeitenden der Projekte futura, ina und Schneiderwerkstatt beschreiben weitere Faktoren, welche die Erwerbsarbeit für ihre Teilnehmenden zusätzlich erschweren, etwa mangelnde Sprachkenntnisse, die rechtlich gestützte Abhängigkeit vom Ehepartner, teilweise mehrfache Belastungen durch gesundheitliche Probleme oder Traumatisierung sowie Betreuungspflichten. Während der – teilweise jahrelangen – Wartezeit auf die behördliche Entscheidung des Asylverfahrens sind die Arbeitsmöglichkeiten eingeschränkt,[149] was ebenfalls einen Verlust an Qualifikation beinhaltet (Wanner 2007: 13). Die erzwungene Unterbrechung der Erwerbstätigkeit impliziert besonders in technischen Berufen wie Informatik eine Dequalifizierung, da hier besonders hohe Anforderungen an regelmässige Aktualisierungen des Wissens der Arbeitnehmenden gestellt werden.

Die Projekte futura, ina und Schneiderwerkstatt thematisieren also zwar Dequalifizierungsmechanismen, wie etwa die Problematik der schwierigen Anerkennung ausländischer Bildungstitel. Ihre Projektlogiken gehen jedoch davon aus, dass die Teilnehmenden keine beruflichen Qualifikationen aufweisen oder zumindest keine verwertbaren, weil die Qualifikationen nicht belegbar sind, d.h. entweder keine Zertifikate vorliegen oder diese auf dem Arbeitsmarkt nicht anerkannt werden. Ian Hacking (1986) macht in seiner Analyse der wissenschaftlichen Erfassung psychopathologischer Kategorien im 19. Jahrhundert auf die Wirkungen von Etikettierungen auf die Etikettierten aufmerksam. Die Klassifizierungen schaffen vielfach erst die Realität, auf die sie sich beziehen (vgl. Douglas 1991: 164). Hacking nennt daher diesen Prozess der Subjektkonstituierung „zurechtmachen" (*making up*). In diesem Sinne machen die untersuchten Integrationsprojekte MigrantInnen als unqualifiziert zurecht: Sie versehen die Teilnehmenden mit dem Etikett *„unqualifiziert"* und reproduzieren damit die übliche Einstufung von MigrantInnen aus sogenannten Drittstaaten auf dem Schweizer Arbeitsmarkt – unabhängig davon, ob die Teilnehmenden Ausbildungen absolviert haben oder nicht und unabhängig davon, welche Möglichkeiten der Anerkennung auf dem Arbeitsmarkt tatsächlich bestehen. Die automatische Wahrnehmung von MigrantInnen als unqualifiziert ignoriert, dass genau diese Praktiken die Konstruktion von „Qualifikation" mitstrukturieren (vgl. Erel 2003a, 2003b).

---

verknüpft sind (vgl. Kap. 7), was ihre beruflichen Chancen zusätzlich limitiert (Riaño/Baghdadi/Wastl-Walter 2008, Baghdadi 2008, Riaño/Baghdadi 2007, Riaño/Wastl-Walter 2006a).
149 Asylsuchende unterliegen einem dreimonatigen Arbeitsverbot, danach ist die Erwerbsarbeit bewilligungspflichtig, wobei kein Anrecht auf eine Arbeitsbewilligung besteht und andere Arbeitnehmende Vorrang geniessen. In einigen Kantonen bestehen weitere Beschränkungen, etwa die Eingrenzung auf bestimmte Branchen (vgl. Kap. 2.2). Projektdokumenten zufolge verbrachten die Teilnehmenden von futura und ina bei Projekteintritt im Schnitt zwei Jahre im Asylverfahren in der Schweiz.

Die Einschätzung der Teilnehmenden als (faktisch) unqualifiziert führt dazu, dass die Mitarbeitenden der Projekte futura, Schneiderwerkstatt und ina den teilnehmenden MigrantInnen wenig berufliche Handlungsspielräume und Entwicklungsmöglichkeiten einräumen: Aus Sicht der Mitarbeitenden haben Personen ohne (dokumentierte) Berufsabschlüsse und -erfahrungen kaum eine Möglichkeit, einen Einstieg in den Schweizer Arbeitsmarkt zu finden, abgesehen vom Niedriglohnbereich. So formuliert eine Projektverantwortliche:

> *„Sie [die Teilnehmenden] haben praktisch keine Chance, weil sie nichts mitbringen. Oder selbst wenn sie eine Ausbildung haben, haben sie keine Papiere [d.h. Abschlusszeugnisse]."*

Das Projekt femme lehnt es dagegen explizit ab, die Einstufung als unqualifiziert zu übernehmen, wenn eine Ausbildung auf sekundärer oder tertiärer Stufe vorhanden ist – ungeachtet dessen, ob die Bildungstitel auf dem Schweizer Arbeitsmarkt anerkannt sind. Das Projekt kritisiert vielmehr die Praxis der institutionellen Entwertung von Qualifikationen und betont demgegenüber das Vorhandensein formaler wie informeller Qualifikationen bei der Zielgruppe des Projekts (vgl. Kap. 5.4). Eine interne Aufstellung zeigt, dass fast 70 Prozent der femme-Teilnehmenden aus nichteuropäischen Ländern stammen und mit einem Schweizer verheiratet sind, rund 20 Prozent sind als Asylsuchende aus Drittstaaten in die Schweiz gekommen und haben nun die Niederlassungsbewilligung, 10 Prozent kommen aus EU-Staaten.[150] Die Teilnehmerinnen entsprechen damit zum Teil den behördlichen Kategorien von „Familiennachzug" und „anerkannten Flüchtlingen". Das Projekt femme adressiert diese Frauen aber nicht als Opfer von Verfolgung oder als Haus- und Ehefrauen, sondern aufgrund ihrer beruflichen Qualifikationen als *„gut ausgebildete Migrantinnen"*. Hier erfolgt also ebenfalls ein Zurechtmachen der Zielgruppe im Sinne von Hacking, jedoch in entgegengesetzter Weise: Durchgehend werden die femme-Teilnehmerinnen als *„qualifizierte Migrantinnen"* bezeichnet und präsentiert. Entsprechend beschreibt etwa ein Projektdokument die Teilnehmerinnen:

> *„Frauen mit abgeschlossener Ausbildung, (...) in einer Anstellung, die ihren Qualifikationen nicht entspricht oder die arbeitslos sind, ohne berufsspezifische Vernetzungen, mit Interesse, eine Stelle zu finden. Einige Beispiele: Kinderärztin, Ingenieurin, Juristin."*

Im Projekt femme werden Verhaltensweisen und Einstellungen vermittelt und trainiert, die aus Projektsicht für nötig gehalten werden, um auf dem Schweizer Arbeitsmarkt erfolgreich agieren zu können, etwa flexible Verfügbarkeit oder

---

150 Diese Kategorien sind nicht eindeutig voneinander abgrenzbar, so kann z.B. auch eine EU-Bürgerin mit einem Schweizer verheiratet sein oder eine Asiatin in der Schweiz um Asyl ersuchen. Trotzdem gibt diese interne Statistik einen Hinweis auf die Bandbreite der Aufenthaltskategorien der Teilnehmerinnen.

selbstbewusstes Auftreten. Das Projekt ist dabei auf Stellen gerichtet, die dem beruflichen und sozialen Status im Herkunftsland entsprechen.

Die untersuchten Projekte verfolgen somit unterschiedliche Praktiken der Anrufung in Bezug auf Qualifikation. Diese Differenzen zwischen den Fallstudien bei der Eingrenzung der Zielgruppe spiegeln einen zentralen Widerspruch der Migrationspolitik wider: Zwar nimmt die Zahl gut und hoch qualifizierter MigrantInnen in der Schweiz stetig zu – nicht zuletzt aufgrund der entsprechenden Bemühungen der Einwanderungspolitik (vgl. BFS 2012a, Pecoraro 2010). Die Schweizer Integrationspolitik ist auf diese Personen jedoch nicht vorbereitet und fokussiert weiterhin gering qualifizierte MigrantInnen, an die sich entsprechend ein Grossteil der Massnahmen der Integrationsförderung richtet (vgl. Kap. 2.4. Es existieren kaum staatlich geförderte Integrationsprojekte, die gezielt qualifizierte MigrantInnen ansprechen (vgl. Wichmann 2014). Vielmehr verfolgen die meisten der in der Schweiz angebotenen Integrationsmassnahmen einen Defizitansatz (Ebd.): Die mitgebrachten Ressourcen und Kompetenzen sind demnach für die Projekte zweitrangig. Es gibt kaum an Ressourcen und Potentialen orientierte Integrationsmassnahmen. Die Projekte richten sich vorrangig an bildungsferne MigrantInnen. Andere Gruppen können vom Integrationsangebot daher kaum profitieren, da es nicht auf ihre Bedürfnisse ausgerichtet ist (vgl. ebd.).

Die Wahrnehmung der Projektteilnehmenden als geringqualifiziert entspricht allerdings auch einer statistisch erfassbaren Realität. So dürfte der Anteil der Personen, die keinen schulischen Abschluss aufweisen oder nur die obligatorische Schule abgeschlossen haben, tatsächlich bei den Teilnehmenden der Projekte ina und futura höher sein als bei der Schweizer Durchschnittsbevölkerung. Der Bildungsstand der somalischen und der eritreischen MigrantInnen in der Schweiz – diese bilden die grösste Nationalitätengruppe unter den Teilnehmenden der beiden Projekte[151] – liegt im Schnitt unter dem der Schweizer Bevölkerung und auch unter dem der ausländischen Gesamtbevölkerung. Der Anteil der Personen ohne Schulabschluss ist mit 22 Prozent (MigrantInnen aus Somalia) bzw. 17 Prozent (MigrantInnen aus Eritrea) sehr hoch (Eyer/Schweizer 2010: 54). Es gibt mit 12 bzw. 7 Prozent in dieser MigrantInnengruppe nur einen kleinen Anteil von Personen mit einer Ausbildung auf Tertiärstufe (ebd.). Auch der Anteil von Personen mit sekundärer Ausbildung ist mit weniger als einem Viertel bei den EritreerInnen und weniger als einem Fünftel bei den SomalierInnen vergleichsweise niedrig.

Eine Evaluation der Schweizer Integrationsprojekte für vorläufig Aufgenommene und anerkannte Flüchtlinge im Auftrag des Bundes zeigt, dass das Bildungsniveau der Teilnehmenden sehr breit gefächert ist (Gutmann et al. 2008: 8): Von

---

151 2010 kamen die meisten Teilnehmenden (TN) des Projektes ina aus Eritrea (rund zwei Fünftel aller TN) und Somalia (rund ein Drittel). Für die übrigen Projekte liegen keine detaillierten Angaben zur nationalen Herkunft der TN vor. Nach Angaben der Mitarbeitenden stammt ein Grossteil der TN von futura aus Eritrea.

den insgesamt 932 Personen, die an den Projekten im Jahr 2007 teilgenommen haben, weisen mehr als die Hälfte nur eine geringe Bildung auf (43 Prozent Volksschule, 9 Prozent keine Schulbildung). 14 Prozent absolvierten eine Mittelschule. Fast ein Drittel hat eine Berufs- oder Hochschulausbildung abgeschlossen (22 Prozent Berufsausbildung, 9 Prozent Hochschulabschluss).

Für die Gruppe von MigrantInnen mit sekundären oder tertiären Bildungsabschlüssen existieren jedoch kaum spezialisierte Angebote zur Förderung der Berufsintegration. Wie die Interviews zeigen, nehmen auch MigrantInnen mit sekundärer und tertiärer Ausbildung an den untersuchten Integrationsprojekten teil. Da die Projekte Schneiderwerkstatt, ina und futura jedoch vorrangig auf niedrig qualifizierte Teilnehmende ausgerichtet sind und die Qualifikationen der Teilnehmenden nur unzureichend einbeziehen, verstärken die Projektpraktiken bereits vorhandene Dequalifizierungseffekte. Dass auch Personen mit qualifizierter Ausbildung an den untersuchten Projekten teilnehmen, verweist wiederum auf das fehlende Angebot für gut ausgebildete MigrantInnen, da diese nicht als unterstützungsbedürftig gelten bzw. Zugewanderte vorrangig als niedrig qualifiziert wahrgenommen werden. Zudem zeigt die Präsenz von gut ausgebildeten MigrantInnen in den Projekten, wie eingeschränkt die Erwerbsmöglichkeiten jenseits von niedrig qualifizierten Arbeiten für Drittstaaten-Angehörige in der Schweiz tatsächlich sind. Die Adressierungen der untersuchten Projekte sind damit auch Ausdruck einer bestehenden Problematik der Schweizer Arbeitsmarktpolitik.

Problematisch ist, dass die Projekte das Fehlen von Qualifikationen teilweise als kulturell bedingte Bildungsferne deuten. So finden sich im Kontext der Fallstudien zahlreiche Aussagen, die das berufliche und ausserberufliche Wissen der Projektteilnehmenden umfassend abwerten und in einen Zusammenhang mit dem Herkunftsraum stellen. Projektmitarbeitende beschreiben etwa die Fachkenntnisse der Teilnehmenden als *„ganz anders"* und damit ungenügend und unbrauchbar für den Schweizer Kontext. Sie charakterisieren den – vereinheitlichten – Herkunftsraum der MigrantInnen in Bezug auf berufliche Kontexte als unprofessionell, vormodern und unterentwickelt, und grenzen ihn dabei von den Bedingungen und Anforderungen des Arbeitsmarktes in der Schweiz ab. Beispielsweise meint eine futura-Mitarbeiterin, dass *„wir natürlich hier in der Schweiz recht weit entwickelt"* seien, was den technischen Fortschritt betrifft, während die Projektteilnehmenden damit nicht vertraut seien. Daneben lassen sich auch Beispiele einer positiven Umdeutung und Neubewertung von Qualifikationen entlang der Kategorie *„Kultur"* feststellen: So betont die Leiterin des ina-Pflegehilfekurses spezifische, kulturell begründete Kompetenzen der (vorwiegend männlichen) Kursteilnehmenden, wie einen *„natürlichen Umgang"* mit Pflegebedürftigen, *„Herzlichkeit"* oder *„Respekt vor dem Alter"* (vgl. ausführlich Kap. 7.1). Diese Darstellung der Teilnehmenden als fürsorglich, authentisch und liebevoll legitimiert eine besondere Eignung der MigrantInnen für die Pflegearbeit aufgrund ihrer *„Kultur"*. Die mit der kulturellen Herkunft verbundenen

Eigenschaften erscheinen so als marktförmig verwertbare Ressourcen. Das Beispiel veranschaulicht überdies, dass Fähigkeiten und Eigenschaften, die als Kompetenzen oder Qualifikationen gelten, Gegenstand fortwährender Auseinandersetzungen sind. MigrantInnen haben allerdings bei diesen diskursiven Aushandlungsprozessen eine untergeordnete Position inne.

Qualifikation und Kompetenz fungieren in den untersuchten Projekten somit teilweise als Kriterium einer Neufiguration der Grenzziehung zwischen MigrantInnen und Mehrheitsangehörigen. Dabei revitalisiert die Entgegensetzung einer professionalisierten, rationalen und aufgeklärten Schweizer Mehrheitsgesellschaft mit emotionalen, vormodernen und bildungsfernen MigrantInnen koloniale Diskurse (vgl. Ha 2013b).[152] Mit der Figur des „Gastarbeiters" wurde diese Traditionslinie der Betrachtung von MigrantInnen fortgeschrieben: Der Bildkanon des Gastarbeiters erklärt MigrantInnen zu „Angehörigen eines Territoriums von Unterentwickelten" (von Osten 2007: 176). Die Funktion dieser Bilder für die Mehrheitsangehörigen liegt nicht nur in der Produktion des eigenen Selbst. Die Gleichsetzung von MigrantInnen mit niedriger oder fehlender Bildung legitimiert auch die Festschreibung von MigrantInnen auf subalterne Positionen.[153] Hierbei kommt es zu einer „Verfestigung der Bedeutungsökonomien, die MigrantInnen nicht nur auf die Position der ‚armen Anderen' geradezu festlegt, sondern ihre Nicht-Integration im Grunde für ausgemacht hält" (Castro Varela 2006: 155).

Diese „Konstruktion eines migrantischen Bildungs-Anderen" (Karakayalı/zur Nieden 2013) impliziert, dass die Mechanismen des beruflichen Ausschlusses letztlich doch aus dem Blick geraten – auch wenn die Projekte sie teilweise explizit thematisieren. So verweisen die vier untersuchten Projekte zwar auf strukturelle Hürden wie die Problematik der Anerkennung von im Ausland erworbenen Abschlüssen, aber bei futura, ina und der Schneiderwerkstatt wird die Dynamik der Dequalifizierung von MigrantInnen nicht durchbrochen. Diese Projekte erfassen vorhandene Kompetenzen nicht oder werten sie als unbrauchbar ab. Das Projekt femme hingegen insistiert auf der Existenz von Qualifikationen, auch ohne eine formale Anerkennung der Gleichwertigkeit der Ausbildung und Berufserfahrungen. Mitarbeitende von Integrationsprojekten dürften allerdings kaum kompetent sein, die vielfältigen Berufsbilder zu klassifizieren und zu beurteilen. Eine solche Einstufung müsste sich auf einheitliche und transparente Kriterien der Bewertung von beruflichen Qualifikationen stützen, vergleichbar mit der Internationalen Standardklassifikation der Berufe (ISCO) der Internationalen Arbeitsorganisation (ILO) oder der International Standard Classification of Education (ISCED) der UNESCO. Das in

---

152 Vgl. Fussnote 121.
153 Der Begriff der Subalternität geht auf Antonio Gramsci (1991) zurück, der damit gesellschaftliche untergeordnete Gruppen beschreibt, die von hegemonialen Gesellschaftspositionen ausgeschlossen sind. Gayatri Chakravorty Spivak (1988) hat den Begriff aufgegriffen und die diskursive Produktion von sozialer Exklusion hervorgehoben (vgl. Steyerl/Gutiérrez Rodríguez 2003).

den Projekten konstruierte Wissen über die Teilnehmenden verdichtet sich hier vielmehr zu einem Paradigma fehlender bzw. – beim Projekt femme – trotzdem vorhandener Qualifikationen.

8.2 „Die Realität vom Arbeitsmarkt" – Anpassung beruflicher Perspektiven

Weil die Projektkonzepte von futura, ina und der Schneiderwerkstatt davon ausgehen, dass die Teilnehmenden kaum berufsbezogene Kenntnisse und Erfahrungen mitbringen oder diese in der Regel nicht dokumentieren können, zielen die Projekte darauf, diese Ressourcendefizite als Basis für die berufliche Eingliederung zu überwinden. Entsprechend vermitteln die drei Projekte Wissen, Fähigkeiten und Verhaltensweisen, die der Herstellung der Beschäftigungsfähigkeit dienen sollen. Das umfasst einerseits direkt berufsbezogenes Wissen sowie andererseits breiter gefasste Informationen zu Verhalten und Umgangsformen. So bieten die Projekte den Teilnehmenden auf der einen Seite die Möglichkeit – teilweise zertifizierte – Fachkenntnisse und praktische berufliche Erfahrungen zu erwerben. Ausserdem unterstützen sie die Teilnehmenden bei der Stellensuche und bei Bewerbungen. Auf der anderen Seite bieten die Projekte Informationen zum Schweizer Arbeitsmarkt, beraten die Teilnehmenden zu Alltagsthemen und vermitteln ihnen Schlüsselqualifikationen. Diese Wissensvermittlung umfasst damit eine weitgefasste Palette von Themen, die sowohl das Verhalten am Arbeitsplatz und gegenüber Vorgesetzten und KollegInnen umfasst, als auch Fragen wie Haushaltsbudget, Kindererziehung und Partnerschaft. Dies impliziert wiederum, dass den Teilnehmenden dieses Wissen über berufsbezogenes Verhalten fehlt. Sie müssen demnach erst basale Kenntnisse und Kompetenzen erwerben, um auf dem Schweizer Arbeitsmarkt bestehen und ihren Alltag in der Schweiz bewältigen zu können – womit eine umfassende Negation des Wissens der Teilnehmenden einhergeht. Durch die auf die Beseitigung individueller Defizite ausgerichteten Bildungsangebote besteht zudem die Gefahr, dass Desintegration zu einem persönlichen Problem der betreffenden MigrantInnen erklärt wird und die strukturelle Bedingtheit der sozio-ökonomischen Positionierung von MigrantInnen aus dem Blick gerät.

Die Teilnehmenden von futura, ina und der Schneiderwerkstatt erlernen gemäss Projektdokumenten und Aussagen von Projektmitarbeitenden zum Beispiel *„Zuverlässigkeit", „Hilfsbereitschaft, der gegenseitige Respekt", „Pünktlichkeit", „Umgang mit Kritik", „sich präsentieren", „in einem Team zu arbeiten"* bzw. sie erhalten *„Informationen zu den Bräuchen, Verhaltensregeln und kulturellen Gepflogenheiten in der Schweiz".* Dies unterstellt nicht nur, dass den Teilnehmenden diese Alltags- und Arbeitsnormen nicht vertraut sind, sondern konstruiert auch ein spezifisches Bild des Schweizer Arbeitsmarktes. Dieser ist demnach durch bestimmte Bedingungen gekennzeichnet, welche die teilnehmenden MigrantInnen als Normalität hinnehmen sollen. Folgen der Ausschnitt aus dem Interview mit einer ina-Mitarbeiterin verdeutlicht dies:

> *„Die Arbeitszeiten sind natürlich sehr schwierig, ... das beginnt immer um sieben, also unsere Leute stehen um fünf Uhr auf. Und DAS ist manchmal wirklich auch schwierig, das probieren wir auch von Anfang an zu kommunizieren, das gehört zu diesem Beruf, auch eine Fahrt ist hier, da merke ich oft, haben die Leute noch nicht so –, das kennen sie noch nicht so, die Pendlerei, oder, die für uns schon ganz normal ist, für sie ist –, finden sie: „Also nein, also wieso kann ich nicht neben –, Ja. Das, ... da haben sie manchmal Mühe zu akzeptieren, wenn man sagt, 30 Minuten ist einfach nichts, ... das ist hier absolut normal."*

Neben Anforderungen an die Mobilität stellen die Projekte also an die Teilnehmenden etwa den Anspruch, sie sollen *„akzeptieren"*, dass ein früher Arbeitsbeginn und unregelmässige Arbeitszeiten *„hier absolut normal"* seien. Überdies sollen sie darauf gefasst sein, dass ihr Arbeitseinstieg über ein gering bezahltes Praktikum führt. Überdies sollen sie die Bereitschaft zeigen, *„an Wochenenden und Abenden zu arbeiten"*, *„das hektische Arbeitsklima"* bewältigen usw. Somit ist die *„nachhaltige Vorbereitung des Berufseinstieges im neuen Kulturkreis"*, wie es in einem Faltblatt des ina-Kursangebotes heisst, mit spezifischen Anforderungen an die Teilnehmenden verbunden: Sie werden dazu angehalten, sich auf bestimmte Bedingungen der Erwerbsarbeit in der Schweiz einzustellen, etwa unregelmässige Arbeitszeiten, Vollzeitverfügbarkeit, niedrige Löhne oder Mobilität. Dies beinhaltet ambivalente Anforderungen an die MigrantInnen: Ziel ist eine marktorientierte Selbstoptimierung – und zwar im Hinblick auf spezifische Arbeitsfelder und Berufspositionen.

Der futura-Coach problematisiert, dass die Projektteilnehmenden im Asylverfahren *„in ein System kommen, wo sie selber zuerst einmal nicht handlungsfähig"* seien, da sie dort einem Arbeitsverbot unterliegen und Grundbedürfnisse wie Nahrung und Wohnen von den Behörden erfüllt werden.[154] Sie würden daher die Anforderungen des Arbeitsmarktes nicht kennen:

> *„Das vermittelt nachher häufig ein falsches Bild, wenn es darum geht, sich auf dem Arbeitsmarkt zu bewähren, was relativ hart ist, wo relativ hohe Anforderungen gestellt werden, an Effizienz und solche Dinge. Das ist auch ein Teil unseres Angebotes, dort eine Begleitung zu machen, irgendwie verständlich zu machen, was jetzt da passiert."*

Nach dieser Schilderung ist Erwerbsarbeit anspruchsvoll und voraussetzungsreich. Zu den Aufgaben des Projektes gehöre es demnach, diese Anforderungen den Projektteilnehmenden zu vermitteln. Die MigrantInnen hätten folglich falsche Vorstellungen von den Bedingungen des Arbeitsmarktes in der Schweiz und ihre berufli-

---

154 An den Projekten ina und futura nehmen nur Personen mit dem Status anerkannte Flüchtlinge oder Vorläufige Aufnahme teil (vgl. Kap. 5.1.1 und 5.2.1, zur Rechtslage s. Kap. 2.2).

chen Möglichkeiten. Diese Sicht auf die Teilnehmenden der Projekte zeigt auch folgende Aussage der futura-Projektleiterin:

"Die meisten [Projektteilnehmenden] wollen eigentlich möglichst rasch arbeiten und Geld verdienen. Und das prallt dann so aufeinander mit der Realität vom Arbeitsmarkt."

Die Logik eines professionellen, anforderungsreichen Schweizer Arbeitsmarktes wird hier deutlich. Diese *"Realität vom Arbeitsmarkt"* kollidiere demnach mit den Erwartungen der MigrantInnen nach einem umgehenden Erwerbseinstieg und einem existenzsichernden Einkommen. Die Anforderungen des Schweizer Arbeitsmarktes erscheinen dabei als homogen, eindeutig und statisch. Da die Projektmitarbeitenden diese Anforderungen als von den Teilnehmenden nicht bewältigbar einstufen, dient der Verweis auf den anspruchsvollen und *"harten"* Schweizer Arbeitsmarkt vorrangig dazu, die Notwendigkeit zu begründen, die beruflichen Ambitionen der Teilnehmenden nach unten zu korrigieren. Mit anderen Worten: Angesichts des voraussetzungsvollen, professionellen Arbeitsmarktes in der Schweiz sollen sich MigrantInnen, deren Wissen als nicht vorhanden oder unnütz eingestuft wird, damit abfinden, ihre beruflichen Vorstellungen auf gering qualifizierte Arbeitsstellen auszurichten.

Hier zeigt sich ein wesentlicher Unterschied zwischen den Adressierungen von femme und den übrigen Fallstudien: Das Projekt femme konstruiert zwar ebenfalls das Bild eines anspruchsvollen Arbeitsmarktes. Der Verweis darauf dient jedoch der Aktivierung von Potentialen, nicht der Dämpfung von Ambitionen. Das Projekt zielt auf eine Anpassung der Teilnehmenden an diese Anforderungen, damit diese sich beruflich erfolgreich auf dem Schweizer Arbeitsmarkt positionieren können. Auch hier steht das Ziel der (Wieder-) Erlangung der Beschäftigungsfähigkeit im Zentrum der Projektpraktiken. Die Projektlogik geht aber davon aus, dass den teilnehmenden Migrantinnen weniger Fachkenntnisse, berufliche Erfahrung und das Wissen über Arbeitsnormen fehlen, sondern aus Sicht des Projektes femme mangelt es ihnen vielmehr an beruflichen Kontakten, Schweiz-spezifischen Kenntnissen sowie (als Folge des beruflichen Ausschlusses) an Selbstwertgefühl und Selbstvertrauen. Das Projekt setzt hier an und vermittelt berufliche Netzwerke, Informationen zu lokalen Spezifika wie Arbeitsrecht, aber auch zu Bewerbungstechniken und zielt darauf, das Selbstbewusstsein der Teilnehmerinnen zu stärken. Die vorhandenen Voraussetzungen und Potenziale der Teilnehmenden sollen also im Hinblick auf qualifizierte und langfristig existenzsichernde Arbeitsstellen optimiert werden. Das Projekt vermittelt Ressourcen und Verhaltensweisen, die dabei helfen sollen, Statusinkongruenzen zu vermeiden. Die Teilnehmerinnen sollen ihr Auftreten und Verhalten dahingehend optimieren, indem sie zum Beispiel Betreuungsarrangements für ihre Kinder organisieren, um dadurch ihre Verfügbarkeit für Erwerbsarbeit zu sichern (vgl. Kap. 6). So beschreibt etwa eine femme-Projektleiterin, dass die

Teilnehmerinnen als Bestandteil des Projektes ihre Leistungs- und Beschäftigungsfähigkeit überprüfen sollen:

„'Seid ihr fit?' Also ich meine es wirklich, persönlich fit, gesundheitlich, geistig. Bin ich krank, bin ich depressiv? Und das zweite war auch mit der Familiensituation. Also, wieviel kann ich wirklich arbeiten, wie kann ich mit meinem Mann verhandeln, ist er bereit zu reduzieren?"

Die Anforderungen von femme richten sich vorrangig auf Eigenschaften wie Flexibilität, persönliche Souveränität und Autonomie. Damit lässt sich auch hier wie in den anderen Fallstudien eine breiter Zugriff auf das Verhalten und die Persönlichkeit der teilnehmenden MigrantInnen konstatieren: Die untersuchten Integrationsprojekte greifen weit in den Alltag der MigrantInnen ein und versuchen, deren Selbstverständnis im Sinne einer „Normalisierung der Lebensführung" (Kessl 2007: 208) zu formen. Durch das Formulieren anspruchsvoller Teilnahmevoraussetzungen – wie es sich besonders beim Fallbeispiel ina-Basiskurse zeigt (vgl. Kap. 5.1.3), – besteht die Gefahr, dass die untersuchten Projekte genau jene Personen ausschliessen, die eine Unterstützung bei der Arbeitsmarktintegration besonders benötigen würden. Die Integrationsprojekte folgen damit der Logik der investiven Sozialpolitik der Schweiz: Investiert wird da, wo es sich lohnt, weil eine Aussicht auf Eingliederung in den Arbeitsmarkt besteht (vgl. Nadai 2009: 136). Somit reproduzieren die Integrationsprojekte die Auswahlmechanismen des Arbeitsmarktes – statt ihnen entgegenzuwirken.

8.3 „Eine realistische Perspektive" – Korrektur beruflicher Ziele

Zur Normalität, welche die an den Projekten ina, Schneiderwerkstatt und futura teilnehmenden MigrantInnen hinnehmen sollen, zählt insbesondere, dass sie kaum Chancen auf eine qualifizierte Arbeitsstelle haben. Dies zeigen die Schilderungen einer Mitarbeiterin des ina-Projektes anschaulich:

„Sie [die Teilnehmenden] können halt [ihren Beruf] nicht wünschen [lacht], wie wir wünschen, sie müssen sich schon bewusst sein, also viele sagen dann: ‚Ja, eigentlich wollte ich ja Informatiker oder wollte ich ja das und das', oder das was sie –, ‚Aber jetzt hab ich gemerkt, es bleibt nur noch Gastgewerbe, Reinigung, Pflege. Und dann [wähle ich] Pflege.' (...) [Es gibt] einige Leute, wo man merkt, die Erwartungen sind falsch, die sich das dann ganz anders vorstellen, also ‚Ich komme dann und verteile Medikamente und mache medizinische Sachen' [lacht] und dann muss man erklären: ‚Nein, es geht jetzt wirklich mal um die Grundpflege. Und du bist in diesem Heim einfach ganz unten. Von der Verantwortung her,

von der – ja.' (...) Und das ist [für die Teilnehmenden] wirklich schwierig, das zu verstehen – ja, also das zu akzeptieren, ... dass dieser Weg lang ist ..."

Demnach stehen den beruflichen Wünschen der Kursteilnehmenden limitierte berufliche Möglichkeiten gegenüber, die es *„zu akzeptieren"* gelte. Ein Teil der Teilnehmenden nehme die Einschränkungen hin (*„Aber jetzt hab ich gemerkt, es bleibt nur noch..."*), während ein anderer Teil der Teilnehmenden *„falsche"* Erwartungen hege – in Bezug auf die eigenen beruflichen Kompetenzen und die erreichbare berufliche Position. Die Kursleiterin stellt klar: Die Kursteilnehmenden seien *„einfach ganz unten"* in der beruflichen Hierarchie. Ausserdem, so schildert die Mitarbeiterin weiter, gingen die Teilnehmenden davon aus, dass die Arbeiten existenzsichernd seien, für die sie das Projekt qualifiziert. Es sei für die Teilnehmenden ein *„Schock"*, wie die Kursleiterin sagt, zu erfahren, dass das Ziel der finanziellen Selbständigkeit durch das Kursprojekt nicht erreichbar sei, sofern das Einkommen für weitere Familienangehörige reichen muss. Eine weitere *„Fehleinschätzung"* bestehe darin, dass die Projektteilnehmenden mit einem umgehenden Berufseinstieg rechneten, während aus Sicht der Mitarbeiterin zuerst Qualifizierungen nötig seien, um Sprachkenntnisse und Fachzertifikate zu erlangen.

Diese Einschätzung entspricht einer sozio-ökonomischen Realität: Tatsächlich haben viele MigrantInnen aus Drittstaaten, insbesondere anerkannte Flüchtlinge und vorläufig Aufgenommene, grosse Schwierigkeiten bei der Arbeitsmarktintegration (vgl. Kap. 2.1). Problematisch ist jedoch, wenn die Aufmerksamkeit für diese Problematik zu ihrer Festschreibung als unabänderlich und selbstverständlich führt. So erscheint in der obigen Passage das Erreichen beruflicher Ziele für die teilnehmenden MigrantInnen als objektiv unmöglich. Dies ist konzentriert in der Formulierung zusammengefasst: *„Sie können halt nicht wünschen, wie wir wünschen"*: Die Aspiration, einen erfüllenden, gut bezahlten Beruf zu ergreifen, wird den am Integrationsprojekt teilnehmenden MigrantInnen abgesprochen, während *„wir"* diese Möglichkeit haben.[155] Allerdings lässt die Mitarbeiterin die Möglichkeit eines späteren beruflichen Aufstieges offen. Mittelfristig ist demnach jedoch eine berufliche Eingliederung nur auf der untersten Stufe der Leiter einer langwierigen und schwierigen beruflichen Laufbahn möglich.

Die Teilnehmenden haben aus der Sicht der ina-Mitarbeiterin oftmals berufliche Vorstellungen, die nicht angemessen sind. Die zu korrigierenden *„unrealistischen Erwartungen"* der Zielgruppe sind ein diskursives Muster, das sich vielfach im Datenmaterial des Projektes ina und ebenso beim Projekt futura findet. Beim Projekt Schneiderwerkstatt hingegen werden die Erwartungen der Projektteilnehmenden

---

155 Mit der Formulierung *„wir"* / *„sie"* unterscheidet die Interviewpartnerin die am Projekt teilnehmenden Drittstaatenangehörigen von den privilegierten Einheimischen (*„Othering"*, Spivak 1985: 134f.). Möglicherweise schliesst diese diskursive Grenzziehung im *„wir"* auch EU-Staatsangehörige ein, wie etwa die Forscherin selbst.

nicht thematisiert, und sie werden auch nicht in die Projektpraktiken einbezogen. Das Projekt basiert auf der Annahme, dass die Teilnehmenden nicht in der Lage seien, eigenständig eine Arbeitsstelle zu finden und ihren Alltag zu bewältigen (vgl. Kap. 5.3 und 6). In den Darstellungen des Projekts erscheinen die Teilnehmenden als weitgehend inkompetente und hilflose Opfer der Umstände, die mit vielfältigen Schwierigkeiten konfrontiert sind. Die Möglichkeit, dass diese Frauen berufliche Ambitionen verfolgen könnten, scheint daher kaum denkbar. Diese viktimisierende Sicht auf die Projektteilnehmenden setzen die Mitarbeitenden mitunter mit repressiven Mitteln durch, etwa mit Zurechtweisungen (vgl. Memo S. 74f.). Andere Erwerbsoptionen als gering qualifizierte Arbeiten sind nach dieser Logik auch langfristig nahezu ausgeschlossen. Bei ina und futura wird hingegen vielmehr die Vorstellung der Notwendigkeit einer biographischen Zäsur vermittelt. Dies geschieht über die Einstufung der beruflichen Vorstellungen der Teilnehmenden als unangemessen – angesichts der *„Realität"* eines als anforderungsreich dargestellten Schweizer Arbeitsmarktes. Die an im Herkunftsland erworbene Qualifikationen geknüpften Erwartungen seien danach in der Schweiz nicht realisierbar. So heisst es in einem Bericht des ina-Projekts:

„Viele [Teilnehmende] haben zu hohe oder unrealistische Erwartungen betreffend ihren Chancen auf dem Arbeitsmarkt in der Schweiz. Das Wissen und die Erfahrungen, die sie sich im Herkunftsland angeeignet haben, reichen oft nicht für eine berufliche Integration im Wunschbereich. Dies führt zu Frustration."

MigrantInnen, deren im Herkunftsland erworbene Berufsausbildungen und -erfahrungen auf dem Schweizer Arbeitsmarkt nicht anerkannt werden, erfahren damit eine Abwertung ihrer Qualifikationen. Die Integrationsprojekte Schneiderwerkstatt, ina und futura reproduzieren diese Erfahrung der Dequalifizierung – in doppelter Hinsicht: Sie deklassieren sowohl professionelle Kompetenzen als auch informelles Wissen. Die Teilnehmenden sollen diese Entwertung ihrer Qualifikationen als *„realistisch"* hinnehmen, während der Wunsch nach einer existenzsichernden, attraktiven Berufsposition *„unrealistisch"* sei. Die Migration erfordere demnach eine Neubeurteilung der beruflichen Positionierung angesichts dessen, dass die in der Schweiz gegenwärtig erreichbaren beruflichen Optionen limitiert seien. Ein übergangsloses Anknüpfen an den bisherigen beruflichen Status sei nicht möglich. Entsprechend werten die Projekte die Modifikation der beruflichen Ziele nach unten als Erfolg und bewerten dies positiv als *„Flexibilität"* und *„Motivation"*. So erklärt ein Bericht des Projektes futura:

„Positiv war vor allem, dass die TN sich offen auf die Auseinandersetzung zwischen ihren eigenen Wünschen und realistischen Möglichkeiten eingelassen haben."

Diese Passage verdeutlicht, dass das Einlassen auf die Deutung des Projekts eine implizite Anforderung an die Teilnehmenden ist. „Gute" Teilnehmende sind somit solche, die bereit sind, ihre als „*unrealistisch*" eingestuften Ziele aufzugeben. Das erinnert an die historische Unterscheidung von „unwürdigen" und „würdigen Armen", die den Umgang mit Unterstützungsbedürftigen bis in die Gegenwart bestimmt und von aktuellen Politiken reaktiviert wird: Ein zentrales Kriterium der Klassifizierung als unterstützungswürdig war demnach die Fügsamkeit, also die Differenzierung zwischen jenen Bedürftigen, die Unterstützung aktiv einforderten und jenen, „die sich schamhaft mit dem begnügten, was man ihnen gab" (Maeder/Nadai 2004: 30). Im Kontext der untersuchten Integrationsprojekte bildet die Demonstration einer „fügsamen" Haltung ebenfalls eine Anforderung an die Teilnehmenden: Sie sollen zwar Arbeitswillen zeigen, aber zugleich auch ihre beruflichen Ziele senken und sich damit als „unterstützungswürdig" erweisen. Andernfalls können die Betreffenden als unmotiviert und unflexibel abgewertet und von der Projektteilnahme ausgeschlossen werden. Dieser Anspruch an die Teilnehmenden wird auch in folgender Passage deutlich, in der ein futura-Mitarbeiter geschlechtsspezifische Unterschiede zwischen den Teilnehmenden beschreibt:

> *„Was man so allgemein sagen kann, aber das ist jetzt natürlich ein bisschen eine subjektive Erfahrung [lacht], das habe ich nicht ausgewertet oder so, ist, dass Frauen tendenziell, den Schritt schneller schaffen, auf eine realistische Perspektive zu kommen, also Männer bleiben eher verhangen in –, haben halt häufiger auch eine bessere berufliche Ausbildung, berufliche Karriere gehabt, es macht ihnen häufig mehr Mühe, einen beruflichen Abstieg zu akzeptieren. (...) Frauen sind dort eher flexibler, können sich schneller – die Situation akzeptieren, im Durchschnitt."*

Eine „*realistische Perspektive*" einzunehmen bedeutet demnach eine Akzeptanz des beruflichen Abstiegs. Die Projekte zielen folglich auf eine Anpassung der beruflichen Zielsetzungen der Teilnehmenden nach unten. Das Ziel des Dämpfens beruflicher Ambitionen stösst nach dieser Darstellung bei den männlichen Teilnehmenden auf stärkeren Widerstand, sie sind weniger bereit, die Dequalifizierung in Kauf zu nehmen als Frauen. Diese werden damit als gute bzw. „würdige" Teilnehmende dargestellt, welche die institutionelle Platzzuweisung der beruflichen Chancenlosigkeit bzw. berufliche Einschränkung auf gering qualifizierte Arbeitsbereiche widerstandslos hinnehmen – eine Schilderung, die zugleich auf verbreitete Bilder angepasster, sich unterordnender migrantischer Frauen zurückgreift, die dadurch den emanzipiert und selbstbewusst erscheinenden einheimischen Frauen gegenübergestellt werden. Männer müssen daher von den Projektmitarbeitenden spezifisch an ein geändertes Selbstbild herangeführt werden, wie der futura-Mitarbeiter erläutert:

> *„Bei Männern muss man eher versuchen, den Fokus auf die Defizite zu richten, wo sie sich noch verbessern können, so ein bisschen eher noch die Selbstkritik zu pushen versuchen."*

Die Arbeit der Projekte besteht folglich darin, die Selbstsicht der Teilnehmenden zu modifizieren, indem der Fokus auf jene Aspekte gelenkt wird, die eine niedrigere berufliche Positionierung legitimieren. Auch der folgende Ausschnitt aus dem Interview mit der ina-Kursleiterin macht deutlich, dass eine Anpassung der beruflichen Ambitionen nach unten als erstrebenswert gilt:

> *„Ich hatte jetzt eher das Gefühl (...), dass Leute, die relativ gute Bildung haben und auch schon eben z.B. Deutsch und gut... dass die ... fast einfacher diesen Schritt machen und verstehen: ‚Ok, jetzt muss ich unten anfangen.' Und dass sie sich auch differenzierter ihre eigenen Fähigkeiten und Möglichkeiten halt differenzierter einschätzen können. Während Leute, die nicht so viel Ressourcen mitbringen, dann häufig das nicht so können... Und dann überrissene Erwartungen haben. Auf der anderen Seite gibt es natürlich schon, dass Leute auch wirklich Mühe haben, die zum Beispiel im Heimatland auch eine gewisse schon berufliche, doch! Position hatten oder auch im gesellschaftlichen, oder und dann merken sie hier: ‚Jetzt muss ich da...' Also, es gibt beides."*

Die Kursleiterin wertet es positiv, wenn die Teilnehmenden die Notwendigkeit einsehen, sich in der beruflichen Hierarchie *„unten"* – also in niedrig qualifizierten, gering bezahlten Arbeitsstellen mit geringer Verantwortung und niedrigem Prestige – zu positionieren. Bildung stuft sie als eine Ressource ein, die teilweise eher die Einsicht in die Notwendigkeit ermöglicht, die beruflichen Ambitionen nach unten zu korrigieren. Bei manchen Teilnehmenden begründet jedoch demnach gerade ihre Bildung eine Hürde für die Akzeptanz des – aus Sicht der Projekte zumindest vorübergehend notwendigen – beruflichen Abstiegs. Auch eine Mitarbeiterin der Trägerorganisation von ina und futura problematisiert die Schwierigkeiten qualifizierter MigrantInnen mit einer Senkung beruflicher Erwartungen:

> *„Es gibt immer Leute, die Universitätsabschlüsse haben, oder die (...) sehr gute Ausbildungen haben, wo aber die Arbeitssuche (...) dadurch nicht einfach easier, also einfacher ist. (...) In der Regel ist das auch eine sehr viel anspruchsvollere Zielgruppe nachher. / F: Wieso? / A: Ja, weil natürlich mit dem akademischen Abschluss schon nachher eigentlich die Bereitschaft, eine Arbeit anzunehmen, die schlecht bezahlt ist, oder die nicht auf dem Niveau ist vom Berufsabschluss, schon geringer ist."*

Im Herkunftsland erworbene Qualifikationen erscheinen in dieser Perspektive weniger als Ressource denn als potentielles Hindernis bei der Sicherstellung der Organisationsziele. Diese Darstellung verweist auf die Zuschreibung von Eigenverantwortung in der Integrationspolitik: Wenn MigrantInnen die Dequalifizierung und berufliche Positionierung *„ganz unten"* nicht bereitwillig akzeptieren, kann dies als mangelnde Bereitschaft zur Integration interpretiert werden. Damit fügen sich Beschreibungen wie diese in den Diskurs um den *„Willen"* und die *„Bereitschaft"* zur Integration (BR 2002: 3714; Art. 4 VIntA; Art 4 Abs 4 AuG). Die Mitarbeiterin sieht explizit eine Aufgabe der Projekte darin, den Prozess des beruflichen Abstiegs zu unterstützen und zu begleiten, wie sie an anderer Stelle ausführt:

> „Das ist natürlich eine grosse Schwierigkeit, dass viele Leute eine sehr HOHE Erwartung haben. Es sind viele Leute, die wirklich Geld verdienen wollen. Weil sie aus der Sozialhilfeabhängigkeit raus wollen, aber auch weil sie auch Familien und Netzwerke [im Herkunftsland] unterstützen wollen. Und das ist häufig auch eine Abstiegsbegleitung, das Ganze, oder einfach ein Abgleichen von Erwartungen mit den Chancen zur Teilhabe."

Demnach ist die Zielsetzung, mit dem Einkommen aus der Erwerbsarbeit die Existenz unabhängig von sozialstaatlichen Leistungen zu sichern und familiäre Netzwerke zu unterstützen, nicht berechtigt, sondern muss an die vorhandenen – limitierten – Möglichkeiten angepasst werden. Indem bestimmte Berufsoptionen als *„unrealistisch"* klassifiziert werden, wird die Situation so definiert, dass sich die an den Projekten teilnehmenden MigrantInnen mit ihrer Lage abfinden und den ihnen zugewiesenen Platz akzeptieren. Erving Goffman hat für diese Strategie den Ausdruck „abkühlen" geprägt (*„cooling"*, 1952):[156] Die Aspirationen der Betreffenden sollen gedämpft werden, indem ihr Selbstverständnis verändert wird.

8.4 „Dass sie es internalisieren können" – Durchsetzung der Projektdeutung

Zu den in den Integrationsprojekten futura, Schneiderwerkstatt und ina vermittelten Verhaltensanforderungen gehört also, dass die MigrantInnen ihre berufliche Positionierung *„ganz unten"* akzeptieren und die nötige Bereitschaft zum Abstieg aufbringen. Wenn die Teilnehmenden diese Zuweisung nicht annehmen, wird das als Unflexibilität und unangemessener Anspruch diskreditiert. Bei femme hingegen erfolgt eine Diskreditierung von nicht-erwerbsorientierten Teilnehmenden, da die Verhaltensanforderung des Projektes hier auf qualifizierte und ökonomisch unabhängige Erwerbseingliederung gerichtet ist (vgl. detailliert Kap. 6.4). Karina Goldberg beschreibt in Bezug auf sogenannte Befähigungskurse (cursos de capacitación) für Migrantinnen, die in der Haus- und Pflegearbeit in privaten Haushalten in Spanien arbeiten: „Man will die Möglichkeiten der MigrantInnen zwar maximieren, doch diese müssen dafür eine bestimmte ‚sozioökonomische Realität' als gegeben hinnehmen und sich ihr anpassen. Sie haben sich auf bestimmte Arbeitsmarktsektoren, Arbeitsbedingungen und ‚Regeln' der Arbeitssuche einzustellen. (...) die Kurse implizieren, wie ich beobachten konnte, nicht nur die Förderung von Handlungsoptionen, sondern auch die Forderung nach einem bestimmten Handeln (...). Während

---

156 Goffman analysiert in seiner Studie, wie Betroffene von Kriminalität an eine neu definierte Selbstsicht als Opfer herangeführt werden. Den Hinweis auf diesen Begriff verdanke ich Martina Koch (vgl. Koch 2010).

man den Migrantinnen auf den ersten Blick nur die Tätigkeiten des ‚domestic service' beibringt, geht es dabei auch immer um das Erlernen einer bestimmten Subjektposition" (Goldberg 2009: 80f.). Eine Schlussfolgerung, die auch auf die Fallstudien der vorliegenden Analyse übertragbar ist.

Die untersuchten Integrationsprojekte zielen somit auf eine Veränderung der Wirklichkeitsdeutung ihrer Teilnehmenden. Christoph Maeder und Eva Nadai beschreiben dies in ihrer ethnographischen Studie zur Sozialhilfe als „Integrationsarbeit" (2004: 95–101). Integration verstehen sie dabei nicht als Teilhabe an etwas, sondern im Rückgriff auf Berger und Luckmann (1969) als Durchsetzung einer bestimmten Deutung der Wirklichkeit. Ziel der Integrationsarbeit ist somit die Verinnerlichung von gesellschaftlichen Normen. Dies kann sich ebenso auf rechtlich oder vertraglich verankerte Sachverhalte beziehen (etwa die Pflicht zur regelmässigen Teilnahme an den Projekten in Fall der vorliegenden Studie) wie auf allgemeine Verhaltensweisen wie etwa Pünktlichkeit. Die Perspektive von Maeder und Nadai auf diese institutionell verankerten Praktiken macht deutlich, dass Integrationsarbeit in ihrem Verständnis von Macht durchzogen ist. Sie unterscheiden dabei Normalisierungsarbeit und Reframingarbeit als Unterkategorien der Integrationsarbeit. Während Normalisierungsarbeit auf die Handlungsebene zielt – die KlientInnen sollen ein bestimmtes Verhalten zeigen (Maeder/Nadai 2004: 96), – geht es bei der Reframingarbeit um Identitätsanpassungen: Die KlientInnen sollen die Situation umdeuten und entsprechende Selbstkonzepte entwickeln (Ebd.: 99).

Die Normalisierungsarbeit in den untersuchten Fallstudien bezieht sich auf erwünschtes Verhalten wie persönliches Auftreten, Pünktlichkeit usw., berührt aber auch Bereiche wie Kinderbetreuung oder Haushaltsbudget. Die Reframingarbeit der Fallstudien richtet sich im Falle von futura, ina und der Schneiderwerkstatt auf ein Selbstkonzept und somit einen Habitus als gering qualifizierte ArbeitnehmerInnen, die nur über limitierte Erwerbsmöglichkeiten auf dem Schweizer Arbeitsmarkt verfügen. Andere Selbstkonzepte, die sich auf berufliche Erfahrungen und Qualifikationen im Herkunftsland beziehen, sollen aufgegeben werden, denn die Migration erzwinge demnach einen völligen beruflichen Neubeginn. Diese Einschätzung spiegelt die Schwierigkeiten, denen MigrantInnen aus aussereuropäischen Staaten auf dem Schweizer Arbeitsmarkt gegenüberstehen. Selbst wenn sie sekundäre oder tertiäre Ausbildungen absolviert haben, ist es MigrantInnen vielfach nicht möglich, eine Ausbildung und Berufserfahrung entsprechende Anstellung zu erhalten (vgl. Kap. 2.1). Besonders grossen Hürden beim Arbeitsmarktzugang stehen MigrantInnen ohne anerkannte Ausbildung sowie Personen mit dem Status vorläufige Aufnahme oder anerkannte Flüchtlinge gegenüber. Die Projekte reagieren somit auf eine tatsächlich bestehende Problematik.

Die Mitarbeitenden erscheinen dabei als VermittlerInnen der schmerzhaften Einsicht der Notwendigkeit einer radikalen Zäsur zwischen dem sozialen Status im Herkunftsland und den (mittelfristig) erreichbaren Positionen im Aufnahmeland.

Im Falle des Projektes femme sollen die Teilnehmenden hingegen (wieder) ein Selbstverständnis als qualifizierte, beruflich erfolgreiche Erwerbstätige entwickeln und die Erfahrung der Dequalifizierung und des beruflichen Ausschlusses in der Schweiz überwinden. Das Projekt vermittelt also die Deutung, ein Bruch zwischen dem früheren und dem jetzigen beruflichen Status sei nicht zwingend notwendig.

Wie erreichen die Projekte, dass die Teilnehmenden eine veränderte Subjektposition einnehmen? Oder anders gefragt: Wie stellen die Integrationsprojekte sicher, dass sich die Teilnehmenden entsprechend der Etikettierung verhalten? Wie funktioniert also die Regulierung der Subjekte? Die Projektpraktiken der untersuchten Fallstudien umfassen ein System von Techniken zur Steuerung der Teilnehmenden, worin sowohl repressive Formen als auch aktivierende Anreize enthalten sind. Zentral ist dabei das Ziel einer Einsicht der Teilnehmenden in die gewünschte Deutung der Wirklichkeit: Die Modifikation der beruflichen Ziele soll den Teilnehmenden adäquat und sinnvoll erscheinen, sodass sie von der Notwendigkeit der Korrektur ihrer Ambitionen überzeugt sind. In den untersuchten Projekten lassen sich verschiedene Praktiken identifizieren, welche die Übernahme der Projektperspektive durch die Teilnehmenden unterstützen:

- Klassifizierung und Information: Projektinstrumente wie Standortbestimmung, Beratung, Kompetenzenbilanz, Zielvereinbarungen, Abklärung, Unterricht usw. dienen der Vermittlung dessen, was die Teilnehmenden als angemessen und vernünftig – bzw. um in der Begrifflichkeit des Feldes zu bleiben – als *„realistisch"* erkennen sollen.
- Herstellen von Vertrauen: Eine wohlwollende, unterstützende Atmosphäre im Projekt trägt dazu bei, dass die Deutung der Mitarbeitenden eher übernommen wird. (Bei femme wirkt hierbei zudem die Identifikation der Mitarbeiterinnen als *„Migrantinnen"* unterstützend.)
- Erfahrungsaustausch in der Gruppe: Der Austausch mit anderen MigrantInnen mit ähnlichen Erfahrungen und Berufsperspektiven unterstützt die Revision der Selbstsicht.
- Etablierung von Aufnahmehürden: *„Flexibilität"* und *„Motivation"* sind etwa bei ina und futura explizit formulierte Teilnahmevoraussetzungen. Personen, die nicht zur Modifikation der beruflichen Ambitionen bereit sind, können daher vom Projekt ausgeschlossen werden.
- Abwertung von Abweichung: Teilnehmende, die nicht zur Anpassung ihrer beruflichen Ziele bereit sind, werden als unflexibel, irrational, anmassend, ignorant, passiv u.ä. dargestellt.
- Responsibilisierung: Die Anpassung beruflicher Ziele erscheint als selbstverantwortet, dies verdeckt die Zurichtung und Strukturierung der beruflichen Optionen durch das Projekt.

- Objektivierung: Abgleichen der Einschätzungen und Ziele der Teilnehmenden mit der *„Praxis"*, z.B. durch praktische Arbeitseinsätze in Firmen.

Diese Praktiken wurden in den einzelnen Porträts der Integrationsprojekte detailliert dargestellt (vgl. Kap. 5). Im Folgenden wird exemplarisch auf das Instrument der Objektivierung durch Praktika eingegangen, da Projektmitarbeitende dies explizit als Mittel thematisieren, um die Selbstbilder der teilnehmenden MigrantInnen zu beeinflussen: Praktika sind sowohl bei ina wie futura ein zentrales Element des Projektes. Praktische Arbeitserfahrungen in der Schweiz werden als essentielle Voraussetzung für die berufliche Integration gesehen, zumal so Kontakte zu potentiellen Arbeitgebenden aufgebaut werden können. Gleichzeitig dienen diese Arbeitseinsätze auch dazu, den Teilnehmenden die Perspektive eingeschränkter beruflicher Optionen zu vermitteln. Denn durch den permanent perpetuierten Verweis auf die *„Realität"* des Arbeitsmarktes erscheint ihre Einstufung als beruflich chancenlos als objektives Faktum. Da die Mitarbeitenden davon ausgehen, dass die Teilnehmenden tendenziell zu hohe, also unberechtigte Erwartungen bezüglich ihrer beruflichen Möglichkeiten verfolgen, messen die ina- und futura-Mitarbeitenden der korrigierenden Wirkung durch die Konfrontation mit der *„Praxis"* des Arbeitsmarktes eine grosse Bedeutung bei. So sei es zentral, dass nicht nur die Projektmitarbeitenden den Teilnehmenden vermitteln, *„wie die Realität aussieht"*, erklärt etwa die futura-Projektleiterin, sondern dass die Teilnehmenden Rückmeldungen von Arbeitgebenden und einen Einblick in die Berufspraxis in der Schweiz erhielten. Die Projektverantwortliche beschreibt es so:

> *„Einfach, weil es ganz entscheidend ist, dass sie mal sehen, wie es läuft an einer Arbeit. Was wird verlangt? Und, wie sind die Arbeitszeiten, der Arbeitsweg? Wie bin ich ungefähr drin? Dass sie sich einschätzen können, was sie für Arbeitsmarktchancen haben."*

Durch Firmenbesichtigungen, Arbeitseinsätze und Praktika soll somit eine Beurteilung der Erwerbsmöglichkeiten und letztlich eine Korrektur der beruflichen Vorstellungen der MigrantInnen erreicht werden. Ziel sei, so der futura-Coach, *„dass es die Leute internalisieren können"*, dass ihre beruflichen Zielsetzungen nicht realisierbar seien. Praktische Arbeitseinsätze in Firmen eignen sich demnach für diese Aufgabe, da aufgrund der Erfahrungen im Praktikum für die Teilnehmenden *„viel einsichtiger ist, was (...) die Realität ist"* und sie daraufhin ihre beruflichen Wünsche aufgeben würden (vgl. Kap. 5.2.4). Die Konfrontation mit der Arbeitspraxis soll also die beruflichen Anforderungen und Arbeitsbedingungen in der Schweiz vermitteln, sodass die Teilnehmenden ihre beruflichen Chancen und entsprechend ihre Ziele eigenverantwortlich damit abgleichen. Sie sollen diese Deutung verinnerlichen und ihr Selbstbild entsprechend anpassen. Dabei zielen die Projekte nicht nur auf die Identität und den Habitus der Subjekte, sie strukturieren auch die den Teilnehmenden offenstehenden Handlungsoptionen.

Die Vermittlung einer neuen Situationsdeutung durch Praktika ist ein Beispiel für eine indirekte Regulierung, die ohne die Demonstration von Macht auskommt. Das heisst nicht, dass hierbei keine Macht wirksam wird. Das Element der Steuerung wird etwa darin deutlich, dass die Einschätzung der beruflichen Möglichkeiten nicht von den Teilnehmenden selbst, sondern von den Mitarbeitenden vorgenommen wird: Sie wissen, was gut für die Betreffenden ist und welches der ihnen angemessene Platz ist bzw. welche Berufsoptionen realisierbar sind. Es geht bei dieser Regulierung vorrangig darum, dass die Teilnehmenden die Einschätzung der Mitarbeitenden zu ihren eigenen machen und dies nicht als Fremdsteuerung erfahren. Fabian Kessl kreierte für diese gelenkte Selbststeuerung den Begriff „distanzierte Regierungsstrategie" (2005: 158): „Der Regierende will Partner sein, nicht verantwortlicher Leiter" (ebd.: 155). Die Modifikation von Deutungen und Handeln soll also als eigene, autonom getroffene Entscheidung erfahren werden, sodass Fremdsteuerung und Selbststeuerung ineinander übergehen. Partizipative Rhetoriken machen die institutionelle Lenkung unsichtbar, etwa wenn Projektmitarbeitende betonen, die Teilnehmenden sollen sich eigenverantwortlich für ihre Berufswahl entscheiden (vgl. Kap. 5.2.4) oder wenn sie den Ausschluss vom Projekt als Fürsorge markieren (vgl. Kap. 7.4). Offen bleibt hier, inwiefern die Projektteilnehmenden die institutionellen Platzzuweisungen auch tatsächlich übernehmen, inwiefern also die gouvernementale Regulierung gelingt. Die Interviews mit Teilnehmenden und ehemaligen Teilnehmenden im Rahmen der vorliegenden Studie deuten darauf hin, dass sowohl die Identifizierung mit der Perspektive der Projekte als auch die Zurückweisung dieser sozialen Positionierungen vorkommen. Es wäre interessant, dieser Frage im Rahmen einer vertiefenden Analyse nachzugehen.

8.5 Fazit: Institutionelle Platzzuweisungen anhand von Qualifikation

In den untersuchten Integrationsprojekten lassen sich unterschiedliche Annahmen und Zuschreibungen der Projekte bezüglich der Bildung ihrer Zielgruppe identifizieren: Die Projekte futura, Schneiderwerkstatt und ina gehen davon aus, dass die teilnehmenden MigrantInnen keine Qualifikationen aufweisen bzw. dass im Herkunftsland erworbene Kenntnisse und Erfahrungen auf dem Schweizer Arbeitsmarkt in der Regel nicht nutzbar sind. Sie stufen daher die Projektteilnehmenden als faktisch *„unqualifiziert"* ein, auch wenn sie sekundäre und tertiäre Ausbildungen absolviert haben. Dies reagiert auf tatsächlich vorhandene Hürden bei der Arbeitsmarktintegration von aussereuropäischen MigrantInnen. Besonders für zugewanderte Frauen, also die Zielgruppe der Schneiderwerkstatt, sowie für anerkannte Flüchtlinge bzw. vorläufig Aufgenommene, also die Zielgruppe von ina und futura, gestaltet sich die Integration in den Schweizer Arbeitsmarkt schwierig. Aber auch gut und sehr gut ausgebildete MigrantInnen sind in der Schweiz mit Schwierigkeiten konfrontiert, vorhandene Qualifikationen geltend zu machen (vgl. Kap. 2.1). Die Projekte räumen daher den teilnehmenden MigrantInnen wenig berufliche Handlungsspielräume und Aufstiegsmöglichkeiten ein. Aus der Perspektive dieser Projekte haben die teilnehmenden MigrantInnen in der Schweiz „*praktisch keine Chance*" auf eine qualifizierte Stelle und können hauptsächlich im Dienstleistungssektor als gering qualifizierte ArbeitnehmerInnen mit niedrigen Löhnen arbeiten. Die Projekte versuchen daher, angesichts dieser schwierigen Ausgangslage die Teilnehmenden dabei zu unterstützen, überhaupt eine Erwerbsarbeit zu finden.

Die automatische Einstufung der teilnehmenden MigrantInnen als „*unqualifiziert*" birgt die Gefahr, dass vorhandene Qualifikationen unberücksichtigt bleiben oder abgewertet werden. Dies reproduziert Prozesse der Dequalifizierung von MigrantInnen. Problematisch ist zudem, wenn das Fehlen von Bildungstiteln und Berufserfahrung kulturalisiert wird, also auf die ethnische Zugehörigkeit oder nationale Herkunft zurückgeführt wird. Dabei kann es zur Festschreibung einer Perspektive der beruflichen Chancenlosigkeit kommen, wodurch das Realisieren einer existenzsichernden und den vorherigen Qualifikationen entsprechenden Erwerbsarbeit in den Bereich der Utopie rückt.

Das Projekt femme insistiert hingegen auf dem Vorhandensein von Kompetenzen und Fähigkeiten trotz den existierenden Mechanismen der Dequalifizierung und stuft Teilnehmende des Projektes, die eine Berufslehre oder Hochschulausbildung absolviert haben, als „*qualifiziert*" ein. Das Projekt zielt darauf, die beruflichen Optionen der Teilnehmenden im Hinblick auf Berufspositionen zu erweitern, die der bisherigen Ausbildung entsprechen. Das Klassifizieren der Teilnehmenden als „*qualifiziert*" und ihre Adressierung als fachlich kompetente und ökonomisch erfolgreiche Erwerbstätige stellt daher eine Strategie dar, einerseits dequalifizierenden Diskursen und Strukturen entgegenzutreten und andererseits die Selbstsicht der Teilnehmenden positiv zu beeinflussen, um so ihre berufliche Positionierung zu verbessern. Aus der Perspektive des Projekts femme erscheinen strukturelle Hürden wie die Entwertung von aussereuropäischen Abschlüssen grundsätzlich überwindbar. Erfolgreiche Partizipation am Erwerbsleben erscheint demnach realisierbar, sofern sich die MigrantInnen ausreichend Mühe geben und ihr Verhalten entsprechend ausrichten. Die Erfahrung von beruflichem Ausschluss und Dequalifizierung führt demnach jedoch zu einem geschwächten Selbstbewusstsein der Teilnehmenden. Ihre beruflichen Ambitionen müssen folglich aktiviert werden.

Hingegen präsentieren die Projekte futura, Schneiderwerkstatt und ina eine umfassende ökonomische Teilhabe der Teilnehmenden entsprechend ihren Qualifikationen und Wünschen als mittelfristig nicht umsetzbar. Ihnen fehlen demnach wesentliche Voraussetzungen für eine umgehende Arbeitsmarktteilhabe. Folglich müssen ihre beruflichen Ambitionen „abgekühlt" (Goffman 1952) werden. Die Schneiderwerkstatt thematisiert die Erwartungen und Vorstellungen der am Projekt teilnehmenden MigrantInnen nicht, ihre langfristige Positionierung als gering qualifizierte und tendenziell prekarisierte Arbeitskräfte erscheint selbstverständlich und unhinterfragbar. Bei futura und ina dagegen sind die beruflichen Erwartungen der Teilnehmenden im Hinblick auf eine existenzsichernde und den bisherigen Qualifikationen entsprechende Erwerbsarbeit beständiges Thema. Die beruflichen Zielsetzungen der Teilnehmenden klassifizieren ina und futura – mit Verweis auf ihre fehlenden oder in der Schweiz nicht nutzbaren Qualifikationen und auf einen als anforderungsreich dargestellten Schweizer Arbeitsmarkt – als *„unrealistisch"* und unangemessen. Die Projektpraxis zielt auf eine Korrektur dieser Zielsetzungen, was eine Projektverantwortliche als *„Abgleichen von Erwartungen mit den Chancen"* beschreibt. Die Teilnehmenden sollen den beruflichen Abstieg akzeptieren. Sie müssen daher dazu gebracht werden, sich aktiv und kooperativ in die Logik der Chancenlosigkeit einzuordnen und sich selbst im untersten Arbeitsmarktsegment zu positionieren. Diese Projekte vermitteln gering qualifizierte, tendenziell prekarisierte Arbeitsverhältnisse als (zumindest mittelfristig) einzige Option für die Teilnehmenden. Integration besteht hier in der Assimilation, nämlich im Aufgeben des als wertlos eingestuften mitgebrachten Wissens und in der Unterordnung in die sozioökonomische Hierarchie. Dabei besteht die Gefahr einer Reaktivierung kolonialer Denkmuster.

Das kulturelle Kapital der Teilnehmenden, also Bildungstitel, Berufserfahrungen und nicht formalisiertes Wissen, wird von den untersuchten Projekten somit unterschiedlich bewertet. Dies veranschaulicht, dass Qualifikationen Gegenstand diskursiver Aushandlungen sind. Integrationsprojekte spiegeln nicht nur die gesellschaftlichen Auseinandersetzungen um die Anerkennung und Aberkennung der Qualifikationen von MigrantInnen wider, sondern sie sind auch selbst an diesen Aushandlungsprozessen beteiligt. Die Bildung der Teilnehmenden wird hierbei zum Argument, warum bestimmte Arbeitsbereiche und Berufspositionen für sie in Frage kommen oder nicht. Für MigrantInnen, die im Herkunftsland eine Berufsausbildung oder ein Hochschulstudium absolviert haben, kann folglich die Teilnahme an einem Integrationsprojekt unterschiedliche berufliche Optionen eröffnen, je nach dem, an welchem der Projekte sie teilnehmen. Die Integrationsprojekte strukturieren einerseits den beruflichen Möglichkeitsraum der Teilnehmenden im Rückgriff auf die Einschätzung von deren Qualifikationen. Andererseits vermitteln die Projekte den teilnehmenden MigrantInnen einen „sense of their place"[157] (Bourdieu 1997: 109f.), eine Vorstellung von der eigenen gesellschaftlichen Stellung.

Die Projekte zielen auf eine Vermittlung und Durchsetzung ihrer Einschätzung der Qualifikationen der Teilnehmenden und der für sie möglichen beruflichen Optionen. Damit die Teilnehmenden die Wirklichkeitsdeutung der Projekte übernehmen und internalisieren, setzen die Projekte ein Set von verschiedenen diskursi-

---

157 Bourdieu greift damit auf einen Ausdruck von Erving Goffman zurück, um zu beschreiben, wie habituelle Dispositionen nahelegen, was einem Individuum biographisch möglich und angemessen ist und was nicht, etwa bei der Berufswahl.

ven Praktiken ein, wie Objektivierung, Responsibilisierung, Klassifizierung und Information u.a. Diese Instrumente unterstützen den Prozess, in dem die Teilnehmenden ein angepasstes Selbstverständnis entwickeln und die ihnen zugewiesene sozioökonomische Positionierung akzeptieren. Die sozialen Positionierungen in den Projekten – ob als qualifizierte, beruflich aussichtsreiche oder als gering qualifizierte, mittelfristig beruflich eingeschränkte Arbeitnehmende – erfolgt über die Etablierung eines Wahrheitsregimes, das spezifische Sachzwänge erzeugt. Dies umfasst die Bewertung der Qualifikationen der Teilnehmenden, die Fokussierung einer bestimmten „*Realität*" des Arbeitsmarktes sowie die Formulierung eines dieser Realität angemessenen Verhaltens im Sinne einer „Normalisierung der Lebensführung" (Kessl 2007: 208).

Integrationsmassnahmen wie die beschriebenen Projekte können damit zugespitzt formuliert als Instrumente von Normalisierungs- und Disziplinierungsregimes interpretiert werden, die auf eine Anpassung der MigrantInnen an hiesige Werte und an eine spezifische sozioökonomische Position zielen, also eine bestimmte institutionelle Platzzuweisung beinhalten. Angenähert an Foucaults machtanalytische Perspektive können die Regulierungen der untersuchten Integrationsprojekte als gouvernementale Techniken gefasst werden. Die Teilnehmenden der untersuchten Integrationsprojekte werden hierbei entlang der Kategorie Qualifikation in bestimmter Weise klassifiziert oder, wie es Ian Hacking (1986) bezeichnet, „zurecht gemacht" (*making up*) und sozial verortet. Die Regulierung erfolgt dabei weniger über direkten Zwang und Druck, als vielmehr über die Vermittlung einer spezifischen Normalität: „Die moderne Macht, die sich hier artikuliert, regiert nicht über autoritäre Repression (...), sondern durch Zuweisung sozialer Schicksale" (Castro Varela 2006: 153). Die Projekte vermitteln den Teilnehmenden anhand der Konstruktion von Qualifikation, welche beruflichen Ziele und Positionen für sie als legitim gelten sollen. Bedenklich scheint dabei, dass andere Realitäten, Lebenssituationen und biographische Entwürfe Gefahr laufen, ausgeblendet und nicht in die Projektpraktiken integriert zu werden.

9 Schlussfolgerungen

Die Untersuchung ging der Frage nach, welche Diskurse sich in Schweizer Integrationsprojekten artikulieren und inwiefern diese inhärenten Diskurse soziale Ungleichheiten beim Arbeitsmarktzugang auflösen oder stabilisieren. Ziel der Analyse war es, die Funktionsweise der Integrationspolitik anhand von vier exemplarischen Fallstudien[158] transparent zu machen und dabei gouvernementale Techniken der Regierung von MigrantInnen herauszuarbeiten. Die ausgewählten Fallstudien stellen typische Beispiele von Integrationsprojekten in der Schweiz dar (Projekte ina, futura und Schneiderwerkstatt). Als Kontrastfall wurde zudem ein untypisches Beispiel herangezogen (Projekt femme).

Es zeigte sich, dass inhärente Diskurse in zweifacher Hinsicht für die Zuweisung von sozialen Positionen durch Integrationsprojekte relevant sind: Zum einen prägen Diskurse die Eingrenzung der Zielgruppe, wobei hier eine Fokussierung bestimmter Lebenssituationen und sozialer Problematiken deutlich wird. Diese limitierte Aufmerksamkeit für spezifische Gruppen und Problemfelder führt dazu, dass andere Personengruppen und Zielsetzungen kaum Berücksichtigung finden. Zum anderen prägen Diskurse die beruflichen Perspektiven, welche Integrationsprojekte für MigrantInnen anvisieren: Diskurse über MigrantInnen sind an Bewertungen der Erreichbarkeit und Adäquanz von Berufspositionen geknüpft. Das kann dazu führen, dass die AkteurInnen der Integrationsförderung eine den Ausbildungen und Erfahrungen der MigrantInnen entsprechende Erwerbsintegration als unrealistisch einstufen und nicht unterstützen. Integration richtet sich folglich auf einen spezifischen Einschluss ausgewählter Gruppen, der entlang von miteinander verknüpften Diskursen zu Geschlecht, Kultur und Qualifikation strukturiert ist. Die soziale Positionierung durch Integrationspolitik bezieht sich nicht nur auf die Eingliederung in den Arbeitsmarkt, sondern umfasst einen breiten Zugriff auf die ganze Person mit ihrem Verhalten, ihren Einstellungen und ihrer Selbstsicht im Sinne einer „Normalisierung der Lebensführung" (Kessl 2007: 208).

Kapitel 9.1 fasst die Ergebnisse aus der Analyse der vier Fallstudien zusammen, resümiert also die zentralen Resultate auf der Ebene von Integrationsprojekten. Kapitel 9.2 interpretiert die Resultate der Studie im Hinblick auf die Funktion der Integrationspolitik für die Kontrolle und Regulierung von Migration.

---

158 Kriterium der Fallauswahl war nicht statistische, sondern konzeptuelle Repräsentativität (vgl. Kap. 4.2.2).

9.1 Qualifikation und Geschlecht als Basis institutioneller Platzzuweisungen

Ein fiktives Fallbeispiel veranschaulicht die unterschiedlichen Ausrichtungen der untersuchten Integrationsprojekte: Nehmen wir an, Frau Ayadam lebt seit zwei Jahren in der Schweiz. Im Libanon hat sie ein Bauingenieur-Studium mit dem Mastertitel abgeschlossen und drei Jahre als Ingenieurin gearbeitet. Frau Ayadam erhielt in der Schweiz als anerkannter Flüchtling Asyl und verfügt über eine Aufenthaltsbewilligung, also den B-Ausweis. Die begeisterte Hobbyschneiderin ist zurzeit stellensuchend und erhält Sozialhilfe. Sie sucht Unterstützung bei der Stellensuche und möchte daher an einem der vier für die vorliegende Studie untersuchten Projekte teilnehmen. Je nachdem, ob sie am Projekt Schneiderwerkstatt, futura, ina oder femme teilnimmt, würde sie mit unterschiedlichen Sichtweisen auf ihre beruflichen Ressourcen und ihre Zukunftsperspektiven in der Schweiz konfrontiert. Dementsprechend würden die Projekte ihr verschiedene berufliche Optionen eröffnen:

In der Schneiderwerkstatt würde Frau Ayadam Textilien nähen und reparieren und dafür ein kleines Taschengeld erhalten. Ihre professionellen Kenntnisse und Erfahrungen könnte sie in diesem Projekt nicht nutzen oder weiter ausbauen, aber sie würde andere Migrantinnen kennenlernen, mit denen sie sich austauschen könnte. Im Projekt futura würde ihr möglicherweise ein Praktikum vermittelt. Die Projektmitarbeitenden würden Frau Ayadam vermutlich nahelegen, einen beruflichen Neustart ins Auge zu fassen und vielleicht einen ina-Basiskurs zu besuchen, um sich als Hilfskraft auszubilden. Falls Frau Ayadam Kinder hat, würden die Mitarbeitenden des Projektes ina jedoch womöglich von einer Teilnahme an den ina-Kursen abraten, da aus ihrer Sicht die Belastung durch Hausarbeit und Kinderbetreuung einen Projektbesuch nicht erlaubt. Im Projekt femme würden die Mitarbeitenden eine Mentorin aus dem Baubereich für Frau Ayadam suchen und sie ermutigen, eine qualifizierte Stelle zu suchen, die ihrer Ausbildung und Berufserfahrung entspricht.

Die Studie zeigt, dass die inhärenten Diskurse in Projekten zur verbesserten Arbeitsmarktintegration von MigrantInnen sich hauptsächlich auf die Bildung bzw. Qualifikation und die Geschlechterverhältnisse bei MigrantInnen beziehen. Die Diskurse zu Qualifikation und Geschlecht sind argumentativ mit der Kategorie Kultur verknüpft und dienen als Grundlage für die Zuweisung spezifischer beruflicher und damit sozialer Positionierungen durch die Projekte. Diese Resultate stimmen mit Forschungen überein, die auf die Geschlechterdimension bei der sozialen Konstruktion von Qualifikation hinweisen (vgl. Phillips/Taylor 1980, Witz 1992) und dabei auf die Relevanz des Faktors Migration bzw. Ethnizität aufmerksam machen (vgl. Erel 2003b, Pecoraro 2005, Riaño/Wastl-Walter/Baghdadi 2006, Riaño/Baghdadi 2007, Riaño/Baghdadi/Wastl-Walter 2008, Shinozaki 2009, Pecoraro/Fibbi 2010, Jey Aratnam 2012, Berthoud 2012).

Der Integrationsdiskurs basiert auf polaren Denkfiguren in Bezug auf die Kategorie *Kultur*, zum Beispiel modern versus traditionell oder gebildet versus ungebildet. Betont werden kulturelle Differenzen zwischen „uns" und „den Anderen", die vor allem an Geschlechterverhältnissen festgemacht werden. Die diskursive Reproduktion kultureller Unterschiede beinhaltet die Gegenüberstellung eines kulturell „anderen" Raumes mit der Schweiz, die in den Fallstudien als *„hier"* versus *„dort"* markiert werden. Dies zeigt sich deutlich bei den für die Studie untersuchten Projekten Schneiderwerkstatt, futura und ina: Sie fokussieren Teilnehmende, die traditionellen Geschlechterverhältnissen folgen. Frauen werden dabei vorrangig als Mütter und Ehefrauen angesprochen, – eine Adressierung, die in Integrationsmassnahmen in der Schweiz generell vorherrscht (vgl. Wichmann 2014). Damit bestätigt die vorliegende Untersuchung frühere Studien, die darauf hinweisen, dass die Schweizer Integrationspolitik traditionelle Geschlechterrollen reproduziert (vgl. Riaño/Wastl-Walter 2006b, Riaño/Wastl-Walter 2006a). Während Männer eher in ihrer Rolle als Ernährer dargestellt werden, erscheinen Frauen vorrangig als an den privaten Haushalt gebunden und für unbezahlte Haus- und Betreuungsarbeiten zuständig.

Die untersuchten Integrationsprojekte knüpfen hierbei an verbreitete Diskurse an, wonach die Geschlechterverhältnisse bei MigrantInnen durch Rückständigkeit, patriarchale Beziehungen und Traditionalität gekennzeichnet sind. Das Modell des männlichen Familienernährers mit einer für den Haushalt zuständigen Ehefrau wird dabei als veraltet und überholt MigrantInnen zugeschrieben, obwohl es in der Schweiz tatsächlich in angepasster Form mit einer Teilzeit erwerbstätigen Mutter weiterhin stark verbreitet ist (vgl. Pfau-Effinger 2000, Pfau-Effinger 2005, Bühler/Heye 2005). Zugewanderte Frauen gelten als eine „besonders wichtige Zielgruppe" der Schweizer Integrationsförderung (BR 2002: 3801), die vor allem beim Spracherwerb unterstützt werden soll. Die Schweizer Integrationspolitik spricht Migrantinnen vornehmlich als nicht-erwerbstätige Ehefrauen und Mütter kleiner Kinder an und identifiziert sie als Problemgruppe, deren Integration einer besonderen Förderung bedarf. Integrationsmassnahmen sollen zugewanderte Frauen dabei unterstützen, sich aus patriarchalen familiären und ethnischen Verhältnissen zu lösen. Dieser Versuch einer „Emanzipation von oben" (Bachmann/Riaño 2012) impliziert eine diskursive Konstruktion des Eigenen als aufgeklärt, modern und egalitär. Integrationsmassnahmen erhalten demnach die Funktion, Migrantinnen aus dem mit Desintegration, Isolation und Abhängigkeit gleichgesetzten Zuhause zu lösen, sie in Erwerbsarbeit einzugliedern und ihnen neue, emanzipative Geschlechternormen zu vermitteln.

Die Schneiderwerkstatt verkörpert dieses Geschlechterbild besonders prägnant: Das Projekt formuliert die Förderung der Erwerbsintegration von Migrantinnen als Ziel. Dies tritt jedoch hinter der Zielsetzung einer sozialen Integration der Teilnehmenden und Unterstützung bei der Alltagsbewältigung zurück. Die Zielgruppe des Projektes beschreiben die Mitarbeitenden als gering qualifizierte Frauen, die kaum in der Lage sind, alltägliche Anforderungen zu meistern. Erwerbsarbeit ist für sie demnach nur in gering qualifizierten Positionen denkbar und in der Projektlogik nicht prioritär. Die Schneiderwerkstatt konzentriert sich daher auf niedrig qualifizierte, gering bezahlte und teilweise irreguläre und prekarisierte Dienstleistungsarbeiten. Nachhaltige sozio-ökonomische Teilhabe und eigenständige Existenzsicherung der Teilnehmenden sind keine formulierten Ziele des Projektes.

Die Projekte ina und futura sind stärker auf die Eingliederung der Teilnehmenden in den Arbeitsmarkt ausgerichtet als die Schneiderwerkstatt. Zentrales Thema bei beiden Projekten sind die kaum realisierbaren Erwartungen der Teilnehmenden bezüglich ihrer Möglichkeiten auf dem Schweizer Arbeitsmarkt. Das Projekt ina ist explizit und ausschliesslich auf gering qualifizierte Arbeit ausgerichtet. Dagegen zielt die Logik von futura stärker auf individuell angepasste berufliche Lösungen für die Teilnehmenden und thematisiert dabei auch das Vorhandensein von beruflichen Erfahrungen und Kompetenzen. Beide Projekte gehen jedoch davon aus, dass sich der Zielgruppe (zumindest anfänglich) in der Schweiz nur limitierte berufliche Chancen bieten. Aufgabe der Projekte ist es demzufolge, den Teilnehmenden die Notwendigkeit eines beruflichen Neuanfanges als gering qualifizierte Arbeitnehmende zu vermitteln. Entsprechend müssen die Projekte die biographischen Ambitionen der Teilnehmenden dämpfen und sie im Hinblick auf eine subordinierte berufliche und soziale Position „abkühlen" (Goffman 1952). Die Einstufung der Projektteilnehmenden als weitgehend beruflich perspektivlos ist Ausgangspunkt der Projektpraktiken, sodass die Notwendigkeit einer Anpassung an prekarisierte Arbeits- und Existenzbedingungen selbstverständlich und fraglos scheint. Im permanent repetierten Appell an die MigrantInnen, zu *„akzeptieren"*, dass eine qualifizierte Berufsposition in der Schweiz und eine eigenständige Existenzsicherung *„unrealistisch"* sei, liegt zugleich die Aufforderung, die Identität im Hinblick auf eine Verengung biographischer Optionen selbst zu regulieren.

Lässt sich bei ina, futura und der Schneiderwerkstatt die Reproduktion defizitorientierter Stereotypen von MigrantInnen beobachten, kritisiert das Projekt femme solche Diskurse explizit. Die Programmatik dieses Projektes umfasst insbesondere eine Kritik der Zuschreibung traditioneller Geschlechterrollen an MigrantInnen und die Etablierung eines positiven Bildes qualifizierter und beruflich kompetenter Migrantinnen. Auch das Projekt femme nimmt ein *Othering* anhand der Geschlechterverhältnisse vor, aber Migrantinnen wird hier – in Abgrenzung zu Schweizerinnen – eine selbstverständliche Erwerbsorientierung und Professionalität zugewiesen. Mit der Ablehnung verbreiteter stereotyper Bilder von traditionellen, abhängigen und beruflich unqualifizierten Migrantinnen kann sich das Projekt als singuläre Opposition zu vorherrschenden Diskursen und Politiken präsentieren und erhält so eine starke moralische Legitimation.

Das Projekt femme beharrt auf dem Vorhandensein von beruflichen Qualifikationen bei der Zielgruppe, auch wenn diese Kompetenzen und Erfahrungen auf dem Schweizer Arbeitsmarkt oftmals nicht anerkannt werden. Nach der Projektlogik resultiert bei Migrantinnen aus der Erfahrung der Entwertung der Qualifikationen und aus der Konfrontation mit abwertenden, defizitorientierten Stereotypen Entmutigung und ein Verlust des Selbstwertgefühls. Aufgabe des Projektes ist es folglich, den Teilnehmerinnen berufliche Netzwerke zu vermitteln und ihre Selbstpräsentation an die Anforderungen des Arbeitsmarktes anzupassen, im Hinblick auf eine qualifizierte, ausbildungsadäquate Erwerbsarbeit. Nicht die Stellensuche steht dabei im Vordergrund, sondern die Arbeit am Selbstkonzept und marktorientierten Verhalten. Anders als die anderen drei untersuchten Fallstudien ist das Projekt femme auf Migrantinnen ausgerichtet, für die Erwerbsarbeit selbstverständlich und realisierbar ist, auch wenn sie Kinder haben. Auch hier bildet die Anpassung an die objektivierten Anforderungen des Schweizer Arbeitsmarktes den zentralen Bezugspunkt der Projektpraktiken. Die Subjektivierung bei femme ist jedoch auf ein autonomes, leistungsfähiges und erwerbstätiges Selbst ausgerichtet, das selbstbewusst und flexibel verfügbar am Markt partizipiert. Die Zuschreibung von Eigenverantwortung für den beruflichen Erfolg ist bei femme entsprechend besonders ausgeprägt. Die Konstituierung einer geschlechtsneutralen, flexiblen Arbeitsnehmenden durch dieses Projekt ist ambivalent: Auch wenn femme sich als Gegenentwurf zu aktuellen Politiken darstellt, verkörpert das Projekt nahezu idealtypisch das sozialpolitische Leitbild des *Adult Worker*, also die Norm geschlechtsneutraler Arbeitnehmender, die unabhängig von Betreuungspflichten flexibel verfügbar und beruflich erfolgreich agieren. Das Projekt fokussiert qualifizierte MigrantInnen, die zwar von der Schweizer Zulassungspolitik favorisiert, aber in der gegenwärtigen Integrationspolitik kaum berücksichtigt werden. Die Projektlogik verkörpert damit Ober- und Mittelschichtsideale des westlichen liberalen Feminismus (vgl. Rommelspacher 2007). Damit zielt das Projekt auf die nachhaltige Erweiterung der beruflichen Optionen der teilnehmenden Migrantinnen. Gleichzeitig scheint es problematisch, dass diese Ausrichtung an neoliberale Geschlechterregimes (vgl. Soiland 2009) und die Dogmen des aktivierenden Wohlfahrtsstaates anschlussfähig ist.

Bei den Projekten femme und Schneiderwerkstatt, die zwar beide ausschliesslich an Frauen gerichtet sind, aber bezüglich Qualifikation und Geschlechterrollen unterschiedliche Zielgruppen adressieren, mag es überraschen, dass sich beide auf das Konzept *Empowerment* berufen. Dieser Ansatz betont die Ressourcen der Zielgruppe und soll ihr Selbstwertgefühl und ihre Eigenständigkeit stärken. Das Empowerment-Konzept kann mit verschiedenen Inhalten und Zielsetzungen verknüpft werden. Das Ziel der Herstellung von Handlungsfähigkeit setzt jedoch die Konstruktion eines geschwächten, machtlosen Subjektes voraus, das der Hilfe bedarf und ohne Unterstützung kaum handlungsfähig wäre. Der Empowerment-Ansatz beruht folglich auf der impliziten Konstruktion von Hilfsbedürftigkeit, die durch eine stärkende, ermächtigende Intervention aufgelöst werden soll. Den Unterstützungsbedarf der teilnehmenden Migrantinnen begründen femme und Schneiderwerkstatt jedoch unterschiedlich, dementsprechend divergieren die daran geknüpften Lösungsansätze: Nach der Begründungslogik der Schneiderwerkstatt beruhen die Schwierigkeiten der Projektteilnehmerinnen bei der Erwerbsintegration auf ihren Geschlechterrollen und der kulturellen Herkunft. Die Frauen verbleiben auch nach der Projektteilnahme vorrangig in gesellschaftlich untergeordneten, subalternen Positionen. In der Logik des Projektes femme sind es hingegen primär gesellschaftliche und strukturelle Barrieren in der Schweiz, die Migrantinnen einschüchtern und einen Verlust von Selbstvertrauen und persönlicher Souveränität verursachen. Das Projekt zielt darauf ab, Potenziale der Teilnehmerinnen zu (re-)aktivieren, um sie als autonome und beruflich erfolgreiche Erwerbstätige für den Markt wiederherzustellen. Empowerment verbindet sich hier mit Methoden der Selbstoptimierung, die die ganze Person mit ihrem Auftreten, Selbstbild und Alltagsleben fokussieren und auf Markttauglichkeit hin ausgerichtet „*fit*" machen sollen.

Die Geschlechterdiskurse in den untersuchten Integrationsprojekten verweisen auf einen Widerspruch, der in der Integrationspolitik enthalten ist: Einerseits wird eine möglichst breite Erwerbsbeteiligung sowohl von Männern wie von Frauen unabhängig von ihrer familiären Situation angestrebt, andererseits bleibt die Problematik geschlechtsspezifischer Arbeitsteilung ungelöst. Massnahmen zur verbesserten Kinderbetreuung sind kein Bestandteil von Integrationsmassnahmen. Hier zeigt sich somit eine Parallelität der Dethematisierung von Geschlecht bei gleichzeitiger Stabilisierung und Reproduktion geschlechtsspezifischer Ungleichheiten (vgl. Haraway 1995) in der Schweizer Integrationspolitik, bei der Frauen erneut vorrangig auf unbezahlte Arbeiten im Privathaushalt verwiesen werden.

Verschärft wird diese Problematik dadurch, dass Integrationsprojekte unter einem grossen Druck stehen, Personen auszuschliessen, die ein Risiko für das Erreichen von Finanzierungsvorgaben darstellen könnten. Daher werden Personen, die aufgrund von Betreuungspflichten möglicherweise nicht kontinuierlich am Projekt teilnehmen können, teilweise nicht aufgenommen. Eine geschlechtsspezifische Rekrutierung durch den Ausschluss von Frauen mit Kindern kann als ein Versuch interpretiert werden, die Zahl der Absenzen zu verringern. Gleichzeitig fördert diese Praktik eine familiäre Arbeitsteilung nach dem Hausfrauenmodell der Versorgerehe (Pfau-Effinger 2000), auch wenn dies explizit nicht intendiert ist. Die Mitarbeitenden können diese Exklusion von Frauen mit Kindern wiederum mit dem Argument der traditionellen Geschlechterbeziehungen bei MigrantInnen legitimieren.

Die Analyse zeigt, dass die untersuchten Projekte das Ziel der Erwerbseingliederung mit der Vermittlung einer spezifischen beruflichen Position verbinden. Die Projekte konstituieren die Teilnehmenden hierbei in spezifischer Weise als Subjekte, indem sie sie als vorrangig gering qualifiziert bzw. gut qualifiziert und als traditionell bzw. modern-westlich „anrufen" (Althusser 1977). Sie weisen ihnen damit eine bestimmte berufliche Position und einen gesellschaftlichen Ort zu. Diese institutionelle Zuweisung der jeweils als geeignet und adäquat beurteilten Position ist mit einer Zuordnung zu den Bereichen privater Haushalt oder ausserhäusliche Erwerbsarbeit verbunden, welche wiederum eng an Geschlechterdiskurse geknüpft ist.

Die analysierten Integrationsprojekte wählen die Teilnehmenden nicht nur entsprechend ihrer institutionellen Logik aus, sondern passen sie darüber hinaus der jeweiligen Projektlogik an, indem etwa vorhandene Qualifikationen negiert, redefiniert oder aufgewertet werden. Auch an denjenigen untersuchten Projekten, die gering qualifizierte MigrantInnen adressieren, nehmen Personen teil, die im Herkunftsland sekundäre und tertiäre Ausbildung absolviert haben. Der Verweis auf das Fehlen respektive Vorhandensein von Qualifikationen legitimiert ebenso wie der Bezug auf traditionelle respektive erwerbsorientierte Frauenrollen die spezifische berufliche Positionierung der Teilnehmenden. Indem die Projekte im Ausland erworbene Ausbildungen als nicht relevant für eine Berufslaufbahn in der Schweiz taxieren bzw. diese trotz fehlender Anerkennung nachdrücklich hervorheben, sind die Projekte in gesellschaftliche Aushandlungsprozesse um die Bewertung von Qualifikationen involviert. Bildung und Geschlecht fungieren hierbei als Differenzkriterien der institutionellen Platzzuweisung. Kulturalisierte Deutungen und Annahmen bezüglich der Geschlechterrollen und der Qualifikation der ProjektteilnehmerInnen verdichten sich zu Wissensformationen, die Konsequenzen haben für die sozialen Positionen, welche die Projektmitarbeitenden für die Teilnehmenden als angemessen einstufen. Die Projekte strukturieren dementsprechend die beruflichen Handlungsoptionen, die den Projektteilnehmenden offenstehen.

Diese Praktiken sind in einen grösseren Kontext eingebettet: Die Projekte sind dem Widerspruch ausgesetzt, dass ein grosser und wachsender Teil von Zuwanderern qualifizierte Ausbildungen aufweist, jedoch die im Ausland erworbenen Kompetenzen und Erfahrungen vielfach nicht nutzbar sind: MigrantInnen stehen Schwierigkeiten bei der Anerkennung von im aussereuropäischen Ausland erworbenen Bildungsabschlüssen gegenüber. Sowohl formelle wie informelle Qualifikationen von MigrantInnen sind daher oft nur schwer transferierbar. In der Schweiz sind formale Bildungstitel jedoch wesentlich für den Zugang zu Erwerbsarbeit. Die Qualifikationen von MigrantInnen sind also auf dem Schweizer Arbeitsmarkt tatsächlich oftmals weitgehend wertlos. Eine Adressierung der Teilnehmenden als überwiegend gering qualifiziert – durch das Ignorieren oder Abwerten von Ausbildungstiteln, beruflichen Kenntnissen und Erfahrungen der Teilnehmenden, – kann als eine Möglichkeit für Integrationsprojekte gedeutet werden, mit dieser Situation umzugehen. Zudem ist ein ausbildungsadäquater und langfristig existenzsichernder Zugang zu Erwerbsarbeit keine prioritäre Zielsetzung der Schweizer Integrationsförderung. Die Bildungsressourcen von MigrantInnen können daher auf dem Arbeitsmarkt vielfach nicht eingebracht und genutzt werden.

Es gehört zudem zu den integrationspolitischen Vorgaben, kurzfristig orientierte, gering qualifizierte Erwerbsarbeit zu priorisieren. Der Bund will diese Ausrichtung weiterführen und noch ausbauen. So heisst es in einer Mitteilung des Bundesamtes für Migration in Bezug auf die kantonalen Hilfsarbeitskurse: „(...) *zum Beispiel im Gastgewerbe und in der Reinigung oder bei Pflege. In der Zukunft gilt es, diese Kurse nicht nur zu verstärken und zu verdichten; mit den kantonalen Programmen soll auch der Anschluss zu den Regelangeboten der beruflichen Aus- und Weiterbildung verbessert werden"* (Gattiker 2012: 13). Hier deutet sich an, dass die Integrationsprogramme stärker an die reguläre Berufsbildung angebunden werden sollen, wodurch die Betreffenden in der Schweiz anerkannte Bildungstitel erwerben können. Gleichzeitig bleibt damit die Fokussierung auf Niedriglohnarbeiten im Dienstleistungsbereich als favorisierte Einstiegsmöglichkeit in den Schweizer Arbeitsmarkt für aussereuropäische MigrantInnen bestehen. Diese Erwerbsarbeit ist oftmals nicht existenzsichernd und vielfach mit prekären Arbeits- und Lebensverhältnissen verbunden. Somit ist fraglich, ob eine so ausgerichtete Integrationspolitik die ökonomische Teilhabe von MigrantInnen verbessern und einen Beitrag zur nachhaltigen Überwindung von Armut und gesellschaftlicher Exklusion leisten kann.

Da Integrationsprojekte aufgrund des starken ökonomischen Drucks gezwungen sind, einer betriebswirtschaftlichen Logik der Effizienzsteigerung und Kostensenkung zu folgen, formulieren sie teilweise spezifische Aufnahmeanforderungen, um die im Sinne ihrer Projektlogik aktivierbaren Teilnehmenden auszuwählen. Dadurch laufen sie Gefahr, die Auswahlmechanismen des Arbeitsmarktes zu reproduzieren, statt jenen Personen Unterstützung zu gewähren, die dieser für ihre Arbeitsmarktintegration besonders bedürfen. Dies entspricht der in der Schweiz dominanten sozialpolitischen Logik des investiven Wohlfahrtsstaates, wonach unter den Bedingungen von Ökonomisierung und Managerialismus (vgl. Nadai 2009) gezielt jene Bedürftige unterstützt werden sollen, bei denen eine Chance auf Eingliederung besteht, bei denen sich eine Investition also lohnt.

Zwar thematisieren die untersuchten Integrationsprojekte – in unterschiedlichem Ausmass – strukturelle Hürden für MigrantInnen bei der Erwerbsintegration, wie die Schwierigkeiten bei der Geltendmachung von ausländischen Bildungstiteln oder arbeits- und aufenthaltsrechtliche Barrieren. Integrationsprojekte sind jedoch so angelegt, dass sie bei den einzelnen Teilnehmenden und nicht bei strukturellen Verhältnissen ansetzen. Sie zielen vorrangig darauf, individuelle Defizite zu reduzieren, welche die untersuchten Projekte jeweils an unterschiedlichen Punkten orten. Diese Ausrichtung von Integrationsangeboten auf Bildung und Kompetenzerwerb birgt jedoch die Gefahr, die „Probleme von Armut, Ausgrenzung und Arbeitslosigkeit auf die mangelnde Ausbildung der Migrantinnen und Migranten zurückzuführen" (Karakayalı 2009: 99). Desintegration erscheint so vorwiegend als ein persönliches Problem der Projektteilnehmenden. Dadurch kann die sozial-strukturelle Bedingtheit der Ausschlussmechanismen aus dem Blick geraten. Integrationsprojekte drohen damit, in einer Logik von Selbstverantwortung und Dekontextualisierung der Exklusion verhaftet zu bleiben.

Integrationsprojekte, die auf defizitorientierten Diskursen traditioneller und gering qualifizierter MigrantInnen mit limitierten Berufschancen in der Schweiz aufbauen – wie die Fallbeispiele ina, Schneiderwerkstatt und futura, – scheinen somit wenig dazu beizutragen, dass sich die Arbeitsmarktintegration von MigrantInnen im Sinne einer nachhaltigen, existenzsichernden und der Ausbildung und den Erfahrungen entsprechenden Erwerbsarbeit verbessert. Das Integrationsverständnis dieser Projekte besteht weniger in einer umfassenden wirtschaftlichen Partizipation, wie es das Konzept *economic citizenship* (Riaño 2011) beschreibt, sondern auf einer Einordnung in tendenziell prekarisierte Positionen an den Rändern des Arbeitsmarktes. Die Projekte beziehen die beruflichen Vorstellungen und Ziele der Teilnehmenden kaum ein, sondern richten sich auf eine Anpassung dieser Ambitionen. Die Projekte dürften entsprechend für viele Teilnehmende mittelfristig keine Erweiterung ihrer beruflichen Handlungsoptionen eröffnen. Somit besteht die Gefahr, dass „mit Steuergeldern nicht nur Kurse subventioniert [werden], die kaum den Bedürfnissen der Erwerbslosen entsprechen, sondern auch gering qualifizierte und schlecht entlohnte Arbeitsstellen", wie Peter Streckeisen (2012: 70) nach Sichtung verschiedener Studien zu Aktivierungsmassnahmen in der Schweiz resümiert. Er weist darüber hinaus auf die nicht zu unterschätzende ideologische Wirksamkeit einer solchen Ausrichtung hin, „da sie scheinbar ganz konkret den Beweis vorführt, dass Erwerbslose und Arme an ihrer Situation selbst schuld sind und es nicht einmal dann schaffen, wenn sie Unterstützung erhalten" (ebd.: 70f.). Das Projekt femme stellt mit seiner expliziten Ausrichtung auf qualifizierte, der Ausbildung und Kompetenz entsprechende Erwerbsarbeit ein Gegenbeispiel dar. Es bildet jedoch im Angebot an Integrationsprojekten in der Schweiz eine Ausnahme und ermöglicht nur einer vergleichsweise geringen Zahl von Migrantinnen die Teilnahme.

Die institutionellen Platzzuweisungen der Integrationsprojekte sind darauf gerichtet, dass die Teilnehmenden die angestrebte soziale Verortung selbst vornehmen, indem sie ihre Selbstsicht und ihr Verhalten entsprechend korrigieren. Verschiedene Techniken greifen dabei ineinander, um ihre Kooperation zu sichern und ihre Vorstellungen von den eigenen beruflichen Möglichkeiten in der Schweiz zu formen: Normalisierung und Objektivierung der jeweiligen Deutung sowie die Emphase von Fürsorglichkeit, Ermächtigung und Selbstverantwortung sorgen dafür, dass die Teilnehmenden die Perspektive der Projekte als eigene übernehmen und internalisieren. Die Projekte zielen somit darauf, dass die Teilnehmenden die Beschreibungen der Projekte und deren Definition von Problemlagen internalisieren und entsprechend agieren. Sie sollen entsprechende Selbstkonzepte entwickeln und ihr Handeln daran anpassen. Dies lässt sich, wie Christoph Maeder und Eva Nadai (2004: 95–101) für den Kontext der Schweizer Sozialhilfe vorschlagen, als Integrationsarbeit fassen, wobei sie, Peter L. Berger und Thomas Luckmann (1969) folgend, unter Integration die Durchsetzung einer bestimmten Wirklichkeitsdeutung verstehen. Die Integrationsarbeit der untersuchten Projekte besteht darin, bestimmte Normen des Schweizer Arbeitsmarktes zu vermitteln und die Teilnehmenden so zu lenken, dass sie selbst sich in dessen Hierarchie aktiv und kooperativ einfügen.

Die Projekte zeichnen sich durch einen breiten Zugriff auf die Persönlichkeit und den Alltag der Teilnehmenden aus. Eine Vielzahl von Themen und Lebensbereichen erscheinen als Gegenstand der Bearbeitung durch die Projekte (vgl. Piñeiro 2010) , von Haushaltsbudget und Mobilität über familiäre Arrangements zur Kinderbetreuung bis hin zu Verhaltensweisen wie Pünktlichkeit, Zuverlässigkeit oder selbstbewusstes Auftreten. Ein wesentliches Merkmal der untersuchten Fallstudien sind somit Formen der Führung, die auf eine Selbstführung zielen. Die Steuerungspraktiken der Projekte gehen in Formen der Selbststeuerung auf, so dass eine lenkende Macht kaum sichtbar ist. Der regulierende Charakter der Integrationsprojekte verbirgt sich hinter der gouvernementalen Verschmelzung von Führung und Selbstführung. Das wird besonders anschaulich am Konzept Empowerment, das durch eine Rhetorik von Partnerschaftlichkeit, Stärkung und Ermächtigung gekennzeichnet ist, welche Machtungleichgewichte und Aspekte der Kontrolle und Regulierung verdecken und so die Kooperation der Teilnehmenden erhöhen kann.

Ungeklärt ist jedoch, inwiefern die Teilnehmenden von Integrationsprojekten die zugewiesenen beruflichen Positionierungen auch tatsächlich einnehmen. Exemplarische Interviews mit einzelnen Teilnehmenden und ehemaligen Teilnehmenden der untersuchten Integrationsprojekte zeigen, dass MigrantInnen teilweise die Zuweisungen für sich übernehmen, teilweise aber auch zurückweisen. Dieser Frage könnten vertiefende Analysen nachgehen. Um hierbei der in Kapitel 4.4 problematisierten Gefahr der Vereinheitlichung und Objektivierung von MigrantInnen durch wissenschaftliche Forschung zu entgehen, bieten sich partizipative Forschungsansätze an.[159]

9.2 Stabilisierung von Hierarchien durch Integrationspolitik

Die in den untersuchten Integrationsprojekten identifizierten Diskurse verweisen darauf, wie im Feld der Schweizer Integrationspolitik mittels gouvernementalen Anrufungs- und Steuerungspraktiken Subjekte konstituiert werden und welche soziale und ökonomische Position diesen dabei zugewiesen wird. Die Ausgestaltung der Integrationsprojekte und die Adressierung der Teilnehmenden können als Teil der gesellschaftlichen Auseinandersetzungen um Teilhabe und Repräsentation von MigrantInnen interpretiert werden. Welche Funktion hat die Integrationspolitik für das Migrationsregime? Folgen die in den Integrationsprojekten identifizierten Diskurse der Logik einer ökonomisch strukturierten Regulierung von Migration?

Existenzsichernde Erwerbsarbeit ist als ein rechtlich verankertes Kriterium für gelungene Integration eine Voraussetzung, damit die Schweizer Migrationsbehörden

---

159 Methoden, die Migrantinnen als Expertinnen ihrer Situation in die Forschung einbeziehen, wurden etwa von Yvonne Riaño und Nadia Baghdadi im Kontext von Untersuchungen der Situation qualifizierter Migrantinnen in der Schweiz entwickelt (vgl. Riaño/Baghdadi 2007, Baghdadi 2008, Riaño 2012b).

Aufenthaltsrechte gewähren. Es gibt jedoch kaum Integrationsangebote, die MigrantInnen gezielt bei der Eingliederung in den Arbeitsmarkt unterstützen. Sie sind dabei weitgehend auf sich selbst gestellt. Die wenigen explizit auf Erwerbsintegration ausgerichteten Integrationsprojekte richten sich hauptsächlich an Personen mit einem Aufenthaltsstatus als anerkannte Flüchtlinge und vorläufig Aufgenommene und sind vorrangig auf gering qualifizierte Arbeitsbereiche ausgerichtet. Die Projekte ina und futura repräsentieren diese Ausrichtung.

Die Adressierung dieser beiden Projekte richtet sich somit nach den Kategorisierungen des Migrationsrechts. Damit erreichen die Angebote nicht nur ein bestimmtes Zielpublikum, sondern konstituieren die Subjekte auch in spezifischer Weise: Da grosse Hürden für Drittstaatenangehörige auf dem Arbeitsmarkt bestehen, lassen die Projekte vielfach die beruflichen Qualifikationen der Teilnehmenden bei der Entwicklung beruflicher Perspektiven unberücksichtigt, denn eine ökonomische Teilhabe entsprechend der Ausbildung und Erfahrung ist tatsächlich oftmals nur schwer realisierbar. Weil zudem die Finanzierung der Projekte von der Zielsetzung einer möglichst raschen Erwerbseingliederung der Teilnehmenden abhängig ist, können die Projekte teilweise kaum längerfristige und existenzsichernde berufliche Perspektiven anstreben. Diese Projekte werten bereits die Vermittlung in eine der von den Behörden akzeptierten „*Anschlusslösungen*" (etwa eine Beschäftigungsmassnahme oder ein Praktikum) als Erfolg. Um die Projektziele zu erreichen, streben die Projekte an, dass die Teilnehmenden sich selbst aktiv in die Hierarchie des Arbeitsmarktes einordnen und ihre beruflichen Ambitionen entsprechend anpassen.

Die Projekte ina und futura sind Beispiele für „situative Arbeitsbündnisse" (Bahl/Ginal/Hess 2010: 172) von NGOs mit staatlichen Institutionen: Das schweizerische Migrationsregime bzw. *Grenzregime* (vgl. Hess/Kasparek 2010, Karakayalı/Hess/Tsianos 2009, Transit Migration Forschungsgruppe 2007) hierarchisiert MigrantInnen entlang verschiedener Statuskategorien und schafft über Subventionen einen Markt an Unterstützungsangeboten für bestimmte Kategorien von MigrantInnen. Nichtstaatliche Hilfsorganisationen übernehmen diese Kategorisierungen und reproduzieren die subalterne Position von MigrantInnen aussereuropäischer Herkunft, indem sie diese als gering qualifiziert und als kulturell besonders geeignet für bestimmte, gesellschaftlich und ökonomisch gering bewertete Aufgaben konstruieren, wie Pflege oder Reinigung. Die NGOs agieren dabei als verlängerter Arm des Staates, indem sie ihre Angebote nach den Vorgaben der staatlichen Diskurse gestalten. Die Behörden steuern die Projektinhalte und -angebote über die Finanzierung und die enge Zusammenarbeit mit den Projektmitarbeitenden. Damit übernehmen nichtstaatliche Organisationen eine Funktion im Migrationsregime, das Einwanderung entlang des Bedarfes des Arbeitsmarktes zu steuern versucht, was wiederum verknüpft ist mit ethnischen und vergeschlechtlichten Diskursen.

Es stellt sich daher die Frage, inwiefern die Eingebundenheit in bestimmte Sachlogiken und die Bindung an die Vorgaben der Geldgebenden der formulierten

Zielsetzung entgegenstehen, die Handlungsoptionen der teilnehmenden MigrantInnen zu erweitern und deren Zugänge zu gesellschaftlichen Ressourcen zu verbessern. Christoph Maeder und Eva Nadai argumentieren in Bezug auf die Sozialhilfe, „dass die Interventionssysteme des Sozialstaates ihre Begründung und das Problem, das sie bekämpfen, immer auch mit erzeugen" (2004: 10). Dies lässt sich auf die institutionelle Integrationsförderung übertragen: Auch sie „bleibt eingespannt in die Aporien des Helfens unter bürokratischen Bedingungen" (ebd.).

Das Projekt Schneiderwerkstatt bezieht seine Legitimation nicht direkt aus einem öffentlichen Auftrag, auch wenn das Projekt über seine Trägerorganisation von Mitteln der spezifischen Integrationsförderung des Bundes profitieren kann. Vielmehr positioniert sich die Schneiderwerkstatt als wohltätiges Kleinst-Unternehmen, das Migrantinnen bei der Integration unterstützt. Hier dominiert eine paternalistische Haltung gegenüber den Projektteilnehmerinnen, die weniger als kompetente, handlungsfähige Subjekte denn als lebensuntüchtige Schutzbefohlene erscheinen. Die Finanzierung des Projektes unterstützt den im Projekt dominierenden Viktimisierungsdiskurs, wonach die Teilnehmenden umfassend hilfsbedürftig und inkompetent erscheinen: Das Projekt ist auf den Verkauf von Dienstleistungen und Spenden angewiesen und konstruiert daher für das Marketing ein bedürftiges Objekt der Unterstützung.

Integrationsprojekte nichtstaatlicher Organisationen wie diese drei Fallstudien ermöglichen MigrantInnen mit einer schwierigen Ausgangslage den Zugang zum schweizerischen Arbeitsmarkt. Zugleich lässt sich auf die Projekte die Analyse übertragen, die Karina Goldberg in Bezug auf Kurse für MigrantInnen in Spanien formuliert: „Andererseits trägt die Vermittlungstätigkeit der NGOs (...) auch zur Reproduktion segmentierter, prekarisierter Arbeitsmärkte und der ihnen zugrunde liegenden Machtverhältnisse bei" (2009: 83): Die drei Beispielprojekte kanalisieren aussereuropäische MigrantInnen vorwiegend in Arbeitsstellen im Dienstleistungsbereich, die durch niedrige Löhne, unattraktive Arbeitsbedingungen und schlechte Aufstiegschancen gekennzeichnet sind. Sie ermöglichen vor allem Familien vielfach keine Unabhängigkeit von der Sozialhilfe. Dies können die Behörden als Desintegration und mangelnden Wille zur Integration werten und mit der Verweigerung von Aufenthaltsrechten sanktionieren.

Migration ist für Personen aus aussereuropäischen Staaten in der Regel mit der Abwertung ihres kulturellen Kapitals und einer niedrigeren sozio-ökonomischen Positionierung verbunden. Die Projekte Schneiderwerkstatt, ina und futura übernehmen diesen beruflichen und sozialen *„Abstieg"* als hinzunehmende Normalität und begleiten die Teilnehmenden dabei, den biographischen Neuanfang als notwendig zu akzeptieren. Ihre Integrationsarbeit besteht vorrangig in der Vermittlung einer Normalität der sozialen Degradierung. Gleichzeitig tragen sie so zur Persistenz hegemonialer Machtverhältnisse entlang von Differenzierungen nach ethnischer bzw. nationaler Herkunft bei, die den Ausschluss und die Marginalisierung von

MigrantInnen implizieren. Zudem leisten sie einen Beitrag zur Reformulierung von Hegemonien nach Geschlecht, die eine Exklusion von Frauen beinhalten. Integrationsprojekte sind folglich mitbeteiligt an der „Wiedergeburt einer Dienstbotenklasse" (Gorz 2010: 34), deren Angehörige auf dem Schweizer Arbeitsmarkt mittel- und langfristig *„keine Chance"* haben, – abgesehen von der Möglichkeit, in Dienstleistungsjobs im untersten Lohnsegment zu arbeiten.

Das Projekt femme, das sich als widerständig zu dominanten Diskursen präsentiert, vertritt eine Haltung der Kritik an geschlechtsspezifischen und ethnisierten Differenzdiskursen und adressiert Migrantinnen als qualifizierte und kompetente Subjekte. Seine Projektpraktiken laufen jedoch Gefahr, in neue Polarisierungen und Ausschlüsse zu münden. So postuliert femme einen Habitus aktiver, selbstbewusster und beruflich erfolgreicher Arbeitnehmerinnen. Diese Normierung kann Hierarchien zwischen Frauen etablieren, die durch herkunftsspezifische Privilegien abgesichert und an neoliberale Geschlechterregimes anschlussfähig sind und jenen, deren Handlungsspielräume eingeschränkt sind, etwa durch Betreuungspflichten oder geringere Bildung. Entgegen der Selbstdarstellung von femme als dissidentes Gegenkonzept zur offiziellen Politik spiegelt die Projektlogik mit der Adressierung der Teilnehmenden als autonome, flexibel verfügbare und geschlechtsneutrale Marktteilnehmende die Dogmen des aktivierenden Wohlfahrtsstaates.

Die untersuchten Integrationsprojekte formulieren als Zielsetzung, die Inklusion der teilnehmenden MigrantInnen in den Schweizer Arbeitsmarkt zu fördern. Es lassen sich unter den Projektpraktiken jedoch auch ausschliessende Momente identifizieren. Fraglich ist, ob dabei genug Raum für die Bandbreite an Lebensrealitäten, Ressourcen und Zielsetzungen von MigrantInnen bleibt. Integrationsmassnahmen basieren auf Praktiken der Kategorisierung: Die Politik klassifiziert bestimmte Bevölkerungsgruppen als unterstützungsbedürftig, um ihnen dann entsprechende Massnahmen angedeihen zu lassen. Eine autopoietische Dynamik sichert so den Fortbestand der „Integrationsindustrie" (Menet 2013: 10, Ha 2013a: 13), denn das unterstützungsbedürftige Objekt der Hilfe wird dabei immer wieder neu hergestellt. Die Projekte (re-)produzieren somit Wissen darüber, welche Ressourcen und Problematiken MigrantInnen kennzeichnen und wie ihre beruflichen Chancen in der Schweiz einzuschätzen sind. Die Regulierung der Projekte besteht in einer Unterwerfung der MigrantInnen unter dieses Wissen. Die verschiedenen Formen der Beschreibung, Problematisierung und Argumentation in der Integrationspolitik werden so zum Teil der Regierung von Migration.

Eine Konzeption, die eine duale Unterscheidung von Ausschluss und Einschluss vornimmt, vermag die differenzierten Steuerungspraktiken in den Projekten allerdings nicht ausreichend zu erfassen (Pieper/Panagiotidis/Tsianos 2011: 206): Die Projekte inkludieren die Teilnehmenden im Hinblick auf eine ganz spezifische sozio-ökonomische Position mit bestimmten Arbeits- und Existenzbedingungen. Integration bezieht sich in den Fallstudien also auf einen Prozess der Einordnung in die nach Ethnie und Geschlecht segregierte soziale Hierarchie. Um diese spezifische Positionierung zu erreichen, richten sich die Interventionen der Projekte auf eine Modifikation des Selbst der Teilnehmenden, also auf eine spezifische Subjektivierung. Die Integrationsprojekte ina, futura und Schneiderwerkstatt zielen dabei auf die Positionierung an den flexibilisierten, prekären Rändern des Arbeitsmarktes. Ihre institutionellen Platzzuweisungen können interpretiert werden als eine Unterordnung und Domestikation des kolonialen Anderen durch die Assimilation der teilnehmenden MigrantInnen an spezifische Normen und das Aufgeben des mitgebrachten Wissens, das als wertlos eingestuft wird. Das Projekt femme insistiert hingegen auf einer Aufwertung des Mitgebrachten und weist eine gesellschaftliche Deklassierung von Migrantinnen zurück. Das Projekt fordert für die teilnehmenden Migrantinnen einen anderen als den üblicherweise vorgesehenen sozialen Platz ein. Die Logik des Projektes ist also ebenso auf eine Redefinition gesellschaftlicher Verhältnisse und eine Korrektur des Selbstbildes und Verhaltens der Teilnehmenden im Hinblick auf eine spezifische soziale Positionierung gerichtet, – aber eben auf eine andere, hierarchisch höherstehende Verortung, welche grössere Handlungsspielräume für Migrantinnen zu eröffnen verspricht. Die Praxis von futura, ina und Schneiderwerkstatt ist auf ein Einüben der (mittelfristigen) Unmöglichkeit des sozialen Aufstiegs gerichtet. Bei femme geht es hingegen darum, den Teilnehmerinnen den Glauben an die Existenz qualifizierter Berufsperspektiven zu vermitteln.

Die spezifische Strukturierung von Handlungsmöglichkeiten und beruflichen Chancen durch Integrationsprojekte ist nicht mit subjektiven Zuschreibungen der Projektmitarbeitenden zu erklären, sondern verweist auf tieferliegende Problematiken: Tove Soiland (2008) argumentierte am Beispiel der Debatte um die ethnisierte Umverteilung von Hausarbeit zwischen Frauen, dass weniger eine Analyse auf der Ebene individueller Handlungen notwendig sei, sondern eine Untersuchung der zugrundeliegenden Segregationsmechanismen und damit ihrer Funktionalität im, so Soiland, Akkumulationsregime des Spätkapitalismus. Das gegenwärtige Akkumulationsregime ist demnach auf günstige Arbeitskräfte angewiesen, um Dienstleistungen wie Reinigung, Gastronomie, handwerkliche Hilfsarbeiten oder Altenpflege profitabel zu organisieren. Die Produktivität personennaher Dienstleistungen lässt sich jedoch nicht im gleichen Mass steigern wie bei der Güterproduktion (vgl. Madörin 2007). Profitsteigerungen sind daher nur über andere Rationalisierungsstrategien möglich, z.B. durch eine Senkung der Löhne. Der Bereich personennaher Dienstleistungen wächst gegenwärtig stark, da diese früher in Haushalten unbezahlt erbrachten Arbeiten nun kommodifiziert, also über den Markt organisiert werden müssen (vgl. Madörin/Schnegg/Baghdadi 2012). Das Migrationsregime trägt zur Lösung dieser zentralen Problematik spätkapitalistischer Wirtschaft bei, indem es mittels Integrationsmassnahmen gering qualifizierte und somit beruflich eingeschränkte Niedriglohnarbeitende produziert. Die spezifisch an anerkannte Flüchtlinge und vorläufig Aufgenommene bzw. an *„unqualifizierte"* Frauen gerichteten

Integrationsprojekte sichern den Arbeitskräftenachschub für gering qualifizierte Arbeitsbereiche, indem sie ihre Klientel auf diese Branchen hin ausrichten bzw. ihre Angebote für dieses Arbeitsmarktsegment gestalten. Die vorliegende Studie liefert damit Belege für die These, dass AusländerInnen tendenziell in bestimmte Branchen gelenkt werden, wodurch es dort möglich ist, die Löhne niedrig zu halten (vgl. Piguet/Wimmer 2000, Kuster/Cavelti 2003). Im Bereich Bau, Gastronomie und Pflege sind MigrantInnen überdurchschnittlich stark vertreten, wobei ihre Qualifikationen kaum Berücksichtigung finden. Dabei existiert ein Zusammenhang zwischen der Unsicherheit des Aufenthaltsstatus und der Schwierigkeit, eine Stelle zu finden, die der Ausbildung entspricht (vgl. Flückiger/Ramirez 2003, Coulon et al. 2003). Aufenthaltsrechtliche Bestimmungen stützen damit die Kanalisation bestimmter MigrantInnengruppen in den Niedriglohnbereich. Da die Schweizer Zulassungspolitik auf qualifizierte Arbeitskräfte beschränkt ist, bietet die Population der Flüchtlinge ebenso wie die der im Familiennachzug immigrierten Frauen somit die Möglichkeit, für bestimmte Branchen Niedriglohn-Arbeitskräfte zu rekrutieren (vgl. Wicker 2003: 45). NGOs wiederum können so ihr Angebot legitimieren. Zugespitzt formuliert verschafft die „*Integrationsförderung*" somit dem Dienstleistungssektor günstige Arbeitskräfte und trägt dazu bei, die Kosten für personennahe Dienstleistungen niedrig zu halten. Integrationspolitik kann folglich als Aneignungsstrategie interpretiert werden, die auf eine ökonomische Verwertbarkeit von MigrantInnen gerichtet ist (vgl. Ha 2013b).

Die Rekrutierung von MigrantInnen als Arbeitskräfte für den Niedriglohnbereich kann hierbei jedoch zugleich als Folge und als Prämisse der Integrationsmassnahmen gesehen werden: Integrationsprojekte situieren sich in einem sozioökonomischen Kontext, in dem Niedriglohnjobs oftmals tatsächlich als einzige Erwerbsmöglichkeiten für ihre Klientel erscheinen. Die Integrationspolitik folgt zudem einer ökonomischen Verwertungslogik nicht im Sinne einer zentral gelenkten, zielgerichteten Strategie. Sie stellt vielmehr ein Feld verschiedener, miteinander verschränkter und teilweise gegenläufiger Logiken dar, die in den spezifischen Kontexten auf der Umsetzungsebene ausgehandelt werden müssen. Die Logik der karitativen Hilfe für Unterstützungsbedürftige in einer besonders schwierigen Lage ist ebenso eine Dimension der Integrationsförderung wie die Konstruktion des Anderen (und damit des Eigenen). Bei der diskursiven Aushandlung von Zugehörigkeiten und sozialen Verortungen findet eine Rückkoppelung an historisch tradierte Kontexte wie den Gastarbeiterdiskurs statt, der wiederum auf koloniale Diskurse und Traditionen der Schweiz verweist (vgl. Purtschert/Lüthi/Falk 2012, Fuchs et al. 2011, Zangger 2011). Integrationsmassnahmen ermöglichen somit der Mehrheitsgesellschaft, Besitzstandswahrung zu pflegen, ohne die Mechanismen des ungleichen Zugangs zu gesellschaftlichen Ressourcen in Frage zu stellen.

Die Aporie, dass die tendenziell homogenisierend und entmächtigend wirkende Programmatik der Hilfe bereits strukturell in Integrationsprojekten angelegt ist,

ist kaum auflösbar. Die im spezifischen diskursiven Kontext der Integrationspolitik situierten Projekte unterliegen zudem Sachzwängen, die – im Zusammenspiel mit gesellschaftlich verbreiteten und rechtlich verankerten Diskursen – widersprüchliche Effekte zeigen können. Die institutionelle Fokussierung auf Defizite und Barrieren stabilisiert jedoch einen viktimisierenden Diskurs zusätzlich. Die Analyse hat gezeigt, dass die untersuchten Integrationsprojekte von bestimmten Lebensrealitäten ausgehen und andere Situationen und Lebenslagen ausblenden. Diese Fokussierung oder „Überbelichtung" (Strasser 2013) einer eng gefassten Zielgruppe ist praxisrelevant, sie formt den Blick der Projekte auf die Möglichkeiten und Perspektiven der Projektteilnehmenden und verdichtet sich zu Wahrheitsregimes der Integrationspolitik. Durch die Festschreibung von aussereuropäischen MigrantInnen auf limitierte Chancen zur Teilhabe droht damit genau jene Problematik reproduziert zu werden, die ursprünglich den Ausgangspunkt der Unterstützung und Förderung darstellt. Ein Wissensrepertoire, das MigrantInnen als TrägerInnen traditioneller Verhältnisse und Unterentwicklung fasst, verfestigt postkoloniale Diskursbestände und trägt zur Dethematisierung der Mechanismen gesellschaftlicher Exklusion bei.

Grundsätzlich stellt sich die Frage, ob und wie Integrationsmassnahmen der Vielfalt sozialer Konstellationen im Kontext von Migration gerecht werden können. Ein Angebot an Integrationsangeboten, das von verschiedenen Lebenssituationen ausgeht, liefe möglicherweise weniger Gefahr, Heterogenität zu vereinheitlichen und Stereotypisierungen zu reproduzieren. Bedarfsgerechte Lösungen bedingen Aufmerksamkeit für homogenisierende, klischierte Zuschreibungen und den Niederschlag von dequalifizierenden Diskursen in Projektkonzepten. Das Bundesamt für Migration (BFM) hält in einem Bericht zur Integrationsförderung des Bundes fest, dass individuelle Standortbestimmungen und eine genaue Evaluation der beruflichen Möglichkeiten zentral seien, um adäquate Lösungen für die berufliche Eingliederung zu finden (BFM 2011a: 42). Die vorliegende Studie zeigt, dass eine Einschätzung der beruflichen Optionen durch Projektmitarbeitende die Gefahr von Zuschreibungen und damit einer Verengung von Handlungsmöglichkeiten birgt. Daher sind zunächst einheitliche und transparente Kriterien für die Bewertung von im Ausland erworbenen Qualifikationen nötig.

Eine Reflexion der Darstellungsweisen und Repräsentationen von MigrantInnen in der Integrationspolitik ist notwendig, um die Reproduktion von Stereotypisierungen zu verhindern und die vielfältigen Lebenssituationen und biographischen Orientierungen von MigrantInnen in den Projektpraktiken zu berücksichtigen. Dafür wäre es wichtig, Instrumente und Projektpraktiken zu entwickeln, die Ressourcen und Potenziale sichtbar machen, sodass Integrationsmassnahmen individuell vorhandene Qualifikationen und Erfahrungen in die Entwicklung von beruflichen Perspektiven einbeziehen können. Die Integrationsförderung müsste dabei – statt auf kurzfristig messbare Erfolge abzuzielen – eine Evaluierung der Massnahmen im Sinne eines systematischen Monitorings anhand von Kriterien wie längerfristiger Existenzsicherung, Zufriedenheit und Nutzbarkeit bisheriger Qualifikationen und Berufserfahrungen implizieren. Eine Ausrichtung der Integrationspolitik am postulierten Ziel der Chancengleichheit würde bedeuten, dass sie sich stärker als bisher an der Frage orientiert, inwiefern MigrantInnen ihre sozio-ökonomische Situation längerfristig verbessern und ihre Handlungsoptionen durch Integrationsmassnahmen erweitern können.

Unter den Bedingungen von Ökonomisierung, Rationalisierung und Mittelknappheit haben Integrationsprojekte somit nur wenig Möglichkeiten, an individuelle Bedürfnisse angepasste Massnahmen für eine nachhaltige, längerfristig orientierte und ausbildungsadäquate Teilhabe am Arbeitsmarkt zu realisieren. Dafür bräuchte es nicht nur eine Revision der bisherigen Integrationsmassnahmen, die vorrangig am Individuum ansetzen und weniger auf den Abbau struktureller Hürden zielen. Chancengleichheit zu verwirklichen setzt vielmehr voraus, die Bedingungen von gesellschaftlicher Teilhabe zu reflektieren. Dies beinhaltet auch, grundsätzlich die Selbstverständlichkeit in Frage zu stellen, dass Rechte an Staatsbürgerschaft und Aufenthaltskategorien gebunden werden. Wirkliche Chancengleichheit ist nur möglich durch eine Öffnung aller Gesellschaftsbereiche, im Sinne eines barrierefreien Zugangs für alle Personen, ungeachtet von Herkunft und Geschlecht.

Literaturverzeichnis

Achermann, Alberto (2007): Integrationsverpflichtungen. In: Achermann, Alberto; Caroni, Martina; Epiney, Astrid; Kälin, Walter; Nguyen, Minh Son und Uebersax, Peter (Hrsg.): Jahrbuch für Migrationsrecht 2006/2007. Bern: Stämpfli. S. 107–138.

Achermann, Alberto (2014): Geschlechtsspezifische Dimensionen der Integrationsgesetzgebung. In: Hausammann, Christina und Kälin, Walter (Hrsg.): Geschlechtergleichstellung im Migrationskontext – Bevormundung oder Emanzipation? Bern: SKMR. S. 55–81.

Achermann, Alberto und Künzli, Jürg (2009): Zum Umgang mit den neuen Sprachminderheiten. Schlussbericht des NFP 56 «Sprachenvielfalt und Sprachkompetenz in der Schweiz». Bern: SNF.

Achermann, Alberto und Künzli, Jürg (2011): Welcome to Switzerland. Sprachenrecht im Zuwanderungsstaat. Bern: Stämpfli.

Adams, Julia und Padamsee, Tasleem (2001): Signs and Regimes: Rereading Feminist Work on Welfare States. In: Social Politics 8/1. S. 1–23.

Akhbari, Mithra und Leite, Theodora (Hrsg.) (2013): Wi(e)der die Integrationsmaschinerie. Dokumentation Tagung zur Migrationspolitik, Bern 2013. Bern: cfd.

Akkaya, Gülcan und Soland, Bernhard (2009): Auswirkungen der Migration von albanischen Zugewanderten auf die Herkunftsregion in Tetovo: Eine qualitativ-explorative Forschungsstudie in der Region Tetovo (Mazedonien). Luzern: Hochschule für Soziale Arbeit.

Akkaya, Melek (2008): «Nicht richtige Arbeit, sondern nur Beschäftigung...» – Auswirkungen der Teilnahme an Beschäftigungs- und Integrationsprogramme auf die berufliche und soziale Integration von erwerbslosen Migratinnen und Migranten – aus ihrer Sicht – darin die Rolle der Sozialen Arbeit". Bachelorarbeit, Berner Fachhochschule.

Althusser, Louis (1977): Ideologie und ideologische Staatsapparate. Aufsätze zur marxistischen Theorie: Positionen. Hamburg: VSA.

Ambrosius, Christian; Fritz, Barbara und Stiegler, Ursula (2008): Geldsendungen von Migranten. „Manna" für die wirtschaftliche Entwicklung? Hamburg: GIGA.

Anderson, Bridget (2006): Doing the dirty work? Migrantinnen in der bezahlten Hausarbeit in Europa. Hamburg: Assoziation A.

Angst, Doris (1998): Integration oder die Frage: Gibt es einen gemeinsamen Weg? In: Prodolliet, Simone (Hrsg.): Blickwechsel. Die multikulturelle Schweiz an der Schwelle zum 21. Jahrhundert. Luzern: Caritas. S. 217–228.

Anhorn, Roland; Bettinger, Frank und Stehr, Johannes (Hrsg.) (2007): Foucaults Machtanalytik und Soziale Arbeit. Eine kritische Einführung und Bestandsaufnahme. Wiesbaden: VS.

Anlaufstelle, für Sans-Papiers Basel und GBI, Gewerkschaft Bau & Industrie (Hrsg.) (2004): Leben und arbeiten im Schatten. Die erste detaillierte Umfrage zu den Lebens und Arbeitsbedingungen von Sans-Papiers in der Deutschschweiz. [http://www.sosf.ch/cms/upload/pdf/Studie_Leben_und_Arbeiten_im_Schatten_Schlussversion.pdf; 30.7.2011].

Anthias, Floya (2001): The Material and the Symbolic in Theorising Social Stratification: Issues of Gender, Ethnicity and Class. In: British Journal of Sociology 52/3. S. 367–390.

Arbeitsgruppe Bielefelder Soziologen (Hrsg.) (1976): Kommunikative Sozialforschung. Alltagswissen und Alltagshandeln, Gemeindemachtforschung, Polizei, politische Erwachsenenbildung. München: Fink.

Aufhauser, Elisabeth (2000): Migration und Geschlecht. Zur Konstruktion und Rekonstruktion von Weiblichkeit und Männlichkeit in der internationalen Migration. In: Husa, Karl; Parnreiter, Christoph und Stacher, Irene (Hrsg.): Internationale Migration. Die globale Herausforderung des 21. Jahrhunderts? Frankfurt/M.: Brandes & Apsel. S. 97–122.

Bachmann, Susanne (2003): Leben in der Ambivalenz. Selbstverortungen junger Migrantinnen in der Schweiz. Bern: Edition Soziothek.

Bachmann, Susanne (2014): „Sie haben praktisch keine Chance" – Soziale Positionierungen in der Schweizer Integrationspolitik: Eine qualitative Analyse von Diskursen im Staatsdiskurs zu Integration und in Projekten zur verbesserten Arbeitsmarktintegration von MigrantInnen. Diss., Universität Bern.

Bachmann, Susanne und Riaño, Yvonne (2012): Emanzipation von oben: Symbolische Qualitäten des Schweizer Integrationsrechts. In: Juridikum. Zeitschrift für Kritik, Recht, Gesellschaft, Heft 4. S. 496–504.

Bader, Dina; Pecoraro, Marco; Schönenberger, Silvia und Wichmann, Nicole (2011): Integration im Kanton Bern: Migrationsbevölkerung und Integrationsförderung im Fokus. Neuchâtel: SFM. (= Im Auftr. d. Gesundheits- und Fürsorgedirektion des Kt. Bern).

Baghdadi, Nadia (2008): Und plötzlich bist du DIE Muslimin. Grenzen, Differenzen und Verortung im Kontext Arbeit: weibliche Fachleute aus Nahost, Mittlerem Osten und Südosteuropa in der Schweiz. Diss., Universität Bern.

Bahl, Eva; Ginal, Marina und Hess, Sabine (2010): Unheimliche Arbeitsbündnisse. Zum Funktionieren des Anti-Trafficking-Diskurses auf lokaler und europäischer Ebene. In: Hess, Sabine und Kasparek, Bernd (Hrsg.): Grenzregime: Diskurse, Praktiken, Institutionen in Europa. Berlin: Assoziation A. S. 161–178.

Bart, Yvonne (2001): Beschäftigungsprogramme: Eine Chance zur beruflichen Integration für Asyl Suchende und anerkannte Flüchtlinge? Diplomarbeit, Hochschule für Sozialarbeit Bern.

Bäschlin, Elisabeth (2011): Ich, die Geographie und die feministische Wissenschaft. Eine persönliche Standortbestimmung zu feministischer Geographie. In: Schurr, Carolin und Wintzer, Jeannine (Hrsg.): Geschlecht und Raum feministisch denken. Bern: eFeF. S. 171–203.

Bauer, Monika (2000): Berufliche Situation anerkannter Flüchtlinge. Qualitative Erhebung und Analyse der beruflichen Situationen der ehemaligen TeilnehmerInnen des beruflichen Integrationskurses «coopera» für anerkannte Flüchtlinge im Kanton Bern. Liz.arbeit, Univ. Fribourg.

Benz, Martina und Schwenken, Helen (2005): Jenseits von Autonomie und Kontrolle. Migration als eigensinnige Praxis. In: Prokla, Heft 3. S. 363–377.

Berger, Peter L. und Luckmann, Thomas (1969): Die gesellschaftliche Konstruktion der Wirklichkeit. Eine Theorie der Wissenssoziologie. Frankfurt/M.: Fischer.

Berthoud, Carole (2012): Dequalifiziert! Das ungenutzte Wissen von Migrantinnen und Migranten in der Schweiz. Mit Porträts von Betroffenen und Handlungsempfehlungen. Bern: SRK.

Betzelt, Sigrid (2007): «Gender Regimes»: Ein ertragreiches Konzept für die komparative Forschung. Literaturstudie. ZeS-Arbeitspapier, 12. Aufl., Bremen: ZeS.

BFM, Bundesamt für Migration (Hrsg.) (2006): Probleme der Integration von Ausländerinnen und Ausländern in der Schweiz. Bestandesaufnahme der Fakten, Ursachen, Risikogruppen, Massnahmen und des integrationspolitischen Handlungsbedarfs. Bern-Wabern: BFM.

BFM, Bundesamt für Migration (Hrsg.) (2007a): Bericht Integrationsmassnahmen. Bericht über den Handlungsbedarf und die Massnahmenvorschläge der zuständigen Bundesstellen im Bereich der Integration von Ausländerinnen und Ausländern per 30.6.2007. Bern-Wabern: BFM.

BFM, Bundesamt für Migration (Hrsg.) (2007b): Bericht zum Entwurf der Verordnung über die Integration von Ausländerinnen und Ausländern (Integrationsverordnung VIntA). Bern-Wabern: BFM.

BFM, Bundesamt für Migration (Hrsg.) (2007c): Schwerpunkteprogramm für die Jahre 2008 bis 2011. Bern-Wabern: BFM.

BFM, Bundesamt für Migration (Hrsg.) (2010a): Integrationsförderung des Bundes und ihre Auswirkungen in den Kantonen. Jahresbericht 2009. Bern-Wabern: BFM.

BFM, Bundesamt für Migration (Hrsg.) (2010b): Gewährleistung der spezifischen Integrationsförderung des Bundes ab 2012. Rundschreiben vom 24. November 2010. [www.bfm.admin.ch/content/dam/data/migration/integration/foerderung2012/20101124-rs-integrfoerderung2012-d.pdf; 1.8.2011].

BFM, Bundesamt für Migration (Hrsg.) (2011a): Integrationsförderung des Bundes und ihre Auswirkungen in den Kantonen. Jahresbericht 2010. Bern-Wabern: BFM.

BFM, Bundesamt für Migration (Hrsg.) (2011b): Erläuternder Bericht zur Vernehmlassung zur Änderung des Ausländergesetzes (Integration). Bern-Wabern: BFM.

BFM, Bundesamt für Migration (Hrsg.) (2012): Integrationsförderung des Bundes und ihre Auswirkungen in den Kantonen. Jahresbericht 2011. Bern-Wabern: BFM.

BFM, Bundesamt für Migration (Hrsg.) (2013a): Asylstatistik 2012. Bern-Wabern: BFM.

BFM, Bundesamt für Migration (Hrsg.) (2013b): Ausländerstatistik Ende Dezember 2012. Bern-Wabern: BFM.

BFM, Bundesamt für Migration (Hrsg.) (2013c): Weisungen und Erläuterungen Ausländerbereich (Weisungen AuG). Überarbeitete und vereinheitlichte Fassung. Version vom 01.05.2012. Bern-Wabern: BFM.

BFM, Bundesamt für Migration (Hrsg.) (2013d): Rundschreiben an die kantonalen Ansprechstellen für Integrationsfragen: Eingabe der Programmvereinbarung inkl. kantonales Integrationsprogramm (KIP). Bern-Wabern: BFM.

BFM, Bundesamt für Migration und KdK, Konferenz der Kantonsregierungen (Hrsg.) (2011): Spezifische Integrationsförderung als Verbundaufgabe Bund – Kantone. Grundlagenpapier im Hinblick auf den Abschluss von Programmvereinbarungen. [http://www.ejpd.admin.ch/content/dam/data/migration/integration/foerderung2012/grundlagen-kip-d.pdf; 18.11.2013].

BFS, Bundesamt für Statistik (Hrsg.) (2008a): Ausländerinnen und Ausländer in der Schweiz. Bericht 2008. Neuchâtel: BFS.

BFS, Bundesamt für Statistik (Hrsg.) (2008b): Tieflöhne und Working-Poor. Quellen und Definitionen. Bern: BFS.

BFS, Bundesamt für Statistik (2010): Bevölkerung mit Migrationshintergrund nach Einwanderungsgrund. [http://www.bfs.admin.ch/bfs/portal/de/index/themen/01/07/blank/key/04/04.html; 23.11.2013].

BFS, Bundesamt für Statistik (Hrsg.) (2011): Arbeitsmarktindikatoren 2010: Kommentierte Ergebnisse für die Periode 2004-2010. Neuchâtel: BFS.

BFS, Bundesamt für Statistik (Hrsg.) (2012a): Schweizerische Arbeitskräfteerhebung (SAKE). Neuchâtel: BFS.

BFS, Bundesamt für Statistik (Hrsg.) (2012b): Schweizerische Lohnstrukturerhebung 2010. Kommentierte Ergebnisse. Neuchâtel: BFS.

BFS, Bundesamt für Statistik (2012c): Statistik der Bevölkerung und der Haushalte (STATPOP): Ergänzende Informationen. [http://www.bfs.admin.ch/bfs/portal/de/index/infothek/erhebungen__quellen/blank/blank/statpop/02.html; 23.11.2013].

BFS, Bundesamt für Statistik (2012d): Integrationsindikatoren. [http://www.bfs.admin.ch/bfs/portal/de/index/themen/01/07/blank/ind43.indicator.43048.430108.html; 23.11.2013].

BFS, Bundesamt für Statistik (Hrsg.) (2013a): Definitionen. [http://www.bfs.admin.ch/bfs/portal/de/index/themen/20/11/def.html; 15.8.2013].

BFS, Bundesamt für Statistik (2013b): Bevölkerung mit Migrationshintergrund. [http://www.bfs.admin.ch/bfs/portal/de/index/themen/01/07/blank/key/04.html; 20.11.2013].

BFS, Bundesamt für Statistik (2013c): Ausländische Bevölkerung: Anwesenheitsbewilligung. [http://www.bfs.admin.ch/bfs/portal/de/index/themen/01/07/blank/key/01/02.html; 23.11.2013].

BFS, Bundesamt für Statistik (2013d): Ausländische Bevölkerung: Staatsangehörigkeit. [http://www.bfs.admin.ch/bfs/portal/de/index/themen/01/07/blank/key/01/01.html; 22.11.2013].

BFS, Bundesamt für Statistik (Hrsg.) (2015a): Schweizerische Arbeitskräfteerhebung (SAKE). Neuchâtel: BFS.

BFS, Bundesamt für Statistik (2015b): Ständige Wohnbevölkerung ab 15 Jahren nach Migrationsstatus und verschiedenen soziodemografischen Merkmalen. [http://www.bfs.admin.ch/bfs/portal/de/index/themen/01/07/blank/key/04.Document.189165.xls; 24.10.2015].

Bojadžijev, Manuela und Karakayalı, Serhat (2007): Autonomie der Migration. 10 Thesen zu einer Methode. In: Transit Migration Forschungsgruppe (Hrsg.): Turbulente Ränder: Neue Perspektiven auf Migration an den Grenzen Europas. Bielefeld: transcript. S. 203–209.

Bonfadelli, Heinz (2007): Die Darstellung ethnischer Minderheiten in den Massenmedien. In: Bonfadelli, Heinz (Hrsg.): Medien und Migration: Europa als multikultureller Raum? Wiesbaden: VS. S. 95–116.

Bothfeld, Silke und Klammer, Ute; Klenner (2005): WSI-FrauenDatenReport 2005. Handbuch zur wirtschaftlichen und sozialen Situation von Frauen. Berlin: Sigma.

Bourdieu, Pierre (1976): Entwurf einer Theorie der Praxis auf den ethnologischen Grundlage der kabylischen Gesellschaft. Frankfurt/M.: Suhrkamp.

Bourdieu, Pierre (1986): The forms of capital. In: Richardson, John G. (Hrsg.): Handbook of theory and research for the sociology of education. New York: Greenwood Press. S. 241–258.

Bourdieu, Pierre (1991): Physischer, sozialer und angeeigneter physischer Raum. In: Wentz, Martin (Hrsg.): Stadt-Räume. Frankfurt/M.: Campus. S. 25–34.

Bourdieu, Pierre (1997): Wie eine soziale Klasse entsteht. In: Bourdieu, Pierre (Hrsg.): Der Tote packt den Lebenden. Hamburg: VSA. S. 102–129.

Bröckling, Ulrich (2004): Empowerment. In: Bröckling, Ulrich; Krasmann, Susanne und Lemke, Thomas (Hrsg.): Glossar der Gegenwart. Frankfurt/M.: Suhrkamp. S. 55–62.

Bröckling, Ulrich; Krasmann, Susanne und Lemke, Thomas (Hrsg.) (2000): Gouvernementalität der Gegenwart. Studien zur Ökonomisierung des Sozialen. Frankfurt/M.: Suhrkamp.

Bröckling, Ulrich; Krasmann, Susanne und Lemke, Thomas (Hrsg.) (2004): Glossar der Gegenwart. Frankfurt/M.: Suhrkamp.

Brodie, Janine (2004): Die Reformierung des Geschlechterverhältnisses. Neoliberalismus und die Regulierung des Sozialen. In: Widerspruch, Heft 46 «Marktregime und Subjekt im Neoliberalismus». S. 19–32.

BR, Schweizerischer Bundesrat (2002): Botschaft zum Bundesgesetz über die Ausländerinnen und Ausländer vom 8. März 2002 [SR 02.024]. [http://www.admin.ch/opc/de/federalgazette/2002/3709.pdf; 31.7.2011]

BR, Schweizerischer Bundesrat (2010): Bericht zur Weiterentwicklung der Integrationspolitik vom 5. März 2010. Bericht des Bundesrates zuhanden der eidgenössischen Räte in Erfüllung der Motionen 06.3445 Fritz Schiesser «Integration als gesellschaftliche und staatliche Kernaufgabe» vom 25. September 2006 und 06.3765 SP-Fraktion «Aktionsplan Integration» vom 19. Dezember 2006. [http://www.ejpd.admin.ch/content/dam/data/migration/integration/berichte/ber-br-integrpolitik-d.pdf; 20.2.2011].

BR, Schweizerischer Bundesrat (2013): Botschaft zur Änderung des Ausländergesetzes (Integration). [http://www.admin.ch/opc/de/federal-gazette/2013/2397.pdf; 21.11.2013]

Büchi, Silvia und Koch, Martina (2014): Stress mit der Gesundheit. Gesundsein in der Migration zwischen gesellschaftlich verlangter und verunmöglichter Gesundheit. In: Passagen, Forschungskreis Migration und Geschlecht (Hrsg.): Vielfältig alltäglich: Migration und Geschlecht in der Schweiz. Zürich: Seismo. S. 67–90.

Büchler, Peter (1998): Bericht zur Evaluation der Integrationskurse I bis VIII des Kurs- und Begegnungszentrum für Flüchtlinge und Fremdsprachige Basel. Luzern: Caritas.

Budowski, Monica und Tillmann, Robin (2003): Armut und Gender. In: BFS, Bundesamt für Statistik (Hrsg.): Auf dem Weg zur Gleichstellung? Frauen und Männer in der Schweiz. Dritter statistischer Bericht. Neuchâtel. S. 191–207.

Bühler, Elisabeth und Heye, Corinna (2005): Fortschritte und Stagnation in der Gleichstellung der Geschlechter 1970-2000. Neuchâtel: BFS. [http://www.bfs.admin.ch/bfs/portal/de/index/news/publikationen.Document.63431.pdf].

Bühler, Elisabeth und Riaño, Yvonne (2013): Berufliche Benachteiligungen im Lichte von Geschlecht und Ethnizität. Schlussbericht der statistischen Analyse von SAKE 2008, LSE 2008, SAKE 2010. Zürich.

Bukow, Wolf (2013): Migration im Kontext der Stadtgesellschaft. Zu den Konflikten um die Einwanderung aus Südost-Europa. Vortrag auf der 13. Internat. Migrationskonferenz «Migration and Urbanity», 15.6.2013, Univ. Basel.

von Büren, Lucie und Wyttenbach, Judith (2009): Integrationsverpflichtung und Integrationsvereinbarungen aus rechtlicher Sicht. In: Piñeiro, Esteban; Bopp, Isabelle und Kreis, Georg (Hrsg.): Fördern und Fordern im Fokus. Leerstellen des schweizerischen Integrationsdiskurses. Zürich: Seismo. S. 61–97.

Butler, Judith (1991): Das Unbehagen der Geschlechter. Frankfurt/M.: Suhrkamp.

Butler, Judith (1997): Excitable Speech. A Politics of the Performative. New York: Routledge. (= dt.: Hass spricht: Zur Politik des Performativen. Berlin 1998).

Bütow, Birgit; Chassé, Karl August und Hirt, Rainer (Hrsg.) (2008): Soziale Arbeit nach dem Sozialpädagogischen Jahrhundert. Positionsbestimmungen Sozialer Arbeit im Post-Wohlfahrtsstaat. Opladen: Barbara Budrich.

Candeias, Mario (2004): Neoliberalismus, Hochtechnologie, Hegemonie. Grundrisse einer transnationalen kapitalistischen Produktions- und Lebensweise eine Kritik. Hamburg: Argument. (= Diss. Freie Univ. Berlin, gekürzt u. üb.).

Caroni, Martina; Gächter, Thomas und Thurnherr, Daniela (Hrsg.) (2010): Bundesgesetz über die Ausländerinnen und Ausländer (AuG). Stämpflis Handkommentar. Bern: Stämpfli.

Carrel, Noemi (2012): Länderprofil Schweiz. Hg. von Institut für Migrationsforschung und Interkulturelle Studien (IMIS) der Universität Osnabrück und Bundeszentrale für politische Bildung (bpb). Bonn: bpb. (= focus Migration 22).

Castro Varela, María do Mar (2006): Integrationsregimes und Gouvernementalität. Herausforderung an interkulturelle/internationale Soziale Arbeit. In: Otto, Hans-Uwe und Schrödter, Mark (Hrsg.): Soziale Arbeit in der Migrationsgesellschaft. Multikulturalismus – Neo-Assimilation – Transnationalität. Lahnstein: neue praxis. S. 152–164.

Castro Varela, María do Mar (2007): Aktuelle Integrationsdiskurse und ihre Folgen. In: Archiv für Wissenschaft und Praxis der sozialen Arbeit, Heft 3. S. 18–29.

Castro Varela, María do Mar und Dhawan, Nikita (2004): Horizonte der Repräsentationspolitik – Taktiken der Intervention. In: Ross, Bettina (Hrsg.): Migration, Geschlecht und Staatsbürgerschaft. Perspektiven für eine antirassistische und feministische Politik und Politikwissenschaft. Wiesbaden: VS. S. 205–226.

Cattacin, Sandro und Kaya, Bülent (2005): Le développement des mesures d'intégration de la population migrante sur le plan local en Suisse. In: Mahnig, Hans (Hrsg.): Histoire de la politique de migration, d'asile et d'intégration en Suisse depuis 1948. Zürich: Seismo. S. 288–320.

Charles, Maria (1995): Berufliche Gleichstellung – ein Mythos? Geschlechter-Segregation in der schweizerischen Berufswelt. Hg. von Bundesamt für Statistik BFS. Bern: BFS.

Connell, Raewyn (1987): Gender and power: Society, the person and sexual politics. Stanford: Stanford Univ. Press.

Coulon, Augustin de; Falter, Jean-Marc; Flückiger, Yves und Ramirez, José (2003): Analyse der Lohnunterschiede zwischen der schweizerischen und der ausländischen Bevölkerung. In: Wicker, Hans-Rudolf; Fibbi, Rosita und Haug, Werner (Hrsg.): Migration und die Schweiz. Zürich: Seismo. S. 275–301.

Cruikshank, Barbara (1999): The will to empower: democratic citizens and other subjects. Ithaca, NY: Cornell Univ. Press.

Dackweiler, Regina-Maria (2008): Wohlfahrtsstaat: Institutionelle Regulierung und Transformation der Geschlechterverhältnisse. In: Becker, Ruth und Kortendieck, Beate (Hrsg.): Handbuch Frauen- und Geschlechterforschung: Theorie, Methoden, Empirie. 2., erw. u. akt. Aufl. Wiesbaden: VS. S. 512–523.

Dahinden, Janine (2010): Cabaret Dancers: "Settle Down in order to Stay Mobile?" Bridging Theoretical Orientations within Transnational Migration Studies. In: Social Politics 17/3. S. 323–348.

Dahinden, Janine; Fibbi, Rosita; Moret, Joëlle und Cattacin, Sandro (2004): Integration am Arbeitsplatz in der Schweiz. Probleme und Massnahmen. Ergebnisse einer Aktionsforschung. Neuenburg: SFM. (= Forschungsbericht 32; i. A. v. Travail Suisse).

Dahme, Heinz-Jürgen und Wohlfahrt, Norbert (2008): Der Effizienzstaat: Die Neuausrichtung des Sozialstaats durch Aktivierungs- und soziale Investitionspolitik. In: Bütow, Birgit; Chassé, Karl August und Hirt, Rainer (Hrsg.): Soziale Arbeit nach dem Sozialpädagogischen Jahrhundert. Positionsbestimmungen Sozialer Arbeit im Post-Wohlfahrtsstaat. Opladen: Budrich. S. 43–58.

D'Amato, Gianni (2008): Historische und soziologische Übersicht über die Migration in der Schweiz. In: Schweizerisches Jahrbuch für Entwicklungspolitik, 27/2 (Dez.). S. 177–195.

D'Amato, Gianni (2010): Der Kampf um Integration. Vom Integrationsdiskurs zur Praxis. In: Widerspruch, Heft 59 «Integration und Menschenrechte». S. 15–22.

D'Amato, Gianni und Gerber, Brigitta (Hrsg.) (2005): Herausforderung Integration. Städtische Migrationspolitik in der Schweiz und Europa. Zürich: Seismo.

David, Thomas; Etemad, Bouda und Schaufelbuehl, Janick Marina (2005): Schwarze Geschäfte: Die Beteiligung von Schweizern an Sklaverei und Sklavenhandel im 18. und 19. Jahrhundert. Zürich: Limmat.

Degele, Nina und Winker, Gabriele (2007): Intersektionalität als Mehrebenenanalyse. [www.tu-harburg.de/agentec/winker/pdf/Intersektionalitaet_Mehrebenen.pdf; 30.4.2011].

Douglas, Mary (1991): Wie Institutionen denken. Frankfurt/M.: Suhrkamp.

Efionayi-Mäder, Denise; Schönenberger, Silvia und Steiner, Ilka (2010): Leben als Sans-Papiers in der Schweiz. Entwicklungen 2000–2010. Bern: Eidg. Kommission für Migrationsfragen EKM.

Egger, Theres (2003): Integration und Arbeit. Handlungsfelder, Akteure und Ansatzpunkte zur Besserstellung von Ausländerinnen und Ausländern auf dem Schweizer Arbeitsmarkt. Materialien zur Integrationspolitik. Bern: Eidg. Ausländerkommission EKA.

Egger, Theres; Bauer, Tobias und Künzi, Kilian (2003): Möglichkeiten von Massnahmen gegen rassistische Diskriminierung in der Arbeitswelt. Eine Bestandesaufnahme von Problemlagen und Handlungsmöglichkeiten. Bern: EDI. (= i. A. d. Fachstelle für Rassismusbekämpfung des EDI).

EJPD, Eidg. Justiz- und Polizeidepartement (1998): Ausländerregelung 1998/99: Drei-Kreise-Modell wird abgelöst. Pressemitteilung. [https://www.admin.ch/cp/d/357BEA79.BA8@mbox. gsejpd.admin.ch.html; 24.10.2015].

EKM, Eidg. Kommission für Migrationsfragen (Hrsg.) (2006): Welche Integration? In: Zeitschrift terra cognita, Heft 9.

EKM, Eidg. Kommission für Migrationsfragen (Hrsg.) (2008): Der Integrationsbegriff im Gesetz. Empfehlungen der EKM. Bern: Eidg. Kommission für Migrationsfragen EKM. [www.ekm.admin.ch/de/dokumentation/doku/empf_integrationsbegriff_d.pdf; 12.3.2010].

Erel, Umut (2003a): Skilled Migrant Women and Citizenship. In: Morokvasic, Mirjana; Erel, Umut und Shinozaki, Kyoko (Hrsg.): Crossing Borders and Shifting Boundaries. Vol. I: Gender on the Move. Opladen: Leske+Budrich. S. 261–283.

Erel, Umut (2003b): Migrantinnen zwischen Anerkennung und Abqualifikation. In: Steyerl, Hito und Gutiérrez Rodríguez, Encarnación (Hrsg.): Spricht die Subalterne deutsch? Münster: Unrast. S. 108–128.

Erel, Umut (2007): Auto/biografische Wissensproduktionen von Migrantinnen. In: Ha, Kien Nghi; al-Samarai, Nicola Lauré und Mysorekar, Sheila (Hrsg.): Re/visionen: Postkoloniale Perspektiven von People of Color auf Rassismus, Kulturpolitik und Widerstand in Deutschland. Münster: Unrast. S. 147–160.

Erel, Umut (2010): Migrating Cultural Capital: Bourdieu in Migration Studies. In: Sociology 44/4. S. 642–660.

Erel, Umut; Morokvasic, Mirjana und Shinozaki, Kyoko (2003): Bringing gender into migration. Introduction. In: Morokvasic, Mirjana; Erel, Umut und Shinozaki, Kyoko (Hrsg.): Crossing Borders and Shifting Boundaries. Vol. 1: Gender on the Move. Opladen: Leske+Budrich. S. 9–22.

Eser Davolio, Miryam (2012): Integration auf gesetzlichem Weg verlangen? Risiken einer Integrationspolitik im Zuge des „Fördern und Fordern"-Prinzips. In: Estermann, Josef (Hrsg.): Der Kampf ums Recht. Akteure und Interessen im Blick der interdisziplinären Rechtsforschung. Münster: Lit. S. 230–242.

Eser Davolio, Miryam und Tov, Eva (2011): «Die Guten ins Körbchen, die Schlechten raus» – Erfüllung der Integrationsvereinbarung als Messlatte für die Beurteilung von Integrationswilligkeit. In: Asyl 26/1. S. 8–14.

Esping-Andersen, Gøsta (1990): The three worlds of welfare capitalism. Princeton: Princeton Univ. Press.

Eyer, Philipp und Schweizer, Régine (2010): Die somalische und die eritreische Diaspora in der Schweiz. Bern: BFM.

Fallend, Karl (2008): Unsere Forschung bewegt uns – aber von wo wohin? Nationalsozialismus in biographischen Gesprächen. Empirische Blitzlichter auf «Angst und Methode» im qualitativen Forschungsprozess. In: Österreichische Zeitschrift für Geschichtswissenschaft 19/2. S. 64–97.

Fässler, Hans (2005): Reise in Schwarz-Weiss. Schweizer Ortstermine in Sachen Sklaverei. Zürich: Rotpunkt.

Fibbi, Rosita; Kaya, Bülent und Piguet, Etienne (2003): Le passeport ou le diplome? Etude des discriminations à l'embauche des jeunes issus de la migration. Neuchâtel: SFM.

Fibbi, Rosita; Lerch, Mathias und Wanner, Philippe (2006): Unemployment and Discrimination against Youth of Immigrant Origin in Switzerland: When the Name Makes the Difference. In: Journal of International Migration and Integration 7/3. S. 351–366.

Fibbi, Rosita; Lerch, Mathias; Wanner, Philippe; Mey, Eva; Rorato, Miriam und Voll, Peter (2005): L'intégration des populations issues de l'immigration en Suisse: personnes naturalisées et deuxième génération/Die Integration der ausländischen zweiten Generation und der Eingebürgerten in der Schweiz. Neuchâtel: BFS.

Flückiger, Yves und Ramirez, José (2003): Hierarchische Stellung im Betrieb und Segregation nach Herkunft in der Schweiz. In: Wicker, Hans-Rudolf; Fibbi, Rosita und Haug, Werner (Hrsg.): Migration und die Schweiz. Zürich: Seismo. S. 302–319.

Foucault, Michel (1973): Archäologie des Wissens. Frankfurt/M.: Suhrkamp.

Foucault, Michel (1974): Die Ordnung des Diskurses. München: Hanser. (= Inauguralvorlesung am Collège de France, 2.12.1970).

Foucault, Michel (1976): Überwachen und Strafen. Die Geburt des Gefängnisses. Frankfurt/M.: Suhrkamp.

Foucault, Michel (1987): Das Subjekt und die Macht. Nachwort. In: Dreyfus, Hubert L. und Rabinow, Paul (Hrsg.): Michel Foucault. Jenseits von Strukturalismus und Hermeneutik. Weinheim: Beltz. S. 241–261.

Foucault, Michel (2000): Die Gouvernementalität. In: Bröckling, Ulrich; Krasmann, Susanne und Lemke, Thomas (Hrsg.): Gouvernementalität der Gegenwart. Studien zur Ökonomisierung des Sozialen. Frankfurt/M.: Suhrkamp. S. 41–67.

Foucault, Michel (2004a): Geschichte der Gouvernementalität. Bd. 1: Sicherheit, Territorium, Bevölkerung. Vorlesung am Collège du France 1977–1978. Frankfurt/M.: Suhrkamp.

Foucault, Michel (2004b): Geschichte der Gouvernementalität. Bd. 2: Die Geburt der Biopolitik. Vorlesung am Collège du France 1978–1979. Frankfurt/M.: Suhrkamp.

Foucault, Michel (2005): Gespräch mit Ducio Trombadori. In: Defert, Daniel; Ewald, François und Lagrange, Jaques (Hrsg.): Dits et Écrits. Schriften. Band 4. Frankfurt/M.: Suhrkamp. S. 51–119.

Franc, Andrea (2008): Wie die Schweiz zur Schokolade kam. Der Kakaohandel der Basler Handelsgesellschaft mit der Kolonie Goldküste (1893 - 1960). Basel: Schwabe.

Franck, Anja K. und Spehar, Andrea (2010): Women's labour migration in the context of globalisation. Brüssel: Women in Development Europe WIDE.

Fretschner, Rainer; Hilbert, Josef und Stöbe-Blossey, Sybille (2003): Der aktivierende Staat und seine Implikationen für die soziale Arbeit. In: Dahme, Heinz-Jürgen; Otto, Hans-Uwe und Trube, Achim (Hrsg.): Soziale Arbeit für den aktivierenden Staat. Opladen: Leske+Budrich. S. 37–56.

Fuchs, Karin; Menrath, Manuel; Nauer, Heinz und Ziegler, Sabine (2011): Fremde Bilder. Koloniale Spuren in der Schweiz. Eine Unterrichtshilfe für Lehrpersonen erarbeitet von VertreterInnen der Universität Luzern und der PH Zentralschweiz Luzern. Luzern: PH Zentralschweiz.

Fürstenau, Sara (2004): Mehrsprachigkeit als Kapital im transnationalen Raum: Perspektiven portugiesisch-sprachiger Jugendlicher beim Übergang von der Schule in die Arbeitswelt. Münster: Waxmann.

Gattiker, Mario (2008): Integration im neuen Ausländergesetz – eine Zwischenbilnaz. In: Achermann, Alberto; Caroni, Martina; Epiney, Astrid; Kälin, Walter; Nguyen, Minh Son und Uebersax, Peter (Hrsg.): Jahrbuch für Migrationsrecht 2007/2008. Bern: Stämpfli. S. 85–107.

Gattiker, Mario (2012): Stellungnahme zum OECD-Bericht über die Integration der Zugewanderten und ihren Kinder in den Arbeitsmarkt der Schweiz. Pressekonferenz vom 14.02.2012. Hg. v. Bundesamt für Migration BFM. [http://www.bfm.admin.ch/content/dam/data/pressemitteilung/2012/2012-02-14/sn-gattiker-2012-02-14-d.pdf; 14.2.2012].

Gerber, Adrian (2006): Bei der strukturellen Integration einen Gang höher schalten. Zum Integrationsbericht des Bundesamts für Migration. In: Asyl 21/3. S. 8–13.

Gerber, Adrian (2010): Weiterentwicklung der Integrationspolitik des Bundes. Referat auf der 14. Kantonalen Integrationskonferenz, 3.11.2010, Bern.

Gildemeister, Regine und Wetterer, Angelika (1992): Wie Geschlechter gemacht werden. Die soziale Konstruktion der Zweigeschlechtlichkeit und ihre Reifizierung in der Frauenforschung. In: Knapp, Gudrun-Axeli und Wetterer, Angelika (Hrsg.): TraditionenBrüche: Entwicklungen feministischer Theorie. Freiburg: Kore. S. 201–254.

Glaser, Barney und Strauss, Anselm (1967): The Discovery of Grounded Theory. Strategies for Qualitative Research. New York: Aldine.

Gläser, Jochen und Laudel, Grit (2009): Experteninterviews und qualitative Inhaltsanalyse: als Instrumente rekonstruierender Untersuchungen. Wiesbaden: VS.

Goffman, Erving (1952): On Cooling the Mark Out. Some Aspects of Adaptation and Failure. In: Psychiatry 15/4. S. 451–463.

Goffman, Erving (1977): Rahmen-Analyse. Ein Versuch über die Organisation von Alltagserfahrungen. Frankfurt/M.: Suhrkamp.

Goldberg, Karina (2009): EU-Grenzregime und lokale Arbeitsmärkte. Konturen des Migrationsregimes am Beispiel von bolivianischen Migrantinnen im privaten Dienstleistungssektor in Barcelona. In: Welz, Gisela und Lottermann, Annina (Hrsg.): Projekte der Europäisierung: Kulturanthropologische Forschungsperspektiven. Frankfurt/M.: Inst. f. Kulturanthropologie u. Europ. Ethnologie. S. 69–85.

Gorz, André (2010): Kritik der ökonomischen Vernunft: Sinnfragen am Ende der Arbeitsgesellschaft. Zürich: Rotpunkt.

Gramsci, Antonio (1991): Gefängnishefte. Kritische Gesamtausgabe. Hg. v. Wolfgang Fritz Haug und Klaus Bochmann. Hamburg: Argument.

Gümen, Sedef (1996): Die sozialpolitische Konstruktion «kultureller» Differenzen in der bundesdeutschen Frauen- und Migrationsforschung. In: Beiträge zur feministischen Theorie und Praxis 42. S. 77–90.

Gutiérrez Rodríguez, Encarnación (1999a): Intellektuelle Migrantinnen. Subjektivitäten im Zeitalter von Globalisierung: Eine postkoloniale dekonstruktive Analyse von Biographien im Spannungsverhältnis von Ethnisierung und Vergeschlechtlichung. Opladen: Leske+Budrich.

Gutiérrez Rodríguez, Encarnación (1999b): Fallstricke des Feminismus. Das Denken «kritischer Differenzen» ohne geopolitische Kontextualisierung. Einige Überlegungen zur Rezeption antirassistischer und postkolonialer Kritik. In: Polylog. Zeitschrift für interkulturelles Philosophieren, Heft 4. S. 13–24.

Gutiérrez Rodríguez, Encarnación (1999c): Akrobatik in der Marginalität. In: Gelbin, Cathy S.; Konuk, Kader und Piesche, Peggy (Hrsg.): AufBrüche. Kulturelle Produktionen von Migrantinnen, Schwarzen und jüdischen Frauen in Deutschland. Königstein: Ulrike Helmer. S. 207–223.

Gutiérrez Rodríguez, Encarnación (2003): Repräsentation, Subalternität und postkoloniale Kritik. In: Steyerl, Hito und Gutiérrez Rodríguez, Encarnación (Hrsg.): Spricht die Subalterne deutsch? Münster: Unrast.

Gutmann, Martin; Dujany, Laure und Naef, Brigitte (2007): Bericht Integrationsprojekte 2006 für vorläufig Aufgenommene und Flüchtlinge. Bern: BFM.

Gutmann, Martin; Vukmirovic, Branka; Feller, Annina; Reinmann, Esther und Naef, Brigitte (2008): Bericht Integrationsprojekte 2007 für vorläufig Aufgenommene und Flüchtlinge. Bern: BFM.

Hacking, Ian (1986): Making up People. In: Heller, Thomas C.; Sosna, Morton und Wellbery, David E. (Hrsg.): Reconstructing Individualism. Autonomy, Individuality, and the Self in Western Thought. Stanford: Stanford Univ. Press. S. 222–236.

Haeberlin, Urs; Imdorf, Christian und Kronig, Winfried (2004): Chancenungleichheit bei der Lehrstellensuche. Der Einfluss von Schule, Herkunft und Geschlecht. Bern/Aarau: NFP 43.

Haenger, Peter; Labhardt, Robert und Stettler, Niklaus (2004): Baumwolle, Sklaven und Kredite. Die Basler Welthandelsfirma Christoph Burckhardt & Cie. in revolutionärer Zeit (1789-1815). Basel: Christoph Merian.

Hagemann-White, Carol (1988): Wir werden nicht zweigeschlechtlich geboren. In: Hagemann-White, Carol und Rerrich, Maria S. (Hrsg.): FrauenMännerBilder. Männer und Männlichkeit in der feministischen Diskussion. Bielefeld: AJZ. S. 224–235.

Ha, Kien Nghi (2009): The White German's Burden. Multikulturalismus und Migrationpolitik aus postkolonialer Perspektive. In: Hess, Sabine; Binder, Jana und Moser, Johannes (Hrsg.): No integration Kulturwissenschaftliche Beiträge zur Integrationsdebatte in Europa. Bielefeld: transcript. S. 51–72.

Ha, Kien Nghi (2013a): Integration als post-koloniale Politik der gesellschaftlichen Unterordnung. In: Akhbari, Mithra und Leite, Theodora (Hrsg.): Wi(e)der die Integrationsmaschinerie. Dokumentation Tagung zur Migrationspolitik, Bern 2013. Bern: cfd. S. 13–19.

Ha, Kien Nghi (2013b): Integration als post-koloniale Politik der gesellschaftlichen Unterordnung. Vortrag auf der Tagung zur Migrationspolitik «Wi(e)der die Integrationsmaschinerie», 25.1.2013, Bern.

Ha, Kien Nghi und Schmitz, Markus (2006): Das Recht nicht dermassen integriert zu werden. Integrationspolitik und postkoloniale Kritik. In: AK - Analyse & Kritik, Heft 508.

Hall, Stuart (1994): Rassismus und kulturelle Identität. Hamburg: Argument.

Haraway, Donna (1995): Die Neuerfindung der Natur. Primaten, Cyborgs und Frauen. Frankfurt/M.: Campus.

Haug, Werner (2006): Integrationsindikatoren. Lässt sich Integration messen? In: Terra cognita, Heft 9. S. 69–71.

Hausammann, Christina und Kälin, Walter (Hrsg.) (2014): Geschlechtergleichstellung im Migrationskontext – Bevormundung oder Emanzipation? Bern: SKMR.

Hausammann, Christina und Schnegg, Brigitte (2013): Umsetzung der Menschenrechte in der Schweiz. Eine Bestandesaufnahme im Bereich der Geschlechterpolitik. Hg. v. Schweiz. Kompetenzzentrum für Menschenrechte SKMR. Bern: Weblaw. [http://epub.weblaw.ch/index.php?method=info&info_id=133].

Hausen, Karin (1978): Die Polarisierung der «Geschlechtscharaktere» – Eine Spiegelung der Dissoziation von Erwerbs- und Familienleben. In: Rosenbaum, Heidi (Hrsg.): Seminar Familie und Gesellschaftsstruktur. Materialien zu den sozioökonomischen Bedingungen von Familienformen. Frankfurt/M.: Suhrkamp. S. 161–214.

Hausen, Karin (2000): Arbeit und Geschlecht. In: Kocka, Jürgen und Offe, Claus (Hrsg.): Geschichte und Zukunft der Arbeit. Frankfurt/M.: Campus. S. 343–361.

Heimeshoff, Lisa-Marie; Hess, Sabine; Kron, Stefanie; Schwenken, Helen und Trzeciak, Miriam (Hrsg.) (2014): Grenzregime II: Migration – Kontrolle – Wissen. Transnationale Perspektiven. Berlin: Assoziation A.

Heintz, Bettina und Nadai, Eva (1998): Geschlecht und Kontext. De-Institutionalisierungsprozesse und geschlechtliche Differenzierung. In: Zeitschrift für Soziologie 27/2. S. 75–93.

Heintz, Bettina; Nadai, Eva; Fischer, Regula und Ummel, Hannes (1997): Ungleich unter Gleichen. Studien zur geschlechtsspezifischen Segregation des Arbeitsmarktes. Frankfurt/M.: Campus.

Herriger, Norbert (2002): Empowerment in der sozialen Arbeit: Eine Einführung. Stuttgart: Kohlhammer.

Hess, Sabine (2010): De-naturalising Transit Migration. Theory and Methods of An Ethnographic Regime Analysis. [http://onlinelibrary.wiley.com/doi/10.1002/psp.632/pdf, Wiley Online Library; 23.7.2011].

Hess, Sabine und Karakayalı, Serhat (2007): New Governance oder Die imperiale Kunst des Regierens. Asyldiskurs und Menschenrechtsdispositiv im neuen EU-Migrationsmanagement. In: Transit Migration Forschungsgruppe (Hrsg.): Turbulente Ränder: Neue Perspektiven auf Migration an den Grenzen Europas. Bielefeld: transcript. S. 39–56.

Hess, Sabine und Kasparek, Bernd (Hrsg.) (2010): Grenzregime: Diskurse, Praktiken, Institutionen in Europa. Berlin: Assoziation A.

Hirschauer, Stefan (1993): Die soziale Konstruktion der Transsexualität: Über die Medizin und den Geschlechtswechsel. Frankfurt/M.: Suhrkamp.

Holert, Tom und Terkessidis, Mark (2006): Fliehkraft: Gesellschaft in Bewegung – von Migranten und Touristen. Köln: Kiepenheuer & Witsch.

Horat, Eva (2010): Integration? – Ja, aber... Integration im Spannungsfeld von Systemzwang und Lebenswelt von Migrantinnen und Migranten. Bern: BFH. (= Bachelorarbeit Berner Fachhochschule, Soziale Arbeit).

Houmard, Serge und Schoch, Sabine (2007): Zwischen Verpflichtung und Förderung. Integrationspolitik in den Niederlanden, Dänemark, Schweden, Schottland und England. Bern: Schweiz. Flüchtlingshilfe SFH.

Huddleston, Thomas und Niessen, Jan (2011): Migrant Integration Policy Index III. Hg. von British Council und Migration Policy Group. Brüssel.

Jaccard Ruedin, Hélène; Weaver, France; Roth, Maik und Widmer, Marcel (2009): Personnel de santé en Suisse état des lieux et perspectives jusqu'en 2020. Hg. von Schweiz. Gesundheitsobservatorium Obsan. Neuchâtel: Obsan.

Jäger, Margarete und Jäger, Siegfried (2007): Deutungskämpfe: Theorie und Praxis kritischer Diskursanalyse. Wiesbaden: VS.

Jäger, Siegfried (2009): Kritische Diskursanalyse. Eine Einführung. 2. üb., erw. Aufl. Münster: Unrast.

Janssen, Joke (2009): theoretisch intersexuell – Wie intersexuelle Menschen zwischen den Zeilen bleiben. In: AG Queer Studies Hamburg (Hrsg.): Verqueerte Verhältnisse. Intersektionale, ökonomiekritische und strategische Interventionen. Hamburg: Männerschwarm. S. 165–184.

Jey Aratnam, Ganga (2012): Hochqualifizierte mit Migrationshintergrund. Studie zu möglichen Diskriminierungen auf dem Schweizer Arbeitsmarkt. Basel: Gesowip.

Kabis, Veronika (2004): Die aktuelle Zuwanderungspolitik. In: Ross, Bettina (Hrsg.): Migration, Geschlecht und Staatsbürgerschaft. Perspektiven für eine antirassistische und feministische Politik und Politikwissenschaft. Wiesbaden: VS. S. 89–101.

Kälin, Walter (2000): Grundrechte im Kulturkonflikt. Freiheit und Gleichheit in der Einwanderungsgesellschaft. Zürich: NZZ.

Kälin, Walter (2003): Grundrechte in der Einwanderungsgesellschaft. Integration zwischen Assimilation und Multikulturalismus. In: Wicker, Hans-Rudolf; Fibbi, Rosita und Haug, Werner (Hrsg.): Migration und die Schweiz. Zürich: Seismo. S. 139–160.

Kamm, Martina; Efionayi-Mäder, Denise; Neubauer, Anna; Wanner, Philippe und Zannol, Fabienne (2003): Aufgenommen – aber ausgeschlossen? Die vorläufige Aufnahme in der Schweiz. Hg. von Eidg. Kommission gegen Rassismus EKR. Bern: EKR.

Kanakasundaram, Elango (2011): Verordnete Mentalität der Härte. Die Härtefall-Regelung für Sans-Papiers als gouvernementale Praxis. Liz.arbeit, Univ. Bern.

Karakayalı, Juliane und zur Nieden, Birgit (2013): Grundschule und Gentrifizierung: Sozialräumliche Strategien im Umgang mit der Stigmatisierung als Bildungsverlierer. Vortrag auf der 13. Internat. Migrationskonferenz «Migration und Urbanity», 14.6.2013, Univ. Basel.

Karakayalı, Serhat (2009): Paranoic Integrationism: Die Integrationsformel als unmöglicher (Klassen-)Kompromiss. In: Hess, Sabine; Binder, Jana und Moser, Johannes (Hrsg.): No integration?! Kulturwissenschaftliche Beiträge zur Integrationsdebatte in Europa. Bielefeld: transcript. S. 95–103.

Karakayalı, Serhat (2010): Forschung über illegale Migration. Methodologische und theoretische Überlegungen. In: Hess, Sabine und Kasparek, Bernd (Hrsg.): Grenzregime: Diskurse, Praktiken, Institutionen in Europa. Berlin: Assoziation A. S. 265–279.

Karakayalı, Serhat; Hess, Sabine und Tsianos, Vassilis (2009): Transnational migration: Theory and method of an ethnographic analysis of border regimes. Sussex: Univ. of Sussex, Centre for Migration Research.

Karakayalı, Serhat und Tsianos, Vassilis (2002): Migrationsregimes in der Bundesrepublik Deutschland. Zum Verhältnis von Staatlichkeit und Rassismus. In: Demirović, Alex (Hrsg.): Konjunkturen des Rassismus. Münster: Westf. Dampfboot. S. 246–267.

Karakayalı, Serhat und Tsianos, Vassilis (2007): Movements that matter. Eine Einleitung. In: Transit Migration Forschungsgruppe (Hrsg.): Turbulente Ränder: Neue Perspektiven auf Migration an den Grenzen Europas. Bielefeld: transcript. S. 7–17.

Kasparek, Bernd und Hess, Sabine (2010): Einleitung. Perspektiven kritischer Migrations- und Grenzregimeforschung. In: Hess, Sabine und Kasparek, Bernd (Hrsg.): Grenzregime: Diskurse, Praktiken, Institutionen in Europa. Berlin: Assoziation A. S. 7–22.

Kessler, Suzanne und McKenna, Wendy (1978): Gender. An ethnomethodological approach. Chicago: Univ. of Chicago Press.

Kessl, Fabian (2005): Der Gebrauch der eigenen Kräfte. Eine Gouvernementalität Sozialer Arbeit. Weinheim: Juventa.

Kessl, Fabian (2006): Soziale Arbeit als Regierung – eine machtanalytische Perspektive. In: Weber, Susanne und Maurer, Susanne (Hrsg.): Gouvernementalität und Erziehungswissenschaft Wissen — Macht — Transformation. Wiesbaden: VS. S. 63–75.

Kessl, Fabian (2007): Wozu Studien zur Gouvernementalität in der Sozialen Arbeit? Von der Etablierung einer Forschungsperspektive. In: Anhorn, Roland; Bettinger, Frank und Stehr, Johannes (Hrsg.): Foucaults Machtanalytik und Soziale Arbeit. Eine kritische Einführung und Bestandesaufnahme. Wiesbaden: VS. S. 203–225.

Kessl, Fabian und Otto, Hans-Uwe (Hrsg.) (2009): Soziale Arbeit ohne Wohlfahrtsstaat? Zeitdiagnosen, Problematisierungen und Perspektiven. Weinheim: Juventa.

Kessl, Fabian; Reutlinger, Christian und Ziegler, Holger (2007): Erziehung zur Armut? Soziale Arbeit und die „neue Unterschicht" — eine Einführung. In: Kessl, Fabian; Reutlinger, Christian und Ziegler, Holger (Hrsg.): Erziehung zur Armut? Wiesbaden: VS. S. 7–15.

Klingebiel, Ruth und Randeria, Shalini (Hrsg.) (2000): Globalisierung aus Frauensicht. Bilanzen und Visionen. Bonn: Dietz.

Klinger, Cornelia (2003): Ungleichheit in den Verhältnissen von Klasse, Rasse und Geschlecht. In: Knapp, Gudrun-Axeli und Wetterer, Angelika (Hrsg.): Achsen der Differenz: Gesellschaftstheorie und feministische Kritik II. Münster: Westf. Dampfboot. S. 14–48.

Klinger, Cornelia und Knapp, Gudrun-Axeli (2005): Achsen der Ungleichheit – Achsen der Differenz. Verhältnisbestimmungen von Klasse, Geschlecht, ‚Rasse'/Ethnizität. In: Transit, Heft 29. S. 72–95.

Klinger, Cornelia; Knapp, Gudrun-Axeli und Sauer, Birgit (Hrsg.) (2007): Achsen der Ungleichheit. Zum Verhältnis von Klasse, Geschlecht und Ethnizität. Frankfurt/M.: Campus.

Knobloch, Ulrike (2010): Prozesse der Verlagerung sozialer Dienstleistungen zwischen Markt, Staat, Non-Profit-Sektor und privaten Haushalten. In: Widersprüche. Zeitschrift für sozialistische Politik im Bildungs-, Gesundheits- und Sozialbereich 117 (Sept.). S. 147–163.

Knöpfel, Carlo (2009): Integration – ein grosses Missverständnis? In: Grunder, Hans-Ulrich (Hrsg.): Dynamiken von Integration und Ausschluss in der Schweiz. Zürich: Seismo. S. 148–156.

Koch, Martina (2010): «Pioniere einer neuen Zeit»? Identitätskonstruktionen in einem Integrationsprojekt der Sozialhilfe. In: Swiss Journal of Sociology 36/3. S. 431–449.

Koch, Martina (2014): Arbeit am Kranken. Aushandlung von Arbeits(un)fähigkeit in der Arbeitsintegration. Diss., Univ. St.Gallen.

Kocyba, Hermann (2004): Aktivierung. In: Bröckling, Ulrich; Krasmann, Susanne und Lemke, Thomas (Hrsg.): Glossar der Gegenwart. Frankfurt/M.: Suhrkamp. S. 17–22.

Kofler, Andrea und Fankhauser, Lilian (2009): Frauen in der Migration. Das Bild der Migrantin in der öffentlichen und politischen Wahrnehmung und in der aktuellen Forschung. Bern: Eidg. Kommission für Migrationsfragen EKM

Kofman, Eleonore (2000): The invisibility of skilled female migrants and gender relations in studies of skilled migration in Europe. In: International Journal of Population Geography 1/6. S. 45–59.

Kofman, Eleonore (2004): Gendered Global Migrations: Diversity and Stratification. In: International Feminist Journal of Politics 6/4. S. 643–665.

Kraft, Marion (1994): Feminismus und Frauen afrikanischer Herkunft in Europa. In: Kraft, Marion und Ashraf-Khan, Rukhsana Shamin (Hrsg.): Schwarze Frauen der Welt. Europa und Migration. Berlin: Orlanda. S. 171–183.

Krasmann, Susanne (2003): Die Kriminalität der Gesellschaft. Zur Gouvernementalität der Gegenwart. Konstanz: UVK.

Krüger, Helga und Levy, René (2000): Masterstatus, Familie und Geschlecht. In: Berliner Journal für Soziologie, Heft 3. S. 63–90.

Kury, Patrick (2003): Über Fremde reden. Überfremdungsdiskurs und Ausgrenzung in der Schweiz 1900-1945. Zürich: Chronos.

Kuster, Jürg und Cavelti, Guido (2003): Rekrutierung ausländischer Arbeitskräfte: Die Bedeutung ausländer- und asylrechtlicher Bestimmungen. In: Wicker, Hans-Rudolf; Fibbi, Rosita und Haug, Werner (Hrsg.): Migration und die Schweiz. Zürich: Seismo. S. 259–274.

Lanz, Anni und Züfle, Manfred (2006): Die Fremdmacher. Widerstand gegen die schweizerische Asyl- und Migrationspolitik. Zürich: Edition 8.

Lemke, Thomas (1997): Eine Kritik der politischen Vernunft: Foucaults Analyse der modernen Gouvernementalität. Berlin: Argument.

Lemke, Thomas (2000): Neoliberalismus, Staat und Selbsttechnologien. Ein kritischer Überblick über die governmentality studies. In: Politische Vierteljahresschrift 41/1 (März). S. 31–47.

Lemke, Thomas (2007): Gouvernementalität und Biopolitik. Wiesbaden: VS.

Lewis, Jane (1992): Gender and the Development of Welfare Regimes. In: Journal of European Social Policy, Heft 2. S. 159–173.

Liebig, Thomas; Kohls, Sebastian und Krause, Karolin (2012): The Labour Integration of Immigrants and their Children in Switzerland. Paris: Organisation for Economic Co-operation and Development OECD.

Lindenmeyer, Hannes; von Glutz, Barbara; Häusler, Fiona und Kehl, Franz (2008): Arbeitsmarktintegration von Flüchtlingen und Vorläufig Aufgenommenen. Studie über erfolgversprechende Faktoren. Zürich: BFM.

Longchamp, Claude; Aebersold, Monia; Rousselot, Bianca und Ratelband-Pally, Silvia (2005): Sans Papiers in der Schweiz: Arbeitsmarkt, nicht Asylpolitik ist entscheidend. Schlussbericht i. Auftrag d. Bundesamtes für Migration. Bern: Gfs. [http://www.bfm.admin.ch/content/dam/data/migration/laenderinformationen/forschung/studie-sans-papiers-d.pdf; 30.7.2011].

Lopez, Roberto (2009): Integration und Konflikt: Eine neue Perspektive auf den Integrationsdiskurs. In: Piñeiro, Esteban; Bopp, Isabelle und Kreis, Georg (Hrsg.): Fördern und Fordern im Fokus. Leerstellen des schweizerischen Integrationsdiskurses. Zürich: Seismo. S. 48–60.

Löw, Martina (2001): Raumsoziologie. Frankfurt/M.: Suhrkamp.

Lutz, Helma (1991): Welten Verbinden – Türkische Sozialarbeiterinnen in den Niederlanden und der Bundesrepublik Deutschland. Frankfurt/M.: IKO.

Lutz, Helma (2002): The Long Shadows of the Past. The New Europe at a Crossroad. In: Lenz, Ilse; Lutz, Helma; Morokvasic, Mirjana; Schöning-Kalender, Claudia und Schwenken, Helen (Hrsg.): Crossing Borders and Shifting Boundaries. Vol. II: Gender, Identities and Networks. Opladen: Leske+Budrich. S. 57–73.

Lutz, Helma (2007): ‚Die 24-Stunden-Polin' – Eine intersektionelle Analyse transnationaler Dienstleistungen. In: Klinger, Cornelia; Knapp, Gudrun-Axeli und Sauer, Birgit (Hrsg.): Achsen der Ungleichheit. Zum Verhältnis von Klasse, Geschlecht und Ethnizität. Frankfurt/M.: Campus. S. 210–234.

Lutz, Helma (Hrsg.) (2009): Migration, Gender, Empowerment. Münster: Westf. Dampfboot.

Lutz, Helma; Herrera Vivar, Maria Teresa und Supik, Linda (Hrsg.) (2010): Fokus Intersektionalität. Bewegungen und Verortungen eines vielschichtigen Konzeptes. Wiesbaden: VS.

Lutz, Helma und Huth-Hildebrandt, Christine (1998): Geschlecht im Migrationsdiskurs. In: Das Argument 40/224. S. 159–173.

Mäder, Ueli (2009a): Draussen im Drinnen: Integration durch Ausschluss? In: Kessl, Fabian und Otto, Hans-Uwe (Hrsg.): Soziale Arbeit ohne Wohlfahrtsstaat? Zeitdiagnosen, Problematisierungen und Perspektiven. Weinheim: Juventa. S. 35–52.

Mäder, Ueli (2009b): Working-Poor in der Schweiz: Wege aus der Abhängigkeit. In: Kutzner, Stefan; Mäder, Ueli; Knöpfel, Carlo; Heinzmann, Claudia und Pakoci, Daniel (Hrsg.): Sozialhilfe in der Schweiz. Klassifikation, Integration und Ausschluss von Klienten. Zürich: Rüegger. S. 199–213.

Madörin, Mascha (2007): Neoliberalismus und die Reorganisation der Care. Zur politischen Ökonomie der Schweiz. Denknetz-Jahrbuch 2007. Zürich. S. 141–162.

Madörin, Mascha; Schnegg, Brigitte und Baghdadi, Nadia (2012): Advanced Economy, Modern Welfare State and Traditional Care Regimes: The Case of Switzerland. In: Razavi, Shahra und Staab, Silke (Hrsg.): Global Variations in the Political and Social Economy of Care: Worlds Apart. New York: Routledge. S. 43–60.

Maeder, Christoph und Nadai, Eva (2004): Organisierte Armut. Sozialhilfe aus wissenssoziologischer Sicht. Konstanz: UVK.

Magnin, Chantal (2005): Beratung und Kontrolle. Widersprüche in der staatlichen Bearbeitung von Arbeitslosigkeit. Zürich: Seismo.

Mahnig, Hans und Piguet, Etienne (2003): Die Immigrationspolitik der Schweiz von 1948 bis 1998: Entwicklung und Auswirkung. In: Wicker, Hans-Rudolf; Fibbi, Rosita und Haug, Werner (Hrsg.): Migration und die Schweiz. Zürich: Seismo. S. 65–108.

Mahnig, Hans und Wimmer, Andreas (2003): Integration without Immigrant Policy: the Case of Switzerland. In: Heckmann, Friedrich und Schnapper, Dominique (Hrsg.): The Integration of Immigrants in European Societies. National Differences and Trends of Convergence. Stuttgart: Lucius&Lucius. S. 135–160. [https://libra.unine.ch/Publications/Personne/M/Hans_Mahnig/13995; 23.11.2013].

Maihofer, Andrea et al. (2013): Kontinuität und Wandel von Geschlechterungleichheiten in Ausbildungs- und Berufsverläufen junger Erwachsener in der Schweiz. Zusammenfassung der Projektergebnisse. Bern: SNF.

Maillard, Alain und Tafelmacher, Christophe (1999): „Faux réfugiés"? La politique suisse de dissuasion d'asile 1979-1999. Lausanne: Editions d'en bas.

Manatschal, Anita (2010): Integration Policies in Federal Settings: Assessing the Impact of Exclusionary Citizenship Conceptions on Cantonal Integration Policies. Zürich: CIS.

Marshall, Thomas H. (1953): Citizenship and Social Class. Cambridge: Cambridge Univ. Press.

Marzahn, Christian (1992): Professionalität und Verantwortlichkeit in der sozialen Arbeit. In: Otto, Hans-Uwe; Hirschauer, Paul und Thiersch, Hans (Hrsg.): Zeit-Zeichen sozialer Arbeit. Entwürfe einer neuen Praxis. Neuwied: Luchterhand. S. 25–31.

Massey, Doreen B. (2003): Spaces of Politics – Raum und Politik. In: Gebhardt, Hans; Reuber, Paul und Wolkersdorfer, Günter (Hrsg.): Kulturgeographie. Aktuelle Ansätze und Entwicklungen. Berlin: Messerschmidt. S. 31–46.

Mateos, Inés (2009): «Sprache als Schlüssel zur Integration»: Eine Metapher und ihre Folgen. In: Piñeiro, Esteban; Bopp, Isabelle und Kreis, Georg (Hrsg.): Fördern und Fordern im Fokus. Leerstellen des schweizerischen Integrationsdiskurses. Zürich: Seismo. S. 141–172.

Mayring, Philipp (2010): Qualitative Inhaltsanalyse. Grundlagen und Techniken. 11. üb. Aufl. Weinheim: Beltz.

McCall, Leslie (2005): The Complexity of Intersectionality. In: Signs. Journal of Women in Culture and Society 30/3. S. 1771–1800.

Menet, Joanna (2013): Integration als Exklusion? Der Integrationsbegriff in der Schweizer Politik. In: Akhbari, Mithra und Leite, Theodora (Hrsg.): Wi(e)der die Integrationsmaschinerie. Dokumentation Tagung zur Migrationspolitik in Bern im Januar 2013. Bern: cfd. S. 4–12.

Metz-Göckel, Sigrid; Morokvasic, Mirjana und Münst, A. Senganata (Hrsg.) (2008): Migration and mobility in an enlarged Europe: a gender perspective. Opladen: Budrich.

Meyer, Katrin (2009): Kritik der Sicherheit. Vom gouvernementalen Sicherheitsdenken zur Politik der «geteilten Sorge». In: Traverse, Heft 1. S. 25–40.

Meyer, Katrin und Purtschert, Patricia (2008): Migrationsmanagement und die Sicherheit der Bevölkerung. In: Purtschert, Patricia; Meyer, Katrin und Winter, Yves (Hrsg.): Gouvernementalität und Sicherheit. Zeitdiagnostische Beiträge im Anschluss an Foucault. Bielefeld: transcript.

Mezzadra, Sandro (2009): Bürger und Untertanen: Die postkoloniale Herausforderung der Migration in Europa. In: Hess, Sabine; Binder, Jana und Moser, Johannes (Hrsg.): No integration Kulturwissenschaftliche Beiträge zur Integrationsdebatte in Europa. Bielefeld: transcript. S. 207–223.

Mohanty, Chandra Talpade (1988): Aus westlicher Sicht: feministische Theorie und koloniale Diskurse. In: Beiträge zur feministischen Theorie und Praxis, Heft 23. S. 149–162.

Morokvasic, Mirjana (2004): Settled in Mobility: Engendering post-wall migration in Europe. In: Feminist Review 77/1. S. 7–25.

Morokvasic, Mirjana; Erel, Umut und Shinozaki, Kyoko (Hrsg.) (2003): Crossing Borders and Shifting Boundaries. Band I: Gender on the Move. Opladen: Leske+Budrich.

Nadai, Eva (2006): Auf Bewährung. Arbeit und Aktivierung in Sozialhilfe und Arbeitslosenversicherung. In: Sozialer Sinn 7/1. S. 61–77.

Nadai, Eva (2009): Sisyphus' Erben. Soziale Arbeit in der Armutsbekämpfung. In: Kessl, Fabian und Otto, Hans-Uwe (Hrsg.): Soziale Arbeit ohne Wohlfahrtsstaat? Zeitdiagnosen, Problematisierungen und Perspektiven. Weinheim: Juventa. S. 133–148.

Nadai, Eva (2010): Gleichstellung «ganz unten»: Investitionen in erwerbslose Frauen. In: Soziale Sicherheit CHSS, Heft 6. S. 310–313.

Ng, Cécilia (2005): Gender and the Digital Economy. Perspectives from the Developing World. Thousand Oaks: Sage.

Niederberger, Josef Martin (2004): Ausgrenzen, Assimilieren, Integrieren. Die Entwicklung einer schweizerischen Integrationspolitik. Zürich: Seismo.

Ochse, Gabriele (1999): Migrantinnenforschung in der Bundesrepublik Deutschland und den USA. Oldenburg: BIS.

OECD, Organisation for Economic Co-operation and Development (2010): Activation Policies in Switzerland. Paris: OECD.

OECD, Organisation for Economic Co-operation and Development (2012): Closing the Gender Gap. Act Now. OECD.

Orloff, Ann Shola (1993): Gender and the Social Rights of Citizenship: The Comparative Analysis of Gender Relations and Welfare States. In: American Sociological Review 3/58. S. 303–328.

von Osten, Marion (2007): Eine Bewegung der Zukunft. Die Bedeutung des Blickregimes der Migration für die Produktion der Ausstellung Projekt Migration. In: Transit Migration Forschungsgruppe (Hrsg.): Turbulente Ränder: Neue Perspektiven auf Migration an den Grenzen Europas. Bielefeld: transcript. S. 169–187.

Otyakmaz, Özlem Berrin (1996): Auf allen Stühlen. Das Selbstverständnis junger türkischer Migrantinnen in Deutschland. Köln: Neuer ISP. (= Diplomarbeit Univ. Bochum).

Pascall, Gillian und Lewis, Jane (2004): Emerging Gender Regimes and Policies for Gender Equality in a Wider Europe. In: Journal of Social Policy 3/33. S. 373–394.

Passagen, Forschungskreis Migration und Geschlecht (Hrsg.) (2014): Vielfältig alltäglich: Migration und Geschlecht in der Schweiz. Zürich: Seismo.

Pecoraro, Marco (2005): Les migrants hautement qualifiés en Suisse. In: Haug, Werner und Wanner, Philippe (Hrsg.): Migrants et marché du travail en Suisse. Compétences et insertion professionnelle des personnes d'origine étrangère en Suisse. Neuchâtel: SFM. S. 71–110. [http://www.bfs.admin.ch/bfs/portal/fr/index/news/publikationen.Document.64475.html].

Pecoraro, Marco (2010): Gender, brain waste and job-education mismatch among migrant workers in Switzerland. Genf: ILO.

Pecoraro, Marco und Fibbi, Rosita (2010): Highly skilled migrants in the Swiss labour market. With a special focus on migrants from developments countries. In: Tejada, Gabriela und Bolay, Jean-Claude (Hrsg.): Scientific diasporas as development partners. Skilled migrants from Colombia, India and South Africa in Switzerland: Empirical evidence and policy responses. Bern: Lang. S. 179–198.

Pessar, Patricia R. und Mahler, Sarah J. (2003): Transnational Migration: Bringing Gender In. In: International Migration Review 37/3. S. 812–845.

Pfau-Effinger, Birgit (1998): Arbeitsmarkt- und Familiendynamik in Europa. Theoretische Grundlagen der vergleichenden Analyse. In: Geissler, Birgit; Maier, Friederike und Pfau-Effinger, Birgit (Hrsg.): FrauenArbeitsMarkt. Der Beitrag der Frauenforschung zur sozio-ökonomischen Theorieentwicklung. Berlin: Edition Sigma. S. 177–194.

Pfau-Effinger, Birgit (2000): Kultur und Frauenerwerbstätigkeit in Europa. Theorie und Empirie des internationalen Vergleichs. Opladen: Leske+Budrich.

Pfau-Effinger, Birgit (2005): Wandel der Geschlechterkultur und Familienpolitiken in konservativen Wohlfahrtsstaaten – Deutschland, Österreich und Schweiz. Vortrag auf der Tagung «Kulturelle Hegemonie und Geschlecht als Herausforderung im europäischen Einigungsprozess», 5.5.2005, Freie Univ. Berlin. [http://www.fu-berlin.de/sites/gpo/tagungen/Kulturelle_Hegemonie_und_Geschlecht_als_Herausforderung/index.html; 17.9.2013].

Phillips, Anne und Taylor, Barbara (1980): Sex and Skill. Notes towards a feminist economics 6: In: Feminist Review, Heft 6. S. 79–88.

Pieper, Marianne und Gutiérrez Rodríguez, Encarnación (Hrsg.) (2003): Gouvernementalität. Ein sozialwissenschaftliches Konzept in Anschluss an Foucault. Frankfurt/M.: Campus.

Pieper, Marianne; Panagiotidis, Efthimia und Tsianos, Vassilis (2011): Konjunkturen der egalitären Exklusion: Postliberaler Rassismus und verkörperte Erfahrung in der Prekarität. In: Pieper, Marianne; Atzert, Thomas; Karakayalı, Serhat und Tsianos, Vassilis (Hrsg.): Biopolitik – in der Debatte. Wiesbaden: Springer VS.

Piguet, Etienne (2006): Einwanderungsland Schweiz. Fünf Jahrzehnte halb geöffnete Grenzen. Bern: Haupt.

Piguet, Etienne und Losa, Stefano (2002): Travailleurs de l'ombre? Demande de main-d'oeuvre du domaine de l'asile et ampleur de l'emploi non déclaré en Suisse. Zürich: Seismo.

Piguet, Etienne und Wimmer, Andreas (2000): Les nouveaux „Gastarbeiter"? Les réfugiés sur le marché du travail suisse. In: Revue de l'intégration et de la migration internationale 1/2. S. 233–257.

Piñeiro, Esteban (2010): Phantasma der Integration. Interkultur und Schweizer Integrationspolitik. In: Widerspruch, Heft 59 «Integration und Menschenrechte». S. 63–72.

Piñeiro, Esteban (2013): Absorbieren, Eingliedern, Integrieren. Der Regierung einheimischer Ausländer auf der Spur. Vortrag auf dem Kongress der Schweiz. Gesellschaft für Soziologie "Ungleichheit und Integration in der Krise", 27.6.2013, Univ. Bern.

Piñeiro, Esteban (2015): Integration und Abwehr. Genealogie der schweizerischen Ausländerintegration. Zürich: Seismo.

Piñeiro, Esteban; Bopp, Isabelle und Kreis, Georg (Hrsg.) (2009a): Fördern und Fordern im Fokus. Leerstellen des schweizerischen Integrationsdiskurses. Zürich: Seismo.

Piñeiro, Esteban; Bopp, Isabelle und Kreis, Georg (2009b): Einleitung. Fördern und Fordern revised. Seismografien zum gegenwärtigen Integrationsdiskurs. In: Piñeiro, Esteban; Bopp, Isabelle und Kreis, Georg (Hrsg.): Fördern und Fordern im Fokus. Leerstellen des schweizerischen Integrationsdiskurses. Zürich: Seismo. S. 9–20.

Piñeiro, Esteban und Haller, Jane (2009): Neue Migranten für die Integrationsgesellschaft. Versuch einer gouvernementalen Gegenlektüre des Prinzips «Fördern und Fordern». In: Piñeiro, Esteban; Bopp, Isabelle und Kreis, Georg (Hrsg.): Fördern und Fordern im Fokus. Leerstellen des schweizerischen Integrationsdiskurses. Zürich: Seismo. S. 141–170.

Plana, Isabel (2010): Asylsuchende und Flüchtlinge im Pflegebereich: Chancen und Hindernisse für die berufliche Integration. Masterarbeit, Univ. Zürich.

Pongratz, Hans J. und Voss, G. Günter (2003): Arbeitskraftunternehmer Erwerbsorientierungen in entgrenzten Arbeitsformen. Berlin: Edition Sigma.

Poulantzas, Nicos (2002): Staatstheorie. Politischer Überbau, Ideologie, sozialistische Demokratie. Hamburg: VSA.

Prodolliet, Simone (1998a): Migrant Women and Integration Politics. The Case of Switzerland. In: Fereira, Virgínia; Tavares, Teresa und Portugal, Silvia (Hrsg.): Shifting Bonds, Shifting Bounds - Women, Mobility, and Citizenship in Europe. Oeiras: Celta Editora.

Prodolliet, Simone (1998b): Eine Geschichte von Lippenbekenntnissen. Zur Frage der gesellschaftlichen Integration von Ausländerinnen und Ausländern in der schweizerischen Migrationspolitik. In: Asyl, Heft 2. S. 36–43.

Prodolliet, Simone (Hrsg.) (1998c): Blickwechsel. Die multikulturelle Schweiz an der Schwelle zum 21. Jahrhundert. Luzern: Caritas Schweiz.

Prodolliet, Simone (1999): Ohne Migrantinnen geht wirtschaftlich nichts. Frauen – der blinde Fleck in der Migrations-forschung. In: Widerspruch, Heft 37. S. 95–106.

Prodolliet, Simone (2006a): Zauberwort «Integration» – Paradigmenwechsel in der schweizerischen Politik? Bern: Eidg. Kommission für Migrationsfragen EKM.

Prodolliet, Simone (2006b): «Nachholende Integrationspolitik» – Eine Herausforderung für die gesellschaftlichen Institutionen. In: Asyl 21/3. S. 3–7.

Prodolliet, Simone (2006c): «Mama lernt Deutsch» – Ein kritischer Blick auf integrationspolitische Prämissen. Vortrag auf der Ringvorlesung «Geschlecht und Migration», 14.6.2006, Univ. Bern.

Prodolliet, Simone (2007): Vielprachige Schweiz! In: Terra cognita, Heft 10. S. 4–9.

Prodolliet, Simone (2009): Welche Integrationskultur? Zum gegenwärtigen Diskurs der Integrationsförderung. In: Piñeiro, Esteban; Bopp, Isabelle und Kreis, Georg (Hrsg.): Fördern und Fordern im Fokus. Leerstellen des schweizerischen Integrationsdiskurses. Zürich: Seismo. S. 48–60.

Prodolliet, Simone (2010): Integration als Hinführung zu Chancengleichheit oder als Gradmesser für Sanktionen? Grundsatzerklärung und Empfehlungen der EKM. Bern: Eidg. Kommission für Migrationsfragen EKM.

Przyborski, Aglaja und Wohlrab-Sahr, Monika (2008): Qualitative Sozialforschung: Ein Arbeitsbuch. München: Oldenbourg.

Pühl, Katharina und Schultz, Susanne (2001): Gouvernementalität und Geschlecht – Über das Paradox der Festschreibung und Flexibilisierung der Geschlechterverhältnisse. In: Hess, Sabine und Lenz, Ramona (Hrsg.): Geschlecht und Globalisierung. Ein kulturwissenschaftlicher Streifzug durch transnationale Räume. Königstein: Ulrike Helmer. S. 102–127.

Purtschert, Patricia (2008): "Heute bedankt sich Naresh Khan bei Silvia Hug für ihr Engagement". Notizen zur postkolonialen Schweiz. In: Olympe, Heft 27: Postkolonialismus. Logik und Perspektiven.

Purtschert, Patricia; Lüthi, Barbara und Falk, Francesca (Hrsg.) (2012): Postkoloniale Schweiz. Formen und Folgen eines Kolonialismus ohne Kolonien. Bielefeld: transcript.

Riaño, Yvonne (2005): Women on the Move to Europe. A Review of the Literature on Gender and Migration. In: da Marroni, Maria Gloria und Salgado, Gloria (Hrsg.): Latinamerican Diaspora: Migration within a Globalized World. Puebla: Autonomous Univ. of Puebla (Mexico) and Institute of Developing Economies, Japan External Trade Organization (Japan). S. 207–238. [http://www.immigrantwomen.ch/PDF/18.%20Women%20on%20the%20move.%20Review%20 Latin%20American%20women.pdf; 4.1.2012].

Riaño, Yvonne (2011): Drawing new boundaries of participation: experiences and strategies of economic citizenship among skilled migrant women in Switzerland. In: Environment & Planning A 43/7. S. 1530–1546.

Riaño, Yvonne (2012a): «He's the Swiss Citizen, I'm the Foreign Spouse»: Transnational Marriages and the Impact of Family-Related Migration Policies on Social Integration and Gender Relations. In: Kraler, Albert; Kofman, Eleonore; Kohli, Martin und Schmoll, Camille (Hrsg.): Gender, Generations and the Family in International Migration. Amsterdam: Amsterdam Univ. Press. S. 265–283.

Riaño, Yvonne (2012b): The Production of Knowledge as a «Minga»: Challenges and Opportunities of a New Participatory Approach based on Co-determination and Reciprocity. Neuchâtel: MAPS.

Riaño, Yvonne und Baghdadi, Nadia (2007): Understanding the Labour Market Participation of Skilled Immigrant Women in Switzerland: The Interplay of Class, Ethnicity, and Gender. In: International Migration & Integration 8/2. S. 163–183.

Riaño, Yvonne; Baghdadi, Nadia und Wastl-Walter, Doris (2008): Gut ausgebildete Migrantinnen und ihre beruflichen Integrationschancen in der Schweiz. Resultate und Empfehlungen einer Studie im Rahmen des nationalen Forschungsprogramms Integration und Ausschluss (NFP 51). Bern: GIUB, Univ. Bern.

Riaño, Yvonne und Wastl-Walter, Doris (Hrsg.) (2006a): Migration und Integrationspolitik aus der Geschlechterperspektive. Bern: GIUB, Univ. Bern.

Riaño, Yvonne und Wastl-Walter, Doris (2006b): Immigration policies, state discourses on foreigners, and the politics of identity in Switzerland. In: Environment and Planning A 38/9. S. 1693–1713.

Riaño, Yvonne; Wastl-Walter, Doris und Baghdadi, Nadia (2006): Social Integration and Social Exclusion of Immigrant Women in Switzerland. Bern: GIUB, Univ. Bern. (= unv. Abschlussbericht z.H. d. SNF, NFP 51 «Integration und Ausschluss»).

Riaño, Yvonne und Zimmermann, Dominic (2011): Übung Qualitative Methoden in der Geographie. Bern: GIUB, Univ. Bern.

Richter, Marina (2005): Integration, Identität, Differenz. Der Integrationsprozess aus der Sicht spanischer Migrantinnen und Migranten. Diss., Univ. Bern.

Richter, Marina (2006): Integration, Identität, Differenz. Der Integrationsprozess aus der Sicht spanischer Migrantinnen und Migranten. Bern: Peter Lang.

Richter, Marina (2012): Can you feel the difference? Emotions as an analytical lens. Vortrag auf der Colloque international „Masculins/féminins, dialogues géographiques et au-delà...", 12.12.2012, Grenoble (France).

Richter, Marina und Hostettler, Ueli (2015): Conducting Commissioned Research in Neoliberal Academia: The Conditions Evaluations Impose on Research Practice. In: Current Sociology. [http://csi.sagepub.com/cgi/doi/10.1177/0011392114562497; 1.6.2015].

Rommelspacher, Birgit (2007): Geschlecht und Migration in einer globalisierten Welt. Zum Bedeutungswandel des Emanzipationsbegriffs. In: Munsch, Chantal; Gemende, Marion und Weber-Unger Rotino, Steffi (Hrsg.): Eva ist emanzipiert, Mehmet ist ein Macho. Zuschreibung, Ausgrenzung, Lebensbewältigung und Handlungsansätze im Kontext von Migration und Geschlecht. Weinheim: Juventa. S. 49–61.

Ronneberger, Klaus und Tsianos, Vassilis (2009): Panische Räume: Das Ghetto und die «Parallelgesellschaft». In: Hess, Sabine; Binder, Jana und Moser, Johannes (Hrsg.): No integration Kulturwissenschaftliche Beiträge zur Integrationsdebatte in Europa. Bielefeld: transcript. S. 137–152.

Ruhne, Renate (2011): Raum Macht Geschlecht. Zur Soziologie eines Wirkungsgefüges am Beispiel von (Un-)Sicherheiten im öffentlichen Raum. Wiesbaden: VS.

Sainsbury, Diane (Hrsg.) (1994): Gendering Welfare States. London: Sage.

Sainsbury, Diane (1997): Gender, Equality, and Welfare States. Cambridge: Cambridge Univ. Press.

Sancar, Annemarie (1999): Integrationsleitbilder und Integrationspolitik. Zur kontroversen Leitbild-Debatte in Zürich, Bern und Basel. In: Widerspruch, Heft 37 «Flüchtlinge, Migration und Integration». S. 137–145.

Sancar, Annemarie (2010): Grundrechtsbasierte Integrationspolitik. In: Widerspruch, Heft 59 «Integration und Menschenrechte». S. 29–36.

Sancar, Annemarie; Hungerbühler, Hildegard und Paiva Keller, Beatriz (2000): Migrantinnen im Kanton Bern. Bern: Fachstelle für die Gleichstellung von Frauen und Männern.

Sanchez, Olivia Maria (2008): Empowerment in der Sozialhilfe im aktivierenden Sozialstaat. Diplomarbeit, Berner Fachhochschule.

Sänger, Eva und Rödel, Malaika (Hrsg.) (2012): Biopolitik und Geschlecht zur Regulierung des Lebendigen. Münster: Westf. Dampfboot.

Sassen, Saskia (1996): Migranten, Siedler, Flüchtlinge. Von der Massenauswanderung zur Festung Europa. Frankfurt/M.: Fischer.

SBFI, Staatssekretariat für Bildung, Forschung und Innovation (2015): Reglementierte Berufe/Tätigkeiten in der Schweiz. Im Falle der Niederlassung oder bei Dienstleistungserbringung. [www.sbfi.admin.ch/diploma; 12.11.2015].

Schär, Bernhard C. (2015): Tropenliebe. Schweizer Naturforscher und niederländischer Imperialismus in Südostasien um 1900. Frankfurt/M.: Campus.

Schertenleib, Jürg; Illes, Ruedi und Schrepfer, Nina (2009): Handbuch Asyl- und Wegweisungsverfahren. Hg. v. d. Schweiz. Flüchtlingshilfe SFH. Bern: Haupt.

Schild, Verónica (2003): Die Freiheit der Frauen und gesellschaftlicher Fortschritt. Feministinnen, der Staat und die Armen bei der Schaffung neoliberaler Gouvernementalität. In: Peripherie 23/92. S. 481–506.

Schilliger, Sarah (2014): Pflegen ohne Grenzen? Polnische Pendelmigrantinnen in der 24h-Betreuung. Eine Ethnographie des Privathaushalts als globalisiertem Arbeitsplatz. Diss., Univ. Basel.

Schoch, Sabine (2006): Eine Frage der Umsetzung. Zum Integrationsbericht des Bundesamts für Migration. In: Asyl 21/3. S. 14–16.

Schönenberger, Silvia und D'Amato, Gianni (2009): Das Integrationsleitbild der Stadt Bern neu überdacht. Neuchâtel: SFM. (= i. A. d. Stadt Bern).

Schultz, Dagmar (1990): Unterschiede zwischen Frauen. Ein kritischer Blick auf den Umgang mit «den Anderen» in der feministischen Forschung weisser Frauen. In: Berliner Journal für Soziologie 13/27. S. 45–57.

Schultz, Susanne (2003): Von der Regierung reproduktiver Risiken. Gender und die Medikalisierung internationaler Bevölkerungspolitik. In: Pieper, Marianne und Gutiérrez Rodríguez, Encarnación (Hrsg.): Gouvernementalität. Ein sozialwissenschaftliches Konzept in Anschluss an Foucault. Frankfurt/M.: Campus. S. 68–89.

Schütz, Alfed (1971): Zur Methodologie der Sozialwissenschaften. In: Schütz, Alfred (Hrsg.): Das Problem der sozialen Wirklichkeit. Den Haag: Martinus Nijhoff. S. 3–54.

Schwenken, Helen (2007): Die Herstellung von Illegalität – Das Scheitern von Migrationskontrollen ist kein Zufall. [www.migration-boell.de/web/migration/46_1375.asp].

SEM, Staatssekretariat für Migration (Hrsg.) (2015): Migrationsbericht 2014. Wabern: SEM. [https://www.sem.admin.ch/dam/data/sem/publiservice/berichte/migration/migrationsbericht-2014-d.pdf; 24.10.2015].

Shinozaki, Kyoko (2009): Die ‚Green Card' als Heilmittel für Arbeitskräfteknappheit? Ein Vergleich der Migration von ‚Hoch-' und ‚Niedrigqualifizierten'. In: Lutz, Helma (Hrsg.): Gender-Mobil? Vervielfältigung und Enträumlichung von Lebensformen. Transnationale Räume, Migration und Geschlecht. Münster: Westf. Dampfboot. S. 69–84.

Skenderovic, Damir und D'Amato, Gianni (2008): Mit dem Fremden politisieren: Rechtspopulistische Parteien und Migrationspolitik in der Schweiz seit den 1960er Jahren. Zürich: Chronos.

Soiland, Tove (2008): Die Verhältnisse gingen und die Kategorien kamen. Intersectionality oder Vom Unbehagen an der amerikanischen Theorie. In: querelles-net 9/26. [https://www.querelles-net.de/index.php/qn/article/view/694; 22.11.2012].

Soiland, Tove (2009): Gender als Selbstmanagement. Zur Reprivatisierung des Geschlechts in der gegenwärtigen Gleichstellungspolitik. In: Andresen, Sünne; Koreuber, Mechthild und Lüdke, Dorothea (Hrsg.): Gender und Diversity: Albtraum oder Traumpaar? Interdisziplinärer Dialog zur „Modernisierung" von Geschlechter- und Gleichstellungspolitik. Wiesbaden: VS. S. 35–51.

Spescha, Marc; Kerland, Antonia und Bolzli, Peter (2010): Handbuch zum Migrationsrecht. Zürich: Orell Füssli.

Spescha, Marc; Thür, Hans-Peter; Zünd, Andreas und Bolzli, Peter (2009): Migrationsrecht [Kommentar]. 2. akt. Aufl. Zürich: Orell Füssli.

Spindler, Charlotte und Schertenleib, Marianne (2006): Champagner, Plüsch und prekäre Arbeit: Arbeits- und Lebensbedingungen von Cabaret-Tänzerinnen in der Schweiz. Zürich: FIZ.

Spivak, Gayatri Chakravorty (1985): The Rani of Sirmur: An Essay in Reading the Archives. In: Baker, Francis; Hulme, Peter und Iverson, Margaret (Hrsg.): Europe and its others. Proceedings of the Essex Conference on the Sociology of Literature, July 1984. Colchester: Univ. of Essex. S. 128–151.

Spivak, Gayatri Chakravorty (1988): Can the Subaltern speak? In: Nelson, Cary und Grossberg, Lawrence (Hrsg.): Marxism and the Interpretation of Culture. Chicago: Univ. of Chicago Press. S. 271–313.

Stark, Wolfgang (1996): Empowerment. Neue Handlungsperspektiven in der psychosozialen Praxis. Freiburg: Lambertus.

Statistik Stadt Zürich (2003): Mütter- und Väterbefragung der Stadt Zürich 2003. Zürich: Statistik Stadt Zürich. [http://www.stadt-zuerich.ch/content/dam/stzh/prd/Deutsch/Statistik/Publikationsdatenbank/spezial_publikationen/Muetter_und_Vaeterbefragung-Cover.pdf; 31.7.2011].

Steiner, Pascale und Wicker, Hans-Rudolf (2004): Paradoxien im Bürgerrecht: Sozialwissenschaftliche Studien zur Einbürgerungspraxis in Schweizer Gemeinden. Zürich: Seismo.

Stern, Susanne (2012): Das Angebot für Kinderbetreuung in der Schweiz ist unterdurchschnittlich. Newsletter NFP 60 vom 24.05.2012. [www.nfp60.ch/D/wissenstransfer-und-kommunikation/themen-im-fokus/Seiten/_xc_kinderbetreuung.aspx; 6.6.2012].

Stern, Susanne; Iten, Rolf; Schwab, Stephanie; Felfe, Christina; Lechner, Michael und Thiemann, Petra (2013): Familienergänzende Kinderbetreuung und Gleichstellung. Schlussbericht. Zürich: Infras. [www.studiekinderbetreuung.infras.ch; 29.10.2013].

Steyerl, Hito (1999): Was ist K]uns[t? In: Gelbin, Cathy S.; Konuk, Kader und Piesche, Peggy (Hrsg.): AufBrüche. Kulturelle Produktionen von Migrantinnen, Schwarzen und jüdischen Frauen in Deutschland. Königstein: Ulrike Helmer. S. 155–171.

Steyerl, Hito und Gutiérrez Rodríguez, Encarnación (Hrsg.) (2003): Spricht die Subalterne deutsch? Migration und postkoloniale Kritik. Münster: Unrast.

Strasser, Sabine (2013): Zwangsfreiheiten? Zugehörigkeit zur Sport-Nation durch (körperliche) Leistung. Vortrag auf der Tagung «Sport als Eckpfeiler der Integration? Diskurse und Praktiken», 6.9.2013, Univ. Bern.

Strauss, Anselm und Corbin, Juliet (1990): Basics of Qualitative Research. Grounded Theory, Procedures and Techniques. Newbury Park: Sage.

Streckeisen, Peter (2012): Steigende Erwerbslosigkeit und Prekarität in der Schweiz: Das Ende eines Sonderfalls. In: Scherschel, Karin; Streckeisen, Peter und Krenn, Manfred (Hrsg.): Neue Prekarität. Die Folgen aktivierender Arbeitsmarktpolitik. Europäische Länder im Vergleich. Frankfurt/M.: Campus. S. 47–73.

Streuli, Elisa und Bauer, Tobias (2001): Working Poor in der Schweiz. Eine Untersuchung zu Ausmass, Ursachen und Problemlage. Neuchâtel: BFS.

Strüver, Anke (2005): Macht Körper Wissen Raum? Ansätze zu einer Geographie der Differenzen. Wien: Institut für Geographie und Regionalforschung der Universität Wien.

Studer, Brigitte; Arlettaz, Gérald und Argast, Regula (2008): Das Schweizer Bürgerrecht: Erwerb, Verlust, Entzug von 1848 bis zur Gegenwart. Zürich: NZZ.

Szczepanikova, Alice (2012): Between Control and Assistance: The Problem of European Accommodation Centres for Asylum Seekers. In: International Migration. [http://onlinelibrary.wiley.com/doi/10.1111/imig.12031/full; 30.1.2013].

TAK, Tripartite Agglomerationskonferenz (2009): Weiterentwicklung der schweizerischen Integrationspolitik. Bericht und Empfehlungen der TAK vom 29. Juni 2009. Bern: TAK.

Terkessidis, Mark (2010): Interkultur. Berlin: Suhrkamp.

Teubner, Ulrike (2008): Beruf: Vom Frauenberuf zur Geschlechterkonstruktion im Berufssystems. In: Becker, Ruth und Kortendieck, Beate (Hrsg.): Handbuch Frauen- und Geschlechterforschung: Theorie, Methoden, Empirie. 2. erw. u. akt. Aufl. Wiesbaden: VS. S. 491–498.

Thompson, Christiane (2004): What are the Bounds of Critical Rationality in Education? In: Journal of Philosophy of Education 38/3. S. 485–492.

Tov, Eva; Piñeiro, Esteban; Eser Davolio, Miryam und Schnorr, Valentin (2010): Evaluation Pilotprojekt zur Einführung der Integrationsvereinbarungen in den fünf Kantonen Aargau, Basel-Landschaft, Basel-Stadt, Solothurn und Zürich. Olten: HSA-FHNW.

Transit Migration Forschungsgruppe (Hrsg.) (2007): Turbulente Ränder: Neue Perspektiven auf Migration an den Grenzen Europas. Bielefeld: transcript.

Treibel, Annette (1999): Migration in modernen Gesellschaften: Soziale Folgen von Einwanderung, Gastarbeit und Flucht. 2. neubearb., erw. Aufl. Weinheim: Juventa.

Tsianos, Vassilis (2010): Zur Genealogie und Praxis des Migrationsregimes. In: Bildpunkt, Zeitschrift der IG Bildende Kunst. S. 22–24.

Tuider, Elisabeth (2010): Genderregime. Die Unternehmerinnen ihrer selbst. In: Bildpunkt, Zeitschrift der IG Bildende Kunst. S. 27–29.

Tyrell, Hartmann (1986): Geschlechtliche Differenzierung und Geschlechterklassifikation. In: Kölner Zeitschrift für Soziologie und Sozialpsychologie 38/2. S. 450–489.

Wagner, Fabian (2010): Let's talk about the state: Anmerkungen zu Migration und materialistischer Staatstheorie. In: Hess, Sabine und Kasparek, Bernd (Hrsg.): Grenzregime: Diskurse, Praktiken, Institutionen in Europa. Berlin: Assoziation A. S. 229–242.

Walgenbach, Katharina; Dietze, Gabriele; Hornscheidt, Antje und Palm, Kerstin (Hrsg.) (2007): Gender als interdependente Kategorie: Neue Perspektiven auf Intersektionalität, Diversität und Heterogenität. Opladen: Leske+Budrich.

Wanner, Philippe (2004): Migration und Integration. Ausländerinnen und Ausländer in der Schweiz. Neuchâtel: BFS.

Wanner, Philippe (2007): Der Integrationsprozess ausländischer Bevölkerungsgruppen ein Ansatz auf der Basis von Verwaltungsdaten. Neuchâtel: BFS.

Wanner, Philippe; Pecoraro, Marco und Fibbi, Rosita (2005): Femmes étrangères et marché du travail. In: Haug, Werner und Wanner, Philippe (Hrsg.): Migrants et marché du travail. Compétences et insertion professionnelle des personnes d'origine étrangère en Suisse. Neuchâtel: BFS. S. 17–38.

Wanner, Philippe und Steiner, Ilka (2012): Einbürgerungslandschaft Schweiz. Entwicklungen 1992-2010. Bern: Eidg. Kommission für Migrationsfragen EKM.

Weber, Susanne und Maurer, Susanne (Hrsg.) (2006): Gouvernementalität und Erziehungswissenschaft. Wissen – Macht – Transformation. Wiesbaden: VS.

Weckwert, Anja (2008): Geschlecht und Migration im Wohlfahrtsstaat. In: Brabandt, Heike; Roß, Bettina und Zwingel, Susanne (Hrsg.): Mehrheit am Rand? Geschlechterverhältnisse, globale Ungleichheit und transnationale Lösungsansätze. Wiesbaden: VS. S. 145–163. [http://www.springerlink.com/content/j68361295478q354/].

Weltbank (Hrsg.) (2010): Migration and Remittances Factbook 2011. Washington: Weltbank.

West, Candace und Fenstermaker, Sarah (1995): Doing difference. In: Gender & Society, Heft 9. S. 8–37.

West, Candace und Zimmerman, Don H. (1987): Doing Gender. In: Gender & Society, Heft 1. S. 125–151.

West, Candace und Zimmerman, Don H. (1991): Doing Gender. In: Lorber, Judith und Farrell, Susan A. (Hrsg.): The social construction of gender. Newbury Park: Sage. S. 13–37.

Westwood, Sallie und Bhachu, Parminder (Hrsg.) (1988): Enterprising Women. London: Routledge.

Wetterer, Angelika (Hrsg.) (1992): Profession und Geschlecht. Über die Marginalität von Frauen in hochqualifizierten Berufen. Frankfurt/M.: Campus.

Wetterer, Angelika (2002): Arbeitsteilung und Geschlechterkonstruktion. Gender at work in theoretischer und historischer Perspektive. Konstanz: UVK.

Wetterer, Angelika (2008): Konstruktion von Geschlecht: Reproduktionsweisen der Zweigeschlechtlichkeit. In: Becker, Ruth und Kortendieck, Beate (Hrsg.): Handbuch Frauen- und Geschlechterforschung: Theorie, Methoden, Empirie. 2. erw. u. akt. Aufl. Wiesbaden: VS. S. 126–136.

Wichmann, Nicole et al. (2011): Gestaltungsspielräume im Föderalismus: Die Migrationspolitik in den Kantonen. Bern: Eidg. Kommission für Migrationsfragen EKM. [http://www.ekm.admin.ch/de/dokumentation/doku/mat_foederalismus_d.pdf; 11.2.2012].

Wichmann, Nicole (2014): Geschlechtsspezifische Dimensionen von Integrationsmassnahmen. In: Hausammann, Christina und Kälin, Walter (Hrsg.): Geschlechtergleichstellung im Migrationskontext – Bevormundung oder Emanzipation? Bern: SKMR. S. 33–54.

Wichmann, Nicole und D'Amato, Gianni (2010): Migration und Integration in Basel-Stadt. Ein «Pionierkanton» unter der Lupe. Neuchâtel: SFM.

Wichterich, Christa (1998): Die globalisierte Frau. Berichte aus der Zukunft der Ungleichheit. Reinbek: Rowohlt.

Wichterich, Christa (2009): Frauen als soziale Airbags. Ein feministischer Blick auf die globalen Krisen. In: Lunapark21, Heft 6. S. 22–25.

Wichterich, Christa (2013): Haushaltsökonomien in der Krise. In: Widerspruch, Heft 62 «Care, Krise und Geschlecht». S. 66–72.

Wicker, Hans-Rudolf (2003): Migration, Migrationspolitik und Migrationsforschung. Einleitung. In: Wicker, Hans-Rudolf; Fibbi, Rosita und Haug, Werner (Hrsg.): Migration und die Schweiz: Zürich: Seismo. S. 12–62.

Wicker, Hans-Rudolf (2009): Die neue schweizerische Integrationspolitik. In: D'Amato, Gianni; Bopp, Isabelle und Kreis, Georg (Hrsg.): Fördern und Fordern im Fokus. Leerstellen des schweizerischen Integrationsdiskurses. Zürich: Seismo. S. 23–47.

Wicker, Hans-Rudolf; Fibbi, Rosita und Haug, Werner (Hrsg.) (2003): Migration und die Schweiz. Ergebnisse des Nationalen Forschungsprogramms 39 «Migration und interkulturelle Beziehungen». Zürich: Seismo.

Winker, Gabriele (2010): Prekarisierung und Geschlecht. Eine intersektionale Analyse aus Reproduktionsperspektive. In: Manske, Alexandra und Pühl, Katharina (Hrsg.): Prekarisierung zwischen Anomie und Normalisierung. Geschlechtertheoretische Bestimmungen. Münster: Westf. Dampfboot. S. 165–184.

Winker, Gabriele und Degele, Nina (2009): Intersektionalität: Zur Analyse sozialer Ungleichheiten. Bielefeld: transcript.

Witz, Anne (1992): Professions and Patriarchy. London: Routledge.

Witzel, Andreas (2000): Das problemzentrierte Interview. In: Forum Qualitative Sozialforschung, Online-Journal 1/1. [www.qualitative-research.net/index.php/fqs/article/viewArticle/1132/2519; 27.7.2011].

Wyss, Kurt (2007): Workfare. Sozialstaatliche Repression im Dienst des globalisierten Kapitalismus. Zürich: Edition 8.

Young, Brigitte F. (1999): Die "Herrin" und die "Magd". Globalisierung und die neue internationale Arbeitsteilung im Haushalt. Vortrag auf der Abendveranstaltung des Renner-Instituts, 8.9.1999, Wien. [http://www.renner-institut.at/download/texte/young.pdf; 27.7.2011].

Zangger, Andreas (2011): Koloniale Schweiz. Ein Stück Globalgeschichte zwischen Europa und Südostasien (1860 - 1930). Bielefeld: transcript. (= Diss. Univ. Zürich).

VS Forschung | VS Research
Neu im Programm Soziologie

Ina Findeisen
Hürdenlauf zur Exzellenz
Karrierestufen junger Wissenschaft-
lerinnen und Wissenschaftler
2011. 309 S. Br. EUR 39,95
ISBN 978-3-531-17919-3

David Glowsky
Globale Partnerwahl
Soziale Ungleichheit als Motor
transnationaler Heiratsentscheidungen
2011. 246 S. Br. EUR 39,95
ISBN 978-3-531-17672-7

Grit Höppner
Alt und schön
Geschlecht und Körperbilder
im Kontext neoliberaler Gesellschaften
2011. 130 S. Br. EUR 29,95
ISBN 978-3-531-17905-6

Andrea Lengerer
Partnerlosigkeit in Deutschland
Entwicklung und soziale Unterschiede
2011. 252 S. Br. EUR 29,95
ISBN 978-3-531-17792-2

Markus Ottersbach /
Claus-Ulrich Prölß (Hrsg.)
**Flüchtlingsschutz als globale
und lokale Herausforderung**
2011. 195 S. (Beiträge zur Regional-
und Migrationsforschung) Br. EUR 39,95
ISBN 978-3-531-17395-5

Tobias Schröder / Jana Huck /
Gerhard de Haan
Transfer sozialer Innovationen
Eine zukunftsorientierte Fallstudie zur
nachhaltigen Siedlungsentwicklung
2011. 199 S. Br. EUR 34,95
ISBN 978-3-531-18139-4

Anke Wahl
Die Sprache des Geldes
Finanzmarktengagement
zwischen Klassenlage und Lebensstil
2011. 198 S. r. EUR 34,95
ISBN 978-3-531-18206-3

Tobias Wiß
**Der Wandel der
Alterssicherung in Deutschland**
Die Rolle der Sozialpartner
2011. 300 S. Br. EUR 39,95
ISBN 978-3-531-18211-7

Erhältlich im Buchhandel oder beim Verlag.
Änderungen vorbehalten. Stand: Juli 2011.

Einfach bestellen:
SpringerDE-service@springer.com
tel +49(0)6221/345–4301
springer-vs.de

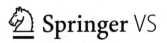

VS Forschung | VS Research
Neu im Programm Soziale Arbeit

Gabriele Bingel
Sozialraumorientierung revisited
Theoriebildung und Geschichte zwischen instrumenteller Logik und sozialer Utopie
2011. 283 S. Br. ca. EUR 29,95
ISBN 978-3-531-18023-6

Ulrich Glöckler
Soziale Arbeit der Ermöglichung
‚Agency'-Perspektiven und Ressourcen des Gelingens
2011. 156 S. Br. EUR 34,95
ISBN 978-3-531-18025-0

Johannes Richter
„Gute Kinder schlechter Eltern"
Familienleben, Jugendfürsorge und Sorgerechtsentzug in Hamburg, 1884-1914
2011. 666 S. Br. EUR 59,95
ISBN 978-3-531-17625-3

Eckhard Rohrmann
Mythen und Realitäten des Anders-Seins
Gesellschaftliche Konstruktionen seit der frühen Neuzeit
2., überarb. u. erw. Aufl. Aufl. 2011.
323 S. Br. EUR 34,95
ISBN 978-3-531-16825-8

Bringfriede Scheu / Otger Autrata
Theorie Sozialer Arbeit
Gestaltung des Sozialen als Grundlage
2011. 318 S. (Forschung, Innovation und Soziale Arbeit) Br. EUR 39,95
ISBN 978-3-531-18243-8

Sabina Schutter
„Richtige" Kinder
Von heimlichen und folgenlosen Vaterschaftstests
2011. 215 S. (Kindheit als Risiko und Chance) Br. EUR 39,95
ISBN 978-3-531-18059-5

Erhältlich im Buchhandel oder beim Verlag.
Änderungen vorbehalten. Stand: Juli 2011.

Einfach bestellen:
SpringerDE-service@springer.com
tel +49(0)6221/345-4301
springer-vs.de

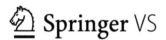

Druck: KN Digital Printforce GmbH · Schockenriedstraße 37 · 70565 Stuttgart